팔만대장경의
경전과 경판 수량

저자 **유부현**

도서출판 **해조음**

펴내며 ⦿⦿⦿⦿⦿⦿⦿⦿⦿⦿⦿⦿⦿⦿⦿⦿⦿⦿⦿⦿⦿⦿⦿⦿⦿⦿⦿⦿⦿⦿⦿⦿⦿⦿⦿⦿

본서 『팔만대장경의 경전과 경판 수량』은 서명에 드러나듯이 이른바 팔만대장경에 수록된 불교 경전과 해인사 장경판전에 봉안되어 있는 팔만대장경의 경판 수량에 대해서 연구한 것이다. 2024년 현재까지 이른바 팔만대장경에 수록된 불교 경전과 해인사 장경판전에 봉안되어 있는 팔만대장경의 경판 수량에 대해서는 뚜렷한 정론이 없다. 때문에 정확한 기준에 의거하여 공식적으로 인정할 만한 팔만대장경의 경전과 경판 수량에 대한 명확한 분석과 연구가 요구되는 상황이다. 따라서 정확하고 구체적인 해인사 팔만대장경의 경전 및 경판의 수량 산정과 올바른 이해를 위해 객관적으로 인정될 수 있는 수량을 산출해 내는 것이 본 연구의 목적이다.

본서는 모두 5부로 구성되어 있다. 제1부는 "고려 재조대장경 경전의 종수와 권수"이고, 제2부는 "해인사 팔만대장경 경전의 구성과 수량"이며, 제3부는 "해인사 팔만대장경 경판의 수량"이고, 제4부는 "「대승대교왕경」의 고려대장경 중복판 연구"이며, 제5부는 餘論으로서 "『내전수함음소』사백구십의 함호와 음의"이다.

제1부 "고려 재조대장경 경전의 종수와 권수"에서는 「대장목록」에 기재된 경전의 경명과 권수 및 재조장에 수록된 모든 경전과 그 권수를 조사한 다음 전산처리를 통하여 독립된 경전의 종수와 권수를 산출해 내었고, 한 권으로 합권되어 있는 경전을 포함한 재조장 경전의 종수와 권수를 산출해 내었다.
제2부 "해인사 팔만대장경 경전의 구성과 수량"에서는 팔만대장경 경전을 구성별로 그 수량을 산출해 내고, 팔만대장경의 전체 경전 수량을 산정하였다.
제3부 "해인사 팔만대장경 경판의 수량"에서는 해인사 장경판전에 봉안되어 있는 팔만대장경의 경판 전체 수량을 입장판과 중복판 그리고 원각판과 중각판의 측면에서 살펴보고, 전체 수량에 대한 기존의 발표 결과를 분석하였다.
제4부 "「대승대교왕경」의 고려대장경 중복판 연구"에서는 「대승대교왕경」의 '분사대장도감판(雞函)'과 '대장도감판(溪函)'의 문자이동(즉 문자이동의 차이) 및 저본과 판각 그리고 '분사대장도감판'의 간기와 각수 등에 대해서 고찰하였다.
제5부에서는 餘論으로서 2013년 7월 보물 제1806호로 지정되었던 『내전수함음소』에 대해서 다루었다.

참고로 제1부 "고려 재조대장경 경전의 종수와 권수"는 2021년 3월 『서지학연구』 제85집에 게재된 내용이고, 제2부 "해인사 팔만대장경 경전의 구성과 수량"은 미발표 논문으로서 본서에서 처음 소개되는 내용이다. 그리고 제3부 "해인사 팔만대장경 경판의 수량"은 2021년 11월 19일 경남 남해의 고려대장경판각성지보존회가 개최한 대장경 국제학술회의("우리의 대장경, 세계 속의 대장경")에서 발표된 내용이고, 제4부 "「大乘大敎王經」의 고려대장경 중복판 연구"는 2020년 10월 17일 경남 남해의 고려대장경판각성지보존회가 개최한 고려 팔만대장경학술회의("남해 팔만대장경의 새로운 모색")에서 발표된 내용이다.

끝으로 중요한 자료를 제공해 주신 종림 스님과 정병삼 교수님께 심심한 사의를 표하며, 출판업계가 어려운 상황임에도 불구하고 본서의 출판을 흔쾌히 허락해 주신 해조음 이주현 대표님께 감사의 말씀을 올린다.

2024년 2월
불암산 자락에서 **유부현**

차례

표 차례

Ⅰ. 고려 재조대장경 경전의 종수와 권수

Ⅱ. 해인사 팔만대장경 경전의 구성과 수량

Ⅲ. 해인사 팔만대장경 경판의 수량

Ⅳ. 「大乘大教王經」의 고려대장경 중복판 연구

그림 차례

I. 고려 재조대장경 경전의 종수와 권수

1. 서언

종래 고려 재조대장경 경전의 종수와 권수에 대해서는 정론이 없이 중구난방인 것이 작금의 현실이다. 때문에 정확한 기준에 의거하여 공식적으로 인정할 만한 수량 결정이 요구되고 있다.[1]

본 연구에서는 재조대장경 경전의 종수와 권수에 대한 종래의 주장을 살펴본 다음 필자의 새로운 주장을 피력해 보고자 한다. 따라서 필자는 재조대장경 경전의 종수와 권수에 대한 타당하고 정확한 수량을 산정해 내기 위해 먼저 「대장목록」에 기재된 경전의 경명과 권수 및 재조장에 수록된 모든 경전과 그 권수를 조사하여 하나의 표 속에 경명과 해당 경전의 권수를 입력할 것이다. 다음으로 컴퓨터에서 전산처리를 통하여 독립된 경전의 종수와 권수 그리고 한 권으로 合卷되어 있는 경전을 포함한 재조장 경전의 종수와 권수를 산출해 내고자 한다.

종수를 산정하는 방식은 독립된 경전이라도 한 권에 합권된 경우엔 1종으로 산정하는 것이 일반적이었다. 필자는 독립된 여러 경전이 한 권에 合卷된 경우에도 이들 경전을 각각 1종의 독립된 개별 경전으로 산정하는 방식을 제안하고자 한다. 왜냐하면 이들 경전은 어느 특정 경전에 종속된 경전이 아니라 각각 1종의 독립된 경전이기 때문이다. 이들 경전은 대부분 단지 내용이 짧아 분량이 적기 때문에 한 권으로 합권된 것이다. 따라서 재조장 경전의 종수를 산정할 때 이 경전들이 하나의 독립된 경전으로서 당연히 포함되어야 할 것으로 생각된다.

---

[1] "고려팔만대장경의 수량은 정확히 얼마나 될까? 이에 관하여서는 조사자들에 따라 차이가 적지 않은 실정이고 정설이 없다. 일제시대 총독 테라우치가 일본 천용사(泉湧寺)에 헌정하려고 인경(印經)할 때 조사한 것이 표준으로 여겨져왔는데, 그에 따르면 팔만대장경의 종수는 1,512종에 6,819권, 총81,258매의 경판이 있는 것으로 조사 보고되어 있다. 고려팔만대장경 자체의 「대장목록」에는 책종과 그에 따른 권수, 장수만 표시되어 있고 총계가 없다. 「대장목록」에 따라 계산하면 1,524종에 6,569권이 되는데, 목록과 각 경판의 실제 수량에 차이가 다소 있는데다 보유장경까지 넣고 있어서 혼선이 생기고 있다. 한국정신문화연구원에서 총괄하여 펴낸 〈민족대백과사전〉에는 팔만대장경의 수량을 정장 1,497종에 6,558권, 보유정장(부장) 4종에 150권, 총 경판 81,258매로 적고 있다. 비교적 최근의 조사 보고로는 경북대학교 서수생 교수의 것이 세밀한데, 그는 팔만대장경 정장 수량을 1,524종에 6,606권, 78,500매의 경판으로 보고, 보유장경판 17종 238권, 2,740매의 경판을 더하여 총 1,541종에 6,844권, 81,240매의 경판에 160,642장의 장수를 가진 것으로 자세히 내역을 밝히고 있다.

그러나 팔만대장경의 종수만을 두고도 의견이 분분하다. 1960년대 중반에 인출한 팔만대장경을 정본화하여 고유번호까지 매겨 세계 각 나라에 보낸 동국대학교 팔만대장경 영인본에는 팔만대장경의 고유번호가 1,514까지 매겨져 있다. 말하자면 1,514종의 불전이 수록되어 있다는 것이다. 북한판 팔만대장경 해제는 팔만대장경의 순서와 내용을 그대로 따라 번호를 붙여가며 각 경의 내용을 알기 쉽게 요약하여 풀이한 것인데, 여기서는 1,537로 끝을 맺고 있다. 서수생의 1,541종은 보유경판의『대장일람』,『대장일람집목록』까지 포함하고 있다. 왜 이런 차이가 나 것일까? 동국대 영인본 판의 고유번호를 보면 납득가기 힘든 부분이 있다. 438권째의 「불설마니라단경」부터 뒤의 7종이 같은 438의 번호 아래 들어가 있고, 1,224 번호에는 12종이 들어가 있으며 1,228번에는 3종이, 1,230에는 5종이, 1,238에는 2종이 같은 번호 밑에 들어가 있다(다른 나라 대장경에서는 이들이 각각 고유한 종으로 취급되고 있다). 이들을 하나의 독립된 종으로 보아 순서를 매긴 북한판 해제본의 방식이 외려 설득력이 있어 보인다. 이러한 제반 사정을 고려해보면, 우리 팔만대장경의 수량을 1,538종(북한판 해제본 종수 1,537종에다 그들이 빼놓은 보유장경 목록집을 더한 것)에 6,844권, 81,240매의 경판으로 산정할 수 있을 것이다. 연구자나 대중들을 위해서라도 정확한 기준에 의거하여 공식적으로 인정할 만한 수량 결정이 빨리 이루어져야 할 것이다."

(해인사(http://www.haeinsa.or.kr) / 고려대장경 / 대장경의 조성과정).

2. 재조장 경전의 종수와 권수

1) 종래의 주장

〈표 1〉 재조장 경전의 종수와 권수에 대한 종래의 주장

순번	발표 년도	발표자	발표처	종수	권수	발표 내용
1	1915	加藤灌覺	『高麗板大藏經印刷顚末』		6566권	"大藏經 6566卷"
2	1915	寺內正毅	『高麗板大藏經印刷顚末』	[1496종]	[6569권]	"今日二傳レリ板木ノ數, 81137枚(重複ノ分121枚ヲ除ク), 經卷ノ數目錄三卷, 目錄內1495種 6566卷."[2]
3	1968	徐首生	『慶大論文集』	1500종	6569권	"「大藏目錄」을 중심으로 經種類數와 經卷數를 조사해 보면, 經種類 1500種, 經卷數 6569卷이다."
4	2009	徐首生	『세계기록유산 해인사 팔만대장경과 사간판 연구』	1524종	6606권	"대장목록은 천자함 별로 권수 표시를 하였으니 그것을 총계하니 6569권이 되고, 千鉢經(즉 「대교왕경」)이 중복되어 이 두 종 경판이 현전하고 있으나, 그 중 한 종은 대장목록에 전하고 다른 한 종은 대장목록에 전하지 않으므로 「千鉢經」(즉 「대교왕경」) 10권을 증가하고 기타 27권을 증가하여 총 6606권이 된다."
5	1976	동국대학교	영인본 『고려대장경』	1498종		영인본 『고려대장경』의 「대장목록」 경전 경번호 (K.0001~K.1498)
6	1996	천혜봉	『한국민족문화대백과사전』 ('대장경목록')	1547종	6547권	"대장경 목록은 '천'부터 '동'까지의 639함에 수록된 장경의 부수가 1,547부 6,547권이고, 보유된 '정'부터 '무'까지의 14함과 중복된 '녹'부터 '무'까지의 10함에 수록된 15부 231권을 합치면 총 부수가 663함 1,562부 6,778권이며, 총 경판수가 8만 1000여 판이다."
7	1996	박상국	『한국민족문화대백과사전』 ('합천 해인사 대장경판')	1496종	6561권	"이 대장경판은 … 1496종의 경전을 6561권 7만 8,500여 장의 목판에 새긴 것으로 …."
8	1996	박상국	『한국민족문화대백과사전』 ('해인사대장경')	1497종	6558권	"정장은 대장도감과 분사대장도감에서 판각한 1497종 6558권의 경을 말하며…."
9	2011	박상국	문화재청, 〈초조대장경 판각 천년 기념 특별전〉	1496종	6568권	"1248년에 「대장목록」 판각을 마지막으로 12년이 걸려 1,496종 6,568권을 완료하였다."
11	2007	馬場久幸	〈高麗大藏經이 日本佛敎에 미친 影響〉	1498종	6558권	
12	2018	문화재청	문화재청, 〈문화유산〉 (www.heritage.go.kr)	1496종	6568권	"구성을 보면 모두 1496종 6568권으로 되어있다."
13	2018	국사편찬위원회	『신편한국사』 (http://db.history.go.kr)	1496종	6568권	"대장경판은 … 모두 12년이 걸려 1496종 6568권을 완료하였음을 알 수 있다."
14	2018	해인사	해인사 (www.haeinsa.or.kr)	1524종	6569권	"「대장목록」에 따라 계산하면 1524종에 6569권이 되는데…."

---

2) ① 寺內正毅, 「大藏經奉獻始末」, 『高麗板大藏經印刷顚末』, 朝鮮印刷株式會社, 1931. p.11.
  ② 필자의 생각에 "目錄內目錄內 1495種 6566卷" 가운데 '目錄'은 「大藏目錄」이고, '1495種'은 「大藏目錄」 1種을 제외한 種數로 추측된다.

종래에 발표되었던 재조대장경 경전의 종수와 권수에 대한 주장을 살펴보면 다음과 같다. 재조대장경 경전의 종수와 권수에 대한 발표는 1915년 『高麗板大藏經印刷顚末』[3]에서 「대장목록」 내의 경전 "1495종 6566권"(필자주: 「대장목록」 3권을 포함하면 1496종 6569권임)이라고 한 것이 그 효시가 된다. 그 다음으로 1968년 서수생 선생[4]의 "1500종 6569권", 2009년 서수생 선생[5]의 "1524종 6606권", 1976년 동국대학교 영인본 『고려대장경』의 '1498종', 천혜봉 선생의 1996년 "1547종 6547권"[6] 박상국 선생의 1996년 "1496종 6561권"[7]·"1497종 6558권"[8] 및 2011년 "1496종 6568권",[9] 2007년 馬場久幸 선생[10]의 "1498종 6558권", 2018년 문화재청[11]·국사편찬위원회[12]의 "1496종 6568권", 2018년 해인사의 "1524종 6569권"[13] 등등의 주장이 있었다. 재조대장경 경전의 종수와 권수에 대한 기왕의 발표와 주장을 표로 정리하면 앞에 제시된 〈표 1〉 "재조장 경전의 종수와 권수에 대한 종래의 주장"과 같다.

2) 새로운 주장

본 연구에서 필자는 먼저 「대장목록」에 기재된 경전의 경명과 권수 및 再雕藏에 수록된 모든 경전과 그 권수를 조사하여 하나의 표 속에 재조장 경전의 경명과 해당 경전의 권수를 입력하였다. 다음으로 컴퓨터에서 전산처리를 통하여 독립된 경전의 종수와 권수를 산출해 내었다. 끝으로 한 권으로 습卷되어 있는 경전을 포함한 경전의 종수와 권수를 산출해 내었다. 그 결과를 소개하면 다음의 〈표 2〉 "재조장에 수록된 경전의 수량"과 같다.

〈표 2〉 재조장에 수록된 경전의 수량

經順	經名	種數 A	種數 B	卷數	經順	經名	種數 A	種數 B	卷數
0001	大般若波羅蜜多經	1	1	600	0756	十一想思念如來經	756	767	1
0002	放光般若經	2	2	20	0757	馬有三相經	757	768	1
0003	摩訶般若波羅蜜經	3	3	27	0758	國王不梨先泥十夢經	758	769	1
0004	光讚經	4	4	10	0759	摩鄧女經	759	770	1
0005	摩訶般若鈔經	5	5	5	0760	鬼問目連經	760	771	1
0006	道行般若經	6	6	10	0761	阿難問事佛吉凶經	761	772	1

---

3) ① 加藤灌覺, 「卷頭辭」, 『高麗板大藏經印刷顚末』, 朝鮮印刷株式會社, 1931. 국립중앙도서관소장본, p.3.
  ② 『高麗板大藏經印刷顚末』은 데라우치[寺內正毅] 총독의 지시로 일본 泉涌寺에 헌정하기 위해 1915년(대정 4년 3월 15일~6월 2일까지 80일간) 대장경 6566권(「대장목록」 3권이 제외된 것임), 보유 236권을 인쇄하여 완성하게 된 과정이 기록된 보고서이다.
4) 徐首生, "伽倻山 海印寺 八萬大藏經 硏究(1)"(『慶大論文集(人文·社會)』 12집, 1968. p.141~143.
5) 徐首生 著 南權熙 補編, 『세계기록유산 해인사 팔만대장경과 사간판 연구』, 淸州古印刷博物館, 2009. p.63.
6) 『한국민족문화대백과사전』(http://encykorea.aks.ac.kr) / '대장경목록'(집필자 천혜봉 1996년).
7) 『한국민족문화대백과사전』(http://encykorea.aks.ac.kr) / '합천 해인사 대장경판'(집필자 박상국 1996년).
8) 『한국민족문화대백과사전』(http://encykorea.aks.ac.kr) / '해인사대장경'(집필자 박상국 1996년).
9) 박상국, "고려대장경의 진실", 『初雕大藏經』(문화재청, - 초조대장경 판각 천년 기념 특별전), 2011. p.192.
10) 馬場久幸, 〈高麗大藏經이 日本佛敎에 미친 影響〉(圓光大學校 大學院 佛敎學科 박사학위논문), 2007. p. 48.
11) 문화재청(http://www.heritage.go.kr) / 문화유산 검색 / 국보 제32호 합천 해인사 대장경판 해제.
12) 국사편찬위원회 한국사데이타베이스(http://db.history.go.kr) / 신편한국사 21권.
13) 해인사(http://www.haeinsa.or.kr) / 고려대장경. "고려팔만대장경 자체의 「대장목록」에는 책종과 그에 따른 권수, 장수만 표시되어 있고 총계가 없다. 「대장목록」에 따라 계산하면 1524종에 6569권이 되는데…"

0007	小品般若波羅蜜經	7	7	10	0762	摩登女解形中六事經	762	773	1
0008	勝天王般若波羅蜜經	8	8	7	0763	餓鬼報應	763	774	1
0009	大明度經	9	9	6	0764	舍頭諫太子二十八宿經	764	775	1
0010	文殊師利所說摩訶般若波羅蜜經	10	10	2	0765	修行本起經	765	776	2
0011	文殊師利所說般若波羅蜜經	11	11	1	0766	摩登伽經	766	777	2
0012	濡首菩薩無上清淨分衛經	12	12	2	0767	雜藏經	767	778	1
0013	金剛般若波羅蜜經	13	13	1	0768	五母子經	768	779	1
0014	金剛般若波羅蜜經	14	14	1	0769	沙彌羅經	769	780	1
0015	金剛般若波羅蜜經	15	15	1	0770	阿難分別經	770	781	1
0016	能斷金剛般若波羅蜜多經	16	16	1	0771	玉耶經	771	782	1
0017	佛說能斷金剛般若波羅蜜多經	17	17	1	0772	玉耶女經	772	783	1
0018	實相般若波羅蜜經	18	18	1	0773	慢法經	773	784	1
0019	仁王般若波羅蜜經	19	19	2	0774	阿遬達經	774	785	1
0020	般若波羅蜜多心經	20	20	1	0775	太子瑞應本起經	775	786	2
0021	摩訶般若波羅蜜大明呪經	21	21	1	0776	長者音悅經	776	787	1
0022	大寶積經	22	22	120	0777	過去現在因果經	777	788	4
0023	大方廣三戒經	23	23	3	0778	四十二章經	778	789	1
0024	無量清淨平等覺經	24	24	4	0779	海八德經	779	790	1
0025	阿彌陀三耶三佛薩樓佛檀過度人道經	25	25	2	0780	龍王兄弟經	780	791	1
0026	無量壽經	26	26	2	0781	罪業應報教化地獄經	781	792	1
0027	阿閦佛國經	27	27	2	0782	㮈女祇域因緣經	782	793	1
0028	大乘十法經	28	28	1	0783	法海經	783	794	1
0029	普門品經	29	29	1	0784	七女經	784	795	1
0030	胞胎經	30	30	1	0785	萍沙王五願經	785	796	1
0031	文殊師利佛土嚴淨經	31	31	2	0786	八師經	786	797	1
0032	法鏡經	32	32	1	0787	琉璃王經	787	798	1
0033	郁迦羅越問菩薩行經	33	33	1	0788	所欲致患經	788	799	1
0034	幻士仁賢經	34	34	1	0789	堅意經	789	800	1
0035	決定毘尼經	35	35	1	0790	三摩竭經	790	801	1
0036	須摩提經	36	36	1	0791	阿闍世王問五逆經	791	802	1
0037	發覺淨心經	37	37	2	0792	貧窮老公經	792	803	1
0038	優塡王經	38	38	1	0793	得道梯橙錫杖經	793	804	1
0039	須摩提菩薩經	39	39	1	0794	越難經	794	805	1
0040	阿闍貰王女阿術達菩薩經	40	40	1	0795	進學經	795	806	1
0041	離垢施女經	41	41	1	0796	淨飯王般涅槃經	796	807	1
0042	得無垢女經	42	42	1	0797	五苦章句經	797	808	1
0043	文殊師利所說不思議佛境界經	43	43	2	0798	禪秘要法經	798	809	3
0044	如幻三昧經	44	44	2	0799	生經	799	810	5
0045	聖善住意天子所問經	45	45	3	0800	義足經	800	811	2
0046	太子刷護經	46	46	1	0801	正法念處經	801	812	70
0047	太子和休經	47	47	1	0802	佛本行集經	802	813	60
0048	慧上菩薩問大善權經	48	48	2	0803	本事經	803	814	7
0049	大乘顯識經	49	49	2	0804	興起行經	804	815	2
0050	大乘方等要慧經	50	50	1	0805	佛爲首迦者長者說業報差別經	805	816	1
0051	彌勒菩薩所問本願經	51	51	1	0806	大安般守意經	806	817	2
0052	遺日摩尼寶經	52	52	1	0807	陰持入經	807	818	2
0053	摩訶衍寶嚴經	53	53	1	0808	處處經	808	819	1
0054	勝鬘師子吼一乘大方便方廣經	54	54	1	0809	罵意經	809	820	1
0055	毘耶娑問經	55	55	2	0810	分別善惡所起經	810	821	1
0056	大方等大集經	56	56	60	0811	出家功德因緣經	811	822	1
0057	大乘大集地藏十輪經	57	57	10	0812	十八泥犁經	812	823	1
0058	大方廣十輪經	58	58	8	0813	阿含正行經	813	824	1
0059	大乘大集經(=大集須彌藏經)	59	59	2	0814	禪行法想經	814	825	1
0060	菩薩念佛三昧經	60	60	5	0815	長者子懊惱三處經	815	826	1
0061	虛空孕菩薩經	61	61	2	0816	須摩提長者經	816	827	1
0062	虛空藏菩薩經	62	62	1	0817	阿難四事經	817	828	1
0063	虛空藏菩薩神呪經	63	63	1	0818	燉狗經	818	829	1
0064	觀虛空藏菩薩經	64	64	1	0819	黑氏梵志經	819	830	1
0065	大方等大集經菩薩念佛三昧分	65	65	10	0820	四願經	820	831	1
0066	大方等大集經賢護分	66	66	5	0821	未生冤經	821	832	1
0067	般舟三昧經	67	67	3	0822	阿鳩留經	822	833	1
0068	佛說般舟三昧經	68	68	1	0823	八關齋經	823	834	1
0069	拔陂菩薩經	69	69	1	0824	分別經	824	835	1
0070	阿差末菩薩經	70	70	7	0825	法受塵經	825	836	1
0071	無盡意菩薩經	71	71	6	0826	犍陁國王經	826	837	1
0072	大哀經	72	72	8	0827	孝子經	827	838	1
0073	大集譬喩王經	73	73	2	0828	燈指因緣經	828	839	1

0074	寶女所問經	74	74	4	0829	佛五百弟子自說本起經	829	840	1
0075	自在王菩薩經	75	75	2	0830	四自侵經	830	841	1
0076	奮迅王問經	76	76	2	0831	大迦葉本經	831	842	1
0077	無言童子經	77	77	2	0832	自愛經	832	843	1
0078	寶星陀羅尼經	78	78	10	0833	忠心經	833	844	1
0079	大方廣佛華嚴經 晉本	79	79	60	0834	呵鵰阿那鋡經	834	845	1
0080	大方廣佛華嚴經 周本	80	80	80	0835	見正經	835	846	1
0081	信力入印法門經	81	81	5	0836	阿難七夢經	836	847	1
0082	佛華嚴入如來德智不思議境界經	82	82	2	0837	婦人遇辜經	837	848	1
0083	大乘金剛髻珠菩薩修行分	83	83	1	0838	罪福報應經	838	849	1
0084	大方廣佛華嚴經修慈分	84	84	1	0839	摩訶迦葉度貧母經	839	850	1
0085	度諸佛境界智光嚴經	85	85	1	0840	十二品生死經	840	851	1
0086	大方廣入如來智德不思議經	86	86	1	0841	五恐怖世經	841	852	1
0087	大方廣如來不思議境界經	87	87	1	0842	弟子死復生經	842	853	1
0088	大方廣佛華嚴經不思佛境界分	88	88	1	0843	佛大僧大經	843	854	1
0089	漸備一切智德經	89	89	5	0844	耶祇經	844	855	1
0090	兜沙經	90	90	1	0845	摩達國王經	845	856	1
0091	大方廣普賢所說經	91	91	1	0846	旃陀越國王經	846	857	1
0092	菩薩十住行道品	92	92	1	0847	五無反復經	847	858	1
0093	諸菩薩求佛本業經	93	93	1	0848	末羅王經	848	859	1
0094	菩薩本業經	94	94	1	0849	佛爲年少比丘說正事經	849	860	1
0095	莊嚴菩提心經	95	95	1	0850	羅云忍辱經	850	861	1
0096	大方廣菩薩十地經	96	96	1	0851	沙曷比丘功德經	851	862	1
0097	菩薩十住經	97	97	1	0852	懈怠耕者經	852	863	1
0098	十住經	98	98	4	0853	大魚事經	853	864	1
0099	如來興顯經	99	99	4	0854	辯意長者子經	854	865	1
0100	等目菩薩所問三昧經	100	100	3	0855	無垢優婆夷問經	855	866	1
0101	顯無邊佛土功德經	101	101	1	0856	四天王經	856	867	1
0102	羅摩伽經	102	102	3	0857	時非時經	857	868	1
0103	度世品經	103	103	6	0858	因緣僧護經	858	869	1
0104	大方廣佛華嚴經入法界品	104	104	1	0859	盧至長者因緣經	859	870	1
0105	大般涅槃經 40권("北本")	105	105	40	0860	出家功德經	860	871	1
0106	大般泥洹經	106	106	6	0861	無上處經	861	872	1
0107	大般涅槃經後分	107	107	2	0862	木槵子經	862	873	1
0108	方等般泥洹經	108	108	2	0863	五王經	863	874	1
0109	四童子三昧經	109	109	3	0864	護淨經	864	875	1
0110	大悲經	110	110	5	0865	八無暇有暇經	865	876	1
0111	方廣大莊嚴經	111	111	12	0866	療痔病經	866	877	1
0112	普曜經	112	112	8	0867	略教誡經	867	878	1
0113	法華三昧經	113	113	1	0868	譬喩經	868	879	1
0114	無量義經德行品	114	114	1	0869	長爪梵志請問經	869	880	1
0115	薩曇分陀利經	115	115	1	0870	無常經	870	881	1
0116	妙法蓮華經	116	116	7	0871	受新歲經	871	882	1
0117	正法華經	117	117	10	0872	新歲經	872	883	1
0118	添品妙法蓮華經	118	118	7	0873	比丘聽施經	873	884	1
0119	維摩詰所說經	119	119	3	0874	身觀經	874	885	1
0120	維摩詰經	120	120	2	0875	鬼子母經	875	886	1
0121	說無垢稱經	121	121	6	0876	頰多和多耆經	876	887	1
0122	大方等頂王經	122	122	1	0877	普達王經	877	888	1
0123	大乘頂王經	123	123	1	0878	佛滅度後棺斂葬送經	878	889	1
0124	善思童子經	124	124	2	0879	梵摩難國王經	879	890	1
0125	大乘悲分陀利經	125	125	8	0880	栴檀樹經	880	891	1
0126	悲華經	126	126	10	0881	天請問經	881	892	1
0127	金光明最勝王經	127	127	10	0882	九橫經	882	893	1
0128	合部金光明經	128	128	8	0883	父母恩難報經	883	894	1
0129	伅眞陀羅所問如來三昧經	129	129	3	0884	孫多耶致經	884	895	1
0130	大樹緊那羅王所問經	130	130	4	0885	群牛譬經	885	896	1
0131	道神足無極變化經	131	131	4	0886	比丘避女惡名欲自殺經	886	897	1
0132	佛昇忉利天爲母說法經	132	132	3	0887	禪行三十七品經	887	898	1
0133	寶雨經	133	133	10	0888	賢者五福德經	888	899	1
0134	寶雲經	134	134	7	0889	摩訶僧祇律	889	900	40
0135	阿惟越致遮經	135	135	3	0890	十誦律	890	901	61
0136	廣博嚴淨不退轉輪經	136	136	6	0891	根本說一切有部毘奈耶	891	902	50
0137	不退轉法輪經	137	137	4	0892	根本說一切有部苾芻尼毘奈耶	892	903	20
0138	不必定入定入印經	138	138	1	0893	根本說一切有部毘奈耶雜事	893	904	40
0139	入定不定印經	139	139	1	0894	根本說一切有部尼陀那	894	905	10
0140	等集衆德三昧經	140	140	3	0895	彌沙塞部和醯五分律	895	906	30

0141	集一切福德三昧經	141	141	3	0896	四分律	896	907	60
0142	持心梵天所問經	142	142	4	0897	根本說一切有部苾芻尼戒經	897	908	1
0143	思益梵天所問經	143	143	4	0898	根本說一切有部戒經	898	909	1
0144	勝思惟梵天所問經	144	144	6	0899	十誦比丘波羅提木叉戒本	899	910	1
0145	持人菩薩經	145	145	4	0900	摩訶僧祇比丘尼戒本	900	911	1
0146	持世經	146	146	4	0901	彌沙塞五分戒本	901	912	1
0147	濟諸方等學經	147	147	1	0902	十誦比丘波羅提木叉戒本	902	913	1
0148	大乘方廣總持經	148	148	1	0903	摩訶僧祇律大比丘戒本	903	914	1
0149	文殊師利現寶藏經	149	149	2	0904	四分僧戒本	904	915	1
0150	大方廣寶篋經	150	150	3	0905	五分比丘尼戒本	905	916	1
0151	大乘同性經	151	151	2	0906	沙彌十戒法幷威儀	906	917	1
0152	證契大乘經	152	152	2	0907	舍利弗問經	907	918	1
0153	深密解脫經	153	153	5	0908	四分比丘尼戒本	908	919	1
0154	解深密經	154	154	5	0909	四分律比丘戒本	909	920	1
0155	解節經	155	155	1	0910	解脫戒經	910	921	1
0156	相續解脫地波羅蜜了義經	156	156	1	0911	沙彌威儀	911	922	1
0157	緣生初勝分法本經	157	157	2	0912	沙彌尼離戒文	912	923	1
0158	分別緣起初勝法門經	158	158	2	0913	沙彌尼戒經	913	924	1
0159	楞伽阿跋多羅寶經	159	159	4	0914	根本說一切有部百一羯磨	914	925	10
0160	入楞伽經	160	160	10	0915	羯磨	915	926	1
0161	大乘入楞伽經	161	161	7	0916	彌沙塞羯磨本	916	927	1
0162	菩薩行方便境界神通變化經	162	162	3	0917	大沙門百一羯磨法	917	928	1
0163	大薩遮尼乾子所說經	163	163	10	0918	曇無德律部雜羯磨	918	929	1
0164	大方等無想經	164	164	6	0919	四分比丘尼羯磨法	919	930	1
0165	大雲經請雨品第六十四	165	165	1	0920	十誦羯磨比丘要用	920	931	1
0166	大雲輪請雨經	166	166	2	0921	優波離問佛經	921	932	1
0167	大方等大雲經請雨品第六十四	167	167	1	0922	曇無德部四分律刪補隨機羯磨	922	933	2
0168	諸法無行經	168	168	2	0923	僧羯磨	923	934	3
0169	諸法本無經	169	169	3	0924	尼羯磨	924	935	3
0170	無極寶三昧經	170	170	2	0925	根本說一切有部毗奈耶頌	925	936	3
0171	寶如來三昧經	171	171	2	0926	大愛道比丘尼經	926	937	2
0172	慧印三昧經	172	172	1	0927	根本說一切有部毗奈耶尼陀那目得迦攝頌	927	938	1
0173	如來智印經	173	173	1	0928	根本說一切有部略毗奈耶雜事攝頌	928	939	1
0174	灌頂七萬二千神王護比丘呪經	174	174	12	0929	目連問戒律中五百輕重事	929	940	1
0175	文殊師利普超三昧經	175	175	3	0930	優婆塞五戒相經	930	941	1
0176	藥師如來本願經	176	176	1	0931	迦葉禁戒經	931	942	1
0177	藥師琉璃光如來本願功德經	177	177	1	0932	犯戒罪報輕重經	932	943	1
0178	藥師琉璃光七佛本願功德經	178	178	2	0933	戒消災經	933	944	1
0179	阿闍世王經	179	179	2	0934	根本薩婆多部律攝	934	945	14
0180	放鉢經	180	180	1	0935	薩婆多部毗尼摩得勒伽	935	946	10
0181	月燈三昧經 那連提耶舍譯	181	181	10	0936	鼻奈耶	936	947	10
0182	月燈三昧經 先公譯 26紙本	182	182	1	0937	善見律毗婆沙	937	948	18
0183	月燈三昧經 先公譯 13紙本	183	183	1	0938	佛阿毗曇經出家上品	938	949	2
0184	無希望經	184	184	1	0939	毗尼母經	939	950	8
0185	象腋經	185	185	1	0940	大比丘三千威儀	940	951	2
0186	大淨法門經	186	186	1	0941	薩婆多毗尼毗婆娑	941	952	9
0187	大莊嚴法門經	187	187	2	0942	律二十二明了論	942	953	1
0188	如來莊嚴智慧光明入一切佛境界經	188	188	2	0943	阿毗曇八犍度論	943	954	30
0189	度一切諸佛境界智嚴經	189	189	1	0944	阿毗達磨發智論	944	955	20
0190	後出阿彌陀佛偈	190	190	1	0945	阿毗達磨法蘊足論	945	956	12
0191	觀無量壽佛經	191	191	1	0946	阿毗達磨集異門足論	946	957	20
0192	阿彌陀經	192	192	1	0947	阿毗達磨識身足論	947	958	16
0193	稱讚淨土佛攝受經	193	193	1	0948	阿毗達磨界身足論	948	959	3
0194	觀彌勒菩薩上生兜率天經	194	194	1	0949	阿毗達磨品類足論	949	960	18
0195	彌勒大成佛經	195	195	1	0950	衆事分阿毗曇論	950	961	12
0196	彌勒來時經	196	196	1	0951	阿毗曇毗婆沙論	951	962	60
0197	彌勒下生經 法護譯	197	197	1	0952	阿毗達磨大毗婆沙論	952	963	200
0198	彌勒下生成佛經 羅什譯	198	198	1	0953	阿毗達磨俱舍釋論	953	964	22
0199	彌勒下生成佛經 義淨譯	199	199	1	0954	阿毗達磨俱舍論本頌	954	965	1
0200	諸法勇王經	200	200	1	0955	阿毗達磨俱舍論	955	966	30
0201	一切法高王經	201	201	1	0956	阿毗達磨順正理論	956	967	80
0202	第一義法勝經	202	202	1	0957	阿毗達磨藏顯宗論	957	968	40
0203	大威燈光仙人問疑經	203	203	1	0958	阿毗曇心論經	958	969	6
0204	順權方便經	204	204	2	0959	阿毗曇心論	959	970	4
0205	樂瓔珞莊嚴方便品經	205	205	1	0960	雜阿毗曇心論	960	971	11
0206	六度集經	206	206	8	0961	阿毗曇甘露味論	961	972	2
0207	太子須大拏經	207	207	1	0962	隨相論	962	973	1

0208	菩薩睒子經	208	208	1	0963	尊婆須蜜菩薩所集論	963	974	10
0209	睒子經	209	209	1	0964	入阿毘達磨論	964	975	2
0210	太子慕魄經　法護譯	210	210	1	0965	三法度論	965	976	3
0211	九色鹿經	211	211	1	0966	成實論	966	977	16
0212	太子慕魄經	212	212	1	0967	立世阿毘曇論	967	978	10
0213	無字寶篋經	213	213	1	0968	解脫道論	968	979	12
0214	大乘離文字普光明藏經	214	214	1	0969	舍利弗阿毘曇論	969	980	30
0215	大乘遍照光明藏無字法門經	215	215	1	0970	五事毘婆沙論	970	981	2
0216	老女人經	216	216	1	0971	鞞婆沙論	971	982	14
0217	老母經	217	217	1	0972	三彌底部論	972	983	3
0218	老母女六英經	218	218	1	0973	分別功德論	973	984	5
0219	月光童子本經	219	219	1	0974	四諦論	974	985	4
0220	申日兒本經	220	220	1	0975	部執異論	975	986	1
0221	德護長者經	221	221	2	0976	十八部論	976	987	1
0222	文殊師利問菩提經	222	222	1	0977	異部宗輪論	977	988	1
0223	伽耶山頂經	223	223	1	0978	辟支佛因緣論	978	989	2
0224	象頭精舍經	224	224	1	0979	佛本行經	979	990	7
0225	大乘伽耶山頂經	225	225	1	0980	佛所行讚	980	991	5
0226	長者子制經	226	226	1	0981	撰集百緣經	981	992	10
0227	菩薩逝經	227	227	1	0982	出曜經	982	993	30
0228	逝童子經	228	228	1	0983	賢愚經	983	994	13
0229	犢子經	229	229	1	0984	修行道地經	984	995	7
0230	乳光佛經	230	230	1	0985	僧伽羅刹所集經	985	996	3
0231	無垢賢女經	231	231	1	0986	道地經	986	997	1
0232	腹中女聽經	232	232	1	0987	百喻經	987	998	4
0233	轉女身經	233	233	1	0988	菩薩本緣經	988	999	3
0234	申日經　法護譯	234	234	1	0989	大乘修行菩薩行門諸經要集	989	1000	3
0235	無上依經	235	235	2	0990	付法藏因緣傳	990	1001	6
0236	甚希有經	236	236	1	0991	坐禪三昧經	991	1002	2
0237	未曾有經	237	237	1	0992	惟日雜難經	992	1003	1
0238	決定總持經	238	238	1	0993	佛使比丘迦旃延說法沒盡偈百二十章	993	1004	1
0239	謗佛經	239	239	1	0994	迦葉赴佛般涅槃經	994	1005	1
0240	寶積三昧文殊師利菩薩問法身經	240	240	1	0995	四品學法經	995	1006	1
0241	入法界體性經	241	241	1	0996	菩薩訶色欲法經	996	1007	1
0242	如來師子吼經	242	242	1	0997	佛入涅槃密迹金剛力士哀戀經	997	1008	1
0243	大方廣師子吼經	243	243	1	0998	佛醫經	998	1009	1
0244	大乘百福相經	244	244	1	0999	治意經	999	1010	1
0245	大乘百福莊嚴相經	245	245	1	1000	佛治身經	1000	1011	1
0246	大乘四法經	246	246	1	1001	雜寶藏經	1001	1012	10
0247	菩薩修行四法經	247	247	1	1002	那先比丘經	1002	1013	2
0248	善恭敬經	248	248	1	1003	達摩多羅禪經	1003	1014	2
0249	希有校量功德經	249	249	1	1004	禪法要解	1004	1015	2
0250	最無比經	250	250	1	1005	舊雜譬喻經	1005	1016	2
0251	前世三轉經	251	251	1	1006	五門禪經要用法	1006	1017	1
0252	銀色女經	252	252	1	1007	雜譬喻經	1007	1018	1
0253	阿闍世王授決經	253	253	1	1008	法觀經	1008	1019	1
0254	採花違王上佛授決號妙花經	254	254	1	1009	十二遊經	1009	1020	1
0255	正恭敬經	255	255	1	1010	思惟略要法	1010	1021	1
0256	稱讚大乘功德經	256	256	1	1011	內身觀章句經	1011	1022	1
0257	說妙法決定業障經	257	257	1	1012	禪要經	1012	1023	1
0258	如來示教勝軍王經	258	258	1	1013	阿育王經	1013	1024	10
0259	緣起聖道經	259	259	1	1014	雜譬喻經　失譯	1014	1025	2
0260	諫王經	260	260	1	1015	天尊說阿育王譬喻經	1015	1026	1
0261	佛爲勝光天子說王法經	261	261	1	1016	雜譬喻經　道畧集 (羅什譯)	1016	1027	1
0262	浴佛功德經　義淨譯	262	262	1	1017	阿育王傳	1017	1028	7
0263	曼殊室利呪藏中校量數珠功德經	263	263	1	1018	阿育王息壞目因緣經	1018	1029	1
0264	大方等修多羅王經	264	264	1	1019	四阿鋡暮抄解	1019	1030	2
0265	文殊師利巡行經	265	265	1	1020	法句譬喻經	1020	1031	4
0266	轉有經	266	266	1	1021	法句經	1021	1032	2
0267	文殊尸利行經	267	267	1	1022	撰集三藏及雜藏傳	1022	1033	1
0268	了本生死經	268	268	1	1023	阿含口解十二因緣經	1023	1034	1
0269	貝多樹下思惟十二因緣經	269	269	1	1024	一百五十讚佛頌	1024	1035	1
0270	龍施女經	270	270	1	1025	三慧經	1025	1036	1
0271	八吉祥神呪經	271	271	1	1026	阿毘曇五法行經	1026	1037	1
0272	稻芉經	272	272	1	1027	迦葉結經	1027	1038	1
0273	自誓三昧經	273	273	1	1028	小道地經	1028	1039	1
0274	如來獨證自誓三昧經	274	274	1	1029	文殊師利發願經	1029	1040	1

0275	龍施菩薩本起經	275	275	1	1030	菩薩亦當誦持經	1030	1041	1
0276	八陽神呪經	276	276	1	1031	讚觀世音菩薩頌	1031	1042	1
0277	盂蘭盆經	277	277	1	1032	金七十論	1032	1043	3
0278	灌洗佛形像經	278	278	1	1033	無明羅刹集	1033	1044	3
0279	摩訶刹頭經	279	279	1	1034	迦丁比丘說當來變經	1034	1045	1
0280	造立形像福報經	280	280	1	1035	馬鳴菩薩傳	1035	1046	1
0281	作佛形像經	281	281	1	1036	龍樹菩薩勸誡王頌	1036	1047	1
0282	八佛名號經	282	282	1	1037	勸發諸王要偈	1037	1048	1
0283	報恩奉盆經	283	283	1	1038	婆藪盤豆法師傳	1038	1049	1
0284	浴像功德經 寶思惟譯	284	284	1	1039	賓頭盧突羅闍爲優陁延王說法經	1039	1050	1
0285	校量數珠功德經	285	285	1	1040	提婆菩薩傳	1040	1051	1
0286	八吉祥經	286	286	1	1041	龍樹菩薩傳	1041	1052	1
0287	不空羂索神變眞言經	287	287	30	1042	請賓頭盧法	1042	1053	1
0288	不空羂索呪經	288	288	1	1043	龍樹菩薩爲禪陁迦王說法要偈	1043	1054	1
0289	不空羂索神呪心經	289	289	1	1044	分別業報略經	1044	1055	1
0290	不空羂索陀羅尼自在王呪經	290	290	3	1045	勝宗十句義論	1045	1056	1
0291	不空羂索陀羅尼經	291	291	1	1046	大阿羅漢難提蜜多羅所說法住記	1046	1057	1
0292	千眼千臂觀世音菩薩陀羅尼神呪經	292	292	2	1047	釋迦譜	1047	1058	5
0293	千手千眼觀世音菩薩姥陀羅尼身經	293	293	1	1048	釋迦方志	1048	1059	2
0294	千眼觀世音菩薩廣大圓滿無导大悲心陀羅尼經	294	294	1	1049	釋迦氏譜	1049	1060	1
0295	觀世音菩薩如意摩尼陀羅尼經	295	295	1	1050	經律異相	1050	1061	50
0296	觀世音菩薩秘密藏如意輪陀羅尼神呪經	296	296	1	1051	陀羅尼雜集	1051	1062	10
0297	觀自在菩薩如意心陀羅尼呪經	297	297	1	1052	諸經要集 3帙	1052	1063	20
0298	如意輪陀羅尼經	298	298	1	1053	出三藏記集	1053	1064	15
0299	大方廣菩薩藏經中文殊師利根本一字陀羅尼經	299	299	1	1054	衆經目錄	1054	1065	7
0300	曼殊室利菩薩呪藏中一字呪王經	300	300	1	1055	歷代三寶紀	1055	1066	15
0301	十二佛名神呪校量功德除障滅罪經	301	301	1	1056	衆經目錄	1056	1067	5
0302	稱讚如來功德神呪經	302	302	1	1057	大唐內典錄 2帙	1057	1068	10
0303	大孔雀呪王經	303	303	3	1058	大周刊定衆經目錄	1058	1069	15
0304	孔雀王呪經	304	304	1	1059	古今譯經圖紀	1059	1070	4
0305	大金色孔雀王呪經 6紙本	305	305	1	1060	續古今譯經圖紀	1060	1071	1
0306	大金色孔雀王呪經 12紙本	306	306	1	1061	續大唐內典錄	1061	1072	1
0307	孔雀王呪經	307	307	2	1062	開元釋敎錄 3帙	1062	1073	20
0308	陀羅尼集經	308	308	12	1063	一切經音義 玄應撰	1063	1074	25
0309	十一面觀世音神呪經	309	309	1	1064	新譯大方廣佛華嚴經音義	1064	1075	2
0310	十一面神呪心經	310	310	1	1065	大唐西域記	1065	1076	12
0311	摩利支天陀羅尼經	311	311	1	1066	集古今佛道論衡	1066	1077	4
0312	呪五首	312	312	1	1067	續集古今佛道論衡	1067	1078	1
0313	千轉陀羅尼觀世音菩薩呪	313	313	1	1068	集沙門不應拜俗等事	1068	1079	6
0314	七俱胝佛母心大准提陀羅尼經	314	314	1	1069	集神州三寶感通錄	1069	1080	3
0315	七俱胝佛母准提大明陀羅尼經	315	315	1	1070	道宣律師感通錄	1070	1081	1
0316	六字神呪經 菩提流支譯	316	316	1	1071	大唐大慈恩寺三藏法師傳	1071	1082	10
0317	觀自在菩薩隨心呪經	317	317	1	1072	大唐西域求法高僧傳	1072	1083	2
0318	種種雜呪經	318	318	1	1073	高僧法顯傳	1073	1084	1
0319	佛頂尊勝陀羅尼經 義淨譯	319	319	1	1074	高僧傳	1074	1085	14
0320	佛頂最勝陀羅尼經	320	320	1	1075	續高僧傳 4帙	1075	1086	30
0321	佛頂尊勝陀羅尼經 杜行顗譯	321	321	1	1076	辯正論	1076	1087	8
0322	最勝佛頂陀羅尼淨除業障呪經	322	322	1	1077	破邪論	1077	1088	2
0323	佛頂尊勝陀羅尼經	323	323	1	1078	甄正論	1078	1089	3
0324	無量門微密持經	324	324	1	1079	十門辯惑論	1079	1090	3
0325	出生無量門持經	325	325	1	1080	弘明集	1080	1091	14
0326	無量門破魔陀羅尼經	326	326	1	1081	廣弘明集 4帙	1081	1092	30
0327	阿難陁目佉尼呵離陁經	327	327	1	1082	南海寄歸內法傳	1082	1093	4
0328	阿難陁目佉尼呵離陀隣尼經	328	328	1	1083	受用三水要行法	1083	1094	1
0329	舍利弗陀羅尼經	329	329	1	1084	說罪要行法	1084	1095	1
0330	一向出生菩薩經	330	330	1	1085	護命放生軌儀法	1085	1096	1
0331	出生無邊門陀羅尼經	331	331	1	1086	比丘尼傳	1086	1097	4
0332	勝幢臂印陀羅尼經	332	332	1	1087	集諸經禮懺儀	1087	1098	2
0333	妙臂印幢陀羅尼經	333	333	1	1088	大乘莊嚴寶王經	1088	1099	4
0334	無崖際總持法門經	334	334	1	1089	大乘聖無量壽決定光明王如來陀羅尼經	1089	1100	1
0335	尊勝菩薩所問一切諸法入無量門陀羅尼經	335	335	1	1090	聖佛母小字般若波羅蜜多經	1090	1101	1
0336	金剛上味陀羅尼經	336	336	1	1091	最勝佛頂陀羅尼經	1091	1102	1
0337	金剛場陀羅尼經	337	337	1	1092	七佛讚唄伽他	1092	1103	1
0338	如來方便善巧呪經	338	338	1	1093	無能勝幡王如來莊嚴陀羅尼經	1093	1104	1
0339	花聚陀羅尼呪經	339	339	1	1094	大乘聖吉祥持世陀羅尼經	1094	1105	1

0340	師子奮迅菩薩所問經	340	340	1	1095	大方廣總持寶光明經	1095	1106	5
0341	六字神呪王經 失譯 梁錄	341	341	1	1096	守護大千國土經	1096	1107	3
0342	善法方便陀羅尼經	342	342	1	1097	出生一切如來法眼徧照大力明王經	1097	1108	2
0343	金剛秘密善門陀羅尼呪經	343	343	1	1098	分別善惡報應經	1098	1109	2
0344	華積陀羅尼神呪經	344	344	1	1099	大乘善見變化文殊師利問法經	1099	1110	1
0345	六字呪王經 失譯 東晉錄	345	345	1	1100	大乘日子王所問經	1100	1111	1
0346	虛空藏菩薩問七佛陀羅尼呪經	346	346	1	1101	樓閣正法甘露鼓經	1101	1112	1
0347	持句神呪經	347	347	1	1102	大護明大陀羅尼經	1102	1113	1
0348	陀隣尼鉢經	348	348	1	1103	金耀童子經	1103	1114	1
0349	東方最勝燈王陀羅尼經	349	349	1	1104	大寒林聖難拏陀羅尼經	1104	1115	1
0350	東方最勝燈王如來經	350	350	1	1105	較量壽命經	1105	1116	1
0351	護命法門神呪經	351	351	1	1106	聖虛空藏菩薩陀羅尼經	1106	1117	1
0352	無垢淨光大陀羅尼經	352	352	1	1107	佛頂放無垢光明入普門觀察一切如來心陀羅尼經	1107	1118	2
0353	請觀世音菩薩消伏毒害陀羅尼呪經	353	353	1	1108	聖最上燈明如來陀羅尼經	1108	1119	1
0354	寶網經	354	354	1	1109	消除一切閃電障難隨求如意陀羅尼經	1109	1120	1
0355	菩薩行五十緣身經	355	355	1	1110	無能勝大明王陀羅尼經	1110	1121	1
0356	梵志女首意經	356	356	1	1111	嗟襪曩法天子受三歸依獲免惡道經	1111	1122	1
0357	四不可得經	357	357	1	1112	諸行有爲經	1112	1123	1
0358	私呵昧經	358	358	1	1113	一切如來正法秘密篋印心陀羅尼經	1113	1124	1
0359	菩薩生地經	359	359	1	1114	息除中夭陀羅尼經	1114	1125	1
0360	大方等如來藏經	360	360	1	1115	讚法界頌	1115	1126	1
0361	內藏百寶經	361	361	1	1116	妙法聖念處經	1116	1127	8
0362	須賴經	362	362	1	1117	六道伽陀經	1117	1128	1
0363	成具光明定意經	363	363	1	1118	勝軍化世百喻伽他經	1118	1129	1
0364	演道俗業經	364	364	1	1119	法集要頌經	1119	1130	4
0365	百佛名經	365	365	1	1120	讚揚聖德多羅菩薩一百八名經	1120	1131	1
0366	諸德福田經	366	366	1	1121	菩提行經	1121	1132	4
0367	溫室洗浴衆僧經	367	367	1	1122	聖觀自在菩薩一百八名經	1122	1133	1
0368	佛語經	368	368	1	1123	大迦葉問大寶積正法經	1123	1134	5
0369	菩薩修行經	369	369	1	1124	法集名數經	1124	1135	1
0370	金色王經	370	370	1	1125	聖持世陀羅尼經	1125	1136	1
0371	稱揚諸佛功德經	371	371	3	1126	沙彌十戒儀則經	1126	1137	1
0372	須眞天子經	372	372	4	1127	十二緣生祥瑞經	1127	1138	2
0373	摩訶摩耶經	373	373	2	1128	外道問聖大乘法無我義經	1128	1139	1
0374	除恐災患經	374	374	1	1129	苾芻迦尸迦十法經	1129	1140	1
0375	孛經抄	375	375	1	1130	無能勝大明心陀羅尼經	1130	1141	1
0376	觀世音菩薩授記經	376	376	1	1131	聖多羅菩薩一百八名陀羅尼經	1131	1142	1
0377	海龍王經	377	377	4	1132	金剛針論	1132	1143	1
0378	首楞嚴三昧經	378	378	2	1133	目連所問經	1133	1144	1
0379	觀藥王藥上二菩薩經	379	379	1	1134	諸佛心印陀羅尼經	1134	1145	1
0380	觀普賢菩薩行法經	380	380	1	1135	苾芻五法經	1135	1146	1
0381	不思議光菩薩所說經	381	381	1	1136	無能勝大明陀羅尼經	1136	1147	1
0382	最勝問菩薩十住除垢斷結經	382	382	10	1137	毘俱胝菩薩一百八名經	1137	1148	1
0383	未曾有因緣經	383	383	2	1138	大方廣菩薩藏文殊師利根本儀軌經	1138	1149	20
0384	諸佛要集經	384	384	2	1139	觀想佛母般若波羅蜜多菩薩經	1139	1150	1
0385	菩薩瓔珞經	385	385	14	1140	佛爲娑伽羅龍王所說大乘經	1140	1151	1
0386	超日明三昧經	386	386	2	1141	十號經	1141	1152	1
0387	賢劫經	387	387	8	1142	寶生陀羅尼經 蓮花眼陀羅尼經 "同卷"	1142	1153	1
0388	大法炬陀羅尼經	388	388	20	1143			1154	
0389	大威德陀羅尼經	389	389	20	1144	大金剛香陀羅尼經	1143	1155	1
0390	佛名經	390	390	12	1145	大乘寶月童子問法經	1144	1156	1
0391	過去莊嚴劫千佛名經	391	391	1	1146	一切如來安像三昧儀軌經	1145	1157	1
0392	現在賢劫千佛名經	392	392	1	1147	大自在天子因地經	1146	1158	1
0393	未來星宿劫千佛名經	393	393	1	1148	廣大蓮華莊儼曼拏羅滅一切罪陀羅尼經	1147	1159	1
0394	五千五百佛名神呪除障滅罪經	394	394	8	1149	如意摩尼陀羅尼經	1148	1160	1
0395	不思議功德諸佛所護念經	395	395	2	1150	大金剛妙高山樓閣陀羅尼	1149	1161	1
0396	華手經	396	396	10	1151	普賢菩薩陀羅尼經	1150	1162	1
0397	大方等陀羅尼經	397	397	4	1152	妙臂菩薩所問經	1151	1163	4
0398	僧伽吒經	398	398	4	1153	寶藏神大明曼拏羅儀軌經	1152	1164	2
0399	力莊嚴三昧經	399	399	3	1154	聖寶藏神儀軌經	1153	1165	2
0400	大方廣圓覺修多羅了義經	400	400	1	1155	一切如來大秘密王未曾有最上微妙大曼拏羅經	1154	1166	5
0401	觀佛三昧海經	401	401	10	1156	大摩里支菩薩經	1155	1167	7
0402	大方便佛報恩經	402	402	7	1157	聖無能勝金剛火陀羅尼經	1156	1168	1
0403	菩薩本行經	403	403	3	1158	聖莊嚴陀羅尼經	1157	1169	2
0404	法集經	404	404	6	1159	花積樓閣陀羅尼經	1158	1170	1

0405	觀察諸法行經	405	405	4		1160	千轉大明陀羅尼經	1159	1171	1
0406	菩薩從兜術天降神母胎說廣普經	406	406	7		1161	智光滅一切業障陀羅尼經	1160	1172	1
0407	弘道廣顯三昧經	407	407	4		1162	勝幡瓔珞陀羅尼經	1161	1173	1
0408	施燈功德經	408	408	1		1163	賢聖集伽陀一百頌	1162	1174	1
0409	無所有菩薩經	409	409	4		1164	聖大總持王經	1163	1175	1
0410	央掘魔羅經	410	410	4		1165	尊勝大明王經	1164	1176	1
0411	明度五十校計經	411	411	2		1166	如意寶總持王經	1165	1177	1
0412	文殊師利問經	412	412	2		1167	持明藏八大總持王經	1166	1178	1
0413	大方廣如來秘密藏經	413	413	2		1168	普賢曼拏羅經	1167	1179	1
0414	中陰經	414	414	2		1169	最上意陀羅尼經	1168	1180	1
0415	月上女經	415	415	2		1170	聖六字大明王陀羅尼經	1169	1181	1
0416	大法鼓經	416	416	2		1171	大威德金輪佛頂熾盛光如來消除一切災難陀羅尼經	1170	1182	1
0417	大乘密嚴經	417	417	3		1172	衆許摩訶帝經	1171	1183	13
0418	文殊師利問菩薩署經	418	418	1		1173	月光菩薩經	1172	1184	1
0419	大乘造像功德經	419	419	2		1174	金光王童子經	1173	1185	1
0420	蓮華面經	420	420	2		1175	揵稚梵讚	1174	1186	1
0421	占察善惡業報經	421	421	2		1176	布施經	1175	1187	1
0422	廣大寶樓閣善住秘密陀羅尼經	422	422	3		1177	毘婆尸佛經	1176	1188	2
0423	五佛頂三昧陀羅尼經	423	423	4		1178	文殊師利一百八名梵讚	1177	1189	1
0424	大陀羅尼末法中一字心呪經	424	424	1		1179	大三摩惹經	1178	1190	1
0425	一字佛頂輪王經	425	425	5		1180	聖曜母陀羅尼經	1179	1191	1
0426	大佛頂如來密因修證了義諸菩薩萬行首楞嚴經	426	426	10		1181	長者施報經	1180	1192	1
0427	大毘盧遮那成佛神變加持經	427	427	7		1182	七佛經	1181	1193	1
0428	蘇婆呼童子請問經	428	428	3		1183	佛一百八名讚	1182	1194	1
0429	金剛頂瑜伽中略出念誦經	429	429	4		1184	解憂經	1183	1195	1
0430	牟梨曼陀羅呪經	430	430	1		1185	毘沙門天王經	1184	1196	1
0431	蘇悉地羯囉供養法	431	431	3		1186	聖觀自在菩薩梵讚	1185	1197	1
0432	蘇悉地羯囉經	432	432	3		1187	聖多羅菩薩梵讚	1186	1198	1
0433	七佛八菩薩所說大陀羅尼神呪經	433	433	4		1188	聖最勝陀羅尼經	1187	1199	1
0434	大吉義神呪經	434	434	4		1189	遍照般若波羅蜜經	1188	1200	1
0435	文殊師利法寶藏陀羅尼經	435	435	1		1190	帝釋般若波羅蜜多心經	1189	1201	1
0436	金剛光焰止風雨陀羅尼	436	436	1		1191	大乘舍黎娑擔摩經	1190	1202	1
0437	安宅神呪經	437	437	1		1192	五十頌聖般若波羅蜜經	1191	1203	1
0438-1	**摩尼羅亶經** "此含六經" [실제는 7經임]		438			1193	四無所畏經	1192	1204	1
0438-2	呪時氣病經		439			1194	諸佛經	1193	1205	1
0438-3	檀特羅麻油述經		440			1195	大乘戒經	1194	1206	1
0438-4	辟除賊害呪經	438	441	1		1196	聖六字增壽大明陀羅尼經	1195	1207	1
0438-5	呪小兒經		442			1197	一切如來說佛頂輪王一百八名讚	1196	1208	1
0438-6	呪齒經		443			1198	增慧陀羅尼經	1197	1209	1
0438-7	呪目經		444			1199	大乘無量壽莊嚴經	1198	1210	3
0438-8	安宅陀羅尼呪經		445			1200	佛母寶德藏般若波羅蜜經	1199	1211	3
0439	玄師颰陀所說神呪經	439	446	1		1201	薩鉢多酥哩踰捺野經	1200	1212	1
0440	護諸童子陀羅尼經	440	447	1		1202	金剛手菩薩降伏一切部多大敎王經	1201	1213	3
0441	大普賢陀羅尼經	441	448	1		1203	最上大乘金剛大敎寶王經	1202	1214	2
0442	阿吒婆拘鬼神大將上佛陀羅尼神呪經	442	449	1		1204	一切如來烏瑟膩沙最勝總持經	1203	1215	1
0443	阿彌陀鼓音聲王陀羅尼經	443	450	1		1205	菩提心觀釋	1204	1216	1
0444	諸佛心陀羅尼經	444	451	1		1206	護國尊者所問大乘經	1205	1217	4
0445	八名普密陀羅尼經	445	452	1		1207	金剛香菩薩大明成就儀軌經	1206	1218	3
0446	拔濟苦難陀羅尼經	446	453	1		1208	妙吉祥最勝根本大敎經	1207	1219	3
0447	六門陀羅尼經	447	454	1		1209	金剛薩埵說頻那夜迦天成就儀軌經	1208	1220	4
0448	持世陀羅尼經	448	455	1		1210	幻化網大瑜伽敎十忿怒明王大明觀想儀軌經	1209	1221	1
0449	淸淨觀世音普賢陀羅尼經	449	456	1		1211	妙吉祥菩薩所問大乘法螺經	1210	1222	1
0450	大七寶陀羅尼經	450	457	1		1212	八大菩薩經	1211	1223	1
0451	六字大陀羅尼呪經	451	458	1		1213	持明藏瑜伽大敎尊那菩薩大明成就儀軌經	1212	1224	4
0452	千佛因緣經	452	459	1		1214	佛說妙吉祥瑜伽大敎金剛陪囉嚩輪觀想成就儀軌經	1213	1225	1
0453	佛垂般涅槃略說敎誡經	453	460	1		1215	大乘八大曼拏羅經	1214	1226	1
0454	隨求卽得大自在陀羅尼神呪經	454	461	1		1216	囉嚩拏說救療小兒疾病經	1215	1227	1
0455	一切功德莊嚴王經	455	462	1		1217	較量一切佛刹功德經	1216	1228	1
0456	拔除罪障呪王經	456	463	1		1218	難你計濕嚩囉天說支輪經	1217	1229	1
0457	香王菩薩陀羅尼呪經	457	464	1		1219	加葉仙人說醫女人經	1218	1230	1
0458	莊嚴王陀羅尼呪經	458	465	1		1220	瑜伽大敎王經	1219	1231	5
0459	善夜經	459	466	1		1221	大乘觀想曼拏羅淨諸惡趣經	1220	1232	2
0460	佛地經	460	467	1		1222	一切佛攝相應大敎王經聖觀自在菩薩念誦儀軌	1221	1233	1

0461	心明經	461	468	1	1223	聖金剛手菩薩一百八名梵讚	1222	1234	1
0462	鹿母經	462	469	1	1224-1	**俱枳羅陁羅尼經**		1235	
0463	魔逆經	463	470	1	1224-2	消除一切災障寶髻陁羅尼經		1236	
0464	滅十方冥經	464	471	1	1224-3	妙色陁羅尼經		1237	
0465	金剛頂經曼殊室利菩薩五字心陁羅尼品	465	472	1	1224-4	栴檀香身陁羅尼經		1238	
0466	月明菩薩經	466	473	1	1224-5	鉢蘭那賒嚩哩䮚大陁羅尼經		1239	
0467	出生菩提心經	467	474	1	1224-6	宿命智陁羅尼經		1240	
0468	異出菩薩本起經	468	475	1	1224-7	慈氏菩薩誓願陁羅尼經	1223	1241	1
0469	賢首經	469	476	1	1224-8	滅除五逆罪大陁羅尼經		1242	
0470	文殊師利般涅槃經	470	477	1	1224-9	無量功德陁羅尼經		1243	
0471	佛印三昧經	471	478	1	1224-10	十八臂陁羅尼經		1244	
0472	觀自在如意輪菩薩瑜伽法要	472	479	1	1224-11	洛叉陁羅尼經		1245	
0473	虛空藏菩薩能滿諸願最勝心陁羅尼求聞持法	473	480	1	1224-12	抗除諸惡陁羅尼經 "俱枳羅等十二經合一卷"		1246	
0474-1	**救面然餓鬼陁羅尼神呪經**		481		1225	三身讚 曼殊室利菩薩吉祥伽陁 "并一卷"	1224	1247	1
0474-2	甘露經陁羅尼呪	474	482	1	1226			1248	
0474-3	甘露陁羅尼呪		483		1227	寶授菩薩菩提行經	1225	1249	1
0475	諸佛集會陁羅尼經	475	484	1	1228-1 1228-2	八大靈塔名號經 八大靈塔梵讚	1226	1250 1251	1
0476	智炬陁羅尼經	476	485	1	1228-3	三身梵讚 "并一卷"		1252	
0477	百千印陁羅尼經	477	486	1					
0478	諸法最上王經	478	487	1	1229	阿羅漢具德經	1227	1253	1
0479	德光太子經	479	488	1	1230-1	**妙吉祥菩薩陁羅尼**		1254	
0480	般泥洹後灌臘經	480	489	1	1230-2	無量壽大智陁羅尼		1255	
0481	商主天子所問經	481	490	1	1230-3	宿命智陁羅尼	1228	1256	1
0482	寂照神變三摩地經	482	491	1	1230-4	慈氏菩薩陁羅尼		1257	
0483	佛臨涅槃記法住經	483	492	1	1230-5	虛空藏菩薩陁羅尼 "并一卷"		1258	
0484	受持七佛名號所生功德經	484	493	1	1231	尊那經	1229	1259	1
0485	大乘四法經	485	494	1	1232	無畏陁羅尼經	1230	1260	1
0486	右繞佛塔功德經	486	495	1	1233	大愛陁羅尼經	1231	1261	1
0487	堅固女經	487	496	1	1234	大七句王經	1232	1262	2
0488	師子素馱娑王斷肉經	488	497	1	1235	聖多羅菩薩經	1233	1263	1
0489	有德女所問大乘經	489	498	1	1236	延壽妙門陁羅尼經	1234	1264	1
0490	不增不減經	490	499	1	1237	秘密八名陁羅尼經	1235	1265	1
0491	離垢慧菩薩所問禮佛法經	491	500	1	**1238-1**	**大吉祥陁羅尼經**	1236	1266	1
0492	差摩婆帝授記經	492	501	1	1238-2	寶賢陁羅尼經 "并一卷"		1267	
0493	八部佛名經	493	502	1	1239	觀自在菩薩母陁羅尼經	1237	1268	1
0494	大乘流轉諸有經	494	503	1	1240	戒香經	1238	1269	1
0495	佛爲海龍王說法印經	495	504	1	1241	息除賊難陁羅尼經	1239	1270	1
0496	妙色王因緣經	496	505	1	1242	一切如來名號陁羅尼經	1240	1271	1
0497	師子莊嚴王菩薩請問經	497	506	1	1243	頻婆娑羅王經	1241	1272	1
0498	造塔功德經	498	507	1	1244	信解智力經	1242	1273	1
0499	大意經	499	508	1	1245	舊城喩經	1243	1274	1
0500	優婆夷淨行法問經	500	509	2	1246	善樂長者經	1244	1275	1
0501	金剛三昧本性淸淨不壞不滅經	501	510	1	1247	人仙經	1245	1276	1
0502	師子月佛本生經	502	511	1	1248	信佛功德經	1246	1277	1
0503	薩羅國經	503	512	1	1248	法身經	1247	1278	1
0504	十二頭陁經	504	513	1	1250	決定義經	1248	1279	1
0505	樹提伽經	505	514	1	1251	最上秘密那拏天經	1249	1280	3
0506	長壽王經	506	515	1	1252	帝釋所問經	1250	1281	1
0507	甚深大廻向經	507	516	1	1253	解夏經	1251	1282	1
0508	十吉祥經	508	517	1	1254	四品法門經	1252	1283	1
0509	一切智光明仙人慈心因緣不食肉經	509	518	1	1255	護國經	1253	1284	1
0510	菩薩內習六波羅蜜經	510	519	1	1256	最上根本大樂金剛不空三昧大敎王經	1254	1285	7
0511	長者法志妻經	511	520	1	1257	新集藏經音義隨函錄	1255	1286	30
0512	菩薩投身飴餓虎起塔因緣經	512	521	1	1258	御製蓮華心輪廻文偈頌 25卷 "合十一卷"	1256	1287	11
0513	天王太子辟羅經	513	522	1	1259	御製秘藏詮	1257	1288	30
0514	長者女菴提遮師子吼了義經	514	523	1	1260	御製逍遙詠	1258	1289	11
0515	八大人覺經	515	524	1	1261	御製緣識	1259	1290	5
0516	四葷經	516	525	1	1262	大方廣佛華嚴經	1260	1291	40
0517	過去世佛分衛經	517	526	1	1263	新譯華嚴經	1261	1292	40
0518	當來變經	518	527	1	1264	穢跡金剛禁百變法經	1262	1293	1
0519	法常住經	519	528	1	1265	穢跡金剛說神通大滿陁羅尼法術靈要門	1263	1294	1
0520	法滅盡經	520	529	1	1266	大威力烏樞瑟摩明王經	1264	1295	3
0521	金剛三昧經	521	530	1	1267	普遍智藏般若波羅蜜多心經	1265	1296	1
0522	三品弟子經	522	531	1	1268	金剛頂經瑜伽修習毗盧遮那三摩地法	1266	1297	1
0523	菩薩地持經	523	532	10	1269	千手千眼觀世音菩薩大身呪本	1267	1298	1

0524	菩薩善戒經	524	533	9	1270	千手千眼觀自在菩薩廣大圓滿無礙大悲心陀羅尼呪本	1268	1299	1
0525	淨業障經	525	534	1	1271	不動使者陀羅尼秘密法	1269	1300	1
0526	優婆塞戒經	526	535	7	1272	大乘瑜伽金剛性海曼殊室利千臂千鉢大教王經	1270	1301	10
0527	梵網經盧舍那佛說菩薩心地戒品第十	527	536	2	1273	金剛頂瑜伽念珠經	1271	1302	1
0528	受十善戒經	528	537	1	1274	金剛頂一切如來眞實攝大乘現證大教王經	1272	1303	3
0529	佛藏經	529	538	3	1275	大樂金剛不空眞實三摩耶經	1273	1304	1
0530	菩薩瓔珞本業經	530	539	2	1276	大方廣殊室利經	1274	1305	1
0531	菩薩戒本	531	540	1	1277	一字奇特佛頂經	1275	1306	3
0532	菩薩善戒經	532	541	1	1278	金剛恐怖集會方光軌儀觀自在菩薩三世最勝心明王經	1276	1307	1
0533	菩薩戒本	533	542	1	1279	出生無邊門陀羅尼經	1277	1308	1
0534	菩薩戒羯磨文	534	543	1	1280	金剛頂經瑜伽文殊師利菩薩法一品	1278	1309	1
0535	菩薩內戒經	535	544	1	1281	阿唎多羅陀羅尼阿嚕力經	1279	1310	1
0536	優婆塞五戒威儀經	536	545	1	1282	普賢菩薩行願讚	1280	1311	1
0537	文殊師利淨律經	537	546	1	1283	百千頌大集經地藏菩薩請問法身讚	1281	1312	1
0538	文殊悔過經	538	547	1	1284	大吉祥天女十二契一百八名垢大乘經	1282	1313	1
0539	清淨毘尼方廣經	539	548	1	1285	底哩三昧耶不動尊威怒王使者念誦法	1283	1314	1
0540	寂調音所問經	540	549	1	1286	十一面觀自在菩薩心密言儀軌經	1284	1315	3
0541	大乘三聚懺悔經	541	550	1	1287	一切如來心秘密全身舍利寶篋印陀羅尼經	1285	1316	1
0542	菩薩五法懺悔文	542	551	1	1288	大吉祥天女十二名號經	1286	1317	1
0543	菩薩藏經	543	552	1	1289	金剛頂經瑜伽十八會指歸	1287	1318	1
0544	三曼陀跋陀羅菩薩經	544	553	1	1290	菩提場所說一字頂輪王經	1288	1319	5
0545	菩薩受齋經	545	554	1	1291	略述金剛頂瑜伽分別聖位修證法門	1289	1320	1
0546	舍利弗悔過經	546	555	1	1292	一切如來金剛壽命陀羅尼經	1290	1321	1
0547	法律三昧經	547	556	1	1293	佛母大孔雀明王經	1291	1322	3
0548	十善業道經	548	557	1	1294	大雲輪請雨經	1292	1323	2
0549	大智度論	549	558	100	1295	雨寶陀羅尼經	1293	1324	1
0550	十地經論	550	559	12	1296	觀自在菩薩化身蘘麌哩曳童女銷伏毒害陀羅尼經	1294	1325	1
0551	彌勒菩薩問經論	551	560	9	1297	慈氏菩薩所說大乘緣生稻𦼮喩經	1295	1326	1
0552	大寶積經論	552	561	4	1298	大寶廣博樓閣善住秘密陀羅尼經	1296	1327	3
0553	寶髻經四法憂波提舍	553	562	1	1299	菩提場莊嚴陀羅尼經	1297	1328	1
0554	佛地經論	554	563	7	1300	除一切疾病陀羅尼經	1298	1329	1
0555	金剛般若論	555	564	2	1301	能淨一切眼疾病陀羅尼經	1299	1330	1
0556	能斷金剛般若波羅蜜多經論頌	556	565	1	1302	救拔焰口餓鬼陀羅尼經	1300	1331	1
0557	能斷金剛般若波羅蜜多經論釋	557	566	3	1303	三十五佛名禮懺文	1301	1332	1
0558	金剛般若波羅蜜經論	558	567	3	1304	八大菩薩曼茶羅經	1302	1333	1
0559	金剛般若波羅蜜經破取著不壞假名論	559	568	2	1305	葉衣觀自在菩薩經	1303	1334	1
0560	文殊師利菩薩問菩提經論	560	569	2	1306	訶利帝母眞言經	1304	1335	1
0561	妙法蓮華經論優波提舍	561	570	1	1307	毘沙門天王經	1305	1336	1
0562	勝思惟梵天所問經論	562	571	4	1308	觀自在菩薩說普賢陀羅尼經	1306	1337	1
0563	妙法蓮華經憂波提舍	563	572	2	1309	文殊問經字母品第十四	1307	1338	1
0564	遺教經論	564	573	1	1310	金剛頂蓮華部心念誦儀軌	1308	1339	1
0565	無量壽經優波提舍願生偈	565	574	1	1311	金剛頂瑜伽千手千眼觀自在菩薩修行儀軌經	1309	1340	2
0566	涅槃經本有今無偈論	566	575	1	1312	無量壽如來觀行供養儀軌	1310	1341	1
0567	涅槃論	567	576	1	1313	阿閦如來念誦供養法	1311	1342	1
0568	三具足經憂波提舍	568	577	1	1314	佛頂尊勝陀羅尼念誦儀軌法	1312	1343	1
0569	轉法輪經憂波提舍	569	578	1	1315	金剛頂勝初瑜伽普賢菩薩念誦法	1313	1344	1
0570	瑜伽師地論	570	579	100	1316	金剛王菩薩秘密念誦儀軌	1314	1345	1
0571	顯揚聖教論	571	580	20	1317	普賢金剛薩埵略瑜伽念誦儀軌	1315	1346	1
0572	大乘阿毘達磨集論	572	581	7	1318	金剛頂瑜伽金剛薩埵五秘密修行念誦儀軌	1316	1347	1
0573	顯揚聖教論頌	573	582	1	1319	金剛壽命陀羅尼念誦法	1317	1348	1
0574	王法正理論	574	583	1	1320	一字頂輪王瑜伽觀行儀軌	1318	1349	1
0575	瑜伽師地論釋	575	584	1	1321	一字頂輪王念誦儀軌	1319	1350	1
0576	大乘阿毘達磨雜集論	576	585	16	1322	仁王般若念誦法	1320	1351	1
0577	中論	577	586	4	1323	觀自在菩薩如意輪念誦儀軌	1321	1352	1
0578	般若燈論釋	578	587	15	1324	大虛空藏菩薩念誦法	1322	1353	1
0579	十二門論	579	588	1	1325	瑜伽蓮華部念誦法	1323	1354	1
0580	十八空論	580	589	1	1326	甘露軍荼利菩薩供養念誦成就儀軌	1324	1355	1
0581	百論	581	590	2	1327	聖觀自在菩薩心眞言瑜伽觀行儀軌	1325	1356	1
0582	廣百論本	582	591	1	1328	金剛頂經多羅菩薩念誦法	1326	1357	1
0583	大乘廣百論釋論	583	592	10	1329	大方廣佛華嚴經入法界品四十二字觀門	1327	1358	1
0584	十住毘婆沙論	584	593	17	1330	大聖文殊師利菩薩讚佛法身禮	1328	1359	1
0585	菩提資糧論	585	594	6	1331	受菩提心戒儀	1329	1360	1
0586	大乘莊嚴經論	586	595	13	1332	金剛頂經金剛界大道場毘盧遮那如來自受	1330	1361	1

						用身內證智眷屬法身異名佛最上乘秘密三摩地禮懺文			
0587	大莊嚴論經	587	596	15	1333	大樂金剛不空眞實三昧耶經般若波羅蜜多理趣釋	1331	1362	2
0588	攝大乘論	588	597	3	1334	般若波羅蜜多理趣經大樂不空三昧眞實金剛薩埵菩薩等一十七聖大曼荼羅義述	1332	1363	1
0589	順中論義入大般若波羅蜜經初品法門	589	598	2	1335	金剛頂瑜伽護摩儀軌	1333	1364	1
0590	攝大乘論釋 世親造 眞諦譯	590	599	15	1336	都部陀羅尼目	1334	1365	1
0591	攝大乘論	591	600	2	1337	大乘緣生論	1335	1366	1
0592	攝大乘論本	592	601	3	1338	七俱胝佛母所說准提陀羅尼經	1336	1367	1
0593	攝大乘論釋論	593	602	10	1339	大集大虛空藏菩薩所問經	1337	1368	8
0594	攝大乘論釋 世親造 玄奘譯	594	603	10	1340	仁王護國般若波羅蜜多經	1338	1369	2
0595	攝大乘論釋 無性造 玄奘譯	595	604	10	1341	大聖文殊師利菩薩佛利功德莊嚴經	1339	1370	3
0596	佛性論	596	605	4	1342	仁王護國般若波羅蜜多經陀羅尼念誦儀軌	1340	1371	1
0597	中邊分別論	597	606	2	1343	成就妙法蓮華經王瑜伽觀智儀軌	1341	1372	1
0598	決定藏論	598	607	3	1344	大乘密嚴經	1342	1373	3
0599	辯中邊論頌	599	608	1	1345	五字陀羅尼頌	1343	1374	1
0600	究竟一乘寶性論	600	609	4	1346	金剛頂勝初瑜伽經中略出大樂金剛薩埵念誦儀	1344	1375	1
0601	辯中邊論	601	610	3	1347	大樂金剛薩埵修行成就儀軌	1345	1376	1
0602	業成就論	602	611	1	1348	大藥叉女歡喜母并愛子成就法	1346	1377	1
0603	大乘成業論	603	612	1	1349	普遍光明清淨熾盛如意寶印心無能勝大明王大隨求陀羅尼經	1347	1378	2
0604	因明正理門論本	604	613	1	1350	金剛頂超勝三界經說文殊五字眞言勝相	1348	1379	1
0605	成唯識寶生論	605	614	5	1351-1	聖閻曼德迦威怒王立成大神驗念誦法		1380	
0606	因明正理門論	606	615	1	1351-2	大乘方廣曼殊室利菩薩華嚴本教閻曼德迦忿怒王眞言大威德儀軌品第三十	1349	1381	1
0607	因明入正理論	607	616	1	1351-3	大方廣曼殊室利童眞菩薩華嚴本教讚閻曼德迦忿怒王眞言阿毗遮巫迦儀軌品第三十一		1382	
0608	唯識二十論	608	617	1	1351-4	大方廣曼殊室利童眞菩薩華嚴本教閻曼德加念怒王品第三十二		1383	
0609	唯識三十論頌	609	618	1	1352	文殊師利菩薩根本大教王經金翅鳥王品	1350	1384	1
0610	大乘唯識論	610	619	1	1353	不空羂毘盧遮那佛大灌頂光眞言	1351	1385	1
0611	顯識論	611	620	1	1354	摩利支天菩薩陀羅尼經	1352	1386	1
0612	轉識論	612	621	1	1355	聖迦抳忿怒金剛童子菩薩成就儀軌經	1353	1387	3
0613	唯識論	613	622	1	1356	大威怒烏芻澁摩儀軌經	1354	1388	1
0614	成唯識論	614	623	10	1357	佛爲優塡王說王法政論經	1355	1389	1
0615	大丈夫論	615	624	2	1358	唅金剛頂經一字頂輪王瑜伽一切時處念誦成佛儀軌	1356	1390	1
0616	大乘起信論	616	625	1	1359	大方廣如來藏經	1357	1391	1
0617	寶行王正論	617	626	1	1360	一髻尊陀羅尼經	1358	1392	1
0618	大乘五蘊論	618	627	1	1361	速疾立驗魔醯首羅天說阿尾奢法	1359	1393	1
0619	大乘廣五蘊論	619	628	1	1362	大日經略攝念誦隨行法	1360	1394	1
0620	大乘掌珍論	620	629	2	1363	金剛頂經瑜伽文殊師利菩薩供養儀軌	1361	1395	1
0621	入大乘論	621	630	2	1364	大毗盧遮那成佛神變加持經略示七支念誦隨行法	1362	1396	1
0622	三無性論	622	631	2	1365	曼殊室利童子菩薩五字瑜伽法	1363	1397	1
0623	大乘起信論	623	632	2	1366	金剛頂降三世大儀軌法王教中觀自在菩薩心眞言一切如來蓮華大曼拏羅品	1364	1398	1
0624	發菩提心經論	624	633	2	1367	文殊師利菩薩及諸仙所說吉凶時日善惡宿曜經	1365	1399	2
0625	觀所緣論釋	625	634	1	1368	金剛頂經觀自在王如來修行法	1366	1400	1
0626	如實論反質難品	626	635	1	1369	金剛頂瑜伽中發阿耨多羅三邈三菩提心論	1367	1401	1
0627	方便心論	627	636	1	1370	瑜伽金剛頂經釋字母品	1368	1402	1
0628	觀所緣緣論	628	637	1	1371	修習般若波羅蜜菩薩行念誦儀軌	1369	1403	1
0629	無相思塵論	629	638	1	1372	金輪王佛頂要略念誦法	1370	1404	1
0630	廻諍論	630	639	1	1373	仁王般若陀羅尼釋	1371	1405	1
0631	百字論	631	640	1	1374	觀自在大悲成就瑜伽蓮華部念誦法門	1372	1406	1
0632	壹輸盧迦論	632	641	1	1375	大孔雀明王畫像壇場儀軌	1373	1407	1
0633	六門教授習定論	633	642	1	1376	金剛手光明灌頂經最勝立印聖無動尊大威怒王念誦儀軌法品	1374	1408	1
0634	手杖論	634	643	1	1377	末利支提婆華鬘經	1375	1409	1
0635	觀總想論頌	635	644	1	1378	大聖天歡喜雙身毗那夜迦法	1376	1410	1
0636	取因假設論	636	645	1	1379	觀自在菩薩如意輪瑜伽	1377	1411	1
0637	掌中論	637	646	1	1380	金剛頂瑜伽降三世成就極深密門	1378	1412	1
0638	止觀門論頌	638	647	1	1381	大乘理趣六波羅蜜多經	1379	1413	10
0639	大乘法界無差別論	639	648	1	1382	大花嚴長者問佛那羅延力經	1380	1414	1
0640	大乘法界無差別論 (依丹本)	640	649	1	1383	般若波羅蜜多心經	1381	1415	1
0641	緣生論	641	650	1	1384	守護國界主陀羅尼經	1382	1416	10

0642	諸婆菩薩釋楞伽經中外道小乘涅槃論	642	651	1	1385	大乘本生心地觀經	1383	1417	8
0643	解捲論	643	652	1	1386	十力經	1384	1418	1
0644	大乘百法明門論本事分中略錄名數	644	653	1	1387	廻向輪經	1385	1419	1
0645	諸婆菩薩破楞伽經中外道小乘四宗論	645	654	1	1388	十地經	1386	1420	9
0646	十二因緣論	646	655	1	1389	根本說一切有部毘奈耶藥事二十卷 欠二卷	1387	1421	18
0647	長阿含經	647	656	22	1390	根本說一切有部毘奈耶破僧事	1388	1422	20
0648	中阿含經	648	657	60	1391	根本說一切有部毘奈耶出家事	1389	1423	4
0649	增壹阿含經	649	658	51	1392	根本說一切有部毘奈耶安居事	1390	1424	1
0650	雜阿含經	650	659	50	1393	根本說一切有部毘奈耶隨意事	1391	1425	1
0651	別譯雜阿含經	651	660	16	1394	根本說一切有部毘奈耶皮革事	1392	1426	2
0652	大般涅槃經	652	661	3	1395	根本說一切有部毘奈耶羯恥那衣事	1393	1427	1
0653	佛般泥洹經	653	662	2	1396	大宗地玄文本論	1394	1428	20
0654	般泥洹經	654	663	2	1397	釋摩訶衍論	1395	1429	10
0655	人本欲生經	655	664	1	1398	大唐貞元續開元釋教錄	1396	1430	3
0656	尸迦羅越六方禮經	656	665	1	1399	大唐保大乙巳歲續貞元釋教錄	1397	1431	1
0657	佛開解梵志阿颰經	657	666	1	1400	唐護法沙門法琳別傳	1398	1432	3
0658	寂志果經	658	667	1	1401	貞元新定釋教目錄	1399	1433	30
0659	梵網六十二見經	659	668	1	1402	高麗國新雕大藏校正別錄	1400	1434	30
0660	起世經	660	669	10	1403	大般涅槃經	1401	1435	36
0661	起世因本經	661	670	10	1404	佛名經	1402	1436	30
0662	大樓炭經	662	671	6	1405	大藏目錄	1403	1437	3
0663	中本起經	663	672	2	1406	法苑珠林	1404	1438	100
0664	長阿含十報法經	664	673	2	1407	法印經	1405	1439	1
0665	七知經	665	674	1	1408	未曾有正法經	1406	1440	6
0666	諸法本經	666	675	1	1409	分別緣生經	1407	1441	1
0667	弊魔試目連經	667	676	1	1410	大生義經	1408	1442	1
0668	鹹水喻經	668	677	1	1411	分別布施經	1409	1443	1
0669	綠本致經	669	678	1	1412	大集會正法經	1410	1444	5
0670	古來世時經	670	679	1	1413	園生樹經	1411	1445	1
0671	梵志計水淨經	671	680	1	1414	聖觀自在菩薩功德讚	1412	1446	1
0672	一切流攝守因經	672	681	1	1415	了義般若波羅蜜多經	1413	1447	1
0673	四諦經	673	682	1	1416	帝釋嚴秘密成就儀軌	1414	1448	1
0674	本相猗致經	674	683	1	1417	勝軍王所問經	1415	1449	1
0675	恒水經	675	684	1	1418	一切如來金剛三業最上秘密大敎王經	1416	1450	7
0676	頂生王故事經	676	685	1	1419	最勝妙吉祥根本智最上秘密一切名義三摩地分	1417	1451	2
0677	求欲經	677	686	1	1420	諸教決定名義論	1418	1452	1
0678	苦陰因事經	678	687	1	1421	大方廣未曾有經善巧方便品	1419	1453	1
0679	瞻婆比丘經	679	688	1	1422	輪王七寶經	1420	1454	1
0680	伏婬經	680	689	1	1423	佛母出生三法藏般若波羅蜜多經	1421	1455	25
0681	文陁竭王經	681	690	1	1424	大方廣善巧方便經	1422	1456	4
0682	閻羅王五天使者經	682	691	1	1425	大乘不思議神通境界經	1423	1457	3
0683	瞿曇彌記果經	683	692	1	1426	發菩提心破諸魔經	1424	1458	2
0684	鐵城泥犁經	684	693	1	1427	聖佛母般若波羅蜜多經	1425	1459	1
0685	阿耨風經	685	694	1	1428	給孤長者女得度因緣經	1426	1460	3
0686	阿那律八念經	686	695	1	1429	大集法門經	1427	1461	2
0687	離睡經	687	696	1	1430	集諸法寶最上義論	1428	1462	2
0688	受歲經	688	697	1	1431	淨意優婆塞所問經	1429	1463	1
0689	樂想經	689	698	1	1432	菩提心離相論	1430	1464	1
0690	是法非法經	690	699	1	1433	大乘破有論	1431	1465	1
0691	釋摩男本四子經	691	700	1	1434	無二平等最上瑜伽大敎王經	1432	1466	6
0692	苦陰經	692	701	1	1435	集大乘相論	1433	1467	2
0693	漏分布經	693	702	1	1436	佛母般若波羅蜜多大明觀想儀軌	1434	1468	1
0694	魔嬈亂經	694	703	1	1437	光明童子因緣經	1435	1469	4
0695	鸚鵡經	695	704	1	1438	入無分別法門經	1436	1470	1
0696	四人出現世間經	696	705	1	1439	寶帶陁羅尼經	1437	1471	1
0697	鞞摩肅經	697	706	1	1440	金身陁羅尼經	1438	1472	1
0698	箭喻經	698	707	1	1441	六十頌如理論	1439	1473	1
0699	食施獲五福報經	699	708	1	1442	金剛場莊嚴般若波羅蜜多敎中一分	1440	1474	1
0700	三歸五戒慈心厭離功德經	700	709	1	1443	佛吉祥德讚	1441	1475	3
0701	兜調經	701	710	1	1444	息諍因緣經	1442	1476	1
0702	邪見經	702	711	1	1445	大乘二十頌論	1443	1477	1
0703	婆羅門子命終愛念不離經	703	712	1	1446	醫喻經	1444	1478	1
0704	十支居士八城人經	704	713	1	1447	月喻經	1445	1479	1
0705	婆羅門避死經	705	714	1	1448	初分說經	1446	1480	2
0706	意經	706	715	1	1449	廣釋菩提心論	1447	1481	4
0707	尊上經	707	716	1	1450	如幻三摩地無量印法門經	1448	1482	3

經順	經名				經順	經名			
0708	鴦堀摩經	708	717	1	1451	蟻喻經	1449	1483	1
0709	應法經	709	718	1	1452	一切秘密最上名義大教王儀軌	1450	1484	2
0710	數經	710	719	1	1453	大堅固婆羅門緣起經	1451	1485	2
0711	波斯匿王太后崩塵土坌經	711	720	1	1454	秘密三昧大教王經	1452	1486	4
0712	泥犁經	712	721	1	1455	聖八千頌…多羅尼經	1453	1487	1
0713	戒德香經	713	722	1	1456	聖觀自在菩薩不空王秘密心陀羅尼經	1454	1488	1
0714	優婆夷墮舍迦經	714	723	1	1457	施一切無畏陀羅尼經	1455	1489	1
0715	佛爲黃竹園老婆羅問說學經	715	724	1	1458	佛母般若波羅蜜多圓集要義論	1456	1490	1
0716	頻毗娑羅王詣佛供養經	716	725	1	1459	佛母般若波羅蜜多圓集要義釋論	1457	1491	4
0717	普法義經	717	726	1	1460	灌頂王喻經	1458	1492	1
0718	善生子經	718	727	1	1461	廣大發願頌	1459	1493	1
0719	梵志頞波羅延問種尊經	719	728	1	1462	秘密相經	1460	1494	3
0720	賴吒和羅經	720	729	1	1463	尼拘陀梵志經	1461	1495	2
0721	齋經	721	730	1	1464	白衣金幢二婆羅門緣起經	1462	1496	3
0722	梵摩喻經	722	731	1	1465	金光明經	1463	1497	4
0723	須摩提女經	723	732	1	1466	一切如來眞實攝大乘現證三昧大教王經	1464	1498	30
0724	長者子六過出家經	724	733	1	1467	福力太子因緣經	1465	1499	4
0725	廣義法門經	725	734	1	1468	無畏授所問大乘經	1466	1500	3
0726	須達經	726	735	1	1469	頂生王因緣經	1467	1501	6
0727	鳩堀髻經	727	736	1	1470	勝義空經	1468	1502	1
0728	難提釋經	728	737	1	1471	五大施經	1469	1503	1
0729	相應相可經	729	738	1	1472	隨勇尊者經	1470	1504	1
0730	三轉法輪經	730	739	1	1473	十力經	1471	1505	1
0731	五蘊皆空經	731	740	1	1474	清淨心經	1472	1506	1
0732	四泥犁經	732	741	1	1475	大乘寶要義論	1473	1507	10
0733	水沫所漂經	733	742	1	1476	除蓋障菩薩所問經	1474	1508	20
0734	舍衛國王夢見十事經	734	743	1	1477	身毛喜豎經	1475	1509	3
0735	舍衛國王十夢經	735	744	1	1478	聖佛母般若波羅蜜多九頌精義論	1476	1510	2
0736	緣起經	736	745	1	1479	大乘大方廣佛冠經	1477	1511	2
0737	不自守意經	737	746	1	1480	八種長養功德經	1478	1512	1
0738	七處三觀經	738	747	1	1481	海意菩薩所問淨印法門經	1479	1513	18
0739	阿那邠邸化七子經	739	748	1	1482	大乘中觀釋論	1480	1514	18
0740	阿難同學經	740	749	1	1483	金色童子因緣經	1481	1515	12
0741	轉法輪經	741	750	1	1484	施設論	1482	1516	7
0742	八正道經	742	751	1	1485	開覺自性般若波羅蜜多經	1483	1517	4
0743	五陰譬喻經	743	752	1	1486	如來不思議秘密大乘經	1484	1518	20
0744	治禪病秘要法	744	753	2	1487	大乘菩薩藏正法經	1485	1519	40
0745-1	雜阿含經,	745	754	1	1488	大乘集菩薩學論	1486	1520	25
0745-2	七處三觀經		755		1489	大乘入諸佛境界智光明莊嚴經	1487	1521	5
0746-1	放牛經	746	756	1	1490	六趣輪廻經	1488	1522	1
0746-2	枯樹經		757		1491	十不善業道經	1489	1523	1
0747	七佛父母姓字經	747	758	1	1492	尼乾子問無我義經	1490	1524	1
0748	四未曾有法經	748	759	1	1493	事師法五十頌	1491	1525	1
0749	力士移山經	749	760	1	1494	諸法集要經	1492	1526	10
0750	聖法印經	750	761	1	1495	福蓋正行所集經	1493	1527	12
0751	舍利弗摩訶目連遊四衢經	751	762	1	1496	父子合集經	1494	1528	20
0752	馬有八態譬人經	752	763	1	1497	續一切經音義	1495	1529	10
0753	佛母般泥洹經	753	764	1	1498[14]	一切經音義	1496	1530	100
0754	大愛道般泥洹經	754	765	1	총계	1496[1530]種, 6555卷	1496	1530	6555
0755	滿願子經	755	766	1					

앞의 〈표 2〉 "재조장에 수록된 경전의 수량"에 따르면 再雕藏에 수록된 경전은 1496[1530]종,[15] 6555권인 것으로 나타난다.[16]

다음으로 〈표 2〉 "재조장에 수록된 경전의 수량" 가운데 한 권에 합권되어 있는 여러 경전을 살펴

---

14) 經順 '1498'은 동국대학교에서 영인한 『고려대장경』의 개별 경전에 매겨진 經番號(K.0011~1498)에 의거한 것이다.

15) '1496종'은 한 권으로 合卷되어 있는 여러 경전을 1종으로 간주해서 산정된 것이고, 각괄호([ ]) 안의 '1530종'은 한 권으로 合卷되어 있는 여러 경전을 각각 개별 경전 1종으로 간주해서 산정된 것이다.

16) 필자는 拙著 『고려대장경의 구성과 저본 및 판각에 대한 연구』(시간의 물레, 2014. p.129)에서 再雕藏은 1,498種 6,573卷으로 구성되어 있는데, 합권된 경전을 포함하면 1,530種 6,605卷인 것으로 발표하였는데 잘못된 것이었다.

보면 다음과 같다.

(1) 「마니라단경」과 合卷된 경전

① 「摩尼羅亶經」의 재조장본에는 「摩尼羅亶經」 다음에 「呪時氣病經」, 「檀特羅麻油述經」, 「辟除」, 「賊害呪經」, 「呪小兒經」, 「呪齒經」, 「呪目經」, 「安宅陁羅尼呪經」 등 총8개의 경전이 한 권에 수록되어 있다.

② 再雕藏의 「大藏目錄」에는 "摩尼羅亶經一卷此含六經"이란 내용이 기재되어 있고 그 다음에 「安宅陁羅尼呪經」이 제외된 6개의 경전명이 기재되어 있다.

③ 동국대 영인본 『高麗大藏經 · 總目錄』에는 8개 경전의 경명이 기재되어 있고, 경 번호 'K.0438'와 속번호 '-1'~'-8'('K.0438-1'~'K.0438-8')이 기재되어 있다.

(2) 「보생다라니」와 「연화안다라니경」

① 「寶生陁羅尼」와 「蓮花眼陁羅尼經」이 재조장본에는 한 권(총3장)에 수록되어 있다.

② 再雕藏의 「大藏目錄」에는 "寶生陁羅尼 蓮花眼陁羅尼經同卷"이란 내용이 기재되어 있다.

③ 동국대 영인본 『高麗大藏經 · 總目錄』에는 두 개의 경전이 분리되어 「寶生陁羅尼」는 'K.1142', 「蓮花眼陁羅尼經」은 'K.1143'의 경 번호가 기재되어 있다.

(3) 「구지라다라니경」과 合卷된 경전

① 「俱枳羅陁羅尼經」의 재조장본에는 「俱枳羅陁羅尼經」 다음에 「消除一切災障寶髻陁羅尼經」, 「妙色陁羅尼經」, 「栴檀香身陁羅尼經」, 「鉢蘭那賒嚩哩弼大陁羅尼經」, 「宿命智陁羅尼經」, 「慈氏菩薩誓願陁羅尼經」, 「滅除五逆罪大陁羅尼經」, 「無量功德陁羅尼經」, 「十八臂陁羅尼經」, 「洛叉陁羅尼經」, 「辟除諸惡陁羅尼經」 등 총12개의 경전이 수록되어 있다.

② 再雕藏의 「大藏目錄」에는 "俱枳羅陁羅尼經 … 辟除諸惡陁羅尼經 俱枳羅等十二經合一卷"이란 내용이 기재되어 있다.

③ 동국대 영인본 『高麗大藏經 · 總目錄』에는 12개 경전의 경명이 기재되어 있고」, 경 번호 'K.1224'와 속번호 '-1'~'-12'('K.1224-1'~'K.1224-12')가 기재되어 있다.

(4) 「삼신찬」과 「만수실리보살길상가타」

① 「三身讚」과 「曼殊室利菩薩吉祥伽陁」가 재조장본에는 한 권에 수록되어 있다.

② 再雕藏의 「大藏目錄」에는 "三身讚 曼殊室利菩薩吉祥伽陁幷一卷"이란 내용이 기재되어 있다.

③ 동국대 영인본 『高麗大藏經 · 總目錄』에는 두 개의 경전이 분리되어 「三身讚」은 'K.1125', 「蓮花眼陁羅尼經」은 'K.1126'의 경 번호가 기재되어 있다.

(5) 「팔대영탑명호경」과 合卷된 경전

① 「八大靈塔名號經」의 재조장본에는 「八大靈塔名號經」 다음에 「八大靈塔梵讚」, 「三身梵讚」 등 총 3개의 경전이 한 권에 수록되어 있다.

② 再雕藏의 「大藏目錄」에는 "八大靈塔名號經 八大靈塔梵讚 三身梵讚幷一卷"이란 내용이 기재되어 있다.

③ 동국대 영인본 『高麗大藏經 · 總目錄』에는 3개 경전의 경명이 기재되어 있고, 경 번호

‘K.1228’와 속번호 ‘-1’~‘-3’(‘K.1228-1’~‘K.1228-3’)이 기재되어 있다.

(6) 「묘길상보살다라니」와 合卷된 경전

① 「妙吉祥菩薩陁羅尼」의 재조장본에는 「妙吉祥菩薩陁羅尼」 다음에 「無量壽大智陁羅尼」, 「宿命智陁羅尼」, 「慈氏菩薩陁羅尼」, 「虛空藏菩薩陁羅尼」 등 총5개의 경전이 한 권에 수록되어 있다.

② 再雕藏의 「大藏目錄」에는 "妙吉祥菩薩陁羅尼 … 虛空藏菩薩陁羅尼幷一卷"이란 내용이 기재되어 있다.

③ 동국대 영인본 『高麗大藏經·總目錄』에는 5개 경전의 경명이 기재되어 있고, 경 번호 ‘K.1230’과 속번호 ‘-1’~‘-5’(‘K.1230-1’~‘K.1230-5’)가 기재되어 있다.

(7) 「불설대길상다라니경」과 「보현다라니」6

① 「佛說大吉祥陁羅尼經」과 「寶賢陁羅尼經」이 재조장본에는 한 권에 수록되어 있다.

② 再雕藏의 「大藏目錄」에는 "佛說大吉祥陁羅尼經 寶賢陁羅尼經 大吉祥經幷一卷"이란 내용이 기재되어 있다.

③ 동국대 영인본 『高麗大藏經·總目錄』에는 2개 경전의 경명이 기재되어 있고, 경 번호 ‘K.1238’과 속번호 ‘-1’, ‘-2’(‘K.1238-1’, ‘K.1238-2’)가 기재되어 있다.

(8) 「구면연아귀경」과 合卷된 경전

① 「救面然餓鬼經」의 재조장본에는 「救面然餓鬼經」 다음에 「甘露經陁羅尼呪」, 「甘露陁羅尼呪」17) 등 총3개의 경전이 한 권에 수록되어 있다.

② 再雕藏의 「大藏目錄」에는 "救面然餓鬼經一卷"이란 내용만이 기재되어 있다.

③ 동국대 영인본 『高麗大藏經·總目錄』의 「救面然餓鬼經」에는 경 번호 ‘K.474’가 기재되어 있고, 「甘露經陁羅尼呪」와 「甘露陁羅尼呪」는 「救面然餓鬼經」 아래에 그 경명만 기재되어 있으며, 속번호는 기재되어 있지 않다.

(9) 「잡아함경」과 「칠처삼관경」

① 「雜阿含經」과 「七處三觀經」18)이 재조장본에는 한 권에 수록되어 있다.

② 再雕藏의 「大藏目錄」에는 "雜阿含經一卷"이란 내용만이 기재되어 있다.

③ 동국대 영인본 『高麗大藏經·總目錄』에는 「雜阿含經」의 경명만이 기재되어 있고, 경 번호 ‘K.0745’가 기재되어 있으며, 「七處三觀經」은 빠져있다.

(10) 「방우경」과 「고수경」

① 「放牛經」과 「枯樹經」이 재조장본에는 한 권에 수록되어 있다.

② 再雕藏의 「大藏目錄」에는 "放牛經一卷"이란 내용만이 기재되어 있다.

③ 동국대 영인본 『高麗大藏經·總目錄』에는 「放牛經」의 경명만이 기재되어 있고, 경 번호 ‘K.0746’

---

17) 「甘露陁羅尼呪」는 재조장에만 수록되어 있는 경전이다(『中華大藏經』24책, p.181의 중단 제1항).

18) 「七處三觀經」(총4장)은 趙城藏과 資福藏, 磧砂藏 普寧藏, 永樂南藏, 徑山藏, 淸藏(『中華大藏經』34책, p.354) 그리고 再雕藏(『高麗大藏經』19책, p.709)에는 「雜阿含經」(經順: 745) 뒤에 수록되어 있고, 초조장 남선사본에는 「七處三觀經」(經順: 738, 총24장) 뒤에 수록되어 있다.

이 기재되어 있으며, 「枯樹經」은 빠져있다.

(11) 「성염만덕가위노왕입성대신험염송법」과 合卷된 경전

① 「聖閻曼德迦威怒王立成大神驗念誦法」의 재조장본에는 「聖閻曼德迦威怒王立成大神驗念誦法」 다음에 「大乘方廣曼殊室利菩薩華嚴本教閻曼德迦忿怒王眞言大威德儀軌品第三十」, 「大方廣曼殊室利童眞菩薩華嚴本教讚閻曼德迦忿怒王眞言阿毗遮巫迦儀軌品第三十一」, 「大方廣曼殊室利童眞菩薩華嚴本教閻曼德加忿怒王品第三十二」 등 총4개의 경전이 한 권에 수록되어 있다.

② 再雕藏의 「大藏目錄」에는 "聖閻曼德迦威怒王立成大神驗念誦法一卷"이란 내용만이 기재되어 있다.

③ 동국대 영인본 『高麗大藏經·總目錄』에는 4개 경전의 경명이 기재되어 있고, 경 번호 'K.1351'과 속번호 '-1', '-4'('K.1351-1', 'K.1351-4')가 기재되어 있다.

이상과 내용을 표로 정리하면 다음의 〈표 3〉 "한 권에 합권되어 있는 여러 경전"과 같다.

이제 〈표 2〉 "재조장에 수록된 경전의 수량" 및 〈표 3〉 "한 권에 합권되어 있는 여러 경전"의 내용을 바탕으로 재조장 경전의 종수와 권수에 대해서 자세히 살펴보고자 한다.

먼저 종수에 대해서 분석해 보면 다음과 같다.

첫째, 한 권에 합권되어 있는 여러 경전(총11권으로 합권된 45종의 경전)을 1종(45종의 경전을 11종의 경전으로 간주함. 〈표 3〉의 '종수 A' 참조)[19]으로 간주하여 산정된 재조장 경전의 종수는 1496종이다.

둘째, 한 권에 합권되어 있는 여러 경전을 각각 개별 경전 1종(45종의 경전을 45종의 경전으로 간주함. 〈표 3〉의 '종수 B' 참조)[20]으로 간주하여 산정된 재조장 경전의 종수는 1530종이다.

〈표 3〉 한 권에 합권되어 있는 여러 경전

순차	經順	종수			한 권에 合卷된 여러 경전	장수
		A	B	C		
1	0438-1	1	8	1	佛說摩尼羅亶經一卷 此含六經	10
	0438-2				佛說呪時氣病經	
	0438-3				佛說檀特羅麻油述經	
	0438-4				佛說辟余賊害呪經	
	0438-5				佛說呪小兒經	
	0438-6				佛說呪齒經	
	0438-7				佛說呪目經	
	0438-8				佛說安宅陀羅尼呪經	
2	1142	1	2	2	寶生陀羅尼 蓮花眼陀羅尼經同卷	3
	1143					
3	1224-1	1	12	1	俱枳羅陀羅尼經	25
	1224-2				消除一切災障寶髻陀羅尼經	
	1224-3				妙色陀羅尼經	
	1224-4				栴檀香身陀羅尼經	
	1224-5				鉢蘭那賒嚩哩弭弥大陀羅尼經	
	1224-6				宿命智陀羅尼經	
	1224-7				慈氏菩薩誓願陀羅尼經	
	1224-8				滅除五逆罪大陀羅尼經	
	1224-9				無量功德陀羅尼經	

---

19) 한 권에 합권되어 있는 여러 경전을 1종으로 간주한 경우는 모두 11건이다.
20) 한 권에 합권되어 있는 여러 경전을 각각 개별 경전 1종으로 간주한 경우는 모두 45건이다.

	1224-10				十八臂陀羅尼經	
	1224-11				洛叉陀羅尼經	
	1224-12				辟除諸惡陀羅尼經 俱抵羅等十二經合一卷	
4	1225	1	2	2	三身讚 曼殊室利菩薩吉祥伽陀幷一卷	6
	1226					
5	1228-1	1	3	1	八大靈塔名號經 八大靈塔梵讚	7
	1228-2					
	1228-3				三身梵讚幷一卷	
6	1230-1	1	5	1	妙吉祥菩薩陀羅尼	7
	1230-2				無量壽大智陀羅尼	
	1230-3				宿命智陀羅尼	
	1230-4				慈氏菩薩陀羅尼	
	1230-5				虛空藏菩薩陀羅尼幷一卷	
7	1238-1	1	2	1	佛說大吉祥陀羅尼經	5
	1238-2				寶賢陀羅尼經 大吉祥幷一卷	
8	0474-1	1	3	1	救面然餓鬼經一卷	5
	0474-2				甘露經陀羅尼呪	
	0474-3				甘露陀羅尼呪	
9	0745-1	1	2	1	雜阿含經一卷	30
	0745-2				七處三觀經	
10	0746-1	1	2	1	放牛經一卷	7
	0746-2				枯樹經	
11	1351-1	1	4	1	聖閻曼德迦威怒王立成大神驗念誦法 一卷	28
	1351-2				大乘方廣曼殊室利菩薩華嚴本敎閻曼德迦忿怒王眞言大威德儀軌品第三十	
	1351-3				大方廣曼殊室利童眞菩薩華嚴本敎讚閻曼德迦忿怒王眞言阿毗遮巫迦儀軌品第三十一	
	1351-4				大方廣曼殊室利童眞菩薩華嚴本敎閻曼德迦忿怒王品第三十二	
		11	45	13	45-11 = 34종, 45-13 = 32종. A: 1496종, B: 1530종, C: 1498종	

한편, 종래의 발표와 주장(〈표 1〉 "재조장 경전의 종수와 권수에 대한 종래의 주장")에서 언급된 재조장 경전의 종수는 대부분 한 권에 합권되어 있는 여러 경전을 1종으로 간주하여 산정된 것으로 보인다. 그럼에도 불구하고 서수생 선생의 '1500종'·'1524종', 동국대학교의 '1498종', 천혜봉 선생의 '1547종', 박상국 선생의 '1497종', 해인사의 '1524종' 등은 필자가 산정해 낸 결과와 다르다.

이 가운데 동국대학교의 '1498종'은 한 권으로 合卷되어 있는 「寶生陀羅尼」(K.1142)와 「蓮花眼陀羅尼經」(K.1143) 그리고 「三身讚」(K.1225)과 「曼殊室利菩薩吉祥伽陀」(K.1226)를 각각 개별 경전으로 간주하여 합권된 2종의 경전을 분리하여 4종의 경전으로 산정한 결과이다. 그리고 서수생 선생의 '1524종'은 이에 대한 내역이 선생의 논문에 제시되지는 않았지만, 필자의 생각에 '1524종'은 「대장목록」경전 1496종 + 중복 「大敎王經」 1종 + 기타 27종('기타 27권')의 합계로 추정된다. '기타 27권'은 서수생 선생이 재조장 경전 가운데 총11권으로 合卷된 45종의 경전 가운데 27종의 경전을 총11권에서 분리하여 각각 1권으로 간주하여 27권으로 산정한 것[21]인데, 이 '기타 27권'의 '권'을 '종'으로 간주하면 '기타 27종'이 된다. 기타 나머지는 그 차이의 원인이 미상이다.

다음으로 권수에 대해서 분석해 보면 다음과 같다.

---

21) '기타 27권'은 재조장 경전 가운데 총11권으로 合卷된 45종의 경전 가운데 27종의 경전(佛說呪時氣病經 / 佛說檀特羅麻油述經 / 佛說辟除賊害呪經 / 佛說呪小兒經 / 佛說呪齒經 / 佛說呪目經 / 佛說安宅陀羅尼呪經 / 蓮花眼陀羅尼經 / 消除一切災障寶髻陀羅尼經 / 妙色陀羅尼經 / 栴檀香身陀羅尼經 / 鉢蘭那賒嚩哩弱大陀羅尼經 / 宿智陀羅尼經 / 慈氏菩薩誓願陀羅尼經 / 滅除五逆罪大陀羅尼經 / 無量功德陀羅尼經 / 十八臂陀羅尼經 / 洛叉陀羅尼經 / 辟除諸惡陀羅尼經 / 三身讚 / 八大靈塔名號經 / 八大靈塔梵讚 / 無量壽大智陀羅尼 / 宿命智陀羅尼 / 慈氏菩薩陀羅尼 / 虛空藏菩薩陀羅尼 / 寶賢陀羅尼經)을 총11권에서 분리하여 각각 1권으로 간주하여 27권으로 산정한 것이다(徐首生 著 南權熙 補編, 『세계기록유산 해인사 팔만대장경과 사간판 연구』, 淸州古印刷博物館, 2009. p.65). 결국 서수생 선생은 11권 11종의 경전(한 권에 합권된 여러 경전을 1종으로 간주할 경우) 또는 11권 45종의 경전(한 권에 합권된 여러 경전을 각각 1종으로 간주할 경우)을 38권에 합권된 45종의 경전으로 산정한 것이다.

첫째, 한 권에 합권되어 있는 여러 경전(총11권으로 합권된 45종의 경전)을 1종(45종의 경전을 11종의 경전으로 간주함)으로 간주하여 산정된 재조장 경전의 권수는 6555권이다.

둘째, 한 권에 합권되어 있는 여러 경전을 각각 개별 경전 1종(45종의 경전을 45종의 경전으로 간주함)으로 간주하여 산정된 재조장 경전의 권수 역시 6555권이다. 권수의 算定에서 1종의 경전이 한 권으로 製冊되었다면 1권으로 산정되고, 여러 종의 경전이 한 권으로 제책되었다면 이 역시 1권으로 산정되며, 한 경전의 여러 권이 한 권으로 제책되었다면 이 또한 1권으로 산정되는 것이다.

한편, 종래의 발표와 주장(〈표 1〉 "재조장 경전의 종수와 권수에 대한 종래의 주장")에서 언급된 재조장 경전의 권수인 『高麗板大藏經印刷顛末』의 '6566[6569]권'(「대장목록」 3권이 제외된 권수는 6566권이고 포함된 권수는 6569권임), 서수생 선생의 '6569권'·'6606권', 천혜봉 선생의 '6547권', 박상국 선생의 '6561권'·'6558권'·'6568권', 해인사의 '6569권' 등은 필자가 산정해 낸 결과와 다르다.

이 가운데 『高麗板大藏經印刷顛末』의 '[6569]권'과 서수생 선생의 '6569권'은 필자가 산정한 6555권에 비해 14권이 더 많다. 필자는 「御製蓮華心輪廻文偈頌」(K.1258) 二十五卷(合十一卷)을 11권으로 산정한 반면 『高麗板大藏經印刷顛末』[22]과 서수생 선생의 『세계기록유산 해인사 팔만대장경과 사간판 연구』[23]에서는 25권으로 산정한 결과이다. 그리고 서수생 선생의 '6606권'은 「대장목록」 경전 6569권 ('6569권'은 「御製偈頌」 25卷 合11卷을 25권으로 산정한 것임. 만약 11권으로 산정하면 '6555권'임) + 중복 「大敎王經」 10권 + '기타 27권'('기타 27권'은 서수생 선생이 재조장 경전 가운데 총11권으로 合卷된 45종의 경전 가운데 27종의 경전을 총11권에서 분리하여 각각 1권으로 간주하여 27권으로 산정한 것임)의 합계이다.[24] 기타 나머지는 그 차이의 원인이 미상이다.

3. 결언

본 연구는 재조대장경 경전의 종수와 권수에 대한 종래의 주장을 살펴본 다음 필자의 새로운 주장을 피력한 것이다. 본 연구에서는 재조대장경 경전의 종수와 권수에 대한 타당하고 정확한 수량을 산정해 내기 위해 먼저 「대장목록」에 기재된 경전의 경명과 권수 및 재조장에 수록된 모든 경전과 그 권수를 조사하여 하나의 표 속에 경명과 해당 경전의 권수를 입력하였다. 다음으로 컴퓨터에서 전산처리를 통하여 독립된 경전의 종수와 권수를 산출해 내었고, 한 권으로 合卷되어 있는 경전을 포함한 재조장 경전의 종수와 권수를 산출해 내었다. 그 결과 재조장에 수록된 경전은 1496[1530]종('1496종'은 한 권으로 合卷되어 있는 여러 경전을 1종으로 간주해서 산정된 것이고, 각괄호([ ]) 안의 '1530종'은 한 권으로 合卷되어 있는 여러 경전을 각각 개별 경전 1종으로 간주해서 산정된 것임), 6555권인 것으로 나타났다.

---

22) 1915년 인출되어 현재 일본 泉涌寺에 소장되어 있는「御製蓮華心輪廻文偈頌」은 折帖裝本 25帖(즉 25권)으로 제책된 것이다(이 내용은 日本 佛敎大學의 馬場久幸 敎授가 확인해준 것임). 한편 1915년 인출된 것 가운데 하나인 선장본의 목록인 「大藏經綴本目錄」(규장각소장본)에도 25권으로 기재되어 있다.

23) 徐首生 著 南權熙 補編, 『세계기록유산 해인사 팔만대장경과 사간판 연구』, 淸州古印刷博物館, 2009. p.54.

24) 徐首生 著 南權熙 補編, 『세계기록유산 해인사 팔만대장경과 사간판 연구』, 淸州古印刷博物館, 2009. p.65.

Ⅱ. 해인사 팔만대장경 경전의 구성과 수량

1. 서언

종래 해인사 팔만대장경 경전의 수량에 대해서는 정론이 없이 중구난방인 것이 작금의 현실이다. 때문에 정확한 기준에 의거하여 공식적으로 인정할 만한 수량 결정이 요구되고 있다.

팔만대장경 경전의 정확한 수량 산정과 올바른 이해를 위해 객관적으로 인정될 수 있는 수량을 산출해 내는 것이 본 연구의 목적이다. 이를 위해 본 연구에서는 먼저 팔만대장경 경전의 구성을 파악한 후에 구성별로 경전의 수량을 산정할 것이다. 다음으로 팔만대장경의 전체 경전 수량을 산출해 내고, 종래에 발표된 내용과 비교 분석을 진행할 것이다.

본 연구에서 도출될 연구 결과는 향후 정론적인 해인사 팔만대장경 경전의 수량을 확정하는데 하나의 작은 단서가 될 것으로 기대한다.

2. 팔만대장경의 구성별 경전 수량

필자가 파악한 해인사 팔만대장경 경전은 『대장목록』 경전 / 『보유목록』 경전 / 중복된 경전(『대교왕경』 10권) 등으로 구성되어 있다. 본 장에서는 팔만대장경 경전의 구성별로 경전의 수량을 산정해 보고자 한다.

1)「대장목록」 경전의 수량

필자가 산정한 「대장목록」(즉 再雕藏) 경전의 수량은 두 가지이다. 첫째는 한 권에 합권되어 있는 경전(총11권으로 합권된 45종의 경전)을 1종으로 간주하여 산정한 결과 「대장목록」 경전의 수량은1496종 6555권으로 산정되었다(45종의 경전을 11종의 경전으로 간주한 것임). 둘째는 한 권에 합권되어 있는 경전(총11권으로 합권된 45종의 경전)을 각각 개별 경전 1종으로 간주하여 산정한 결과 「대장목록」 경전의 수량은 1530종 6555권으로 산정되었다(45종의 경전을 45종의 경전으로 간주한 것임).

다음으로 1496[1530]종 6555권의 「대장목록」(즉 再雕藏) 경전을 구성별로 종수와 권수 및 帙數를 살펴보면 다음과 같다.

① 天(1)~英(480)函의 '開元錄藏 經典'(K.0001~K.1087) : 1087[1098]종[1] 5061권 480질

---

1) '1087종'은 한 권으로 合卷되어 있는 여러 경전을 1종으로 간주해서 산정된 것이고, 각괄호([ ]) 안의 '1098종'은 한 권으로 合卷되어

② 杜(481)~轂(510)함의 '宋新譯經 A'(K.1088~K.1256) : 167[187]종[2] 279권 30질

③ 振(511)~侈(515)함의 「隨函錄」(K.1257) : 1종 30권 5질

④ 富(516)~輕(520)함의 '宋 太宗 御製'(K.1258~K.1261)는 4종 57권 5질

⑤ 策(521)~實(524)함의 「新譯華嚴經」(K.1262) : 1종 40권 4질

⑥ 勒(525)~銘(528)함의 「新華嚴經論」(K.1263) : 1종 40권 4질

⑦ 磻(529)~合(548)함의 '貞元錄經'(K.1264~K.1388) : 125[128]종[3]종 202권 20질

⑧ 濟(549)~綺(553)함의 '開元錄에 遺漏된 經典'(K.1389~K.1395) : 7종 47권 5질

⑨ 廻(554)·漢(555)함의 「大宗地玄文論」(K.1396)·「釋摩訶衍論」(K.1397) : 2종 30권 2질

⑩ 惠(556)함의 「續開元錄」·「續貞元錄」·「釋法琳別傳」(K.1398~K.1400) : 3종 7권 1질

⑪ 說(557)~丁(560)함의 「貞元錄」(K.1401) : 1종 30권 4질

⑫ 俊(561)~密(563)함의 「校正別錄」(K.1402) : 1종 30권 3질

⑬ 勿(564)~寔(567)함의 「大般涅槃經」(K.1403) : 1종 36권 4질

⑭ 寧(568)~楚(570)함의 「佛名經」(K.1404) : 1종 30권 3질

⑮ 更(571)함의 「大藏目錄」(K.1405) : 1종 3권 1질

⑯ 覇(572)~何(585)함의 「法苑珠林」(K.1406) : 1종 100권 14질

⑰ 遵(586)~塞(628)함의 '宋新譯經 B'(K.1407~K.1496) : 90종 423권 43질

⑱ 鷄(629)함의 「續一切經音義」(K.1497) : 1종 10권 1질

⑲ 田(630)~洞(639)함의 「一切經音義」(K.1498) : 1종 100권 10질

⑳ 「대장목록」(즉 再雕藏) 경전 : 1496[1530]종 6555권 639질

이상의 내용을 표로 정리하여 제시하면 부록의 〈표 1〉 "재조장의 구성별 경전의 종수와 권수 및 질수"와 같다(〈표 1〉에서 '經順(K.0001~1498)'은 동국대학교에서 영인 배포한 『고려대장경』의 개별 경전에 매겨진 經番號(K.0011~1498)임. '種數A'는 한 권으로 合卷되어 있는 여러 경전을 1종으로 간주해서 산정된 것이고, '種數B'는 한 권으로 合卷되어 있는 여러 경전을 각각 개별 경전 1종으로 간주해서 산정된 것임).

「대장목록」 경전의 종수와 권수의 수량을 산정할 때 주의해야할 사항이 세 가지가 있다. 첫째는 재조장의 경전 가운데 총11권으로 합권된 45종 경전의 종수 산정이고, 둘째는 "「御製蓮華心輪廻文偈頌」 (K.1258) 二十五卷(合十一卷)"의 권수 산정이며, 셋째는 「대장목록」 1종 3권의 종수 권수 산정이다.

있는 여러 경전을 각각 개별 경전 1종으로 간주해서 산정된 것이다.

2) ① '167종'은 한 권으로 合卷되어 있는 여러 경전을 1종으로 간주해서 산정된 것이고, 각괄호([ ]) 안의 '187종'은 한 권으로 合卷되어 있는 여러 경전을 각각 개별 경전 1종으로 간주해서 산정된 것이다.
② "宋新譯經 A"에 해당되는 경전 가운데 「寶生陀羅尼」(K1142)과 「蓮華眼陀羅尼經」(K1143)은 두 개의 경전이 1권('同卷')으로 合卷된 것이고, 「佛三身讚」(K1225)와 「曼殊室利菩薩吉祥伽陀」(K1226)도 1권('幷一卷')으로 합권된 것이다. 한편 동국대학교에서 영인 배포한 『고려대장경』에는 각각 2개의 경전으로 분리되어 총4개 경전의 經番號가 부여되어 총4종의 경전으로 취급했다. 그러나 『연화안다라니경』은 「보생다라니경」과 합권된 것이고, 「만수실리보살길상가타」는 「불삼신찬」과 합권된 것이기 때문에 합권된 경전을 1종으로 산정할 경우 경전의 종수는 2종으로 산정된다.

3) '125종'은 한 권으로 合卷되어 있는 여러 경전을 1종으로 간주해서 산정된 것이고, 각괄호([ ]) 안의 '128종'은 한 권으로 合卷되어 있는 여러 경전을 각각 개별 경전 1종으로 간주해서 산정된 것이다.

첫째, 재조장 경전 가운데 총11권으로 합권된 45종 경전[4](총11권으로 합권된 45종 경전을 표로 정리하여 제시하면 부록의 〈표 2〉 "재조장 경전 가운데 한 권에 합권되어 있는 여러 경전"과 같다)의 종수 산정은 다음과 같이 다양하게 산정될 수 있다.

① 한 권에 합권되어 있는 여러 경전(총11권으로 합권된 45종의 경전)을 1종으로 간주하여 산정할 경우(45종의 경전을 11종의 경전으로 간주함), 「대장목록」 경전의 종수는 1496종이다.

② 한 권에 합권되어 있는 여러 경전(총11권으로 합권된 45종의 경전)을 각각 개별 경전 1종으로 간주하여 산정할 경우(45종의 경전을 45종의 경전으로 간주함), 「대장목록」 경전의 종수는 1530종이다.

③ 한 권에 합권되어 있는 여러 경전(총11권으로 합권된 45종의 경전) 가운데 「대장목록」에 합권된 것으로 기재된 경전만을 각각 개별 경전 1종으로 간주하여 산정할 경우(7권으로 합권된 33종의 경전을 7종이 아닌 33종의 경전으로 간주함), 「대장목록」 경전의 종수는 1522종이다.

④ 한 권에 합권되어 있는 여러 경전(총11권으로 합권된 45종의 경전) 가운데 「대장목록」에 합권된 것으로 기재된 경전만을 각각 개별 경전 1종으로 간주하여 산정하고(7권으로 합권된 33종의 경전을 7종이 아닌 33종의 경전으로 간주함), 「대장목록」에 기재되지 않았지만 재조장본 「佛說摩尼羅亶經」(K.0438-1)의 「佛說呪目經」(K.0438-7) 다음에 수록되어 있는 「佛說安宅陀羅尼呪經」(K.0438-8) 1종을 포함하여 산정하면 「대장목록」 경전의 종수는 1523종이 되고, 여기에다 중복된 경전 『대교왕경』 1종을 포함하게 되면 「대장목록」 경전의 종수는 1524종이 된다.

둘째, "「御製蓮華心輪迴文偈頌」(K.1258) 二十五卷 合十一卷"[5]의 권수 산정은 다음과 같이 산정될 수 있다.

① 「御製蓮華心輪迴文偈頌」(이하 「御製偈頌」)의 권수를 11권으로 간주하면 「대장목록」 경전의 권수는

---

4) 총11권으로 합권된 45종 경전 가운데 **첫째** 「대장목록」에 합권된 것으로 기재된 경전은 〈표 2〉 "재조장 경전 가운데 한 권에 합권되어 있는 여러 경전"에서 제1항~제7항의 경전 7[33]종(한 권으로 合卷되어 있는 여러 경전을 각각 개별 경전 1종으로 간주할 경우 33종임. 제1항의 「佛說安宅陀羅尼呪經」(K.0438-8)은 「대장목록」에 기재되지 않았지만 재조장본 「佛說摩尼羅亶經」(K.0438-1)의 「佛說呪目經」(K.0438-7) 다음에 수록되어 있음]이다. **둘째** 「대장목록」에 합권된 것으로 기재되어 있지는 않지만 재조장본에 실재 합권되어 있는 경전은 〈표 2〉에서 제8항~제11항의 경전 4종(한 권으로 合卷되어 있는 여러 경전을 각각 개별 경전 1종으로 간주할 경우 11종)과 제1항의 「佛說安宅陀羅尼呪經」(K.0438-8) 1종을 포함하여 모두 12종(한 권으로 合卷되어 있는 여러 경전을 각각 개별 경전 1종으로 간주한 것임)이다. **셋째** 「대장목록」에 합권된 것으로 기재된 경전 7[33]종과 「대장목록」에 합권된 것으로 기재되어 있지는 않지만 재조장본에 실재 합권되어 있는 경전 4[12]종을 합하면, 재조장 경전 가운데 11권에 합권되어 있는 경전의 종수는 11[45]종이다(한 권으로 合卷되어 있는 여러 경전을 1종으로 간주하면 11종이고, 한 권으로 合卷되어 있는 여러 경전을 각각 개별 경전 1종으로 간주하면 45종임).

5) ① 「御製蓮華心輪迴文偈頌」(K.1258) 二十五卷(合十一卷)은 「대장목록」에 "富函 入十一卷 入紙十三牒十五張 御製蓮華心輪迴文偈頌二十五卷 合十一卷"으로 기재되어 있다. 참고로 25권 각권의 장수는 다음과 같다.
제1권(18장), 제2권(13장), 제3권(12장), 제4권(12장), 제5권(12장), 제6권(12장), 제7권(12장), 제8권(12장), 제9권(14장), 제10권(13장), 제11권(12장), 제12권(12장), 제13권(13장), 제14권(13장), 제15권(13장), 제16권(12장), 제17권(13장), 제18권(13장), 제19권(12장), 제20권(12장), 제21권(4장), 제23권(3장), 제23권(5장), 제24권(3장), 제25권(5장).
② 「御製蓮華心輪迴文偈頌」은 宋 太宗의 著作인데 『大中祥符法寶錄』에 「蓮華心輪廻文偈頌」 11권이 太平興國 8년(983)에 완성된 이후 20인이 注解를 가한 다음 대장경에 入藏된 것으로 기록되어 있다(蓮華心輪廻文偈頌 一十一卷 右此頌文 … 太平興國八年(983)成 是年三月上遣 … 等二十人爲之注解 … 詔以其文編聯入藏). 한편 『天聖釋敎總錄』에는 "蓮華心輪迴文偈頌一部 二十五卷合一十一卷 上一部一十一卷一帙 橫字號"와 같이 「대장목록」과 똑같은 내용으로 되어 있는 것으로 보아 이 「御製偈頌」은 원래 내용은 25권으로 편제되었지만 물리적으로는 11권으로 제책되었던 것으로 판단된다.
㉠ 『대중상부법보록』 22卷은 北宋의 趙安仁, 楊憶, 惟淨 등이 大中祥符 6년(1013)에 편찬한 목록인데 太平興國 7년(982)부터 大中祥符 4년(1011)까지 新譯된 경전 및 宋 太宗의 御製 등 222部 413卷이 기재되어 있다.
㉡ 『천성석교총록』은 北宋의 惟淨 등이 天聖 5년(1027)에 편찬한 목록인데 東漢부터 天聖 5년(1027)까지 漢譯된 경전 및 중국에서 찬술된 불전 등 1,496部 6,208卷 602帙이 기재되었던 것으로 파악되고 있다.

6555권이 된다. 「御製偈頌」이 내용적으로는 25권으로 편제되었지만 고려 재조장 「御製偈頌」은 卷軸裝本 11권으로 製冊된 것으로 판단된다.

② 「御製偈頌」의 권수를 25권으로 간주하면 「대장목록」 경전의 권수는 6569권이 된다. 1915년 인출되어 현재 일본 泉涌寺에 소장되어 있는 「御製蓮華心輪迴文偈頌」은 折帖裝本 25帖(즉 25권)으로 제책된 것이다(이 내용은 日本 佛教大學의 馬場久幸 教授가 확인해준 것임). 그리고 1915년 인출된 것 가운데 하나인 선장본의 목록인 「大藏經綴本目錄」(규장각소장본)에도 25권으로 기재되어 있다.

셋째, 「御製偈頌」의 권수를 25권으로 간주하여 산정한 「대장목록」 경전의 수량 1496종 6569권에서 「대장목록」 1종 3권을 제외할 경우 그 수량은 1495종 6566권이 된다.

2) 「보유목록」 경전의 수량

「補遺目錄」에 수록되어 있는 15종의 경전에 대해서 간단히 소개하면 다음과 같다. 「종경록」은 1246년부터 1248년까지 南海分司都監)에서 開板된 것이다. 「조당집」·「수현기」·「화엄경탐현기」에는 1245년(고종 32) 분사대장도감이 판각한 간기가 표시되어 있다. 「증도가사실」은 都官郎中인 全光宰의 기록에 의하면 대장도감분사의 책임을 겸임하고 있던 卞韓道의 안찰사가 崔怡의 壽福을 빌기 위하여 1248년에 간행한 것이다. 「금강삼매경론」은 최이의 처남으로서 南海에 살면서 간경에 종사해 온 鄭晏이 1244년에 간행한 것이다. 「법계도」는 「증도가사실」과 같은 판식의 소형본인 점에서 대장도감분사에서 개판된 것임을 알 수 있다. 「선문염송집」은 최이의 서자인 萬宗이 海藏分司에서 공인을 모집하여 간행한 것이다. 「십구장원통초」·「화엄지귀장원통초」·「화엄삼보장원통기」·「화엄교분기원통초」는 江都 또는 江華京에서 1250년부터 1251년까지 적은 기록이 있는데, 그 간행처는 자세히 밝히지 않고 있다. 「자비도량참법」은 版心이 없는 無界의 卷子本형식으로 고려의 판각이다. 남송 陳實이 편찬한 「대장일람」은 조선 전기에 간행되고, 「예념미타도량참법」은 1502년(연산군 8)에 중각된 것이다.[6]

필자가 산정한 「補遺目錄」(1865년에 작성된 목록임)[7] 경전의 수량은 세 가지이다. 첫째로 「보유목록」에 기재된 경전의 권수 가운데 잘못 기재된 수량[8] 그대로 계산한 바 15종 233권 24질로 산정되었다. 둘째로 「보유목록」에 기재된 경전의 권수 가운데 잘못 기재된 수량을 교정하여 계산한 바 15종 231권 24질로 산정되었다.[9] 셋째로 「보조선총독부에서유목록」에 기재된 경전 가운데 「搜玄記」의 권수

---

6) 『한국민족문화대백과사전』(http://encykorea.aks.ac.kr) / '대장경목록'(집필자 천혜봉 1996년).

7) ① "歲乙丑 余在此 參印經事矣 閱板校訂 宗鏡錄等一五部二百三十一卷 錄中不參 而亦板章頭 不書某字 印者印難 校者校力 故印事畢後 與退庵公鎌佑議 命剞剛氏 舊錄漏者 已補 某部板頭 惟書某冊幾張 而不書某字 可欠也 然前人之事 目存此者 不誅於我爾 / 五月下浣 海冥壯雄 誌 / 比丘 希一 書" 『補遺目錄』
② "印成大藏經跋 末尾에도 「同治四年 乙丑年 秋九月 下浣 海冥壯雄述」이라고 보이며 壯雄이 高宗 2년 을축년에 대장경 두 벌을 發願印成하여 五臺와 雪嶽에 각각 안치한 시실을 기록하였다"(徐首生, 「大藏經의 二重板과 補遺板 研究」, 『東洋文化研究』 4집, 경북대 동양문화연구소, 1977. p.8).
③ 오대산에 안장된 것이 현재 오대산 월정사에 전하는 월정사본이다(金芳蔚, 「月精寺所藏 高麗在彫大藏經 印經本에 대하여」, 『서지학보』 31, 2007, p.165).

8) 「보유목록」에 기재된 경전의 권수 가운데 「金剛三昧經論」은 권수가 '2권'으로 기재되어 있는데, 이 '2권'은 '3권'의 오류로 판단된다. 그리고 「搜玄記」는 권수가 '8권'으로 기재되어 있는데, 이 '8권'은 '5권'의 오류로 판단된다.

9) 「보유목록」을 작성한 海冥壯雄은 「보유목록」 발문에서 「보유목록」 경전의 수량을 "宗鏡錄" 등 15종 231권("宗鏡錄等 一五部二百三十一卷")으로 기술했다. 그런데 「보유목록」에 기재된 경전의 권수 그대로 계산하게 되면 15종 233권이 된다. 그러나 「金剛三昧經論」의 권수를

‘5권’을 ‘10권’으로 간주하여 계산한 바 15종 **236권** 24질로 산정되었다.

종래에 발표된 「보유목록」 경전의 수량 가운데, 「보유목록」을 작성한 海冥壯雄의 「보유목록」 跋文에는 필자의 두 번째 산정 결과와 동일하게 ‘15종 231권’(“補遺 15種 236卷”)으로 기재되어 있다.[10) 그리고 『高麗板大藏經印刷顚末』에는 필자의 세 번째 산정 결과와 동일하게 ‘15종 236권’(“補遺 15種 236卷”)으로 기재되어 있다.[11)

한편, 동국대 영인본 『高麗大藏經·總目錄』에는 「보유목록」에 經番號 ‘K.1514’가 매겨진 것으로 보아 「보유목록」 경전의 수량을 「보유목록」 포함 16종으로 파악한 것으로 생각된다. 다른 한편 서수생 선생은 「보유목록」 경전의 수량을 ‘15종 236권’·‘17종 238권’ 등으로 기술하였다.[12)

이상의 내용을 표로 정리하여 제시하면 부록의 〈표 3〉 “「보유목록」 경전의 수량”과 같다.

3) 중복 경전 「대교왕경」

再雕藏에 중복되어 있는 경전은 1종이 있는데 바로 「大乘瑜伽金剛性海曼殊室利千臂千鉢大敎王經」(이하 「대교왕경」) 10권이다. 하나는 이 경전의 函號가 ‘溪(530)’로 되어 있는 ‘대장도감판’ 「대교왕경」이고(동국대학교 영인본 『고려대장경』의 저본인 동국대학교소장본), 다른 하나는 函號가 ‘雞(629)’로 되어 있는 ‘분사대장도감판’ 「대교왕경」이다(고려대장경연구소 인경본의 저본인 월정사소장본). 그리고 이들의 경판은 각각 해인사에 남아 있다. 그런데 再雕藏의 목록인 「대장목록」에는 이 「대교왕경」 10권이 溪(530)함에 편차되어 있고, 「續一切經音義」 10권이 雞(629)함에 편차되어 있다. 중복되어 있는 두 판본을 자세히 살펴보면 다음과 같다.

첫째, 函號가 ‘雞(629)’로 된 ‘분사대장도감판’은 趙城藏本(金代에 조성된 대장경으로 개보장 수정본의 복각본임)과 分節, 卷首題 事項 등이 재조장본에서 수정된 내용을 제외하곤 거의 동일하다. 그러나 글자의 자형은 일치하지 않는다. 반면 함호가 ‘溪(530)’로 된 ‘대장도감판’ 「대교왕경」은 趙城藏本과 分

‘2권’에서 ‘3권’으로 교정하고, 「搜玄記」의 권수를 ‘8권’에서 ‘5권’으로 교정한 다음 합계된 수량은 231권이다. 이로 볼 때, 「金剛三昧經論」의 권수 ‘2권’은 ‘3권’의 오류이고, 「搜玄記」의 권수 ‘8권’은 ‘5권’의 오류가 분명한 것으로 판단된다.

10) 「보유목록」 경전 가운데 「搜玄記」는 내용 편제상 각권 상하 5권본이다. 그런데 물리적으로 上下卷을 묶어 5권으로 製冊할 경우 그 권수는 ‘5권’으로 산정되고, 上下卷을 분리하여 총10권으로 製冊할 경우 그 권수는 ‘10권’으로 산정될 것으로 생각된다. 1865년에 작성된 海冥壯雄의 「보유목록」 발문에 「보유목록」 경전의 수량이 ‘15종 231권’으로 기재되어 있는 것을 보면, 1865년 당시 「搜玄記」 5권을 제책할 때 上下卷을 묶어 총5권(線裝本)으로 제책한 것으로 추정된다.

11) ① 『高麗板大藏經印刷顚末』에 「보유목록」 경전의 수량이 ‘15종 236권’(“補遺 15種 236卷”)으로 기재되어 있는 것을 보면, 1915년 당시 「搜玄記」 5권을 제책할 때 上下卷을 분리하여 총10권(帖裝本)으로 제책한 것으로 판단된다.
② 『高麗板大藏經印刷顚末』은 데라우치[寺內正毅] 총독의 지시로 일본 泉涌寺에 헌정하기 위해 1915년(대정 4년 3월 15일~6월 2일까지 80일간) 대장경 6566권(「대장목록」 3권이 제외된 것임), 보유 236권을 인쇄하여 완성하게 된 과정이 기록된 책이다(“經卷ノ數, 目錄三卷, 目錄內 1495種 6566卷, 補遺 15種 236卷.”([편자미상], 「大藏經奉獻始末」(1915), 『高麗板大藏經印刷顚末』, 朝鮮印刷株式會社, 1931. p.11).

12) 徐首生 선생은 먼저 「보유목록」 경전의 수량을 15종 236권인 것으로 기술하였다(徐首生, "伽倻山 海印寺 八萬大藏經 硏究1", 『慶大論文集』 12, 경북대학교, 1968, p.143 및 徐首生 著 南權熙 補編, 『세계기록유산 해인사 팔만대장경과 사간판 연구』, 淸州古印刷博物館, 2009. p.54). 다음으로 「보유목록」 경전의 수량을 17종 238권으로 확정했다. ‘238권’은 「보유목록」 경전 15종 236권에서 「大藏一覽集目錄」을 독립된 1권으로 분리하고, 「補遺目錄」 2장을 추가하여 1권으로 간주해서 산정한 것이다(徐首生, "大藏經의 二重板과 補遺板 硏究", 『東洋文化硏究』 4집, 경북대 동양문화연구소, 1977, p.66. 및 徐首生 著 南權熙 補編, 『세계기록유산 해인사 팔만대장경과 사간판 연구』, 淸州古印刷博物館, 2009. p.66).

節, 卷首題 事項 등이 재조장본에서 수정된 내용을 제외하곤 거의 동일하다. 뿐만 아니라 글자의 자형까지도 일치한다.

둘째, 함호가 '雞(629)'로 된 '분사대장도감판'은 초조장본(개보장 원본을 저본으로 삼고 수정한 다음 필사판각된 것임)을 저본으로 삼아 그 함호인 '雞(629)'까지 복각된 것이고, 「대교왕경」의 함호가 '溪(530)'로 된 '대장도감판'은 개보장본(원본 또는 수정본)을 저본으로 삼고 거란장에 의거하여 수정하고, 함호를 본래의 자리(「大藏目錄」에 기재된 「대승대교왕경」 함차)인 溪(530)함에 배정한 다음 복각한 것으로 추정된다.

한편, 초조장의 溪(530)함에는 譯者名이 '金剛智'로 된 「대교왕경」이 수록되었을 것으로 추정되고, 雞函(629)함에는 譯者名이 '不空'으로 된 「대교왕경」이 수록되었을 것으로 생각된다. 그리고 이들 경전이 초조장에 중복되어 수록된 것은 譯者名이 다르게 기재되어있었기 때문에 다른 종류의 경전으로 이해한데 기인한 것으로 판단된다.

3. 팔만대장경의 전체 경전 수량

1) 필자가 분석한 팔만대장경의 구성별 경전 수량 및 전체 경전 수량

해인사 팔만대장경은 「대장목록」 경전·「보유목록」 경전·중복 경전(「대교왕경」)으로 구성되어 있다. 필자는 앞장에서 「대장목록」 경전의 수량에 대해서 첫째, 한 권에 합권되어 있는 경전을 1종으로 간주하여 산정한 결과 「대장목록」 경전의 수량은1496종 6555권 639질로 산정하였다. 둘째, 한 권에 합권되어 있는 경전을 각각 개별 경전 1종으로 간주하여 산정한 결과 「대장목록」 경전의 수량은 1530종 6555권 639질로 산정하였다.[13]

그리고 「보유목록」 경전의 수량에 대해서 첫째, 「보유목록」에 기재된 경전의 권수 가운데 잘못 기재된 수량 그대로 계산한 바 15종 233권으로 산정하였다. 둘째, 「보유목록」에 기재된 경전의 권수 가운데 잘못 기재된 수량을 교정하여 계산한 바 15종 231권으로 산정하였다. 셋째, 「보유목록」에 기재된 경전 가운데 「搜玄記」의 권수 '5권'을 '10권'으로 간주하여 계산한 바 15종 236권으로 산정하였다. 끝으로 중복 경전(「대교왕경」)은 1종 10권이다.

이제 「대장목록」 경전의 두 가지 산정방식과 「보유목록」 경전의 두 가지 산정방식(앞장에 제시되었던 「보유목록」 경전의 세 가지 산정방식 가운데 첫째의 「보유목록」에 기재된 경전의 권수 가운데 잘못 기재된 수량 그대로 계산한 방식은 제외)을 활용하여 「대장목록」 경전·「보유목록」 경전·중복 경전(「대교왕경」)으로 구성된 팔만대장경 경전의 전체 수량을 산정해 보면 다음과 같다.

첫째①, 「대장목록」 경전 1496종(1530종)[14] 6555권 639질과 「보유목록」에 기재된 경전의 권수 가

---

13) 참고로 '6555권'의 권수는 『御製偈頌』 25권(合11권)을 11권으로 간주하여 산정한 것이다. 만약 25권으로 간주하여 산정하게 되면 6569권이 된다.

운데 잘못 기재된 수량을 교정하여 계산한 수량 15종 231권 24질 및 중복경전(「대교왕경」) 1종 10권 1질을 포함한 팔만대장경의 경전 수량은 1512종(1546종)[15] 6796권 664질로 산정된다(〈표 5-1〉의 합⑦ 참조).

첫째②, 「대장목록」 경전 1496종(1530종) 6555권 639질과 「보유목록」에 기재된 경전의 권수 가운데 잘못 기재된 수량을 교정하여 계산한 수량 15종 231권 24질 및 중복경전(「대교왕경」) 1종 10권 1질에 「보유목록」 1종까지 포함한 팔만대장경의 경전 수량은 1513종(1547종) 6796권 664질로 산정된다(〈표 5-1〉의 합⑧ 참조).

둘째①, 「대장목록」 경전 1496종(1530종) 6555권 639질과 「보유목록」에 기재된 경전의 권수 가운데 「搜玄記」의 권수 '5권'을 '10권'으로 간주하여 계산한 수량 15종 **236권** 24질 및 중복경전(「대교왕경」) 1종 10권 1질을 포함한 팔만대장경의 경전 수량은 1512종(1546종) 6801권 664질로 산정된다(〈표 5-1〉의 합⑦ 참조).

둘째②, 「대장목록」 경전 1496종(1530종) 6555권 639질과 「보유목록」에 기재된 경전의 권수 가운데 「搜玄記」의 권수 '5권'을 '10권'으로 간주하여 계산한 수량 15종 **236권** 24질 및 중복경전(「대교왕경」) 1종 10권 1질에 「보유목록」 1종까지 포함한 팔만대장경의 경전 수량은 1513종(1547종) 6801권 664질로 산정된다(〈표 5-1〉의 합⑧ 참조).

한편, 팔만대장경의 경전{「대장목록」 경전·「보유목록」 경전·중복 경전(「대교왕경」)} 가운데 중복 경전(「대교왕경」)과 「보유목록」 1종을 포함시키지 않은 경전의 수량은 다음과 같다.

첫째③, 「대장목록」 경전 1496종(1530종) 6555권 639질과 「보유목록」에 기재된 경전의 권수 가운데 잘못 기재된 수량을 교정하여 계산한 수량 15종 231권 24질을 포함한 팔만대장경의 경전 수량은 1511종(1545종) 6786권 663질로 산정된다(〈표 5-1〉의 합① 참조).

둘째③, 「대장목록」 경전 1496종(1530종) 6555권 639질과 「보유목록」에 기재된 경전의 권수 가운데 「搜玄記」의 권수 '5권'을 '10권'으로 간주하여 계산한 수량 15종 **236권** 24질을 포함한 팔만대장경의 경전 수량은 1511종(1545종) 6791권 663질로 산정된다(〈표 5-1〉의 합① 참조).

---

14) '1496종(1530종)' 가운데 '1496종'은 「대장목록」(즉 再雕藏) 경전 가운데 한 권에 합권되어 있는 경전을 1종으로 간주하여 산정한 수량이고, 괄호 안의 '1530종'은 한 권에 합권되어 있는 경전을 각각 개별 경전 1종으로 간주하여 산정한 수량이다. 이하 같다.

15) '1512종(1546종)' 가운데 '1512종'은 「대장목록」(즉 再雕藏) 경전 가운데 한 권에 합권되어 있는 경전을 1종으로 간주하여 산정한 수량이고, 괄호 안의 '1546종'은 한 권에 합권되어 있는 경전을 각각 개별 경전 1종으로 간주하여 산정한 수량이다. 이하 같다.

2) 종래에 발표된 팔만대장경의 전체 경전 수량

팔만대장경의 전체 경전 수량에 대해서 종래에 발표된 내용을 조사하여 소개하면 다음과 같다.

① 『高麗板大藏經印刷顚末』[16]의 「大藏經奉獻始末」(이하 「奉獻始末」) 내의 〈由來書〉 / 〈上奏文〉 / 〈천용사에 打電한 내용〉 등에는 팔만대장경의 경전 수량이 1495종 6566권(〈표 5-1〉의 1·2항 참조), 1510종 6802권(〈표 5-1〉의 합② 참조)[17] / 1511종 6802권[필자주: '6802권'은 '6812권'의 잘못임](〈표 5-1〉의 합⑥ 참조)[18] / 『大般涅槃經』 40권이 제외된 경전 수량으로서의 1512종 6779권 660질(〈표 5-1〉의 합⑩ 참조)[19]

---

16) 『高麗板大藏經印刷顚末』[편자미상], 朝鮮印刷株式會社, 1931)은 데라우치[寺内正毅] 총독의 지시로 일본 泉涌寺에 헌정하기 위해 1915년 (대정 4년 3월 15일~6월 2일까지 80일간) 해인사 대장경판을 인쇄하여 완성하게 된 과정이 기록된 보고서 형식의 油印本을 1931년에 朝鮮印刷株式會社에서 다시 발행한 新鉛活字本이다(이 책의 이본 및 구성과 출판 경위 등에 대해서는 "일제시기 고려대장경 조사 및 인경사업"(양혜원, 『한국문화』 91, 규장각한국학연구원, 2020. p.104)). 이 책에는 「卷頭辭」·「大藏經奉獻始末」(〈由來書〉 / 〈上奏文〉 / 〈천용사에 打電한 내용〉)·「大藏經印刷終了報告」·泉涌寺長老 「受領證」 등의 내용으로 구성되어 있다.

17) ① "今日二傳レリ板木ノ數, 81137枚(重複ノ分121枚ヲ除ク), 經卷ノ數, 目錄三卷, 目錄內 1495種 6566卷, 補遺 15種 236卷."([편자미상], 〈由來書〉, 「大藏經奉獻始末」(1915), 『高麗板大藏經印刷顚末』, 朝鮮印刷株式會社, 1931. p.11).
② "目錄內 1495種 6566卷" 가운데 '目錄'은 『大藏目錄』이고, '1495種'은 『大藏目錄』 1種을 제외한 種數로 추측된다. 그리고 '6566卷'은 『대장목록』 경전 가운데 『御製偈頌』(K.1258)을 25권으로 간주하여 산정한 결과로 판단된다. 참고로 1915년 인출되어 현재 일본 泉涌寺에 소장되어 있는 '어제게송'은 折帖裝本 25帖(즉 25권)이다(이 내용은 日本 佛敎大學의 馬場久幸 敎授가 확인해준 것임). 한편 1915년 인출된 것 가운데 하나인 선장본의 목록인 「大藏經綴本目錄」(규장각소장본)에도 25권으로 기재되어 있다.
③ '1495種 6566卷'(〈표 5-1〉의 1·2항 참조)은 『대장목록』 경전 가운데 『大藏目錄』 1種 3권을 제외하고, '어제게송'을 25권으로 간주하여 산정한 수량이다
④ '1510種 6802卷'(〈표 5-1〉의 합② 참조)은 『大藏目錄』 1種 3권을 제외한 『대장목록』 경전 1495종 6566권(『어제게송』을 25권으로 간주함)과 『보유목록』 경전 15종 236권을 포함하여 산정한 수량이다('目錄內 1495種 6566卷'과 '補遺 15種 236卷'을 더하면 1510種 6802권이 됨).

18) ① "高麗再雕本大藏經 … 81258枚, 經典 1511種, 卷數 6802卷[필자주: 6802卷은 6812卷의 잘못임]."(寺内正毅, 〈上奏文〉, 「大藏經奉獻始末」(1915), 『高麗板大藏經印刷顚末』, 朝鮮印刷株式會社, 1931. p.7).
② 「奉獻始末」 내의 〈由來書〉(『高麗板大藏經印刷顚末』 p.11)에 기재된 내용("今日二傳レリ板木ノ數, 81137枚(重複ノ分121枚ヲ除ク), 經卷ノ數, 目錄三卷, 目錄內 1495種 6566卷, 補遺 15種 236卷.")에 의하면, 重複된 경전 『대교왕경』 10권의 경판이 121매이고, 이 경판이 제외된 수가 81137매이며, 중복된 경전 『대교왕경』 10권의 경판 121매를 포함한 총 경판은 81258매이다. 한편, 중복된 경전 『대교왕경』 10권의 경판 121매가 제외된 81137매에 해당되는 경전은 1510종 6802권이고, 중복된 경전 『대교왕경』 10권의 경판 121매가 포함된 81258매에 해당되는 경전은 1511종 6812권인 것으로 판단된다(〈표 5-1〉 "팔만대장경의 구성별 경전 수량 및 종래에 발표된 경전 수량"의 합⑥ 참조). 따라서 '卷數 6802卷'은 '卷數 6812卷'의 잘못으로 보아야 타당하다.
③ 〈上奏文〉에 기재된 '1511종 6802권[필자주: '6802권'은 '6812권'의 잘못임](〈표 5-1〉의 합⑥ 참조)은 『대장목록』 3권이 제외된 『대장목록』 경전 1495종 6566권(『어제게송』을 25권으로 간주함), 『보유목록』 경전 15종 236권, 중복된 경전 『대교왕경』 1종 10권 등을 포함하여 산정한 수량이다.

19) ① "大般涅槃經[40권 4질] 以外ノ660帙(內另外目錄1帙), 1512種(內另外1種), 6779卷(內另外14卷)"([편자미상], 〈천용사에 打電한 내용〉, 「大藏經奉獻始末」(1915), 『高麗板大藏經印刷顚末』, 朝鮮印刷株式會社, 1931. p.13~14).
② '大般涅槃經[40권 4질]'은 일본 大正 천황의 명복을 빌기 위해 먼저 泉涌寺에 보내진 경전이다.
③ 『大般涅槃經』 40권 4질의 수량을 그 다음에 기재된 6779권 660질에 더하면 총 6819권 664질이 된다. 즉 〈천용사에 打電한 내용〉 내에 기재된 '6779권' '660질'은 총수량인 6819권 664질에서 『大般涅槃經』 40권 4질이 제외된 경전 수량으로 추정된다.
④ '內另外目錄1帙'은 『大藏經題箋卷首対照目錄』 4권 1질로 추정된다. 『大藏經題箋卷首対照目錄』은 1915년에 해인사경판의 인출을 완료하고 작성된 인경본의 表題(즉 題箋에 기재된 경명)와 內題(즉 卷首題)의 대조목록이다(鄭炳浣 譯, 1975 "高麗大藏經(再雕)印刷顚末", 『도서관』 200, 국립중앙도서관, 1975. p.53. / 小田幹治郎, 「大藏經印刷終了報告」(1915), 『高麗板大藏經印刷顚末』, 朝鮮印刷株式會社, 1931. p.36).
⑤ 〈천용사에 打電한 내용〉 내에 기재된 '1512種'은 『대장목록』경전 1495종 / 『보유목록』경전 15종 / 『대장목록』 1종 / 중복경전 『大教王經』 1종 / 『大藏經題箋卷首対照目錄』 1종으로 추정된다. 한편, 泉涌寺『受領證』에는 泉涌寺에서 수령된 경전이 1512종으로 기재되어 있는데 1513종의 잘못으로 판단된다. 〈천용사에 打電한 내용〉에 泉涌寺에 보낸 경전의 종수가 1512종(『대반열반경』 1종이 제외된 것임)으로 기재되어 있다. 1512종에 『대반열반경』 1종을 더하면 1513종이 된다. 또한 필자가 산정한 수량도 1513종(『대장목록』 경전 1486종, 『보유목록』 경전 15종, 중복경전 『대교왕경』 1종, 『大藏經題箋卷首対照目錄』 1종)이 된다. 따라서 泉涌寺『受領證』에 기재된 1512종은 1513종의 잘못으로 판단된다. 아마도 泉涌寺 측에서는 受領된 대장경의 종수와 권수를 산정할 때 『대반열반경』 1종 40권을 그 권수의

등으로 기재되어 있다(〈표 5-2〉 『高麗板大藏經印刷顚末』에 발표된 경전 수량 참조).

② 『高麗板大藏經印刷顚末』의 「大藏經印刷終了報告」(이하 「報告書」)에는 팔만대장경의 경전 수량이 1511종 6805권 663질로 기재되어 있다(〈표 5-1〉의 합③ 참조).[20]

③ 『高麗板大藏經印刷顚末』의 泉涌寺長老「受領證」(이하 「受領證」)에는 팔만대장경의 경전 수량이 1512종[필자주: '1512종'은 '1513종'의 잘못임] 6819권 664질로 기재되어 있다(〈표 5-1〉의 합⑨ 참조).[21]

④ 東國大 영인본 『高麗大藏經』의 「總目錄」에서는 『대장목록』 경전을 1498종, 『보유목록』 경전을 15종, 『보유목록』 1종 등 총1514종으로 산정하였다(〈표 5-1〉의 합④ 참조).[22]

⑤ 金雪醍 선생의 『海印寺志』에는 팔만대장경의 경전 수량이 1511종 6802권으로 기재되어 있다(〈표 5-1〉의 합⑥ 참조).[23]

40권 수량만 반영하고 그 종수의 1종은 반영하지 않은 것으로 추정된다. 혹은 『大藏經題箋卷首対照目錄』 1종이 종수에 포함되지 않은 수량일 가능성도 있다 하겠다.
⑥ '內另外1種'은 중복경전인 『大教王經』 1종인 것으로 추정된다.
⑦ '內另外14卷'은 중복경전인 『大教王經』 10권과 『大藏經題箋卷首対照目錄』 4권으로 추정된다.

20) ① "經本ノ册數 : 經卷ノ數ハ 目錄ヲ合セ 總1511種 6805卷ニシテ. 折本及綴本ノ册數左ノ如シ. 折本 1部 6805册(內綴本193册), 663帙{自天(1)字至務(653)字}. 綴本 2部 2320册, 1部各1160册."(小田幹治郎, 「大藏經印刷終了報告」(1915), 『高麗板大藏經印刷顚末』, 朝鮮印刷株式會社, 1931. p.72).
② '1511종 6805권 663질'은 『대장목록』 3권을 포함한 『대장목록』 경전 1496종 6569권 639질(『어제계송』을 25권으로 간주함)과 『보유목록』 경전 15종 236권 24질을 포함하여 산정한 수량이다(중복된 경전 『대교왕경』 1종 10권 1질은 포함되지 않은 것임).
③ 참고로 '663질'은 『대장목록』 경전 639질{天(001)~洞(639)}, 『보유목록』 경전 24질 중 14질{庭(640)~務(653)}, 『보유목록』 경전 24질 중 10질인 『종경록』 10질{祿(514)~茂(523)} 등을 포함하여 산정한 수량이다. 그리고 『大藏經綴本目錄』(규장각소장본)에는 책수가 '1160册'으로 매겨져 있고, 중복된 경전 『대교왕경』 1종 10권 1질은 수록되어 있지 않다.
21) ① "高麗再雕折本大藏經 壹部, 664帙, 1512種, 6819册"(泉涌寺長老, 「受領證」, 『高麗板大藏經印刷顚末』, 朝鮮印刷株式會社, 1931. p.14~15).
② 泉涌寺「受領證」에는 천용사에서 수령된 경전이 '1512종[필자주: '1512종'은 '1513종'의 잘못임] 6819권 664질'로 기재되어 있는데, 이 가운데 '1512종'은 1513종의 잘못으로 판단된다(혹은 『大藏經題箋卷首対照目錄』 1종이 종수에 포함되지 않은 수량일 가능성도 있다 하겠다). 『奉獻始末』의 〈천용사에 打電한 내용〉에는 泉涌寺에 보낸 경전의 종수가 1512종(『대반열반경』 1종이 제외된 것임)으로 기재되어 있다. 실제 천용사에서 수령한 경전의 종수는 1512종에 『대반열반경』 1종을 더한 1513종이다. 또한 필자가 산정한 수량도 1513종(『대장목록』 경전 1486종, 『보유목록』 경전 15종, 중복경전 『대교왕경』 1종, 『大藏經題箋卷首対照目錄』 1종)이 된다. 따라서 泉涌寺「受領證」에 기재된 1512종은 1513종의 잘못으로 판단된다.
③ 泉涌寺藏 『高麗板大藏經』의 제일 끝에는 『大藏經題箋卷首対照目錄』 4권이 수록 되어 있다("經典ではないですが, 最後は『農・務』箱の 「華厳経探玄記」です, 実際は, 『大蔵経題箋卷首対照目録』 4帖が最後ですが", 이 내용은 日本 佛教大學의 馬場久幸 教授의 提報에 의한 것임).
④ 『奉獻始末』의 〈천용사에 打電한 내용〉에 기재된 '1512종 6819권 664질'은 『대장목록』 3권을 포함한 『대장목록』 경전 1496종 6569권 639질(『어제계송』을 25권으로 간주함), 『보유목록』 경전 15종 236권 24질, 중복된 경전 『대교왕경』 1종 10권 1질, 『大藏經題箋卷首対照目錄』 1종 4권 등을 포함하여 산정한 수량으로 판단된다.
⑤ 『奉獻始末』의 〈천용사에 打電한 내용〉에 기재된 '1512종 6819권'은 「報告書」에 기재된 '1511종 6805권'{『대장목록』 3권을 포함한 『대장목록』 경전 6569권(『어제계송』을 25권으로 간주함)과 『보유목록』 경전 236권을 포함하여 산정한 수량보다 2종 14권 1질이 증가된 것인데, 이 2종 14권 1질은 중복된 경전 『대교왕경』 1종 10권 1질과 『大藏經題箋卷首対照目錄』 1종 4권으로 추정된다(『大藏經題箋卷首対照目錄』 1종 4권은 한 질로 독립되지 못하여 帙數에 수량에는 계상되지 못한 것으로 생각됨).
22) 한 권에 합권되어 있는 여러 경전(총11권으로 합권된 45종의 경전)을 1종(45종의 경전을 11종의 경전으로 간주함)으로 간주하여 산정된 재조장 경전의 종수는 1496종이다. 그런데 동국대의 『高麗大藏經』 「總目錄」에서 『대장목록』 경전을 1498종으로 산정한 것은 총11권으로 합권된 45종의 경전 가운데 한 권으로 合卷되어 있는 『寶生陁羅尼』(K.1142)와 『蓮花眼陁羅尼經』(K.1143) 그리고 『三身讚』(K.1225)과 『曼殊室利菩薩吉祥伽陁』(K.1226)를 각각 개별 경전으로 간주하여 합권된 2종의 경전을 분리하여 4종의 경전으로 산정한 결과이다.

⑥ 韓贊奭 선생의 『陜川海印寺志』, 李古鏡의 『海印寺略志』, 그리고 海印寺 修多羅藏 入口의 揭示板 등에는 팔만대장경의 경전 수량이 1512종 6791권으로 기재되어 있다(〈표 5-1〉의 합⑤ 참조).24)

⑦ 朴永洙 선생의 "高麗大藏經版의 研究"와 국사편찬위원회의 '한국사데이타베이스'(한국사 6)에는 팔만대장경의 경전 수량이 1511종 6805권으로 기재되어 있다(〈표 5-1〉의 합③ 참조).25)

⑧ 金寶光 선생의 『海印寺史志』에는 팔만대장경의 경전 수량이 1511종 6791권으로 기재되어 있다(〈표 5-1〉의 합① 참조).26)

⑨ 徐首生 선생의 "伽倻山 海印寺 八萬大藏經 研究1"에는 「대장목록」 경전의 수량이 1500종 6569권으로 기재되어 있고, 팔만대장경의 수량은 「대장목록」 경전 수량 1500종 6569권에 「보유목록」 경전 15종 236권을 더하여 1516종 6815권인 것으로 기재되어 있다. 그리고 서수생 선생의 『세계기록유산 해인사 팔만대장경과 사간판 연구』에는 「대장목록」 경전의 수량이 1524종 6606권27)으로 기재되어 있고, 팔만대장경의 경전 수량이 1539종 6842권, [1541종] 6844권 등28)으로 기재되어 있다. 서수생 선생의 팔만대장경의 수량에

---

23) 金雪醍, 『海印寺志』, p.56(徐首生, 「伽倻山 海印寺 八萬大藏經 研究1」에서 引用).

24) ① 韓贊奭, 『陜川海印寺志』, p.432(徐首生, 「伽倻山 海印寺 八萬大藏經 研究1」에서 引用).
　② 李古鏡, 『海印寺略志』, p.19(徐首生, 「伽倻山 海印寺 八萬大藏經 研究1」에서 引用).
　③ 海印寺 修多羅藏 入口의 揭示板에 기재된 내용(徐首生, 「伽倻山 海印寺 八萬大藏經 研究1」에서 引用).

25) ① 朴泳洙, "高麗大藏經版의 研究", 『白性郁博士頌壽紀念 佛敎學論文集』, 동국문화사, 1959. p. 430.
　② "再雕藏經은 … 81137장의 경판이 전부 전해 내려오고 있다. 再雕藏經에 입장된 佛書는 총 1511종 6805권이다."(국사편찬위원회 한국사데이타베이스(http://db.history.go.kr) / 한국사 6).

26) 金寶光, 『海印寺史志』, p.54(徐首生, 「伽倻山 海印寺 八萬大藏經 研究1」에서 引用).

27) 서수생 선생이 산정한 「대장목록」 경전 수량 1524종 6606권 가운데 「대장목록」 경전의 권수 '6606권'은 「대장목록」 경전 6569권('6569권'은 「御製偈頌」 25卷 合11卷을 25권으로 산정한 것임. 만약 11권으로 산정하면 '6555권'임) + 중복 「大敎王經」 10권 + '기타 27권'의 합계이다(『세계기록유산 해인사 팔만대장경과 사간판 연구』, p.63). 반면, 「대장목록」 경전 '1524종'에 대한 내역은 미상이다[필자의 생각에 '1524종'은 「대장목록」 경전 1496종 + 중복 「大敎王經」 1종 + 기타 27종('기타 27권')의 합계로 추정된다. '기타 27권'은 서수생 선생이 재조장 경전 가운데 총11권으로 合卷된 45종의 경전 가운데 27종의 경전을 총11권에서 분리하여 각각 1권으로 간주하여 27권으로 산정한 것인데(『세계기록유산 해인사 팔만대장경과 사간판 연구』, p.65), 이 '기타 27권'의 '권'을 '종'으로 간주하면 '기타 27종'이 된다].

28) ① "『大藏目錄』을 중심으로 經種類數와 經卷數를 조사해 보면, 經種類 1,500種, 經卷數 6,569卷이다. 그러나 이 가운데, 大乘大敎王經 十卷이 大藏經目錄에 누락되어 있다. 이 大敎王經은 溪函과 鷄函兩處에 들어 중복되어 있다. 실지로 이 판목이 兩處에 보관되어 있음에도 불구하고 『大藏目錄』에 빠져 있으니 이는 目錄板의 미스라 볼 수 있다. 『大藏目錄』에 大敎王經이 빠져 있어도 실지로 現品이 大藏經殿에 중복 보장되어 있으니 이를 하나 더 加算하면, 經의 종류는 1501종이 된다. 그리고 대장목록에 없지마는 法寶殿에 補遺板 15종 236권이 보장되어 있으므로 이를 加算하면, 國刊八萬大藏經은 經種類 〈1516종〉, 〈經卷數 6815권〉이다. 그럼에도 불구하고 현재 海印寺에서나 학계에서는 학자마다 數字를 달리하고 있기에 이에 정확히 적어 놓는다."(徐首生, "伽倻山 海印寺 八萬大藏經 研究1", 『慶大論文集(人文 · 社會)』 12집, 1968. p.142).
　② 서수생 선생은 "伽倻山 海印寺 八萬大藏經 研究1"(徐首生, "伽倻山 海印寺 八萬大藏經 研究1", 『慶大論文集(人文 · 社會)』 12집, 1968. p.142)에서 첫째로 「대장목록」 경전의 수량을 1500종 6569권으로 파악했다. 단, 「대장목록」 경전의 수량이 1500종 6569권으로 파악된 내역은 제시되지 않았다. 둘째로 중복 경전인 「대교왕경」 1종 10권을 포함하여 1501종 6579권으로 산정했다. 셋째로 「보유목록」 경전 15종 236권을 더하여 이른바 팔만대장경의 수량을 1516종 6815권으로 확정하였다.
　③ 서수생 선생은 『세계기록유산 해인사 팔만대장경과 사간판 연구』(徐首生 著 南權熙 補 · 編, 淸州古印刷博物館, 2009. p.54. p.65. p.66)에서 첫째로 「대장목록」 경전의 수량을 1524종 6606권으로 기재하였다. 이중 「대장목록」 경전의 권수 '6606권'은 「대장목록」 경전 6569권('6569권'은 「御製偈頌」 25卷 合11卷을 25권으로 산정한 것임. 만약 11권으로 산정하면 '6555권'임) + 중복 「大敎王經」 10권 + '기타 27권'의 합계이다(『세계기록유산 해인사 팔만대장경과 사간판 연구』, p.63). 반면, 「대장목록」 경전 '1524종'에 대한 내역은 미상이다[필자의 생각에 '1524종'은 「대장목록」 경전 1496종 + 중복 「大敎王經」 1종 + 기타 27종('기타 27권')의 합계로 추정된다. '기타 27권'은 서수생 선생이 재조장 경전 가운데 총11권으로 合卷된 45종의 경전 가운데 27종의 경전을 총11권에서 분리하여 각각

대한 발표 내용을 표로 정리하여 제시하면 부록의 〈표 4〉 "서수생 선생의 발표 내용 정리"와 같다.

⑩ 천혜봉 선생의 『한국민족문화대백과사전』('대장경목록')에는 「대장목록」 경전 수량이 1547종 6547권인 것으로 기재되어 있고, 팔만대장경의 경전 수량이 1562종 6778권인 것으로 기재되어 있다.[29]

⑪ 북한 김자연 선생의 『八萬大藏經해제』에서는 「대장목록」 경전을 1522종으로 분류하였고, 팔만대장경의 수량은 「대장목록」 경전 수량 1522종에 「보유목록」 경전 15종을 더하여 1537종으로 분류하였다.[30]

이 가운데 중요시 되는 수량은 다음과 같다.

첫째, 『高麗板大藏經印刷顚末』에 기재된 수량이 필자가 산정한 수량과 다른 것은 『대장목록』(K.1405) 1종 3권의 포함 여부, 『御製偈頌』(K.1258) 25권(합11권)의 권수 산정의 차이(11권 / 25권) 및 중복경전인 『대교왕경』 10권과 『大藏經題箋卷首对照目録』 4권의 포함 여부 등에 기인한 것이다.

둘째, 金雪醍 선생의 『海印寺志』에 기재된 1511종 6802권은 『高麗板大藏經印刷顚末』의 「奉獻始末」에 잘못 기재된 수량인 〈표 5-1〉의 합⑥과 동일하다.

셋째, 韓賛奭 선생의 『陜川海印寺志』, 李古鏡의 『海印寺略志』, 그리고 海印寺 修多羅藏 入口의 揭示板 등에 기재된 1512종 6791권은 필자가 산정한 수량인 〈표 5-1〉의 합⑤와 동일하다.

넷째, 朴永洙 선생의 "高麗大藏經版의 研究"와 국사편찬위원회의 '한국사데이타베이스'(한국사 6)에 기재된 1511종 6805권은 『高麗板大藏經印刷顚末』의 「大藏經印刷終了報告」에 기재된 〈표 5-1〉의 합③과 동일하다.

다섯째, 金寶光 선생의 『海印寺史志』에 기재된 1511종 6791권은 필자가 산정한 수량인 〈표 5-1〉의 합①과 동일하다.

이상의 내용을 표로 정리하여 제시하면 부록의 〈표 5-1〉 "팔만대장경의 구성별 경전 수량 및 종래에 발표된 경전 수량"과 〈표 5-2〉 "『高麗板大藏經印刷顚末』에 발표된 경전 수량"과 같다.

1권으로 간주하여 27권으로 산정한 것인데, 이 '기타 27권'의 '권'을 '종'으로 간주하면 '기타 27종'이 된다. 둘째로 「보유목록」 경전 15종 236권을 더하여 이른바 팔만대장경의 수량을 1539종 6842권인 것으로 기술하였다. 셋째로 서수생 선생은 '本藏經'(즉 「대장목록」 경전)의 권수를 6569권, '補遺本'(즉 「보유목록」 경전)의 권수를 238권('238권'은 「보유목록」 경전 15종 236권에서 「大藏一覽集目録」을 독립된 1권으로 분리하고, 「補遺目録」(2장)을 추가하여 1권으로 간주해서 산정한 것임)으로 산정하고, 중복 경전인 「대교왕경」 1종 10권과 '기타 경전 27권'을 포함하여 팔만대장경의 수량을 [1541종] 6844권으로 확정했다.

29) "대장경 목록은 '천'부터 '동'까지의 639함에 수록된 장경의 부수가 1,547부 6,547권이고, 보유된 '정'부터 '무'까지의 14함과 중복된 '녹'부터 '무'까지의 10함에 수록된 15부 231권을 합치면 총 부수가 663함 1,562부 6,778권이며, 총 경판수가 8만 1000여 판이다"(『한국 민족문화대백과사전』(http://encykorea.aks.ac.kr) / '대장경목록'(집필자 천혜봉 1996년).

30) 북한의 『八萬大藏經해제』(김자연, 사회과학출판사, 1992)에서는 팔만대장경의 경전을 1537종으로 분류하였다. 『八萬大藏經해제』에서 1번부터 1522번까지의 경전은 『대장목록』 경전이고, 1523번부터 1537번까지 15종의 경전은 『보유목록』 경전이다. 『八萬大藏經해제』에 서는 재조장 경전이 아닌 『대장목록』에 한 권으로 습卷되어 기재되어 있는 7권 34종의 경전을 각각 개별 경전 1종으로 분류한 것이다(7권으로 합권된 33종의 경전을 7종이 아닌 33종의 경전으로 간주한 것임). 때문에 필자가 재조장 경전에 합권되어 있는 여러 경전을 1종으로 간주하여 산정한 『대장목록』 경전의 종수 1496種보다는 26종이 많고, 재조장 경전에 합권되어 있는 여러 경전을 각각 개별 경전 1종으로 간주하여 산출된 『대장목록』 경전의 종수 1530種보다는 8종이 적은 것이다(『대장목록』의 내용에는 기재되어 있지 않지만 재조장 경전에는 8종의 경전이 특정 경전에 합권되어 있다. 따라서 실재로 재조장 경전 가운데 45종의 경전이 총11권으로 습卷되어 있음).

4. 결언

본 연구는 팔만대장경 경전을 구성별로 그 수량을 산출해 내고, 팔만대장경의 전체 경전 수량을 산정한 것이다. 이제 본 연구의 결과를 요약하여 결언으로 삼으면 다음과 같다.

첫째, 「대장목록」(즉 再雕藏) 경전의 수량은 두 가지로 산출되었는데, ① 한 권에 합권되어 있는 경전을 1종으로 간주하여 산정한 결과 「대장목록」 경전의 수량은1496종 6555권으로 산정되었고(45종의 경전을 11종의 경전으로 간주한 것임), ② 한 권에 합권되어 있는 경전을 각각 개별 경전 1종으로 간주하여 산정한 결과 「대장목록」 경전의 수량은 1530종 6555권으로 산정되었다(45종의 경전을 45종의 경전으로 간주한 것임).

둘째, 「보유목록」 경전의 수량은 세 가지로 산출되었는데, ① 「보유목록」에 기재된 경전의 권수 가운데 잘못 기재된 수량 그대로 계산한 바 15종 233권 24질로 산정되었고, ② 「보유목록」에 기재된 경전의 권수 가운데 잘못 기재된 수량을 교정하여 계산한 바 15종 **231권** 24질로 산정되었으며, ③ 「보유목록」에 기재된 경전 가운데 「搜玄記」의 권수 '5권'을 '10권'으로 간주하여 계산한 바 15종 **236권** 24질로 산정되었다.

셋째, 再雕藏에 중복되어 있는 경전은 「대교왕경」 1종 10권인데, 하나는 이 경전의 函號가 '溪(530)'로 되어 있는 '대장도감판' 「대교왕경」이고, 다른 하나는 函號가 '雞(629)'로 되어 있는 '분사대장도감판' 「대교왕경」이다.

넷째, 「대장목록」 경전·「보유목록」 경전·중복 경전(「대교왕경」)으로 구성된 팔만대장경 경전의 전체 수량은 다음과 같이 산출되었다.

① 「대장목록」 경전 1496종(1530종)[31] 6555권 639질과 「보유목록」에 기재된 경전의 권수 가운데 잘못 기재된 수량을 교정하여 계산한 수량 15종 231권 24질 및 중복경전(「대교왕경」) 1종 10권 1질을 포함한 팔만대장경의 경전 수량은 1512종(1546종)[32] 6796권 664질로 산정되었다.
② 「대장목록」 경전 1496종(1530종) 6555권 639질과 「보유목록」에 기재된 경전의 권수 가운데 잘못 기재된 수량을 교정하여 계산한 수량 15종 231권 24질 및 중복경전(「대교왕경」) 1종 10권 1질에 「보유목록」 1종까지 포함한 팔만대장경의 경전 수량은 1513종(1547종) 6796권 664질로 산정되었다.
③ 「대장목록」 경전 1496종(1530종) 6555권 639질과 「보유목록」에 기재된 경전의 권수 가운데 「搜玄記」의 권수 '5권'을 '10권'으로 간주하여 계산한 수량 15종 **236권** 24질 및 중복경전(「대교왕경

---

31) ' 1496종(1530종)' 가운데 '1496종'은 「대장목록」(즉 再雕藏) 경전 가운데 한 권에 합권되어 있는 경전을 1종으로 간주하여 산정한 수량이고, 팔호 안의 '1530종'은 한 권에 합권되어 있는 경전을 각각 개별 경전 1종으로 간주하여 산정한 수량이다. 이하 같다.
32) '1512종(1546종)' 가운데 '1512종'은 「대장목록」(즉 再雕藏) 경전 가운데 한 권에 합권되어 있는 경전을 1종으로 간주하여 산정한 수량이고, 팔호 안의 '1546종'은 한 권에 합권되어 있는 경전을 각각 개별 경전 1종으로 간주하여 산정한 수량이다. 이하 같다.

」) 1종 10권 1질을 포함한 팔만대장경의 경전 수량은 1512종(1546종) 6801권 664질로 산정되었다.

④ 「대장목록」 경전 1496종(1530종) 6555권 639질과 「보유목록」에 기재된 경전의 권수 가운데 「搜玄記」의 권수 '5권'을 '10권'으로 간주하여 계산한 수량 15종 **236권** 24질 및 중복경전(「대교왕경」) 1종 10권 1질에 「보유목록」 1종까지 포함한 팔만대장경의 경전 수량은 1513종(1547종) 6801권 664질로 산정되었다.

⑤ 「대장목록」 경전 1496종(1530종) 6555권 639질과 「보유목록」에 기재된 경전의 권수 가운데 잘못 기재된 수량을 교정하여 계산한 수량 15종 231권 24질을 포함한 팔만대장경의 경전 수량은 1511종(1545종) 6786권 663질로 산정되었다(중복 경전 「대교왕경」과 「보유목록」 1종을 포함시키지 않은 경전의 수량임).

⑥ 「대장목록」 경전 1496종(1530종) 6555권 639질과 「보유목록」에 기재된 경전의 권수 가운데 「搜玄記」의 권수 '5권'을 '10권'으로 간주하여 계산한 수량 15종 **236권** 24질을 포함한 팔만대장경의 경전 수량은 1511종(1545종) 6791권 663질로 산정되었다(중복 경전 「대교왕경」과 「보유목록」 1종을 포함시키지 않은 경전의 수량임).

다섯째, 필자가 산정한 팔만대장경의 전체 경전 수량과 종래에 발표된 내용은 다음과 같이 비교 분석되었다.

① 『高麗板大藏經印刷顚末』에 기재된 수량은 필자가 산정한 수량과 다른데, 이것은 『대장목록』(K.1405) 1종 3권의 포함 여부, 『御製偈頌』(K.1258) 25권(합11권)의 권수 산정의 차이(11권 / 25권) 및 중복경전인 『대교왕경』 10권과 『大藏經題箋卷首対照目録』 4권의 포함 여부 등에 기인한 것이다. 그리고 『高麗板大藏經印刷顚末』에 기재된 내용 중에서, 〈上奏文〉에 기재된 '1511종 6802권'의 수량 가운데 '6802권'은 '6812권'의 잘못인 것으로 판단되었고, 泉涌寺「受領證」에 기재된 경전 수량 '1512종 6819권 664질' 가운데 '1512종'은 1513종의 잘못인 것으로 판단되었다.

② 金雪醍 선생의 『海印寺志』에 기재된 1511종 6802권은 『高麗板大藏經印刷顚末』의 「奉獻始末」에 잘못 기재된 수량인 〈표 5-1〉의 합⑥과 동일한 것이었다.

③ 韓贊奭 선생의 『陜川海印寺志』, 李古鏡의 『海印寺略志』, 海印寺 修多羅藏 入口의 揭示板 등에 기재된 1512종 6791권은 필자가 산정한 수량인 〈표 5-1〉의 합⑤와 동일한 것이었다.

④ 朴永洙 선생의 "高麗大藏經版의 研究"와 국사편찬위원회의 '한국사데이타베이스'(한국사 6)에 기재된 1511종 6805권은 『高麗板大藏經印刷顚末』의 「大藏經印刷終了報告」에 기재된 〈표 5-1〉의 합③과 동일한 것이었다.

⑤ 金寶光 선생의 『海印寺史志』에 기재된 1511종 6791권은 필자가 산정한 수량인 〈표 5-1〉의 합① 과 동일한 것이었다.

<表 1> 재조장의 구성별 경전의 종수와 권수 및 질수

項次	再雕藏의 帙號	收錄된 經典	經順 (K.0001~1498)	종수	再雕藏 경전			
					種數A	種數B	卷數	帙數
1	天(1)~英(480)	開元錄藏 經典	0001~1087	1087	1087	1098	5061	480
2	杜(481)~轂(510)	宋新譯經 A	1088~1256	169	167	187	279	30
3	振(511)~侈(515)	隨函錄	1257	1	1	1	30	5
4	富(516)~輕(520)	宋 太宗 御製	1258~1261	4	4	4	57	5
5	策(521)~實(524)	新譯華嚴經(貞元本)	1262	1	1	1	40	4
6	勒(525)~銘(528)	新華嚴經論	1263	1	1	1	40	4
7	磻(529)~合(548)	貞元錄經	1264~1388	125	125	128	202	20
8	濟(549)~綺(553)	開元錄에 遺漏된 經典	1389~1395	7	7	7	47	5
9	廻(554)	大宗地玄文論	1396	1	1	1	20	1
	漢(555)	釋摩訶衍論	1397	1	1	1	10	1
10	惠(556) - a	續開元錄	1398	1	1	1	3	1
	惠(556) - b	續貞元錄·釋法琳別傳	1399·1400	2	2	2	4	
11	說(557)~丁(560)	貞元錄	1401	1	1	1	30	4
12	俊(561)~密(563)	校正別錄	1402	1	1	1	30	3
13	勿(564)~寔(567)	大般涅槃經(南本)	1403	1	1	1	36	4
14	寧(568)~楚(570)	佛名經	1404	1	1	1	30	3
15	更(571)	大藏目錄	1405	1	1	1	3	1
16	霸(572)~何(585)	法苑珠林	1406	1	1	1	100	14
17	遵(586)~精(600)	宋新譯經 B-1	1407~1465	59	59	59	142	15
18	宣(601)~禹(611)	宋新譯經 B-2	1466~1481	16	16	16	104	11
19	跡(612)~嶽(617)	宋新譯經 B-3	1482~1486	5	5	5	61	6
20	宗(618)~塞(628)	宋新譯經 B-4	1487~1496	10	10	10	116	11
21	鷄(629)	續一切經音義	1497	1	1	1	10	1
22	田(630)~洞(639)	一切經音義	1498	1	1	1	100	10
計				1,498	1,496	1,530	6,555	639

(추가: 計 행의 종수 칸 1,498)

〈표 2〉 재조장 경전 가운데 한 권에 합권되어 있는 여러 경전

항차	經順	종수 A	종수 B	종수 C	한 권에 合卷된 여러 경전	장수
1	0438-1	1	8	1	佛說摩尼羅亶經一卷 此含六經	10
	0438-2				佛說呪時氣病經	
	0438-3				佛說檀特羅麻油述經	
	0438-4				佛說辟除賊害呪經	
	0438-5				佛說呪小兒經　　　　　　　　　경명 포함 총7행임	
	0438-6				佛說呪齒經　　　　　　　　　　경명 포함 총9행임	
	0438-7				佛說呪目經　　　　　　　　　　경명 포함 총5행임	
	0438-8				佛說女宅陀羅尼呪經	
2	1142	1	2	2	寶生陁羅尼 蓮花眼陀羅尼經同卷	3
	1143					
3	1224-1	1	12	1	俱枳羅陁羅尼經	25
	1224-2				消除一切災障寶髻陁羅尼經	
	1224-3				妙色陁羅尼經	
	1224-4				栴檀香身陁羅尼經	
	1224-5				鉢蘭那賒嚩哩抳大陁羅尼經	
	1224-6				宿命智陁羅尼經	
	1224-7				慈氏菩薩誓願陁羅尼經	
	1224-8				滅除五逆罪大陁羅尼經	
	1224-9				無量功德陁羅尼經	
	1224-10				十八臂陁羅尼經	
	1224-11				洛叉陁羅尼經	
	1224-12				辟除諸惡陁羅尼經 俱枳羅等十二經合一卷	
4	1225	1	2	2	三身讚 曼殊室利菩薩吉祥伽陁幷一卷	6
	1226					
5	1228-1	1	3	1	八大靈塔名號經 八大靈塔梵讚	7
	1228-2					
	1228-3				三身梵讚幷一卷	
6	1230-1	1	5	1	妙吉祥菩薩陁羅尼	7
	1230-2				無量壽大智陁羅尼	
	1230-3				宿命智陁羅尼	
	1230-4				慈氏菩薩陁羅尼	
	1230-5				虛空藏菩薩陁羅尼幷一卷	
7	1238-1	1	2	1	佛說大吉祥陁羅尼經	5
	1238-2				寶賢陁羅尼經 大吉祥幷一卷	
8	0474-1	1	3	1	救面然餓鬼經一卷	5
	0474-2				甘露經陀羅尼呪　　　　　　　　경명 포함 총7행임	
	0474-3				甘露陀羅尼呪	
9	0745-1	1	2	1	雜阿含經一卷	30
	0745-2				七處三觀經	
10	0746-1	1	2	1	放牛經一卷	7
	0746-2				枯樹經	
11	1351-1	1	4	1	聖閻曼德迦威怒王立成大神驗念誦法一卷	28
	1351-2				大乘方廣曼殊室利菩薩華嚴本教閻曼德迦忿怒王眞言大威德儀軌品第三十	
	1351-3				大方廣曼殊室利童眞菩薩華嚴本教讚閻曼德迦忿怒王眞言阿毗遮嚕迦儀軌品第三十一	
	1351-4				大方廣曼殊室利童眞菩薩華嚴本教閻曼德迦忿怒王品第三十二	
		11	45	13	45-11 = 34종, 45-13 = 32종.　A: 1496종, B: 1530종, C: 1498종	

항차	經順	函次		권 수			종수	「補遺目錄」내용	비 고
				원문의 수량	교정된 수량 1	교정된 수량 2			
1	1499	祿(514)~茂(523)	「宗鏡錄」	100	100	100	1	祿侈富車駕肥輕策功茂函 入一百卷 入紙, 八十五牒 五張. 宗鏡錄一百卷	
2	1500		「證道歌事實」	3	3	3	1	庭函 入九卷, 入紙, 十一牒 十九張. 證道歌'甫'(事)'實三卷	'甫'은 '事'의 잘못임.
3	1501	庭(640)	「金剛三昧經論」	2	3	3	1	金剛三昧經論二卷 新羅國沙門 元曉 述 상권 42장 중권 57장 상권 60장 甲辰…鄭晏誌	'二卷'은 '三卷'의 잘못임.
4	1502		「法界圖」	4	4	4	1	法界圖四卷	
5	1503	曠(641)遠(642)	「祖堂集」	20	20	20	1	曠遠函 入二十卷, 入紙, 十八牒 十六張. 祖堂集二十卷	
6	1504	緜(643)	「大藏一覽」	10	10	10	1	緜函 入十卷, 入紙, 十三牒 十二張. 大藏一覽十卷	목록 1권(55장)을 분리하면 11권 2종임
7	1505	邈(644)~岫(646)	「拈頌」	30	30	30	1	邈巖岫函 入三十卷, 入紙, 二十二牒 七張. 拈頌三十卷	
8	1506	杳(647)	「搜玄記」	8	5	10	1	杳函 入八卷, 入紙, 十二牒 八張. 搜玄記八卷 1권 상 24장 乙巳歲分司大藏都監開板 하 27장 乙巳歲分司大藏都監開板 2권 상 21장 乙巳歲分司大藏都監開板 하 21장 乙巳歲分司大藏都監開板 3권 상 29장 乙巳歲分司大藏都監開板 하 28장 乙巳歲分司大藏都監開板 4권 상 23장 乙巳歲分司大藏都監開板 하 25장 간기 없음 5권 상 27장 乙巳歲分司大藏都監開板 하 23장 乙巳歲分司大藏都監開板	「搜玄記 8卷은 5권본(각권 上下권)으로서 총 10권으로 편제된 것임. '八卷'은 '十卷'의 잘못임.
9	1507	冥(648)	「十句章圓通鈔」	2	2	2	1	冥函 入六卷, 入紙, 十一牒 一張. 十句章圓通鈔二卷	
10	1508		「旨歸章圓通鈔」	2	2	2	1	旨歸章圓通鈔二卷	
11	1509		「三寶章圓通記」	2	2	2	1	三寶章圓通記二卷	
12	1510	治(649)	「釋華嚴教分記圓通鈔」	10	10	10	1	治函 入十卷, 入紙, 十八牒. 釋華嚴教分記圓通鈔十卷	
13	1511	本(650)	「禮念彌陁道場懺法」	10	10	10	1	本函 入十卷, 入紙, 十牒 十八張. 禮念彌陁道場懺法十卷 [1503년(연산군9) 간행]	1503년(연산군9) 간행
14	1512	於(651)	「慈悲道場懺法」	10	10	10	1	於函 入十卷, 入紙, 十二牒 七張. 慈悲道場懺法十卷	
15	1513	農(652)務(653)	「華嚴經探玄記」	20	20	20	1	農務函 入二十卷, 入紙, 五十五牒 四張. 華嚴經探玄記二十卷	
합①				233권			15종	「보유목록」원문에 기재된 권수의 합계	
합②					231권		15종	「金剛三昧經論」 2권을 3권으로 교정. 「搜玄記」 8권을 5권으로 교정.	
합③						236권	15종	「金剛三昧經論」 2권을 3권으로 교정. 「搜玄記」 8권을 10권으로 교정.	
16	1514	+	「補遺目錄」(2장)					"… 歲乙丑 … 宗鏡錄等 一五部二百三十一卷 … 五月下浣 海冥壯雄誌 比丘希一書"	
합④						237권	16종	「補遺目錄」(2장)을 독립된 경전 1권 1종으로 간주함.	
17		+	「大藏一覽集目錄」						
합⑤						238권	17종	「大藏一覽集」에서 「大藏一覽集目錄」(55장)을 독립된 경전 1권 1종으로 분리하여 추가함.	
18	−		「禮念彌陁道場懺法」						
합⑥						226권	14종	236권 15종에서 「禮念彌陁道場懺法」 10권 1종을 제외함.	

	출처	경전 내용	종수	권수	비고 1	비고 2
1	"伽倻山 海印寺 八萬大藏經 研究 (1)"(1968)	「대장목록」 경전 중복 「大教王經」 10권 제외	1500	6569	종수 1500종에 대한 근거는 제시되지 않았음.	6569권은 「御製偈頌」 25卷 合 11卷(K.1258)을 25권으로 산정한 것임.33) 11권으로 산정하면 6555권임.
2		「대장목록」 경전 중복 「大教王經」 10권 포함	1501	6579		
3		「대장목록」 경전 1501종 6579권 중복 「大教王經」 10권 포함 「보유목록」 경전 15종 236권	1516	6815		권수 6815권은 「御製偈頌」을 25권으로 산정한 것임. 만약 11권으로 산정하면 6801권임.
4	『세계기록유산 해인사 팔만대장경과 사간판 연구』(2009)	「대장목록」 경전 1524종 6606권	1524	6606	「대장목록」 경전의 종수 1524종에 대한 근거는 제시되지 않았음. 필자의 생각에는 「대장목록」 경전 1496종 + 중복 「大教王經」 1종 + 기타 27종(기타 27권)의 합계로 추정됨.	「대장목록」 경전의 권수 '6606권'은 「대장목록」 경전 6569권 + 중복 「大教王經」 10권 + 기타 27권34)의 합계임.35)
		「대장목록」 경전 1524종 6606권 「보유목록」 경전 15종 236권36)	1539	6842		
5		本藏經 : 6569권 補遺本 : 238권 「대교왕경」(이중판) : 10권 기타 경전 : 27권 ▶ '補遺本 238권'은 「보유목록」 경전 15종 236권에서 「大藏一覽集目錄」을 독립된 1권으로 분리하고, 「補遺目錄」(2장)을 추가하여 1권으로 간주해서 산정한 것임.37)	[1541]	6844	'기타 27종'은 합권된 경전인 '기타 27권'의 경전을 '기타 27종'의 경전으로 간주하여 산정한 것으로 추정됨.	▶ '6569권'은 「御製偈頌」 25卷 合 11卷을 25권으로 산정한 것임. 만약 11권으로 산정하면 6555권임.

---

33) ① "『大藏目錄』 中 「富函入十一卷 入紙十三牒 十五張 御製蓮華心輪迴文偈頌 二十五卷 合十一卷」이라고 하였는데, 「富函入十一卷」은 「富函入二十五卷」의 잘못이 아닐까."(徐首生, "伽倻山 海印寺 八萬大藏經 研究1", 『慶大論文集』 12집, 1968. p.143).
② "『大藏目錄』 하권 18장에 있는 '富函入 11권' 「御製蓮華心輪迴文偈頌」 25권 합 11권이라 한 '富函入 11권'은 '25권'의 오기이며, 「어제연화심윤회문게송」 25권은 그대로 맞는 기록이다. 끝에 '합 11권'이라 기록한 것은 원래는 11권이었으나, 각판할 때 「어제연화심윤회문게송」을 25권으로 만들어 입장하였으리라 추정한다. 그러므로 25권으로 계정하고 「어제연화심윤회문게송」 25권은 그대로 살리고, '합 11권'은 계정하지 않았다."(徐首生 著 南權熙 補·編, 『세계기록유산 해인사 팔만대장경과 사간판 연구』, 淸州古印刷博物館, 2009. p.66).

34) '기타 27권'은 재조장 경전 가운데 총11권으로 습권된 45종의 경전 가운데 27종의 경전(佛說呪時氣病經 / 佛說檀特羅麻油述經 / 佛說辟除賊害呪經 / 佛說呪小兒經 / 佛說呪齒經 / 佛說呪目經 / 佛說安宅陀羅尼呪經 / 蓮花眼陀羅尼經 / 消除一切災障寶髻陀羅尼經 / 妙色陀羅尼經 / 栴檀香身陀羅尼經 / 鉢蘭那賒嚩哩縛大陀羅尼經 / 宿命智陀羅尼經 / 慈氏菩薩誓願陀羅尼經 / 滅除五逆罪大陀羅尼經 / 無量功德陀羅尼經 / 十八臂陀羅尼經 / 洛叉陀羅尼經 / 辟除諸惡陀羅尼經 / 三身讚 / 八大靈塔名號經 / 八大靈塔梵讚 / 無量壽大智陀羅尼 / 宿命智陀羅尼 / 慈氏菩薩陀羅尼 / 虛空藏菩薩陀羅尼 / 寶賢陀羅尼經)을 총11권에서 분리하여 각각 1권으로 간주하여 27권으로 산정한 것이다(徐首生 著 南權熙 補編, 『세계기록유산 해인사 팔만대장경과 사간판 연구』, 淸州古印刷博物館, 2009. p.65). 결국 서수생 선생은 11권 11종의 경전(한 권에 합권된 여러 경전을 1종으로 간주할 경우) 또는 11권 45종의 경전(한 권에 합권된 여러 경전을 각각 1종으로 간주할 경우)을 38권에 합권된 45종의 경전으로 산정한 것이다.

35) "대장목록은 천자함 별로 권수 표시를 하였으니 그것을 총계하니 6569권이 되고, 千鉢經(즉 「대교왕경」)이 중복되어 이 두 종 경판이 현전하고 있으나, 그 중 한 종은 대장목록에 전하고 다른 한 종은 대장목록에 전하지 않으므로 「千鉢經」(즉 「대교왕경」) 10권을 증가하고 기타 27권을 증가하여 총 6606권이 된다."(徐首生 著 南權熙 補編, 『세계기록유산 해인사 팔만대장경과 사간판 연구』, 淸州古印刷博物館, 2009. p.63).

36) 徐首生 著 南權熙 補·編, 『세계기록유산 해인사 팔만대장경과 사간판 연구』, 淸州古印刷博物館, 2009. p.54.

37) 徐首生 著 南權熙 補·編, 『세계기록유산 해인사 팔만대장경과 사간판 연구』, 淸州古印刷博物館, 2009. p.66.

38) ① 『대장목록』 경전 가운데 한 권으로 습권되어 있는 여러 경전 및 한 권에 합권되어 있는 여러 경전을 1종으로 간주하여 산출된 『대장목록』 경전의 종수는 1496종이다(11권으로 합권된 45종의 경전을 11종의 경전으로 간주함).
② 『대장목록』 경전 가운데 한 권으로 습권되어 있는 여러 경전 및 한 권에 합권되어 있는 여러 경전을 각각 개별 경전 1종으로 간주하여 산출된 『대장목록』 경전의 종수는 1530종이다(11권으로 합권된 45종의 경전을 45종의 경전으로 간주함).
③ 동국대 영인본 『高麗大藏經·總目錄』에서는 『대장목록』 경전을 1498종으로 산정하였다. 이것은 한 권으로 습권되어 있는 「寶生陀羅尼」(K.1142)와 「蓮花眼陀羅尼經」(K.1143) 그리고 「三身讚」(K.1225)과 「曼殊室利菩薩吉祥伽陁」(K.1226)를 각각 개별 경전으로 간주하여 한 권으로 합권된 2종의 경전을 분리하여 4종의 경전으로 산정한 결과이다.

〈표 5-1〉 "팔만대장경의 구성별 경전 수량 및 종래에 발표된 경전 수량"

항차	팔만대장경의 구성	구성별 경전 수량 종수	권수①	권수②	질수	奉獻始末 종수	奉獻始末 권수	報告書 종수	報告書 권수	報告書 질수	泉涌寺受領證 종수	泉涌寺受領證 권수	泉涌寺受領證 질수	동국대 종수	金雪醒 종수권수	韓贊奭等 종수권수	朴永洙等 종수권수	金寶光 종수권수	徐首生 종수권수	千惠鳳 종수권수	김자연 종수권수
1-1	『대장목록』 경전 (K.0001~K.1498) / 『대장목록』 3권 포합 / 『御製秘藏詮』(K.1258)을 11권으로 산정	1496[38] (1530)	6555	6555	639									1498							
1-2	『대장목록』 경전 / 『대장목록』(K.1405)제외 / 『御製秘藏詮』 25권으로 산정					1495	6566													1547 / 6547	1522 / 미상
1-3	『대장목록』 경전 / 『대장목록』 3권 포합 / 『御製秘藏詮』 25권으로 산정	1496 (1530)			639				6569		1496	6569							① 1500 / 6569		
2-1	『보유목록』[39]경전 (K.1499~K.1513)	15	236	231	24	15	236				15	236		15					15 / 236	15 / 231	15 / 미상
2-2	『보유목록』 경전 / 『大藏一覽集目錄』 분리 / 『補遺目錄』 중복판 추가																		17 / 238		
합①	『대장목록』 경전 / 『대장목록』 3권 포합 / 『御製秘藏詮』 11권으로 산정 / 『보유목록』 경전	1511 (1545)	6791	6786	663														1511 / 6791		
합②	『대장목록』 경전 / 『대장목록』 3권 제외 / 『御製秘藏詮』 25권으로 산정 / 『보유목록』 경전					1510	6802													1562 / 6778	1537 / 미상
합③	『대장목록』 경전 / 『대장목록』 3권 포합 / 『御製秘藏詮』 25권으로 산정 / 『보유목록』 경전							1511	6805	663	1511	6805	663						1511 / 6805		
3	『보유목록』 2장 (K.1514)	1	0[40]	0	0									1							
합④	『대장목록』 경전 1498종 / 『보유목록』 경전 15종 / 『보유목록』(2장) 1종													1514							
합⑤	『대장목록』 경전 / 『대장목록』 3권 포합 / 『御製秘藏詮』 11권으로 산정 / 『보유목록』 경전 / 『보유목록』(2장)	1512 (1546)	6791	6786	663														1512 / 6791		
4	중복 『대교왕경』 10권	1	10	10		1	10				1	10	1								
합⑥	『대장목록』 경전 / 『대장목록』 3권 제외 / 『御製秘藏詮』 25권으로 산정 / 『보유목록』 경전 / 중복 『대교왕경』 10권					1511	6812[41] (6802)											1511 / 6802	② 1516 / 6815		
합⑦	『대장목록』 경전 / 『대장목록』 3권 포합 / 『御製秘藏詮』 11권으로 산정 / 『보유목록』 경전 / 중복 『대교왕경』 10권	1512 (1546)	6801	6796	664														③ 1524 / 6606		
합⑧	『대장목록』 경전 / 『대장목록』 3권 포합 / 『御製秘藏詮』 11권으로 산정 / 『보유목록』 경전 / 『보유목록』(2장) / 중복 『대교왕경』 10권	1513 (1547)	6801	6796	664														④ 1539 / 6842 ⑤ 1541 / 6844		
5	『大藏經題箋卷首對照目錄』 4권										1[42]	4	0								
합⑨	『대장목록』 경전 / 『대장목록』 3권 포합 / 『御製秘藏詮』 25권으로 산정 / 『보유목록』 경전 / 중복 『대교왕경』 10권 / 『大藏經題箋卷首對照目錄』 4권										1513[43] (1512)	6819	664								
합⑩	『대반열반경』 40권 4질 1종 제외										1511	6779	660								

---

④ 북한의 『八萬大藏經해제』(김자연, 사회과학출판사, 1992)에서는 팔만대장경의 경전을 1537종으로 분류하였다. 『八萬大藏經해제』에서 1번부터 1522번까지의 경전은 『대장목록』 경전이고, 1523번부터 1537번까지 15종의 경전은 『보유목록』 경전이다. 『八萬大藏經해제』에서는 재조장 경전이 아닌 『대장목록』에 한 권으로 合卷되어 기재되어 있는 7권 34종의 경전을 각각 개별 경전 1종으로 분류한 것이다(7권으로 합권된 33종의 경전을 7종이 아닌 33종의 경전으로 간주한 것임). 때문에 필자가 재조장 경전에 합권되어 있는 여러 경전을 1종으로 간주하여 산정한 『대장목록』 경전의 종수 1496種보다는 26종이 많고, 재조장 경전에 합권되어 있는 여러 경전을 각각 개별 경전 1종으로 간주하여 산출된 『대장목록』 경전의 종수 1530種보다는 8종이 적은 것이다(『대장목록』의 내용에는 기재되어 있지 않지만 재조장 경전에는

〈표 5-2〉 『高麗板大藏經印刷顚末』에 발표된 경전 수량"

항차	팔만대장경의 구성	구성별 경전 수량				①「奉獻始末」〈由來書〉			②「奉獻始末」〈上奏文〉			③「奉獻始末」〈천용사에 打電한 내용〉			④「報告書」			⑤泉涌寺「受領證」			동국대
		종수	권수①	권수②	질수	종수	권수	질수	종수	권수	질수	종수	권수	질수	종수	권수	질수	종수	권수	질수	종수
1-1	『대장목록』 경전 (K.0001~K.1498) 『대장목록』 3권 포함 『御製秘藏詮』(K.1258)을 11권으로 산정	1496 (1530)	6555	6555	639																1498
1-2	『대장목록』 경전 『대장목록』(K.1405)제외 『御製秘藏詮』 25권으로 산정					1495	6566	638													
1-3	『대장목록』 경전 『대장목록』 3권 포함 『御製秘藏詮』 25권으로 산정	1496 (1530)			639													1496	6569		
2-1	『보유목록』경전 (K.1499~K.1513)	15	236	231	24	15	236	24										15	236		15
2-2	『보유목록』경전 『大藏一覽集目錄』 분리 『補遺目錄』 중복판 추가																				
합①	『대장목록』 경전 『대장목록』 3권 포함 『御製秘藏詮』 11권으로 산정 『보유목록』 경전	1511 (1545)	6791	6786	663																
합②	『대장목록』 경전 『대장목록』 3권 제외 『御製秘藏詮』 25권으로 산정 『보유목록』 경전					1510	6802	662													
합③	『대장목록』 경전 『御製秘藏詮』 25권으로 산정 『보유목록』 경전														1511	6805	663	1511	6805	663	
3	『보유목록』 2장 (K.1514)	1	0(44)	0	0				0(45)	0	0	0	0	0				0	0	0	1
합④	『대장목록』 경전 1498종 『보유목록』 경전 15종 『보유목록』(2장) 1종																				1514
합⑤	『대장목록』 경전 『대장목록』 3권 포함 『御製秘藏詮』 11권으로 산정 『보유목록』 경전 『보유목록』(2장)	1512 (1546)	6791	6786	663																
4	중복 『대교왕경』 10권	1	10	10	1													1	10	1	
합⑥	『대장목록』 경전 『대장목록』 3권 제외 『御製秘藏詮』 25권으로 산정 『보유목록』 경전 중복 『대교왕경』 10권								1511	6812(46) (6802)	663										
합⑦	『대장목록』 경전 『대장목록』 3권 포함 『御製秘藏詮』 11권으로 산정 『보유목록』 경전 중복 『대교왕경』 10권	1512 (1546)	6801	6796	664																
합⑧	『대장목록』 경전 『대장목록』 3권 포함 『御製秘藏詮』 11권으로 산정 『보유목록』 경전 『보유목록』(2장) 중복 『대교왕경』 10권	1513 (1547)	6801	6796	664																
5	『大藏經題箋音訓対照目錄』 4권																	1(47)	4	0	
합⑨	『대장목록』 경전 『대장목록』 3권 포함 『御製秘藏詮』 25권으로 산정 『보유목록』 경전 중복 『대교왕경』 10권 『大藏經題箋音訓対照目錄』 4권														1513	6819	664	1513(48) (1512)	6819	664	
합⑩	합9에서 『대반열반경』 40권 4질 1종 제외														1512	6779	660				
합⑪	합9에서 『対照目錄』의 種數만 제외																	1512	6819	664	

8종의 경전이 특정 경전에 합권되어 있다. 따라서 실재로 재조장 경전 가운데 45종의 경전이 총11권으로 合卷되어 있음).
⑤ 서수생 선생은 『세계기록유산 해인사 팔만대장경과 사간판 연구』(徐首生 著 南權熙 補·編, 淸州古印刷博物館, 2009. p.54)에서 「대장목록」 경전의 수량을 1524종으로 기재하였고, 「보유목록」 경전 15종을 더하여 이른바 팔만대장경의 경전 종수를 1539종인 것으로 기술하였다. 이것은 북한의 『八萬大藏經해제』(김자연, 사회과학출판사, 1992)에서 산정된 「대장목록」 경전 1524종, 『보유목록』 경전 15종 포함 1537종보다 2종이 많은 수량이다. 『八萬大藏經해제』에서는 『대장목록』에 한 권으로 合卷되어 기재되어 있는 7권 34종의 경전을 각각 개별 경전 1종으로 분류했는데(7권으로 합권된 33종의 경전을 7종이 아닌 33종의 경전으로 간주한 것임), 『세계기록유산 해인사 팔만대장경과 사간판 연구』에서는 이외에 『대장목록』에는 기재되어 있지 않지만 「摩尼羅亶經」(K.0438-1) 합권되어 있는 「安宅陀羅尼呪經」(K.0438-8) 1종을

포함시키고, 중복 경전인 「대교왕경」 1종을 추가해서 산정한 결과로 추정된다.

39) ① "歲乙丑 余在此 參印經事矣 閱板校訂 宗鏡錄等一五部二百三十一卷 錄中不參 而亦板章頭 不書某字 印者印難 校者校力 故印事畢後 與退庵公鎌佑議 命剞劂氏 舊錄漏者 已補 某部板頭 惟書某冊幾張 而不書某字 可欠也 然前人之事 目於此者 不誅於我爾 / 五月下浣 海冥壯雄 誌 / 比丘 希一 書" 『補遺目錄』
　② "印成大藏經跋 末尾에도 「同治四年 乙丑年 秋九月 下浣 海冥壯雄述」이라고 보이며 壯雄이 1865년(高宗 2년 을축년)에 대장경 두 벌을 發願印成하여 五臺와 雪嶽에 각각 안치한 사실을 기록하였다"(徐首生, 「大藏經의 二重板과 補遺板 研究」, 『東洋文化研究』 4집, 경북대 동양문화연구소, 1977. p.8).
　③ 오대산에 안장된 것이 현재 오대산 월정사에 전하는 월정사본이다(金芳蔚, 「月精寺所藏 高麗在彫大藏經 印經本에 대하여」, 『서지학보』31, 2007, p.165).

40) ① 『보유목록』은 분량이 2장으로서 독립된 '1권'으로서 성립되지 못했을 것으로 판단된다.
　② 참고로 조선총독부에서 1915년경 작성한 『大藏經綴本目錄』(규장각소장본)에는 『보유목록』이 『대장목록』(총124장) 뒤에 부록되어 있다. 실제로 규장각 소장 인경본에도 『대장목록』의 마지막에 『보유목록』 2장이 첨부되어 있다.

41) 「奉獻始末」에는 6802卷으로 기재되어 있는데 6812卷의 잘못으로 판단된다. 重複된 경전[대교왕경 10권]의 경판이 121매이고, 이 경판이 제외된 수가 81137매며, 重複된 경전[대교왕경 10권]의 경판 121매를 포함한 총 경판은 81258매이다. 그리고 重複된 경전[대교왕경 10권]의 경판 121매가 제외된 81137매에 해당되는 경전은 1510종 6802권이고, 重複된 경전[대교왕경 10권]의 경판 121매가 포함된 81258매에 해당되는 경전은 1511종 6812권인 것으로 판단된다. 따라서 '卷數 6802卷'은 '卷數 6812卷'의 잘못으로 보아야 타당하다.

42) 泉涌寺藏 『高麗板大藏經』의 제일 끝에는 『大藏經題箋卷首対照目録』 4권이 수록 되어 있다("經典ではないですが, 最後は「農・務」箱の「華厳経探玄記」です, 實際는, 『大藏経題箋卷首対照目録』 4帖이最後ですが", 이 내용은 日本 佛教大學의 馬場久幸 教授의 提報에 의한 것임)

43) 泉涌寺 「受領證」에는 수령된 경전이 1512종으로 기재되어 있는데 1513종의 잘못으로 판단된다. 「奉獻始末」③ 〈천용사에 打電한 내용〉에 泉涌寺에 보낸 경전의 종수가 1512종(『대반열반경』 1종이 제외된 것임)으로 기재되어 있다. 1512종에 『대반열반경』 1종을 더하면 1513종이 된다. 또한 필자가 산정한 수량도 1513종(『대장목록』 경전 1486종, 『보유목록』 경전 15종, 중복경전 『대교왕경』 1종, 『大藏經題箋卷首対照目録』 1종)이 된다. 따라서 泉涌寺 「受領證」에 기재된 1512종은 1513종의 잘못으로 판단된다. 혹은 『大藏經題箋卷首対照目録』 1종이 종수에 포함되지 않은 수량일 가능성도 있다 하겠다.

44) 『보유목록』은 분량이 2장으로서 독립된 '1권'으로서 성립되지 못했을 것으로 판단된다.

45) 『보유목록』은 분량이 2장으로서 독립된 '1종', '1권'으로서 성립되지 못했을 것으로 판단된다. 조선총독부에서 1915년경 작성한 『大藏經綴本目錄』(규장각소장본)에는 『보유목록』이 아래와 같이 『대장목록』(총124장) 뒤에 부록되어 있다.

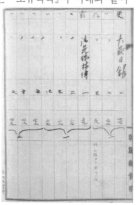

46) ② 「奉獻始末」〈上奏文〉에는 6802卷으로 기재되어 있는데 6812卷의 잘못으로 판단된다. 重複된 경전[대교왕경 10권]의 경판이 121매이고, 이 경판이 제외된 수가 81137매며, 重複된 경전[대교왕경 10권]의 경판 121매를 포함한 총 경판은 81258매이다. 그리고 重複된 경전[대교왕경 10권]의 경판 121매가 제외된 81137매에 해당되는 경전은 1510종 6802권이고, 重複된 경전[대교왕경 10권]의 경판 121매가 포함된 81258매에 해당되는 경전은 1511종 6812권인 것으로 판단된다. 따라서 '卷數 6802卷'은 '卷數 6812卷'의 잘못으로 보아야 타당하다.

47) 泉涌寺藏 『高麗板大藏經』의 제일 끝에는 『大藏經題箋卷首対照目録』 4권이 수록 되어 있다("經典ではないですが, 最後は「農・務」箱の「華厳経探玄記」です, 實際는, 『大藏経題箋卷首対照目録』 4帖が最後ですが", 이 내용은 日本 佛教大學의 馬場久幸 教授의 提報에 의한 것임).

48) ⑤ 泉涌寺 「受領證」에는 수령된 경전이 1512종으로 기재되어 있는데 1513종의 잘못으로 판단된다. ③「奉獻始末」〈천용사에 打電한 내용〉에 泉涌寺에 보낸 경전의 종수가 1512종(『대반열반경』 1종이 제외된 것임)으로 기재되어 있다. 1512종에 『대반열반경』 1종을 더하면 1513종이 된다. 또한 필자가 산정한 수량도 1513종(『대장목록』 경전 1486종, 『보유목록』 경전 15종, 중복경전 『대교왕경』 1종, 『大藏經題箋卷首対照目録』 1종)이 된다. 따라서 泉涌寺 「受領證」에 기재된 1512종은 1513종의 잘못으로 판단된다. 아마도 泉涌寺 측에서는 受領된 대장경의 종수와 권수를 산정할 때 『대반열반경』 1종 40권을 그 권수의 40권 수량만 반영하고 그 종수의 1종은 반영하지 않은 것으로 추정된다. 혹은 『大藏經題箋卷首対照目録』 1종이 종수에 포함되지 않은 수량일 가능성도 있다 하겠다.

Ⅲ. 해인사 팔만대장경 경판의 수량

1. 서언

1915년 『高麗板大藏經印刷顚末』[1]에서는 해인사 대장경판의 수량이 ①"81,258판(중복된 121판[2]을 제외하면 81,137판)"이고, ②"81,240판으로서 缺板이 18판"인 것으로 발표되었다.[3] 해인사 대장경판의 수량 가운데 ①81,258판의 숫자는 이후 학계를 비롯한 모든 분야에서 거의 맹신적으로 수용되었다. 1962년 해인사 대장경판이 국보 제32호로 지정될 때도 그 전체 수량이 81,258판으로 기재되었다.[4] 2,000년부터 2,007년까지 진행된 해인사 대장경판의 보수 사업에서도 보수한 경판의 수량을 8,1258판으로 기재하였다.[5] 뿐만 아니라 최근에 발표된 논문에서도 국보 제32호 합천 해인사 대장경판의 경판 수량을 81,258판(보각중복경판을 포함하면 81,350판)으로 소개하고 있다.[6]

한편, 1999~2008년 "해인사고려대장경 디지털영상화 및 기초자료 데이터베이스화사업"에서는 해인사 대장경판의 전체 수량이 중복분류경판 108판을 포함하여 81,350판으로 조사되었고, 2013년에 보물 제1806호로 지정된 『內典隨函音䟽』 2판이 추가되면서 2015년에는 해인사 대장경판의 전체 수량이

1) 『高麗板大藏經印刷顚末』([편자미상], 朝鮮印刷株式會社, 1931)은 데라우치[寺內正毅] 총독의 지시로 일본 泉涌寺에 헌정하기 위해 1915년(대정 4년 3월 15일~6월 2일까지 80일간) 해인사 대장경판을 인쇄하여 완성하게 된 과정이 기록된 보고서 형식의 油印本을 1931년에 朝鮮印刷株式會社에서 다시 발행한 新鉛活字本이다(이 책의 이본 및 구성과 출판 경위에 대해서는 "일제시기 고려대장경 조사 및 인경사업"(양혜원, 『한국문화』 91, 규장각한국학연구원, 2020. p.104)에 자세히 기술되어 있다). 이 책에는 「卷頭辭」·「大藏經奉獻始末」(〈由來書〉 / 〈上奏文〉 / 〈천용사에 打電한 내용〉)·「大藏經印刷終了報告」·泉涌寺長老 「受領證」 등의 내용으로 구성되어 있다.
2) 필자주: '중복판 121판'은 중복 경전인 『대교왕경』의 경판이다. 해인사 대장경판의 구성 및 경판의 고유번호와 서수생 선생이 작성한 경판의 일련번호 등에서 확인된다.
3) [편자미상], 『高麗板大藏經印刷顚末』, 朝鮮印刷株式會社, 1931. 국립중앙도서관소장본, p.3, 5, 7 13, 20.
4) 참고로 2020년 9월 27일자 문화재청 홈페이지에는 다음과 같이 소개되어 있다.

국보 제32호
합천 해인사 대장경판 (陜川 海印寺 大藏經板)

분 류	기록유산 / 서각류 / 목판각류 / 판목류
수량/면적	81,258매
지정(등록)일	1962.12.20
소 재 지	경상남도 합천군
시 대	고려시대(1237~1252년간)
소유자(소유단체)	해＊＊＊
관리자(관리단체)	해＊＊＊

5) 팔만대장경연구원, 『海印寺 藏經板殿·板架·經板 補修事業 報告書』, 법보종찰 해인사·합천군, 2008. p.583.
6) 최영호, "海印寺大藏經板의 구성체계와 범위", 『석당논총』, 동아대학교 석당학술원, 2017. p.179.

81,352판으로 파악되었다. 그리고 이 81,352판에는 118판의 중각판이 들어 있는 것으로 조사되었다.[7]

그런데, 81,350판(『내전수함음소』 2판을 포함하면 81,352판임)의 수량은 『고려판대장경인쇄전말』에 기재된 81,258판보다 92판이 많은 수량이다. 그럼에도 불구하고 이에 대한 원인은 아직 밝혀지지 않았다. 또한 81,350판 가운데 원각판과 중각판에 대한 구성별(『대장목록』 경전의 경판 / 『보유목록』 경전의 경판 / 중복경전 『대교왕경』의 경판) 수량에 대해서도 구명된 것이 없다.

정확하고 구체적인 해인사 대장경판의 구성별 수량 산정과 올바른 이해를 위해 객관적으로 인정될 수 있는 해인사 대장경판의 전체수량과 대장경판의 원각판과 중각판에 대한 구성별 수량을 산출해 내는 것이 본 연구의 목적이다. 이를 위해 본 연구에서는 먼저 해인사 대장경판의 입장판과 중복판의 수량 및 원각판과 중각판의 수량을 분석하고 구성별로 그 수량을 산정해볼 것이다. 다음으로 1915년 『高麗板大藏經印刷顚末』에 기재된 해인사 대장경판의 수량 81,258판과 1999~2008년 및 2015년에 파악된 해인사 대장경판의 수량 81,350판(『내전수함음소』 2판 포함 81,352판)의 차이에 대한 원인을 구명할 것이다. 끝으로 해인사 대장경판의 개별 경판에 부여되어 있는 경판의 조사번호와 고유번호를 중심으로 경판의 수량과 현재 파악된 경판의 수량에 대해서 구체적으로 살펴볼 것이다.

본 연구에서 도출될 연구 결과는 향후 해인사 대장경판의 구성별 수량과 전체 수량에 대한 올바른 이해를 하는데 하나의 작은 단서가 될 것으로 기대한다.

2. 경판의 입장판과 중복판 수량

현재 해인사 藏經板殿인 法實殿[上殿]과 修多羅藏殿[下殿]에 천자문 函號의 순서에 따라 入藏[奉安]되어 있는 경판(이른바 '**원판분류경판**임.'[8] 이하 '**입장판**'[9]으로 호칭함)과 이 입장판에 들어 있는 특정 경판과 중복되는 경판(이른바 '**중복분류경판**임.'[10] 이하 '**중복판**'[11]으로 호칭함)으로서 장경판전의 법보전 한 쪽에 별치되어 봉안된 경판에 대해서 살펴보면 다음과 같다.

2015년 최영호 교수는 국보 제32호 해인사 대장경판의 수량은 81,350판(『내전수함음소』 2판 포함

---

7) 최영호, "해인사 대장경판에 포함된 중복경판 및 보각경판의 역사문화적 성격", 『국보 제32호 합천 해인사 대장경판 성격과 가치』, 불교문화재연구소, 2015. p.41, 45, 50.

8) 현재 해인사 장경판전에 천자문 函號의 순서에 따라 入藏[奉安]되어 있는 경판을 "해인사 대장경판에 포함된 중복경판 및 보각경판의 역사문화적 성격"(최영호, 『국보 제32호 합천 해인사 대장경판 성격과 가치』, 불교문화재연구소, 2015)에서는 '원판분류경판' 또는 '元版'으로 명명하였다.

9) '입장판(入藏板)'은 현재 해인사 法實殿과 修多羅藏殿에 천자문 函號의 순서에 따라 봉안된 경판(이른바 '원판분류경판')이다. 즉 『대장목록』에 입장된 경전(K0001~K1498) 1496종 6555권 639질에 해당되는 경판 78377판과 『보유목록』에 수록된 경전(K1499~K1514) 15종 236권 24질에 해당되는 경판 2740판(합 1511종 6791권 663질 81117판) 및 중복경전 『대교왕경』 10권 1질의 경전에 해당되는 경판 121판 등 총 1512종 6801권 664질의 경전에 해당되는 경판 81,238판이다

10) 현재 해인사 장경판전에 천자문 函號의 순서에 따라 入藏[奉安]되어 있는 특정 경판과 중복되는 경판을 "해인사 대장경판에 포함된 중복경판 및 보각경판의 역사문화적 성격"(최영호, 『국보 제32호 합천 해인사 대장경판 성격과 가치』, 불교문화재연구소, 2015)에서는 '중복분류경판' 또는 '중복판'으로 명명하였다.

11) '중복판(重複板)'은 입장판 81,238판 가운데 99판과 중복되는 경판(이른바 '**중복분류경판**')으로서 입장판과 달리 법보전 내의 한 쪽에 별치되어 봉안된 경판 112판이다.

81,352판)이고,[12] 개별 중복 경판 211판 가운데 '원판분류경판' 즉 입장판이 99판이며, '중복분류경판' 즉 중복판이 112판인 것으로 발표하였다.[13] 본 연구에서 필자는 개별 중복 경판 211판의 상황을 이해하기 쉽게 입장판·중복판 및 중복판·입장판의 관계를 중심으로 새로 정리하였는데 이를 제시하면 부록의 〈표 1-1〉"중복 경판 211판(입장판 99판·중복판 112판)의 분석" 및 〈표 1-2〉"중복 경판(중복판·입장판) 211판(334장)의 분석"과 〈표1-3〉"중복판으로 분류된 원각판 50판", 〈표1-4〉"입장판으로 분류된 훼손 원각판 18판"과 같다.[14]

필자가 계산한 해인사경판 전체 수량 81,350판에서 중복판 112판을 제외하면 81,238판이 되는데 이 숫자가 바로 해인사 대장경판의 입장판 수량인 것으로 생각된다. 다시 말해서 국보 제32호 해인사 대장경판의 총수량은 81,350판인데, 장경판전인 법보전[上殿]과 수다라장전[下殿]에 천자문 함호의 순서에 따라 입장[봉안]되어 있는 경판 즉 입장판으로 분류된 경판은 81,238판이고, 어느 특정 경판과 중복되어 법보전 한쪽에 별치되어 봉안된 경판 즉 중복판으로 정리된 경판은 112판인 것이다.

해인사 대장경판은 주지하듯이 『대장목록』 경전의 경판 / 『보유목록』 경전의 경판 / 중복경전 『대교왕경』의 경판 등으로 구성된 것이다. 이제 입장판과 중복판의 구성별 수량 및 입장판과 중복판에 섞여 있는 원각판[15]과 중각판[16]에 대해서 살펴보면 다음과 같다.

1) 입장판의 구성별 수량

(1) 『대장목록』 경전(K0001~K1498)의 입장판

먼저 경판의 '조사번호'(00001~81239, 80325-1, 80349-1, 80352-1, 중복1~중복108)에 의거해서 보면, 〈조사번호81239〉(『불설대칠보다라니경(K450)』)는 경판이 배열되어 있는 순서(즉 『대장목록』에 수록된 위치) 상에서 보면, 원래 〈조사번호20659〉~〈조사번호31212〉 사이에 있는 어느 1개의 번호가 부여되어야 하는데, 조사번호가 부여될 때 누락되어 자기의 순서에 맞는 조사번호를 부여받지 못하고 조사번호의 맨 끝 번호(〈조사번호81238〉)의 다음 번호인 〈조사번호81239〉를 추가적으로 부여받은 것이다. 따라서 경판의 '조사번호' 측면에서 『대장목록』 경전의 경판 수량을 산정해 보면, 뒤에 다시 언급되겠지만 원래 '중복판'

---

12) "이상에서 국보 제32호 해인사대장경판의 전체 수량을 객관적으로 다시 조정하는 과정에서 기초자료로 활용할 수 있는 해인사대장경판의 중복경판 실체와 성격을 정리하였다. 이 과정에서는 해인사대장경판의 전체 수량이 기존에 81,258판으로 확정되었다가 이후 81,350판(『내전수함음소』 2판 포함하여 81,352판)으로 확대·조사된 경위도 함께 정리하였다."(최영호, "해인사 대장경판에 포함된 중복경판 및 보각경판의 역사문화적 성격", 『국보 제32호 합천 해인사 대장경판 성격과 가치』, 불교문화재연구소, 2015. p.53).

13) "국보 제32호 해인사대장경판 가운데 현재까지 확인된 개별 중복경판은 원판분류경판이 99판이며, 중복분류경판이 112판으로 … 총211판이 된다. 이 가운데 원판이 93판이며, 후대 보각경판이 118판이다."(최영호, "해인사 대장경판에 포함된 중복경판 및 보각경판의 역사문화적 성격", 『국보 제32호 합천 해인사 대장경판 성격과 가치』, 불교문화재연구소, 2015. p.63).

14) 〈표 1-1〉과 〈표 1-2〉 및 〈표 1-3〉, 〈표 1-4〉는 최영호 교수의 『국보 제32호 합천 海印寺大藏經板 중복판 조사용역사업 보고서』(法寶宗刹 海印寺·陜川郡, 2013년)와 "해인사 대장경판에 포함된 중복경판 및 보각경판의 역사문화적 성격"(『국보 제32호 합천 해인사 대장경판 성격과 가치』, 불교문화재연구소, 2015)의 내용을 바탕으로 해서 작성된 것이다.

15) '원각판(原刻板)'은 『대장목록』에 입장된 경전과 『보유목록』에 수록된 경전의 경판으로서 대장도감과 분사도감 등에서 처음 판각된 원래의 경판(이른바 '원판')이다.

16) '중각판(重刻板)'(이른바 '보각판')은 원각판 가운데 유실되거나 훼손 또는 마모된 경판 96판을 대체하기 위해 중각된 경판(이 중에는 여타의 이유로 중각판을 대체하기 위해 다시 중각된 경판도 있음)으로서 총118판이다.

인데 '입장판'으로 불가피하게 편입되었던 〈조사번호44145〉(『출요경』) 1판[17]이 빠져야 된다. 그리고 뒤로 빠져 조사번호의 맨 끝 번호(〈조사번호81238〉)의 다음 번호를 부여 받은 〈조사번호81239〉(『불설대칠보다라니경(K450)』) 1판이 '조사번호' '78377' 안에 추가되어야 한다. 결국 『대장목록』 경전의 마지막 경판의 '조사번호'인 '78377'이 『대장목록』 경전의 경판 수량이 된다.

다음으로 경판의 **고유번호**(00001~78378, 78379~81118, 81119~81239, 81240~81242, 81243~81350)에 **의거해서 보면**,[18] 『대장목록』 경전(K0001~K1498)의 경판 가운데 『대장목록』 경전의 마지막 경전인 『일체경음의』(K1498)의 **마지막 경판 '고유번호'는** 〈고유번호78378〉이다. 그런데, 중간에 들어있는 1915년판 『출요경』 권25, 제17장 1판의 중복판{이 경판은 원각판으로서 입장판인 『출요경』 권25, 제17/18장 1판(〈고유번호55797〉) 가운데 제17장 한 면의 補板(즉 중각판으로서 중복판)임}이 불가피하게 〈고유번호55798〉로 입장판에 편입[즉 架內奉安板架에 配架]되었던 것이다. 따라서 경판의 **'고유번호'** 측면에서 『대장목록』 경전의 입장판 수량을 산정해 보면, 『대장목록』 경전의 마지막 경판 고유번호인 〈고유번호78378〉에서 입장판으로 편입되었던 〈고유번호55798〉(『출요경』 권25, 제17장) 1판을 뺀 **78377판**이 『대장목록』 경전의 경판 수량이 된다.

따라서 입장판으로 분류된 경판 가운데 『대장목록』 경전(K0001~K1498)의 경판은 78,377판인 것으로 파악된다. 그리고 부록의 〈표 1-1〉 "중복 경판 211판(입장판 99판·중복판 112판)의 분석"의 내용에 의거해 보면, 『대장목록』 경전의 입장판 78,377판 가운데 54판이 중각판인 것으로 파악된다(달리 말하면, 『대장목록』 경전의 입장판 78,377판 가운데 78,323판이 원각판임).

(2) 『보유목록』 경전(K1499~K1514)의 입장판

『보유목록』 경전(K1499~K1514)의 경판{『보유목록』(양면 1판) 포함} 가운데 『종경록』(K1499)~『보유목록』(K1514)의 경판 고유번호는 '78379~81118'이고 조사번호는 '78378~81117'이다. 따라서 입장판으로 분류된 『보유목록』 경전의 경판은 2,740판으로 판단된다. 그리고 부록의 〈표 1-1〉 "중복 경판 211판(입장판 99판·중복판 112판)의 분석"의 내용에 의거해 보면, 『보유목록』 경전의 입장판 2,740판 가운데 2판이 중각판인 것으로 파악된다(달리 말하면, 『보유목록』 경전의 입장판 2,740판 가운데 2,738판이 원각판임).

(3) 중복경전 『대교왕경』의 입장판

중복경전인 『대교왕경』의 경판 고유번호는 '81119~81239'이고 조사번호는 '81118~81238'이다. 중복경전인 『대교왕경』의 경판은 중복판이 없다. 따라서 중복판이 없는 『대교왕경』의 경판 즉 입장판은 121판이 된다(달리 말하면, 중복경전인 『대교왕경』의 입장판 121판은 모두 원각판임).

---

17) 〈조사번호44145〉(『출요경』) 1판의 경판 고유번호는 〈고유번호55798〉이다.

18) 경판의 조사번호와 고유번호에 대해서는 부록의 〈표 2〉 "중복 경판 211판을 중심으로 살펴본 조사번호와 고유번호의 변동사항"이 참고가 된다.

앞에서 살펴본 내용을 종합하여 현재의 해인사 대장경판(『대장목록』경전의 경판 /『보유목록』경전의 경판 / 중복경전『대교왕경』의 경판)의 입장판(즉 '원판분류경판') 수량을 계산해 보면 81,238판이 된다. 이 숫자는 필자가 앞에서 해인사 대장경판의 입장판 수량으로 언급한 81,238판과 일치한다. 따라서 현재의 해인사 대장경판 81,350판에서 중복판으로 정리된 112판을 제외한 81,238판이 바로 해인사 대장경판의 입장판으로 분류된 경판 수량인 것이다. 그리고 입장판 81,238판 가운데 원각판은 81,182판이고, 중각판은 56판인 것이다.

2) 중복판의 구성별 수량

(1) 『대장목록』 경전(K0001~K1498)의 중복판

부록의 〈표 1-1〉 "중복 경판 211판(입장판 99판·중복판 112판)의 분석"의 내용에 의거해 보면, 중복판으로 정리된 경판 112판 가운데 『대장목록』경전(K0001~K1498)의 중복판 수량은 98판이고, 이 98판 가운데 원각판은 48판이며, 중각판은 50판인 것으로 파악된다.

(2) 『보유목록』 경전(K1499~K1514)의 중복판

부록의 〈표 1-1〉 "중복 경판 211판(입장판 99판·중복판 112판)의 분석"의 내용에 의거해 보면, 중복판으로 정리된 경판 112판 가운데 『보유목록』경전(K1499~K1514)의 중복판 수량은 14판이고, 이 14판 가운데 원각판은 2판(석화엄교분기원통초〈고유번호80326〉, 화엄경탐현기〈고유번호81349〉)이며, 중각판은 12판인 것으로 파악된다.

(3) 중복경전 『대교왕경』의 중복판

중복경전인 『대교왕경』의 중복판은 없다.

위에서 살펴본 내용을 종합하여 해인사 대장경판 가운데 중복판으로 정리된 경판 수량을 계산해 보면 112판이 된다. 그리고 중복판 112판 가운데 원각판은 50판이고, 중각판은 62판인 것이다.

지금까지 분석한 내용을 표로 정리하여 제시하면 부록의 〈표 3-1〉 "해인사 대장경판(입장판·중복판)의 구성별 수량"과 같다.

3. 경판의 원각판과 중각판 수량

1) 원각판의 구성별 수량

(1) 『대장목록』 경전(K0001~K1498)의 원각판

해인사 장경판전에 천자문 函號의 순서에 따라 入藏[奉安]되어 있는 入藏板 가운데 『대장목록』 경전(K0001 ~K1498)의 경판은 78,377판인데, 고려 대장도감과 분사도감에서 판각된 『대장목록』 경전)의 **원각판**[19] **수량은 78,371판**(현재의 결판 3판을 포함하면 78,374판임)이다. 현재 入藏板으로 분류된 경판 가운데 중각 판인 〈고유번호561〉·〈고유번호562〉 2판의 해당 원각판은 〈고유번호81264〉 1판이고, 〈고유번호2061〉· 〈고유번호2064〉 2판의 해당 원각판은 〈고유번호81296〉 1판이며, 〈고유번호2180〉·〈고유번호2181〉 2판 의 해당 원각판은 〈고유번호81299〉 1판이다. 따라서 원래의 경판 즉 대장도감과 분사도감에서 판각된 원각 판의 수량은 현재의 입장판 수량 78377판에서 3판을 뺀 78,374판이 된다.

그리고 이 78,374판에서 원각판 가운데 현재 결판된 3판(입장판인 『대반야바라밀다경』 권33, 제12/13장 의 1915년 중각판〈고유번호501〉의 원각판, 『아비달마대비바사론』 권88, 제5/6장의 1915년 중각판〈고유 번호49647〉의 원각판, 『아비달마순정리론』 권7, 제17/18장의 1915년 중각판〈고유번호51707〉의 원각판) 을 제외하면 78,371판이 되는데 이 수량이 현재 해인사 장경판전에 봉안되어 있는 『대장목록』 경전의 원각판 수량이다. 따라서 원각판 가운데 『대장목록』 경전(K0001~K1498)의 경판은 78,371판(결판 3판을 포함하 면 78,374판임)인 것으로 파악된다. 그리고 부록의 〈표 4-1〉 "중복 경판(원각판·중각판) 211판(334장)의 분석"[20]의 내용에 의거해 보면, 『대장목록』 경전의 원각판 78,371판 가운데 48판이 중복판으로 정리된 것으로 파악된다(달리 말하면, 『대장목록』 경전의 원각판 78,371판 가운데 78,323판이 입장판으로 분류된 것임).

(2) 『보유목록』 경전(K1499~K1514)의 원각판

『보유목록』 경전의 경판{『보유목록』(양면 1판) 포함} 가운데 『종경록』(K1499)~『보유목록』(K1514)의 경판 고유번호는 '78379~81118'이고, 조사번호는 '78378~81117'이다. 현재 해인사에 입장되어 있는 『보유목록』 경전의 입장판은 2740판인데, 원각판의 수량도 2740판{『보유목록』(양면 1판) 포함}이다. 그리 고 부록의 〈표 4-1〉 "중복 경판(원각판·중각판) 211판(334장)의 분석"의 내용에 의거해 보면, 『보유목록』

---

19) '原刻板'은 『대장목록』에 입장된 경전과 『보유목록』에 수록된 경전의 경판으로서 대장도감과 분사도감 등에서 처음 판각된 원래의 경판(이른바 '원판')인데, 본 연구에서는 개별 경판 가운데 중각판(또는 중복판)이 없는 단일 경판도 원각판으로 간주하였다. 따라서 본 연구에서 단일경판을 전부 원각판으로 간주하여 분석한 원각판의 수량은 일정의 한계가 있음을 밝힌다.

20) ① 〈표 4-1〉 "중복 경판(원각판·중각판) 211판(334장)의 분석"은 최영호가 교수가 발표한 "현존 해인사대장경판의 개별 중복경판 목록"(최영호, "해인사 대장경판에 포함된 중복경판 및 보각경판의 역사문화적 성격", 『국보 제32호 합천 해인사 대장경 성격과 가치』, 불교문화재연구소, 2015. pp.58~63)의 내용을 바탕으로 해서 작성된 것이다.
② 이해를 돕기 위해 중복 경판(원각판·중각판) 211판을 중각판의 중각 시기별로 정리하여 제시하면 부록의 〈표 5-1〉 "중각판(118판 188장)의 중각 시기별 분석"과 〈표 5-2〉 "판각시기 미상인 중각판의 추정 판각시기"와 같다.

경전의 원각판 2,740판 가운데 2판(석화엄교분기원통초〈고유번호80326〉, 화엄경탐현기〈고유번호81349〉)이 중복판으로 정리된 것으로 파악된다(달리 말하면, 『보유목록』 경전의 원각판 2,740판 가운데 2,738판이 입장판으로 분류된 것임).

(3) 중복경전 『대교왕경』의 원각판

중복경전인 『대교왕경』의 경판 고유번호는 '81119~81239'이고 조사번호는 '81118~81238'(즉 121판)이다. 중복경전인 『대교왕경』의 경판은 중각판이 없다. 따라서 중각판이 없는 『대교왕경』의 경판 즉 원각판은 121판이 된다(달리 말하면, 중복경전인 『대교왕경』의 원각판 121판은 모두 입장판임).

앞에서 살펴본 내용을 종합하여 고려 대장도감과 분사도감에서 판각된 대장경판의 원각판 수량을 계산해 보면 81,232판이 된다. 이 가운데 『대장목록』 경전(K0001~K1498)의 원각판 수량은 78,371판(결판 3판을 포함하면 78,374판)이고, 『보유목록』 경전(K1499~K1514)의 원각판 수량은 2,740판이며, 중복경전 『대교왕경』의 원각판 수량은 121판이다. 따라서 『대장목록』 경전과 『보유목록』 경전의 경판(『보유목록』(양면 1판) 포함) 및 중복경전 『대교왕경』 등의 총 원각판 수량은 81,232판이다. 그리고 원각판 81,232판 가운데 입장판으로 분류된 경판은 81,182판이고, 중복판으로 정리된 경판은 50판인 것이다.

한편, 현재 해인사 장경판전에 봉안되어 있는 『대장목록』 경전의 원각판 수량은 81,232판이지만, 현재 3판이 결실된 상태이다. 따라서 결판 3판을 포함하여 산정하면 『대장목록』 경전의 원래의 원각판 수량은 81,235판이 된다.

2) 중각판의 구성별 수량

(1) 『대장목록』 경전(K0001~K1498)의 중각판

부록의 〈표 4-1〉 "중복 경판(원각판·중각판) 211판(334장)의 분석"의 내용에 의거해 보면, 중각판 118판 가운데 『대장목록』 경전의 중각판 수량은 104판이고, 이 104판 가운데 입장판으로 분류된 경판은 54판이며, 중복판으로 정리된 경판은 50판인 것으로 파악된다.

(2) 『보유목록』 경전(K1499~K1514)의 중각판

부록의 〈표 4-1〉 "중복 경판(원각판·중각판) 211판(334장)의 분석"의 내용에 의거해 보면, 중각판 118판 가운데 『보유목록』 경전의 중각판 수량은 14판이고, 이 14판 가운데 입장판으로 분류된 경판은 2판이며, 중복판으로 분류된 경판은 12판인 것으로 파악된다.

(3) 중복경전 『대교왕경』의 중각판

중복경전인 『대교왕경』의 중각판은 없다.

위에서 살펴본 내용을 종합하여 해인사 대장경판의 중각판 수량을 계산해 보면 118판이 된다. 그리고 중각판 118판 가운데 입장판으로 분류된 경판은 56판이고, 중복판으로 분류된 경판은 62판인 것이다.

이상에서 분석한 내용을 표로 정리하여 제시하면 부록의 〈표 6〉 "해인사 대장경판(원각판·중각판)의 구성별 수량"과 같다.

4. 경판의 총 수량

1) 필자가 산정한 국보 제32호인 해인사 대장경판의 총 수량

첫째, 입장판과 중복판의 측면에서 보면, 해인사 대장경판은 **총81,350판**인데, 이 가운데 입장판은 81,238판이고 중복판은 112판이다.

둘째, 원각판과 중각판의 측면에서 보면, 해인사 대장경판은 **총81,350판**(현재의 결판 3판이 포함되지 않은 수량임)인데, 이 가운데 원각판은 81,232판(현재의 결판 3판이 포함되지 않은 수량임)이고, 중각판은 118판이다.

셋째, 현재 해인사 대장경판은 원각판 가운데 3판이 결실된 상태이다. 따라서 결판 3판을 포함하면 해인사 대장경판은 **총81,353판**(현재의 결판 3판을 포함한 수량임)인데, 이 가운데 원각판은 81,235판(현재의 결판 3판을 포함한 수량임)이고, 중각판은 118판이다.

2) 종래에 발표된 국보 제32호인 해인사 대장경판의 수량

1915년 『高麗板大藏經印刷顚末』에서는 해인사 대장경판의 수량이 81,258판(중복된 121판[21]을 제외하면 81,137판)이고, **현존 경판**이 81,240판으로서 缺板이 18판인 것으로 발표되었다.[22]

1977년 "伽倻山 海印寺 八萬大藏經 硏究"에서는 해인사 대장경판의 수량에 대해 正藏과 副藏의 관점에서 正藏이 78,500판, 副藏이 2,740판, 중복판이 92판, 총 81,332판인 것으로 발표되었고, 경판이 봉안된 板架의 관점에서 **架內奉安板**이 81,240판, 架外奉安板이 92판(중복판)인 것으로 발표되었다.[23]

---

21) 필자주: '중복판 121판'은 중복 경전인 『대교왕경』의 경판이다.

22) ① "現存經板 81,240板 缺板18枚" / "高麗再雕本大藏經…81,258枚 1,511種 6,802卷" / "今日二傳レリ板木ノ數 81,137枚 (重複ノ分121枚ヲ除ク) 經卷ノ數目錄三卷 目錄內 1,495種 6,566卷 補遺 15種 236卷"([편자미상], 「大藏經奉獻始末」, 『高麗板大藏經印刷顚末』, 朝鮮印刷株式會社, 1931. 국립중앙도서관소장본, p.5, 7, 11).

② "現存經板 81,240枚(內121枚重複セリ)ニシテ缺板18枚アリ左ノ如シ…"(小田幹治郎, 「大藏經印刷終了報告」, 『高麗板大藏經印刷顚末』, 朝鮮印刷株式會社, 1931. 국립중앙도서관소장본, p.20).

2008년 '해인사 고려대장경 디지털영상화 및 기초자료 데이터베이스화사업'에서는 해인사 대장경판의 수량이 중복분류경판(즉 중복판) 108판을 포함하여 81,350판인 것으로 발표되었다.[24]

2015년 "해인사 대장경판에 포함된 중복경판 및 보각경판의 역사문화적 성격"에서는 해인사 대장경판의 수량에 대해 전체수량은 81,350판(2013년 보물 제1806호로 지정된 『내전수함음소』 2판 포함하여 81,352 판)인데, 대장경판에 포함된 개별경판의 중복경판 가운데 원판(즉 원각판)은 3판이며, 후대 보각경판(즉 중각 판)은 118판인 것으로 발표하였다.[25]

2017년 "海印寺大藏經板의 구성체계와 범위"에서는 국보 제32호 합천 해인사 대장경판의 경판 수량은 81,258(81,350)판이고, 81,350판은 보각·중복경판을 포함한 수량인 것으로 기술하였다.[26]

이제 본격적으로, 1915년 『高麗板大藏經印刷顛末』, 1977년 "伽倻山 海印寺 八萬大藏經 研究", 2008년 '해인사 고려대장경 디지털영상화 및 기초자료 데이터베이스화사업', 2015년 "해인사 대장경판에 포함된 중복경판 및 보각경판 의 역사 · 문화적 성격" 등에서 발표된 해인사 대장경판의 수량을 분석해 보고자 한다.

(1) 1915년 『고려판대장경인쇄전말』에 발표된 해인사 대장경판의 수량

1915년 『고려판대장경인쇄전말』에서는 이미 앞에 기술된 바와 같이 해인사 대장경판의 수량이 81,258판(중복된 121판을 제외하면 81,137판)이고, 현존 경판이 81,240판인데 缺板이 18판인 것으로 발표되었다.

한편, 『고려판대장경인쇄전말』에 기재된 내용에 대해서 최영호 교수는 "일제강점기 조선총독부의 사무관 (事務官) 오다 미키지로(小田幹治郎)가 1915년 본격적인 인출불사를 위해 한 해 전인 1914년 10~11월 해인사대장경판의 현황을 사전에 전수조사하면서 해인사대장경판의 전체 수량을 81,258매(결판 18매 및 중복판 121매 포함)로 파악하였다. … 1937년 조선총독부가 주도한 인경불사를 총괄한 경성제국대학(京城帝 國大學)의 교수 다카하시 도오루(高橋亨)도 1936년 경판 수량을 사전에 전수조사하면서 해인사대장경판의 경판 수량을 81,258매로 파악하였다."고 기술했다.[27]

그런데 『고려판대장경인쇄전말』에 기재된 해인사 대장경판의 수량에 대한 내용은 모호하게 기술되어 있어 심층적인 이해와 해석이 요구된다. 『고려판대장경인쇄전말』에 기재된 4종류의 내용(A~D)을 소개하고 문제

---

23) "우리의 國寶 32號 大藏經板은 모두 81,332板이며, 그 聖寶가 海印寺 大藏經殿에 奉安되어 있다. 이 無雙國寶 經板 속엔 正藏과 副藏이 있다. 正藏이 78,500板이요, 副藏이 2,740枚이다. 이 81,332板 中엔 92板이 二重되어 있다. 이것을 圖示하면, ① 架內奉安이 81,240板, 架外奉安이 92板(二重板), 總計 81,332板이며, ② 正藏板이 78,500板, 副藏板이 2,740板, 二重이 92板이다."(徐首生, "伽倻山 海印寺 八萬大藏經 研究", 『韓國學報』 9집, 1977. p.4.)

24) 최영호, "해인사 대장경판에 포함된 중복경판 및 보각경판의 역사문화적 성격", 『국보 제32호 합천 해인사 대장경판 성격과 가치』, 2015. p.45.

25) "해인사대장경판의 전체 수량은 … 1999~2008년의 조사사업에서 전체 수량이 81,350판(2013년 보물 제1806호로 지정된 『내전수함음소』 2판 포함하여 81,352판)으로 확대되었다. … 2015년까지 해인사대장경판에 포함된 개별경판의 중복경판 가운데 원판은 93판이며, 후대 보각경판은 118판으로 조사정리되었다."(최영호, "해인사 대장경판에 포함된 중복경판 및 보각경판의 역사문화적 성격", 『국보 제32호 합천 해인사 대장경판 성격과 가치』, 2015. p.53).

26) 최영호, "海印寺大藏經板의 구성체계와 범위", 『석당논총』, 동아대학교 석당학술원, 2017. p.179.

27) 최영호, "해인사 대장경판에 포함된 중복경판 및 보각경판의 역사문화적 성격", 『국보 제32호 합천 해인사 대장경판 성격과 가치』, 불교문화재연구소, 2015. pp.42~43.

점을 분석해보면 다음과 같다.

    A. "現存經板 81,240枚 缺板18枚"[28]

    B. "高麗再雕本大藏經…81,258枚 1,511種 6,802卷"[29]

    C. "今日ニ傳レリ板木ノ數 81,137枚(重複ノ分121枚ヲ除ク)"[30]

    D. "現存經板 81,240枚(內121枚重複セリ)ニシテ缺板18枚アリ左ノ如シ…"[31]

① A. "現存經板 81,240枚 缺板18枚"의 내용([작자미상], 〈本文〉, 「大藏經奉獻始末」, 『高麗板大藏經印刷顚末』)

    본 내용에서 '現存經板 81,240枚'와 '缺板 18枚'의 의미가 분명하지 못해 여러 가지로 이해될 수 있다.

    첫째, '現存經板 81,240枚'는 印經에 사용되는 경판(즉 입장판)만의 수량으로 이해되는데, 한편 이중으로 판각된 경판(즉 중복판)도 포함된 전체 수량으로 이해될 수도 있다.

    둘째, '缺板18枚'는 그 수량이 現存經板 81,240枚의 수량 안에 포함되어 있는 것으로 이해되는데, 한편 現存經板 81,240枚의 수량에 포함되지 않은 것으로 이해될 수도 있다. 만약 缺板 18枚가 現存經板 81,240枚의 수량 안에 포함된 것으로 해석하게 되면, 印經에 사용되는 경판(즉 입장판)의 수량(또는 중복판이 포함된 경판의 수량)이 81,240枚가 된다. 반면, 缺板18枚가 現存經板 81,240枚의 수량에 포함되지 않은 것으로 해석하게 되면, 印經에 사용되는 경판(즉 입장판)의 수량(또는 중복판이 포함된 경판의 수량)은 81,240매와 결판 18매를 더하여 81,258매가 된다.

    한편, 『고려판대장경인쇄전말』에 기재된 '缺板'의 의미를 일반적으로 '결실된 경판'으로 이해하고 있다. 반면 필자는 '파손되거나 결실된 경판'으로 이해하고자 한다. **해인사 대장경판의 수량이 최초로 기재된**『고려판대장경인쇄전말』의 「大藏經印刷終了報告」에는 '결판'으로 18판[32]이 기재되어 있고, 이 결판 18판의 補板

---

28) [작자미상], 〈本文〉, 「大藏經奉獻始末」, 『高麗板大藏經印刷顚末』, 朝鮮印刷株式會社, 1931. 국립중앙도서관소장본, p.5.

29) 寺內正毅, 〈上奏文〉, 「大藏經奉獻始末」, 『高麗板大藏經印刷顚末』, 朝鮮印刷株式會社, 1931. 국립중앙도서관소장본, p.7.

30) [작자미상], 〈由來書〉, 「大藏經奉獻始末」, 『高麗板大藏經印刷顚末』, 朝鮮印刷株式會社, 1931. 국립중앙도서관소장본, p.11.

31) 小田幹治郎, 「大藏經印刷終了報告」, 『高麗板大藏經印刷顚末』, 朝鮮印刷株式會社, 1931. 국립중앙도서관소장본, p.20.

32) 小田幹治郎이 『고려판대장경인쇄전말』에서 언급한 缺板 18판은 아래와 같다.
    ① 大般若波羅蜜多經 제21권 제13장
    ② 大般若波羅蜜多經 제31권 제26/27장
    ③ 大般若波羅蜜多經 제33권 제12/13장
    ④ 大般若波羅蜜多經 제56권 제3/4장
    ⑤ 大般若波羅蜜多經 제56권 제15/16장
    ⑥ 大般若波羅蜜多經 제67권 제9/10장
    ⑦ 大般若波羅蜜多經 제68권 제2장
    ⑧ 大般若波羅蜜多經 제73권 제2장
    ⑨ 大般若波羅蜜多經 제126권 제19/29장
    ⑩ 大般若波羅蜜多經 제141권 제6장
    ⑪ 大般若波羅蜜多經 제144권 제23장
    ⑫ 大般若波羅蜜多經 제153권 제20장
    ⑬ 阿毘達磨大毘婆沙論 제88권 제5/6장
    ⑭ 阿毘達磨順正理論 제7권 제17/18장

18판이 1915년에 중각되어 보충되었다.[33)]

　그런데 『고려판대장경인쇄전말』의 「大藏經印刷終了報告」에 결판으로 기재된 18판 가운데 ③『大般若波羅蜜多經』제33권 제12/13장, ⑬『阿毘達磨大毘婆沙論』제88권 제5/6장, 『⑭ 阿毗達磨順正理論』제7권 제17/18장 등 3판을 제외한 15판은 결실되지 않고 현재 대부분 훼손된 상태로 해인사 장경판전에 봉안되어 있다. 무엇보다도 결판으로 기재되었고, 이에 따라 중각되어 보충된 ⑧『大般若波羅蜜多經』제73권 제2장 1판(단면), ⑮『大乘廣百論釋』제4권 제15장 1판(단면), ⑰『集古今佛道論衡』제4권 제44장 1판(단면), ⑱『出曜經』제25권 제17장 1판(단면) 등 4판은 ⑧『大般若波羅蜜多經』제73권 제1/2장 1판(양면), ⑮『大乘廣百論釋』제4권 제15/16장 1판(양면), ⑰『集古今佛道論衡』제4권 제43/44장 1판(양면), ⑱『出曜經』제25권 제16/17장 1판(양면) 등 4판의 보판인데, 경판의 양 면 가운데 훼손된 한 면만이 새로 중각된 補板이다. 만약 이 경판들이 결실된 것이라면 한 면이 아닌 양면을 중각(다시 판각)했어야 되는 것이다. 이로 볼 때, 1915년 『고려판대장경인쇄전말』에 언급된 결판 18판은 실제로 결실된 경판을 의미하는 것이 아니라 '파손되거나 결실된 경판'으로 이해하는 것이 합당하다.

　현재의 해인사 대장경판을 분석해 보면, 입장판은 81,238판이고 중복판은 112판으로서 총 수량은 81,350판이다. 그리고 경판의 고유번호(00001~81350)를 통해 보면, 고유번호 00001부터 81239까지가 입장판에 해당되고 81240부터 81350까지는 중복판에 해당된다. 또한 서수생 선생이 작성한 해인사 대장경판 일련번호를 통해 보면, 일련번호 00001부터 81240까지가 입장판에 해당되고 이후 92판이 중복판에 해당된다.

　이렇게 볼 때, '現存經板 81,240枚'는 印經에 사용되는 경판(즉 입장판)만의 수량이고, '現存經板 81,240枚' 안에는 파손되거나 결실된 경판 18판이 있다는 의미로 이해해야 할 것으로 판단된다.

　② B. "高麗再雕本大藏經…81,258枚"의 내용(寺內正毅,〈上奏文〉,「大藏經奉獻始末」,『高麗板大藏經印刷顚末』)

　본 내용에서 '81,258枚'는 뒤에 기술된 D. "現存經板 81,240枚(內121枚重複セリ)ニシテ缺板18枚アリ左ノ如シ…"의 내용(小田幹治郎,「大藏經印刷終了報告」,『高麗板大藏經印刷顚末』) 가운데, 缺板18枚가 現存經板 81,240枚의 수량에 포함되지 않은 것으로 이해하여, 81,240枚에 缺板18枚를 더해서 산출된 수량으로 추정된다.

---

　⑮ 大乘廣百論釋 제4권 제15장
　⑯ 菩提心離相論 제6장
　⑰ 集古今佛道論衡 제4권 제44장
　⑱ 出曜經 제25권 제17장

33) 缺板 18판의 補板은 당시에 다음과 같은 과정을 거쳐 중각되었다(小田幹治郎,「大藏經印刷終了報告」,『高麗板大藏經印刷顚末』, 朝鮮印刷株式會社, 1931. 국립중앙도서관소장본, pp.47~48).
　　첫째, 보충된 경판의 原稿는 平昌郡 月淨寺, 淮陽郡 正陽寺에 소장된 印本에 의거하여 작성된 다음 東京 增上寺, 京都 本願寺에 소장된 印本의 謄寫本과 대조를 거쳐 확정되었다.
　　둘째, 경판의 목재는 京城 부근의 배나무를 사용하고, 徐有榘의 林園經濟志의 기록에 의거하여 두 달에 걸쳐 소금물에 담갔다가 찌고 蒸氣乾燥法으로 건조시킨 다음 조선인 각수를 시켜 조각하게 하였다.
　　셋째, 全面에 漆을 바르고 四隅에는 銅製 金具를 장착했다.
　　넷째, 경판의 측면에는 「大正四年雕刻」을 새겨 넣어 보충된 사실을 밝혔다. 다섯째, 136個所 1,017字의 缺字 보충은 缺板의 例에 의거하여 雕刻하여 보충했다.

③ C. "今日ニ傳レリ板木ノ數 81,137枚(重複ノ分121枚ヲ除ク)"의 내용([작자미상], 〈由來書〉, 「大藏經奉獻始末」, 『高麗板大藏經印刷顚末』)

본 내용에서 중복된 경전의 경판 121매(『대교왕경』10권의 경판 121판)를 제외한 수량이 81,137枚라고 했는데, 포함하면 81,258판이 된다. 이 수량은 앞에 언급된 ②와 동일한 경우로서 뒤에 기술된 D. "現存經板 81,240枚(內121枚重複セリ)ニシテ缺板18枚アリ左ノ如シ…"의 내용(小田幹治郎, 「大藏經印刷終了報告」, 『高麗板大藏經印刷顚末』) 가운데, 缺板18枚가 現存經板 81,240枚의 수량에 포함되지 않은 것으로 이해하여, 81,240枚에서 缺板 18枚를 더해서 산출된 수량 81,258枚에서 중복된 경전의 경판 121매(『대교왕경』10권의 경판 121판)를 뺀 수량(81,258-18=81,137)으로 추정된다.

④ D. "現存經板 81,240枚(內121枚重複セリ)ニシテ缺板18枚アリ左ノ如シ…"의 내용(小田幹治郎, 「大藏經印刷終了報告」, 『高麗板大藏經印刷顚末』)

「大藏經印刷終了報告」에 기재된 내용은 최초로 보고된 해인사 대장경판의 수량이다. 여기에서는 '현존 경판'이 81,240판이고, 안에는 121판(『대교왕경』10권의 경판 121판)이 중복되어 있고 '결판'(이 '결판'은 앞에 기술된 바와 같이 '파손되거나 결실된 경판'의 의미임)이 18판이라고 했다. 즉 현존 경판 81,240판 가운데 중복 경전인 『대교왕경』10권의 경판 121판을 제외하면 81,119판이 되는데, 이 수량은 해인사 대장경판 가운데 『대장목록』경전과 『보유목록』경전의 印經을 위한 경판(즉 '입장판') 수량을 의미하는 것이다.

그런데 「大藏經印刷終了報告」에 기재된 현존 경판(즉 印經을 위한 경판인 입장판)의 수량 81,240판과 『대장목록』·『보유목록』경전의 경판 수량 81,119판은 현재 필자가 파악한 입장판 81,238판과 『대장목록』·『보유목록』경전의 경판 수량 81,117판의 수량보다 2판이 많은 수량이다. 그 원인을 살펴보면 다음과 같다.

결론부터 말하자면, 「大藏經印刷終了報告」에 기재된 현존 경판의 수량 81,240판은 중복판 3판이 포함되고 「보유목록」1판이 포함되지 않은 수량인 것으로 판단된다. 다시 말해서 필자가 파악한 입장판 81,238판의 수량은 중복판이 포함되지 않고, 「보유목록」1판이 포함된 수량이다. 그런데 「大藏經印刷終了報告」에 기재된 수량 81,240판에는 중복판 3판{조선시대에 중각된 「대반야바라밀다경」권100 제3장 단면 1판(고유번호81287)과 조선후기에 중각된 「십송율」권5 제34장 단면 1판(고유번호81325) 그리고 1381년이후에 중각된 「출요경」권16, 제7장 단면 1판(고유번호81328)}이 포함되고, 1865년(조선 고종2년)에 판각된 「보유목록」양면 1판(고유번호81118)이 포함되지 않았기 때문에 필자가 파악한 81,238판의 수량과 2판의 차이가 나는 것으로 판단된다.

필자가 「大藏經印刷終了報告」에 기재된 수량 81,240판에 앞에서 언급한 중복판 3판이 포함된 것으로 보는 이유는 다음과 같다.

이들 중복판 3판은 양면 가운데 한 면은 온전하고 다른 한 면은 훼손된 원각판 가운데 훼손된 한 면만을 다시 새긴 중각판(단면 1판)이다. 즉 「대반야바라밀다경」권100 제3장 단면 1판(고유번호81287)은 원각판인 「대반야바라밀다경」권100 제2/3장 양면 1판(고유번호1489) 가운데 제3장 한 면의 중각판이고, 「십송율」

권5 제34장 단면 1판(고유번호81325)은 원각판인「십송율」권5 제34/35장 양면 1판(40427) 가운데 제35장 한 면의 중각판이며,「출요경」권16 제7장 단면 1판(고유번호81328)은 원각판인「출요경」권16, 제7/8장 양면 1판(고유번호55682) 가운데 제7장 한 면의 중각판이다. 그리고 1915년에 대장경을 인출할 때,「대반야바라밀다경」권100 제2/3장과「십송율」권5 제34/35장 그리고「출요경」권16 제7/8장의 경우, 원각판(달리 말하면 입장판)의 온전한 면은 원각판으로 인출하고, 원각판의 훼손된 면은 중각판(달리 말하면 중복판)으로 인출하였다.34) 이렇게 볼 때, 이들 중복판 3판은 중복판(달리 말하면 중각판)이 아니라 입장판(달리 말하면 원각판)의 지위에 있었던 것으로 보인다. 환언하면 이들 중복판(즉 중각판) 3판은 이들의 입장판(즉 원각판)과 분리하지 않았기 때문에 1915년에 산정된 현존 경판의 수량 81,240판에 이들 중복판 3판이 부득이 하게 포함되었을 것으로 추정된다.

　　그리고「大藏經印刷終了報告」에 기재된 수량 81,240판에 1865년(조선 고종2년)에 판각된「보유목록」양면 1판이 포함되지 않은 것으로 보는 이유는 다음과 같다.

　『보유목록』양면 1판은 1865년에 작성되어 판각된 목판이다.『보유목록』의 내용과 작성된 시기 그리고 판각된 시점에서 볼 때, 해인사 판전에 봉안되어 있는 이른바 '현존경판'과는 차원이 다르다. 또한『보유목록』은 조선총독부에서 1915년경 작성한『大藏經綴本目錄』(규장각소장본)에는 아래와 같이 단일 항목으로 기재되지 못하고,『대장목록』3권의 항목 밑에 註記("外二枚アリ共四○枚")되어 있는 처지였다. 따라서 1515년「大藏經印刷終了報告」의 작성자 小田幹治郎이 '현존경판'의 수량을 산정할 때 그 수량에『보유목록』양면 1판을 포함시키지 않았을 가능성이 높은 것으로 생각된다.

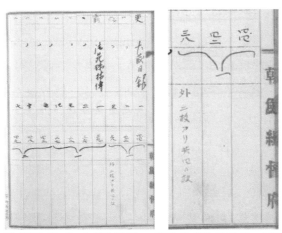

　　현재의 해인사 대장경판을 분석해 보면,『대장목록』경전과『보유목록』경전의 경판 수량은 81,117판이다. 그리고 경판의 고유번호(00001~81350)를 통해 보면, 고유번호 00001부터 81118까지가『대장목록』경전과『보유목록』경전의 경판에 해당된다. 한편 서수생 선생이 작성한 해인사 대장경판 일련번호는『대장목록』경전 경판 다음에 중복 경전인『대교왕경』10권의 경판 121판의 일련번호를 부여하고 그 다음에

---

34)　① 〈표1-4-2-A〉 "입장판으로 분류된 훼손(양면 가운데 한 면) 원각판 22판"과 〈표1-4-2-B〉 "입장판으로 분류된 훼손(양면 가운데 한 면) 원각판 22판"의 '유형 E'를 참조바람.
　　② 한편, 양면 가운데 한 면은 온전하고 다른 한 면은 훼손된 원각판 가운데 훼손된 한 면만을 다시 새긴 경우가 19판이 더 있는데, 이중 원각판의 양면 가운데 한 면이 훼손되어 훼손된 한 면만이 1915년에 중각되어 1915년 당시 그 경판으로 인경된 것이 2판이고, 원각판의 양면 가운데 한 면이 훼손되어 훼손된 한 면만이 1381년이후에 중각되었지만, 1915년에 다시 중각되어 1915년 당시 그 경판으로 인경된 것이 2판이며, 원각판의 양면 가운데 한 면이 훼손되어 훼손된 한 면만이 1915년에 중각되었지만 1915년 당시에는 훼손된 원각판으로 인경된 것이 1판이고, 원각판의 양면 가운데 한 면이 훼손되어 훼손된 한 면만이 1381년이후 또는 조선후기에 중각되었지만 1915년 당시에는 훼손된 원각판으로 인경된 것이 14판이다.

『보유목록』경전의 경판의 일련번호를 부여했기 때문에 번호상 비교의 대상이 되지 않지만, 서수생 선생이 산정한『대장목록』경전과『보유목록』경전의 경판 수량은 81,119판이다(〈표 7-1〉 "서수생 선생의 조사 내용 정리"의 ③항 참조).

다른 한편, 최영호 교수는 2015년 "해인사 대장경판에 포함된 중복경판 및 보각경판의 역사문화적 성격"에서『고려판대장경인쇄전말』의 내용에 의거하여 小田幹治郞이 1914년 해인사 경판의 **전체 수량**을 "81,258매(결판 18매 및 중복판 121매 포함)로 파악하였다"고 언급하였다.[35] 그런데 小田幹治郞은 해인사대장경판의 전체 수량을 81,258매로 파악했다고 언급한 적이 없다. 단지 "현존경판 81,240매(안에 121매가 중복됨)로서 결판 18매가 있고…"{"現存經板 81,240枚(內121枚重複セリ)ニシテ缺板18枚アリ左ノ如シ…}"[36]라고 기록했을 뿐이다. 어쨌든 최영호 교수는『고려판대장경인쇄전말』에 기재된 81,258판의 수량이 중복판 121판과 결판 18판이 포함된 것으로 기술한 것인데, 이것은『고려판대장경인쇄전말』의 "現存經板 81,240枚(內121枚重複セリ)ニシテ缺板18枚アリ左ノ如シ…"의 내용 가운데, 缺板18枚가 現存經板 81,240枚의 수량에 포함되지 않은 것으로 이해한 것이다.

결과적으로 최영호 교수는『고려판대장경인쇄전말』에 기재된 해인사 대장경판의 현존 경판의 전체 수량이 81,258판인 것으로 이해한 것인데, 그 현존 경판이 중복판(이른바 '중복분류경판')을 제외한 입장판(이른바 '원판분류경판')만을 의미하는 것인지, 입장판과 중복판을 포함한 것인지는 구분하지 않았다. 만약 최영호 교수가 이해한 현존 경판이 입장판만을 의미하고 그 전체 수량을 81,258판으로 이해했다면, 현재 해인사 대장경판 가운데 입장판이 81,238판인 것으로 볼 때, 그 수량은 20판의 차이가 난다. 입장판의 수량은 1915년이나 현재나 동일할 터인데 1915년에는 현재보다 20판이 더 많이 있었던 것으로 이해하는 것은 매우 불합리하다. 반면 최영호 교수가 이해한 현존 경판이 입장판과 중복판을 포함한 것을 의미하고 그 전체 수량을 81,258판으로 이해했다면 이 역시 타당하지 못하다. 왜냐하면 현재 해인사 대장경판 가운데 입장판과 중복판을 합한 경판이 81,350판인 것으로 볼 때, 그 수량은 무려 92판의 차이가 나기 때문이다{한편 1915년과 현재 사이인 1937년에 중각되어 증가된 경판 18판을 반영하더라도 74판(92판에서 18판을 제외한 수량임)의 차이가 난다}.

다시 원점으로 돌아가서 보게 되면, 寺內正毅의 〈上奏文〉(「大藏經奉獻始末」,『高麗板大藏經印刷顚末』)에 기재된 81,258판이라는 수량은 1915년 당시의 해인사 대장경판 가운데 입장판(즉 원판분류경판)의 수량도 아니고 입장판과 중복판(즉 중복분류경판)을 합한 수량도 아닌 것으로 판단된다. 단지 小田幹治郞의 「大藏經印刷終了報告」(『高麗板大藏經印刷顚末』)에 기재된 "現存經板 81,240枚 缺板18枚"의 내용 가운데, 缺板18枚가 現存經板 81,240枚의 수량에 포함되지 않은 것으로 이해하여 現存經板(즉 印經을 위한 경판인 입장판)의 수량인 81,240판에 18판을 더해서 산출된 수량[37]으로 판단된다.

---

35) "국보 제32호 해인사대장경판의 전체 수량은 기존에 81,258판으로 알려져 있었다. 일제강점기 조선총독부의 사무관(事務官) 오다 미키지로(小田幹治郞)가 1915년 본격적인 인출불사를 위해 한 해 전인 1914년 10~11월 해인사대장경판의 현황을 사전에 전수조사하면서 해인사대장경판의 전체 수량을 81,258매(결판 18매 및 중복판 121매 포함)로 파악하였다(小田幹治郞·寺內正毅,「高麗板大藏經印刷顚末」(1915)」, 東山 泉寺, 1923, 1~4쪽.)."{최영호, "해인사 대장경판에 포함된 중복경판 및 보각경판의 역사문화적 성격",『국보 제32호 합천 해인사 대장경 성격과 가치』, 2015. p.42)}.

36) 小田幹治郞,「大藏經印刷終了報告」,『高麗板大藏經印刷顚末』, 朝鮮印刷株式會社, 1931. 국립중앙도서관소장본, p.20.

37) 또는 缺板18枚가 포함된 現存經板 81,240枚 수량에 1915년 결판의 補板으로서 중각된 경판 18매를 더한 수량일 가능성도 있다 하겠다.

(2) 1977년 "伽倻山 海印寺 八萬大藏經 研究"에서 발표된 해인사 대장경판의 수량

1977년 "伽倻山 海印寺 八萬大藏經 研究"에서는 이미 앞에 기술된 바와 같이 해인사 대장경판의 수량에 대해 正藏과 副藏의 관점에서 正藏이 78,500판, 副藏이 2,740판, 중복판이 92판, 총 81,332판인 것으로 발표되었고, 경판이 봉안된 板架의 관점에서 架內奉安板이 81,240판, 架外奉安板이 92판(중복판)인 것으로 발표되었다. 한편 서수생 선생이 1969년에 작성한 『八萬大藏經板板別目錄』에는 架外板 즉 중복판이 108판인 것으로 기재된 상태에서 92판으로 수정된 기록 및 架外板인 '중복판 108판'의 목록과 중복판을 92판으로 명시한 기록이 있다.[38]

서수생 선생이 "伽倻山 海印寺 八萬大藏經 研究"에서 발표한 경판의 수량과 서수생 선생이 작성한 '중복판 108판'의 목록 및 '중복판 92판'의 목록 내용을 종합하여 필자가 분석한 내용을 별도로 정리하여 표 7개[39]로 부록에 제시해 놓았다.

서수생 선생이 산정한 架內奉安板(즉 입장판)의 수량 81,240판은 필자가 산정한 수량 81,238판보다 2판이 더 많다. 서수생 선생이 1969년에 작성한 『八萬大藏經板板別目錄』에는 『대반야바라밀다경』제16권 제16장, 제17장, 제20장, 제21장 4장이 각각 한 판 즉 모두 4판 경판에 새겨진 것으로 기록되어 있다. 반면 2008년 '해인사 고려대장경 디지털영상화 및 기초자료 데이터베이스화사업'의 경판 고유번호에는 『대반야바라밀다경』제16권의 제16장, 제17장, 제20장, 제21장 4장 가운데, 제16장·제17장은 한 개의 경판에 새겨져 있고, 제20장·제21장도 한 개의 경판에 새겨져 있어 모두 두 개의 경판에 새겨져 있는 것으로 기록되어 있다. 이 때문에 두 판의 차이가 나는 것이다. 참고로 이 경판들은 서수생 선생인 제시한 二重板 목록에 들어 있지 않고, '해인사 고려대장경 디지털영상화 및 기초자료 데이터베이스화사업'에 기재된 중복판 명단에도 없는 경판이다. 아마도 서수생 선생의 조사에 착오가 발생된 것으로 추정된다.

한편, 서수생 선생이 1969년에 작성한 『八萬大藏經板板別目錄』에 기록되어 있는 架外板 '중복판 108판'과 1977년 "伽倻山 海印寺 八萬大藏經 研究"에 발표된 架外板 '중복판 92판'을 현재의 '중복판 112판'과 대조한 결과를 요약하여 기술하면 다음과 같다.

첫째, 서수생 선생이 1969년에 파악한 '중복판 108판'은 현재 파악된 중복판 112판과 4판의 차이가

---

38) ① 필자의 생각에 서수생 선생의 초기 조사에서는 중복판이 108판으로 조사되었고, 나중에 다시 조사할 때는 중복판이 92판으로 조사된 것으로 추정된다. 아마도 그 사이에 경판의 配架에 변동이 있었던 것으로 보인다. 한편 '중복판 92판'에 대해서 서수생 선생은 法寶殿 右便에 奉安中인 架外奉安板이라고 기술하였다(徐首生, "大藏經의 二重板과 補遺板 研究" 『東洋文化研究』4집, 경북대 동양문화연구소, 1977, p.57).
   ② 서수생 선생이 작성한 '중복판 108판'의 목록은 『八萬大藏經板板別目錄』(경북대학교 도서관소장)에 기록되어 있고, '중복판 92판'의 목록은 "大藏經板의 二重板과 補遺板의 形象"(서수생, 『語文學』36집, 語文學會, 1977, pp.20~35)에 게재되어 있다.
   ③ 〈표 7-9〉 "서수생 선생의 원고에서 중복판이 108판인 것으로 기재된 상태에서 92판으로 수정된 기록" 참조.

39) 〈표 7-1〉 "서수생 선생의 조사 내용 정리"
   〈표 7-2〉 "현재의 중복판 112판에서 확인된 서수생 선생이 조사 기록한 '중복판 108판'과 92판의 상황 및 인경본의 인경 상태 "
   〈표 7-3〉 "서수생 선생이 조사 기록한 중복판 108판과 92판의 상황 분석"
   〈표 7-4〉 "서수생 선생의 중복판 92판을 중심으로 한 현재의 중복판 112판에서 확인된 서수생 선생이 조사 기록한 중복판 108판과 92판의 상황"
   〈표 7-5〉 "서수생 선생의 중복판 108판을 중심으로 한 현재의 중복판 112판에서 확인된 서수생 선생이 조사 기록한 중복판 108판과 92판의 상황"
   〈표 7-6〉 "현재의 중복판 112판에서 확인된 서수생 선생이 조사 기록한 중복판 108판과 92판의 상황"
   〈표 7-7〉 "현재의 중복판 112판과 서수생 선생이 조사 기록한 중복판 108판과 다른 사항"

난다. 이 4판 가운데 3판은 현재의 '중복판 112판' 가운데 '중복83'인 『십송율』권5, 34장 1판(고유번호 81325), '중복102'인 『석화엄지귀장원통초』卷下, 7/8장 1판(고유번호81344), '중복103'인 『화엄경탐현기』권1, 36장/권18, 25장 1판(고유번호81345)이고, 나머지 1판은 '중복87-1'인 『출요경』권25, 제17장 1판(고유번호55798)이다. 그런데 『출요경』권25, 제17장 1판(고유번호55798)이 『八萬大藏經板板別目錄』에는 일련번호가 부여되지 않은 상태로 架內에 봉안되어 있는 것으로 기록되어 있다. 따라서 서수생 선생이 1969년에 파악한 중복판은 108판이 아니라 109판이 되는 것이고, 현재 파악된 '중복판 112판'과 3판의 차이가 나고 이 3판(『십송율』권5, 34장 1판, 『석화엄지귀장원통초』卷下, 7/8장 1판, 『화엄경탐현기』권1,36장/권18,25장 1판)이 서수생 선생의 조사에서 누락된 것이다. 다시 말해서 서수생 선생이 당시에 조사한 경판의 수량은 81,347판(입장판 81,238판 + 중복판109판)이고 현재 파악된 경판 수량 81350 가운데 중복판 3판이 누락된 것이다.

둘째, 현재의 '중복판 112판' 가운데 서수생 선생의 '중복판 108판' 목록에 없는 경판(중복판 또는 입장판)이 12판인 것으로 파악되었다. 이 **12판**은 서수생 선생의 '중복판 108판' 목록에 기재된 경판 가운데 숫자 오류로 인해 현재의 '중복판 112판'에서 확인되지 못한 경판 **2판**, 경판의 훼손으로 인해 서수생 선생의 중복판 목록에 글자 불명으로 기재되어 '중복판 112판'에서 확인되지 못한 경판 **5판**, 기타 미확인된 경판 **1판**, 서수생 선생의 '중복판 108판' 목록에 누락된 현재의 중복판 **3판**, 현재의 '중복판 112판'의 1판(중복87-1)으로서 서수생 선생의 '중복판 108판' 목록에 없고 架內에 봉안되어 있던 중복판 **1판**인 것으로 분석되었다.

셋째, 서수생 선생이 1969년에 파악한 '중복판 108판'은 서수생 선생이 1977년에 파악한 '중복판 92판'보다 16판이 많다. '중복판 108판'은 國刊板 51판, 有罫板 16판, 無罫板 17판, 大正板 7판, 昭和板 17판 등인데, 이중 국간판 51판 가운데 7판(국간4, 37, 47~51)과 무괘판 17판 가운데 1판(무괘4) 등 총 8판이 현재의 '중복판 112판'에서 확인되지 못한 경판이다. 그리고 '중복판 92판'은 고려판 52판, 조선판 16판, 을묘판 7판, 정축판 17판 등인데 이중 15판(고려4, 7, 13~19, 31, 32, 39, 43, 50. / 조선13)은 현재의 '중복판 112판'에서 확인되지 못한 경판이다.

넷째, 서수생 선생의 '중복판 108판' 가운데 유괘1, 2, 4, 6, 7, 12, 13, 14 등 8판과 무괘4(미상 0-1), 16 등 2판 총 10판의 중복판은 서수생 선생의 '중복판 92판'에 기재되지 않은 경판이다. 그런데 1962~1968년에 印經될 때에는 이 중복판 10판으로 인경이 이루어졌다(현존 인경본에서 확인된 사항임). 서수생 선생의 '중복판 108판'의 목록이 작성될 때에는 이 중복판 9판이 架外에 봉안된 중복판으로서 '중복판 108판'의 목록에 기입되었던 것이다. 그런데 서수생 선생의 '중복판 92판'의 목록이 작성될 때에는 이 중복판 9판이 이전에 이루어진 印經때문에 架內에 봉안되어 있었기 때문에 '중복판 92판'(즉 架外板 92판)의 목록에 빠지게 된 것으로 추정된다.

다섯째, 현재 정리된 입장판 · 중복판의 상태와 서수생 선생의 '중복판 108판'과 '중복판 92판'의 목록이 작성될 때의 입장판(즉 架內板) · 중복판(즉 架外板)의 상태는 차이가 난다. 차이가 나는 경판을 소개하면 다음과 같다.

① 『대반야경』권22, 제16/17장 1판의 경우, 현재에는 중각판인 조선시대판(고유번호335)이 입장판으로 분류되고 원각판인 대장도감판(고유번호81256)이 중복판(중복14)으로 정리되어 있다. 그런데 서수생 선생

의 '중복판 108판'의 목록이 작성될 때에는 원각판인 대장도감판이 입장판으로 분류되고 중각판인 조선시대판(유쾌04)이 중복판으로 정리되어 있었다. 그리고 '중복판 92판'의 목록이 작성될 때에는 원각판인 대장도감판이 입장판으로 분류되어 있었지만, 중각판인 조선시대판도 印經을 위해 架內에 봉안(즉 입장판으로 분류)되어 있었던 것으로 판단된다.

② 『석화엄교분기원통초』 권10, 제9/10장 1판의 경우, 현재에는 중각판인 을유판(고유번호81240)이 입장판으로 분류되고 고종 38년(1251)에 판각된 원각판(고유번호80326)이 중복판(중복109)으로 정리되어 있다. 그런데 서수생 선생의 '중복판 108판'의 목록이 작성될 때에는 고종 38년(1251)에 판각된 원각판이 입장판으로 분류되고 중각판인 을유판이 중복판(무쾌14)으로 정리되어 있었다. 그리고 '중복판 92판'의 목록이 작성될 때에도 고종 38년(1251)에 판각된 원각판이 입장판으로 분류되고 중각판인 을유판(미확인)이 중복판으로 정리되어 있었던 것으로 추정된다('1962~1968년 인경본'의 『석화엄교분기원통초』 권10, 제9/10장은 고종 38년(1251)에 판각된 원각판으로 印經되었고, '1865년 인경본'은 중각판인 을유판으로 인경되었음).

③ 『대반야경』 권21, 제13장 1판의 경우, 현재에는 중각판인 1915년 을묘판(고유번호318)이 입장판으로 분류되고 원각판인 대장도감판(고유번호81254)과 중각판인 1937년 정축판(고유번호81255)이 중복판(중복12 / 중복13)으로 정리되어 있다. 그런데 서수생 선생의 '중복판 108판'과 '중복판 92판'의 목록이 작성될 때에는 중각판인 1937년 정축판이 입장판으로 분류되고 원각판인 대장도감판(국간04 / 고려26)과 중각판인 1915년 을묘판(대정1 / 을묘2)이 중복판으로 정리되어 있었다.

④ 『대반야경』 권53, 제1장 1판의 경우, 현재에는 원각판인 대장도감판(고유번호811)이 입장판으로 분류되고 중각판인 조선후기판(고유번호81270)이 중복판(중복28)으로 정리되어 있다. 그런데 서수생 선생의 '중복판 108판'과 '중복판 92판'의 목록이 작성될 때에는 중각판인 조선후기판이 입장판으로 분류되고 원각판인 대장도감판(국간37 추정 / 미확인)이 중복판으로 정리되어 있었던 것으로 판단된다('1962~1968년 인경본'의 『대반야경』 권53, 제1장은 조선후기판으로 印經되었음).

⑤ 『대반야경』 권100, 제3장 1판의 경우, 현재에는 원각판인 대장도감판(고유번호1489)이 입장판으로 분류되고 중각판인 조선시대판(고유번호81287)이 중복판(중복45)으로 정리되어 있다. 그런데 서수생 선생의 '중복판 108판'과 '중복판 92판'의 목록이 작성될 때에는 중각판인 조선후기판이 입장판으로 분류되고 원각판인 대장도감판(국간48 추정 / 미확인)이 중복판으로 정리되어 있었던 것으로 판단된다('1962~1968년 인경본'의 『대반야경』 권100, 제3장은 조선시대판으로 印經되었음).

⑥ 『보리행경』 권2, 제11/12장 1판의 경우, 현재에는 원각판인 대장도감판(고유번호63697)이 입장판으로 분류되고 중각판인 1381년이후판(고유번호81334)이 중복판(중복94)으로 정리되어 있다. 그런데 서수생 선생의 '중복판 108판'의 목록이 작성될 때에는 중각판인 1381년이후판이 입장판으로 분류되고 원각판인 대장도감판(국간42)이 중복판으로 정리되어 있었다. 그리고 '중복판 92판'의 목록이 작성될 때에는 현재와 같이 원각판인 대장도감판이 입장판으로 분류되고 중각판인 1381년이후판이 중복판(조선05)으로 정리되어 있었던 것으로 판단된다.

⑦ 『화엄경탐현기』 권16, 제10장 1판의 경우, 현재에는 원각판인 대장도감판(고유번호80992)이 입장판으로 분류되고 중각판인 1381년이후판(고유번호81348)이 중복판(중복106)으로 정리되어 있다. 그런데 서수

생 선생의 '중복판 108판'의 목록이 작성될 때에는 중각판인 1381년이후판이 입장판으로 분류되고 원각판인 대장도감판(국간45)이 중복판으로 정리되어 있었다. 그리고 '중복판 92판'의 목록이 작성될 때에는 현재와 같이 원각판인 대장도감판이 입장판으로 분류되고 중각판인 1381년이후판(조선10)이 중복판으로 정리되어 있었던 것으로 판단된다.

⑧ 『출요경』 권25, 제17장 1판의 경우, 현재에는 원각판인 대장도감판(고유번호55797)이 입장판으로 분류되고 중각판인 1937년 정축판(고유번호81329)과 1915년 을묘판(고유번호55798)이 중복판(중복87 / 중복87-1)으로 정리되어 있다. 그런데 서수생 선생의 '중복판 108판'과 '중복판 92판'의 목록이 작성될 때에는 원각판인 대장도감판이 입장판으로 분류되어 있었지만 인경을 위해 중각판 가운데 1915년 을묘판도 架內에 봉안(즉 입장판으로 분류)되어 있었고, 1937년 정축판(소화15 / 정축09)만 중복판으로 정리되어 있었던 것으로 판단된다.

여섯째, 현재의 중복판 112판 가운데 '중복83'(『십송율』 고유번호81325), '중복102'(『석화엄지귀장원통초』 고유번호81344), '중복103'(『화엄경탐현기』 고유번호81345) 3판은 서수생 선생의 '중복판 108판' 목록에 누락된 것이다. 그런데 이 가운데 '중복83'과 '중복102' 2판은 서수생 선생의 '중복판 92판' 목록에 '조선08'과 '조선16'으로 수록되어 있고, '중복103' 1판은 미확인된 경판이다. 다시 말해서 '중복판 108판' 목록에 누락된 경판이 '중복판 92판' 목록에는 수록되어 있었다는 것이다.

일곱째, 앞에서 언급된 사실에 의거하여 '중복판 108판' 목록과 '중복판 92판' 목록이 다르게 기입된 원인을 추정해 보면, 서수생 선생이 '중복판 108판' 목록과 '중복판 92판' 목록을 작성할 때 당시의 입장판(즉 架內板)과 중복판(즉 架外板)의 정리(즉 配架) 상태가 달랐기 때문인 것으로 판단된다.

(3) 2008년 '해인사 고려대장경 디지털영상화 및 기초자료 데이터베이스화사업'에서 발표된 해인사 대장경판의 수량

2008년 '해인사 고려대장경 디지털영상화 및 기초자료 데이터베이스화사업'에서는 이미 앞에 기술된 바와 같이 해인사 대장경판의 수량이 중복분류경판(즉 중복판) 108판을 포함하여 81,350판인 것으로 발표되었다.

(4) 2015년 "해인사 대장경판에 포함된 중복경판 및 보각경판의 역사·문화적 성격"에서 발표된 해인사 대장경판의 수량

2015년 "해인사 대장경판에 포함된 중복경판 및 보각경판의 역사·문화적 성격"에서 발표된 해인사 대장경판의 수량은 다음과 같다. 전체수량은 81,350판(2013년 보물 제1806호로 지정된 『내전수함음소』 2판 포함하여 81,352판)이고, 대장경판에 포함된 개별경판의 중복경판 211판이다. 이 중복경판 211판 가운데 '원판분류경판'(즉 입장판)이 99판이며, '중복분류경판'(즉 중복판)이 112판이고, '원판'(즉 원각판)은 93판이며, 후대 '보각경판'(즉 중각판)은 118판이다.

(5) 2017년 "海印寺大藏經板의 구성 체계와 범위"에서 발표된 해인사 대장경판의 경판의 수량

2017년 "海印寺大藏經板의 구성체계와 범위"에서는 국보 제32호 합천 해인사 대장경판의 경판 수량을 81,258(81,350)판으로 소개하고, 81,350판은 보각·중복경판을 포함한 수량인 것으로 발표하였다.[40] 그러나 이 발표 내용에는 재고의 여지가 많다. 문제가 되는 내용을 살펴보면 다음과 같다.

"海印寺大藏經板의 구성체계와 범위"에서 보각·중복경판을 포함한 수량이 81,350판이라고 한 것은 해인사 대장경판의 총 수량을 의미한 것으로서 이해되고, 매우 타당한 내용이다. 그리고 총 수량 81,350판에서 81,258판이 제외된 92판이 보각·중복경판이라는 것으로 이해된다. 그러나 보각·중복경판을 제외한 81,258판의 수량과 보각·중복경판 92판의 수량이 무엇을 의미하는지에 대해서는 별다른 언급이 없다. 아마도 발표자가 2015년 『고려판대장경인쇄전말』(1915년)에 기재된 해인사 대장경판의 전체 수량을 81,258판으로 이해한 수량인 81,258판과 당시에 발표한 해인사대장경판 총수량인 81,350판 수량을 산술적으로 계산하면서, 차이가 나는 92판을 보각·중복경판으로 추정한 결과로 생각된다.

"海印寺大藏經板의 구성체계와 범위"의 발표자 최영호 교수는 앞에서 소개한 바와 같이 2015년 "해인사 대장경판에 포함된 중복경판 및 보각경판의 역사·문화적 성격"에서 국보 제32호 해인사 대장경판의 수량은 81,350판(『내전수함음소』 2판 포함 81,352판)이고, 개별 중복 경판 211판 가운데 '원판분류경판' 즉 입장판이 99판이고, '중복분류경판' 즉 중복판이 112판이며, '원판'(즉 원각판)은 93판이며, 후대 '보각경판'(즉 중각판)은 118판인 것으로 발표하였다. 이 내용의 의거하면, 81,350판에서 중복 경판 112판을 제외한 81,238판이 '원판분류경판' 즉 입장판의 수량이 되고, 81,350판에서 '보각경판'(즉 중각판) 118판을 제외한 81,232판 '원판' 즉 원각판이 된다. 해인사 대장경판 수량에 대해서 동일 연구자가 2015년과 2017년에 발표한 결과가 일치하지 않는다. 필자의 생각에 최영호 교수가 2017년 발표한 '보각·중복경판을 제외한 81,258판'의 수량과 '보각·중복경판 92판'의 수량은 앞에서 기술된 바(4. 2), (1), ④와 같이 『고려판대장경인쇄전말』에 기재된 해인사 대장경판의 현존 전체 수량을 81,258판으로 잘못 이해한 데서 기인된 허상의 대장경판 수량인 것으로 판단된다.

5. 경판의 조사번호와 고유번호에 나타난 경판 수량

해인사 대장경판 개별 경판에 부여되어 있는 경판의 조사번호와 고유번호를 중심으로 경판의 수량과 현재 파악된 경판의 수량에 대해서 구체적으로 살펴보면 다음과 같다.

1) 경판의 조사번호에 나타난 경판 수량

---

40) 최영호, "海印寺大藏經板의 구성체계와 범위", 『석당논총』, 동아대학교 석당학술원, 2017. p.179.

(1) 경판의 조사번호와 고유번호의 체재

먼저 경판의 조사번호 측면에서 볼 때, 경판의 조사번호는 다음과 같이 분류될 수 있다. 참고로 경판의 조사번호는 '데이터베이스사업'때 경판의 조사순서에 따라 부여된 것이다.

A. 00001~81239 : 『대장목록』 경전(『대반야바라밀다경』~『일체경음의』)의 입장판 78378판
『보유목록』 경전(『종경록』~『보유목록』)의 입장판 2740판
중복경전(『대교왕경』)의 입장판 121판

B-1　80325-1　: 『석화엄교분기원통초』(권10, 9/10장)의 중복판(을유년 중각판),[41]

B-2　80349-1　: 『예념미타도량참법』(권1, 17/18장)의 중복판(조선후기 중각판),[42]

B-3　80352-1　: 『예념미타도량참법』(권2, 4/5장)의 중복판(조선후기 중각판)[43] 등 중복판
(즉 '예비입장판') 3판

C. 중복1~중복108 : 『대반야바라밀다경』…『화엄경탐현기』 등의 중복판 108판

다음으로 경판의 조사번호가 고유번호와 다르게 부여된 예를 소개하면 다음과 같다.

① 경판의 조사번호 첫 번호인 '00001'은 『유가사지론(K570)』 제85권 제11·12장(경판위치[44]: 법보전 56판가 9층)인데 고유번호는 '30045'이고, 경판의 조사번호 끝 번호인 '81239'는 『불설대칠보다라니경(K450)』인데 고유번호는 '25674'이며, 경판의 조사번호 맨 끝인 '중복108'은 『화엄경탐험기』 제17권 제59·60장의 중복판인데 고유번호는 끝 번호인 '81350'이다.

---

41) '80325-1'에서 '80325'는 『석화엄교분기원통초』(권10, 9/10장)의 원각판(〈고유번호80326〉〈조사번호80325〉)의 조사번호이다.

42) '80349-1'에서 '80349'는 『예념미타도량참법』(권1, 17/18장)의 원각판(〈고유번호80350〉〈조사번호80349〉)의 조사번호이다.

43) '80352-1'에서 '80352'는 『예념미타도량참법』(권2, 4/5장)의 원각판(〈고유번호81242〉〈조사번호80352〉)의 조사번호이다.

44) 참고로 해인사 장경판전 板架의 배치는 다음과 같다.

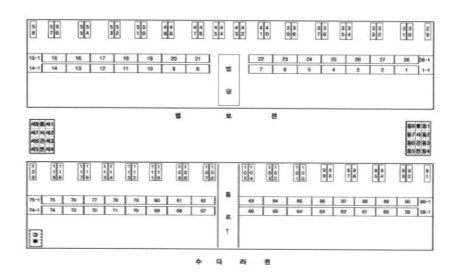

② 경판의 조사번호 '10715'는 『대반야바라밀다경(K1)』 제1권 제1 · 2장(경판위치: 법보전 1판가 9층)의 경판인데, 고유번호는 '00001'이다.

③ 경판의 조사번호 '01472'는 『유가사지론(K570)』 제85권 제9 · 10장(경판위치: 법보전 55판가 2층)의 경판인데, 고유번호는 '30044'이다.

④ 경판의 조사번호 '00001'은 『유가사지론(K570)』 제85권 제11 · 12장(경판위치: 법보전 56판가 9층)의 경판인데, 고유번호는 '30045'이다.

⑤ 경판의 조사번호 '01119'는 『광백론본』의 마지막 경판인데, 고유번호는 '31163'이다.

⑥ 경판의 조사번호 '31163'은 『대승광백론석론』의 처음 경판인데, 고유번호는 '31164'이다.

⑦ 경판의 조사번호 '37204'는 『불설성법인경』의 마지막 경판인데, 고유번호는 '37205'이다.

⑧ 경판의 조사번호 '51611'은 『사리불마가목련유사구경』의 처음 경판인데, 고유번호는 '37206'이다.

⑨ 경판의 조사번호 '53021'은 『법원주림』 제49권 제38 · 39장(경판위치: 수다라장 81-82판가 위)인데, 고유번호는 '73649'이다.

⑩ 경판의 조사번호 '73649'는 『법원주림』 제50권 제1장(경판위치: 법보전 29-30위)인데, 고유번호는 '73650'이다.

⑪ 경판의 조사번호 '81117'은 『보유목록』(原刻板)인데, 고유번호는 '81118'이다.

⑫ 경판의 조사번호 '81118'은 중복경전 『대교왕경』의 처음 경판인데, 고유번호는 '81119'이다.

⑬ 경판의 조사번호 '81238'은 중복경전 『대교왕경』의 마지막 경판인데, 고유번호는 '81239'이다.

⑭ 경판의 조사번호 '80325-1'은 중복판 『석화엄교분기원통초』 제10권 제9 · 10장인데, 고유번호는 '81240'이다.

⑮ 경판의 조사번호 '80349-1'은 중복판 『예념미타도량참법』 제1권 제17 · 18장인데, 고유번호는 '81241'이다.

⑯ 경판의 조사번호 '80352-1'은 중복판 『예념미타도량참법』 제2권 제4 · 5장인데, 고유번호는 '81242'이다.

⑰ 경판의 조사번호 '중복1' ~ '중복108'은 『대반야바라밀다경』 ~ 『화엄경탐현기』 등의 중복판인데, 고유번호는 '81243' ~ '81350'이다.

(2) 『불설대칠보다라니경(K450)』〈고유번호25674〉의 조사번호 '81239'

『불설대칠보다라니경(K450)』〈고유번호25674〉의 조사번호 '81239'(〈표 2〉의 제65-1항, 제100-3항)는 대장경에 入藏되어 있는 경전의 순서(즉 『대장목록』에 수록된 위치)[45]와 경판이 배가되어 있는 순서(즉 大藏經版殿 板架에 配架된 위치)[46] 상에서 보면, 원래 『불설대칠보다라니경(K450)』 앞의 경전인 『청정관세음보현다라니경(K449)』(〈고유번호25670 ~ 25673〉〈조사번호10711 ~ 10714〉)의 경판 다음 번호인 '10715'가 부여되어야 하는데, 조사번호가 부여될 때 누락되어 자기의 순서에 맞는 조사번호를 부여받지 못하고 조사번호의 맨 끝 경전(중복경전 『대교왕경』)의 마지막 경판 번호(〈고유번호81239〉〈조사번호81238〉)의 다음 조사번호인

---

45) 『불설대칠보다라니경』(K450)은 1장 분량의 경전으로 讚(198)函에 入藏되어 있다.

〈조사번호81239〉를 추가적으로 부여받게 되었다.

이 결과로 입장판의 마지막 경판인 중복경전『대교왕경』의 맨 끝 경판의 조사번호는 '81238'인데, 고유번호는 '81239'가 부여되어 조사번호와 고유번호의 번호 상에서는 1판의 차이가 발생되었다. 그러나 조사번호의 입장판 마지막 경판번호 '81239'가 부여된『불설대칠보다라니경(K450)』(〈고유번호25674〉) 1판을 참작하여 입장판의 수량을 산정한다면 경판의 조사번호와 고유번호에 나타난 입장판의 수량은 모두 81239판이 된다.

(3)『석화엄교분기원통초』의 중복판(을유년 중각판),『예념미타도량참법』(권1, 17/18장)의 중복판(조선후기 중각판),『예념미타도량참법』(권2, 4/5장)의 중복판(조선후기 중각판) 등의 조사번호

『석화엄교분기원통초』의 중복판(을유년 중각판),『예념미타도량참법』(권1, 17/18장)의 중복판(조선후기 중각판),『예념미타도량참법』(권2, 4/5장)의 중복판(조선후기 중각판) 등 중복판 3판이 경판의 성격상 중각판이면서 중복판이지만 입장판으로 분류되어 이들 경판이 각각 '80325-1',[47] '80349-1',[48] '80352-1'[49]의 조사번호를 부여받고,『대반야바라밀다경』~『화엄경탐현기』 등의 중복판은 '중복1'~'중복108'의 조사번호가 부여되었다. 이로 보아 조사번호에서는『석화엄교분기원통초』의 중복판(을유년 중각판),『예념미타도량참법』(권1, 17/18장)의 중복판(조선후기 중각판),『예념미타도량참법』(권2, 4/5장)의 중복판(조선후기 중각판) 등 중복판 3판을 입장판(즉 '예비입장판')으로 분류하고, 이후의『대반야바라밀다경』~『화엄경탐현기』 등의 중복판을 중복판('중복1'~'중복108')으로 정리한 것으로 판단된다.

2) 경판의 고유번호에 나타난 경판의 수량

(1) 경판의 고유번호(00001~81350)가 부여될 때 발생된 몇 가지 상황

① 사간판『보유목록』〈사간5824〉(〈표 2〉의 제211항) : 경판의 '고유번호'가 부여될 때,『보유목록』1판(본래 대장경

46)『불설대칠보다라니경(K450)』(〈고유번호25674〉〈조사번호81239〉)의 경판과『불설대칠보다라니경(K450)』 앞의 경전인『청정관세음보현다라니경(K449)』(〈고유번호25670~25673〉〈조사번호10711~10714〉)의 경판은 모두 법보전 43板架 2층에 배가되어 있다. 참고로『불설대칠보다라니경(K450)』의 조사번호인 '81239' 앞 번호에 해당되는 경판은 법보전 14-1板架 3층에 配架되어 있다.

47) '80325-1'에서 '80325'는『석화엄교분기원통초』(권10, 9/10장)의 원각판(〈고유번호80326〉〈조사번호80325〉)의 조사번호이다.

48) '80349-1'에서 '80349'는『예념미타도량참법』(권1, 17/18장)의 원각판(〈고유번호80350〉〈조사번호80349〉)의 조사번호이다.

49) '80352-1'에서 '80352'는『예념미타도량참법』(권2, 4/5장)의 원각판(〈고유번호81242〉〈조사번호80352〉)의 조사번호이다.

판의 입장판인 〈고유번호81118〉(『보유목록』의 중복판)이 누락되었고, 사간판(〈사간5824〉)으로 정리되었다. (후에 〈중복110〉으로 재정리되었음)

② 1915년판 『출요경』 권25, 제17장 1판(〈표 2〉의 제74항, 제189-1항) : 경판의 '고유번호'가 부여될 때, 중각판인 1915년판 『출요경』 권25, 제17장 1판(이 경판은 원각판인 『출요경』 권25, 제17/18장 1판(〈고유번호55797〉) 가운데 제17장 한 면의 補板(즉 중복판)임)이 불가피하게 〈고유번호55798〉로 입장판에 편입[즉 架內奉安板架에 配架]되었다.50) (후에 '중복판'으로 이동되어 〈중복87-1〉로 재정리되었음)

③ 사간판 『화엄경수소연의초』(〈표 2〉의 제178-1항) : 경판의 '고유번호'가 부여될 때, 사간판인 『화엄경수소연의초』가 잘못 대장경판의 '중복경판'인 〈고유번호81318〉(『합부금광명경』 제9권 제9/10장)으로 정리되었다. (후에 〈중복76〉의 번호가 부여되었다가, 그 뒤 '중복판'에서 삭제되고 '사간판'으로 이동되어 재정리되었음)

(2) 경판의 고유번호(00001~81350)에 나타난 경판의 수량과 현재 파악된 경판의 수량

앞에서 살펴본 내용을 통해 볼 때, 입장판과 중복판을 포함한 전체 경판 수량과 중복판을 제외한 印經의 기본이 되는 입장판 수량 산정의 입장에서는 경판의 고유번호에 나타난 수량에서 다음과 같은 사항이 재고되어야 할 것으로 보인다.

첫째, 전체 경판 수량 산정의 경우, 사간판으로 정리된 『보유목록』〈사간5824〉 1판이 대장경판의 중복판 수량에 추가되어야 하고, 잘못 대장경판의 '중복경판'인 〈고유번호81318〉(『합부금광명경』 제9권 제9/10장〉로 정리된 사간판 『화엄경수소연의초』 1판이 대장경판의 중복판 수량에서 제외되어야 한다.

둘째, 印經의 기본이 되는 입장판 수량 산정의 경우, 중복판으로서 불가피하게 입장판에 편입된 『출요경』〈고유번호55798〉 1판이 대장경판의 입장판 수량에서 제외되어야 한다.

한편, 경판의 고유번호 측면에서 볼 때, 경판의 고유번호는 다음과 같이 분류될 수 있다.

A. 00001~78378 : 『대장목록』 경전(『대반야바라밀다경』~『일체경음의』)의 입장판 78378판
B. 78379~81118 : 『보유목록』 경전(『종경록』~『보유목록』)의 입장판 2740판
C. 81119~81239 : 중복경전(『대교왕경』)의 입장판 121판
D-1　81240　：『석화엄교분기원통초』(권10, 9/10장)의 중복판(을유년 중각판),51)
D-2　81241　：『예념미타도량참법』(권1, 17/18장)의 중복판(조선후기 중각판),52)
D-3　81242　：『예념미타도량참법』(권2, 4/5장)의 중복판(조선후기 중각판)53) 등 중복판(즉 '예비입장판') 3판

---

50) 〈고유번호55797〉(원각판 『출요경』 권25, 제17/18장 1판 가운데 제17장 한 면의 補板(즉 중복판))이 〈고유번호55797〉(원각판 『출요경』 권25, 제17/18장 1판) 다음에 입장[配架]된 것은 1915년에 補板으로서 중각된 당시로 판단된다. 서수생 선생이 1969년에 작성한 『八萬大藏經板板別目錄』에는 이 補板이 일련번호는 부여되지 않은 상태로 원각판 다음에 配架되어 있는 것으로 기록되어 있다.

51) 『석화엄교분기원통초』의 입장판은 고종 38년(1251)에 판각된 원각판으로서 고유번호는 '80326'이다.

52) 『예념미타도량참법』(권1, 17/18장)의 입장판은 연산군 9년(1503)에 판각된 원각판으로서 고유번호는 '80350'이다.

53) 『예념미타도량참법』(권2, 4/5장)의 입장판은 연산군 9년(1503)에 판각된 원각판으로서 고유번호는 '80353'이다.

E. 81243~81350 : 『대반야바라밀다경』…『화엄경탐현기』 등의 중복판 108판

위에서 분석된 내용에 의거하여 경판의 고유번호에 나타난 전체 경판과 印經의 기본이 되는 입장판을 비롯하여 입장판의 특정 경판과 중복되어 판각된 중복판의 수량을 현재의 경판과 수량과 비교해 보면 다음과 같다.

① 입장판인 "A. 00001~78378(『대장목록』 경전의 입장판)" 78378판의 경우, 78378판 가운데 '중복판'인 『출요경』〈고유번호55798〉 1판이 제외되면 78377판이 되는데 이 수량은 필자가 파악한 현재의 경판 수량 78377판과 동일하다.

② 중복판인 "D. 81240~81242(3판)"와 "E. 81243~81350(108판)"의 경판 111판의 경우, 111판 가운데 원각판 『출요경』 권25, 제17/18장 1판(〈고유번호55797〉) 중에서 제17장 한 면의 補板(즉 중각판이면서 중복판)으로서 입장판(즉 '예비입장판')에 편입되었던 〈고유번호55798〉(1915년판 『출요경』 권25, 제17장) 1판과 사간판으로 정리되었던 『보유목록』〈사간5824〉 1판이 추가되고, 잘못 대장경판의 '중복경판'인 〈고유번호81318〉(『합부금광명경』 제9권 제9/10장)로 정리된 사간판 『화엄경수소연의초』 1판이 제외되면 112판이 되는데 이 수량은 필자가 파악한 현재의 경판 수량인 112판과 동일하다.

③ 경판의 고유번호에 나타난 전체 경판 수량에 있어서, 사간판으로 정리된 『보유목록』〈사간5824〉 1판이 대장경판의 중복판 수량에 추가되고, 잘못 대장경판의 '중복경판'인 〈고유번호81318〉(『합부금광명경』 제9권 제9/10장)로 정리된 사간판 『화엄경수소연의초』 1판이 대장경판의 중복판 수량에서 제외되면, 현재 파악된 해인사 경판의 전체 수량인 81,350판과 동일하다.

추가적으로 중복판인 『출요경』〈고유번호55798〉 1판과 "D. 81240~81242 : 『석화엄교분기원통초』의 중복판(을유년 중각판), 『예념미타도량참법』(권1, 17/18장)의 중복판(조선후기 중각판), 『예념미타도량참법』(권2, 4/5장)의 중복판(조선후기 중각판) 등 중복판 3판"의 고유번호와 경판 성격에 대해서 살펴보면 다음과 같다.

첫째, '중복판'인 『출요경』〈고유번호55798〉 1판은 경판의 성격상 중각판이면서 중복판이지만 〈고유번호55797〉(원각판 『출요경』 권25, 제17/18장 1판) 가운데 제17장 한 면의 補板으로서 불가피하게 입장판에 편입[즉 架內奉安板架에 配架]된 것이다. 그렇기 때문에 경판의 고유번호는 중복판의 번호가 아닌 입장판의 번호가 부여되었고, 경판도 입장판의 판가(법보전 94 판가 3층)에 配架되어 있다.

둘째, "D. 81240~81242 : 『석화엄교분기원통초』의 중복판(을유년 중각판), 『예념미타도량참법』(권1, 17/18장)의 중복판(조선후기 중각판), 『예념미타도량참법』(권2, 4/5장)의 중복판(조선후기 중각판) 등 중복판 3판"은 경판의 성격상 중각판이면서 중복판이지만 고유번호의 성격과 이들 경판이 배가되어 있는 판가의 측면에서 보면 입장판으로 분류된 것으로 생각된다. 필자는 이들 경판을 '**예비입장판**'으로 호칭하고자 한다. 왜냐하면 이들 경판의 고유번호(81240~81242)는 중복경전(『대교왕경』)의 입장판 121판의 마지막 경판 고유번호인 '81242' 다음이자 완연히 중복판으로 정리된 『대반야바라밀다경』(고유번호81243, 중복1)…『화엄경탐현기』(고유번호81350, 중복108) 등 중복판 108판의 시작번호인 '81243' 앞의 번호가 부여되어 있다. 그리고 이들 경판은 중복판의 판가(법보전 21판가 위)에 配架된 것이 아니라 입장판의 판가(법보전 8-9위 판가 2층)에 配架되어 있기 때문이다. 그런데 이 3판의 경판이 경판의 성격상 중각판이면서 중복판임에도 불구하고 입장판(즉 '예비입장판')에 분류된 이유는 아직 상고하지 못했다.

3) '중복판조사용역사업'때(중복판 번호 '001~110' / '001~112'가 부여됨) 발생된 변동사항

(1) 1915년판 『출요경』 권25, 제17장 1판'(〈표 2〉의 제74항, 제189-1항)

'데이터베이스사업'때 원래 중복판인데 불가피하게 입장판으로 분류되었던 1915년판 『출요경』 권25, 제17장 1판〈고유번호55798, 조사번호44145〉이 **중복판조사용역사업**'때에는 중복판으로 이동되어 〈중복 87-1〉로 재정리되었다.

(2) 『석화엄교분기원통초』의 '을유년 중각판'(〈표 2〉의 제101항)

'데이터베이스사업'때 입장판인 〈고유번호80326, 조사번호80325〉로 분류되어 있던 『석화엄교분기원통초』의 '고종 38년(1251)에 판각된 원각판'이 **중복판조사용역사업**'때에는 소재미상으로 인해 대신 '데이터베이스사업'때 성격상 중각판이면서 중복판이지만 입장판(즉 '예비입장판')인 〈고유번호81240, 조사번호 80325-1〉로 분류되어 있던 '을유년 중각판'이 정식의 입장판(즉 원판분류경판)으로 조정되었다.

(3) 『석화엄교분기원통초』의 '고종 35년(1248)에 판각된 원각판'(〈표 2〉의 제89항, 제 210-1항)

'데이터베이스사업'때 입장판인 〈고유번호80326, 조사번호80325〉로 분류되어 있던 『석화엄교분기원통초』의 '고종 38년(1251)에 판각된 원각판'이 **중복판조사용역사업**'때에는 소재미상이었다. 이로 인해 대신 '데이터베이스사업'때 성격상 중각판이면서 중복판이지만 입장판(즉 '예비입장판')인 〈고유번호81240, 조사번호80325-1〉로 분류되어 있던 '을유년 중각판'이 **중복판조사용역사업**'때에는 정식의 입장판으로 조정되었지만 이후 소재미상이었던 '고종 35년(1248)에 판각된 원각판'인 〈고유번호80326, 조사번호80325〉가 발견되어 〈중복109〉로 재정리되었다.

(4) 『예념미타도량참법』 제1권 제17·18장의 '조선후기 중각판'(〈표 2〉의 제102항)

'데이터베이스사업'때 성격상 중각판이면서 중복판이지만 입장판(즉 '예비입장판')인 〈고유번호81241, 조사번호80349-1〉로 분류되었던 『예념미타도량참법』의 '조선후기 중각판'[54]이 **중복판조사용역사업**'때 〈중복111〉로 재정리되었다.

---

54) "2015년에는 '해인사 사간판 내 대장경판 중복여부 조사용역사업'이 수행되었다. 조사결과에서는 다행히 사간판의 전체 경판 6,025판 가운데 해인사대장경판으로 추가편입될 수 있는 개별경판이 발견되지 않았다. 그러면서 이 조사과정에서는 개별경판의 중복경판 2판(『예념미타 도량참법』 권1, 제17/18장 및 권2, 제4/5장)이 다시 확인되었다."(최영호, "해인사 대장경판에 포함된 중복경판 및 보각경판의 역사문화적 성격", 『합천 해인사 대장경판 성격과 가치』, 문화재청·불교문화재연구소, 2015. p.46, 1단).

(5) 『예념미타도량참법』제2권 제4·5장의 '조선후기 중각판'(〈표 2〉의 제103항)

'데이터베이스사업'때 성격상 중각판이면서 중복판이지만 입장판(즉 '예비입장판')인 〈고유번호81242, 조사번호80352-1〉로 분류되었던 『예념미타도량참법』의 '조선후기 중각판'이 **중복판조사용역사업**'때 〈중복112〉로 재정리되었다.

(6) 사간판 『화엄경수소연의초』(〈표 2〉의 제178-1항)

'데이터베이스사업'때 잘못 대장경판의 중복판인 『합부금광명경』(제9권 제9/10장)으로 정리되어 〈중복76〉(〈고유번호81318〉)이 부여되었던 사간판 『화엄경수소연의초』가 **중복판조사용역사업**'때에는 중복판에서 삭제되고 사간판으로 이동되어 재정리되었다.

(7) 중복판 『보유목록』(〈표 2〉의 제211항)

원래 대장경판의 '중복판'인데 잘못 '사간판'으로 정리되었던 〈사간5824: 『보유목록』〉이 **중복판조사용역사업**'때 대장경판의 '중복판'으로 이동되어 〈중복110〉으로 재정리되었다.

끝으로 지금까지 고찰한 모든 내용을 종합하여 정리한 결과를 표로 만들어 제시하면 부록의 〈표 8〉 "국보 제32호 해인사 대장경판의 구성과 수량"과 같다.

6. 결언

해인사 팔만대장경 경판(『대장목록』 경전 / 『보유목록』 경전 / 중복경전 『대교왕경』의 경판)의 전체 수량은 최근 81,350판으로 파악되었다. 본 연구에서 전체 수량을 입장판과 중복판 그리고 원각판과 중각판의 측면에서 살펴보고, 전체 수량에 대한 기존의 발표 결과를 분석한 결과 다음과 같은 결론이 도출되었다.

첫째, 입장판과 중복판의 측면에서 분석한 결과, 총수량 81,350판 가운데 입장판(즉 '원판분류경판')으로 분류된 경판의 수량은 81,238판이고, 중복판으로 정리된 경판은 112판인데, 입장판으로 분류된 경판 81,238판 가운데 『대장목록』 경전의 경판은 78,377판이고, 『보유목록』 경전의 경판은 2,740판이며, 중복경전인 『대교왕경』의 경판은 121판인 것으로 분석되었다. 그리고 중복판으로 정리된 경판 112판 가운데 『대장목록』 경전의 중복판 수량은 98판이고, 『보유목록』 경전의 중복판 수량은 14판이며 중복경전인 『대교왕경』의 중복판은 없는 것으로 파악되었다.

둘째, 원각판과 중각판의 측면에서 분석한 결과, 총수량 81,350판(현재의 결판 3판을 포함하면

81,353판) 가운데 원각판의 수량은 81,232판이고, 중각판은 118판인데, 『대장목록』 경전의 원각판은 78,371판(현재의 결판 3판을 포함하면 78,374판)이고, 『보유목록』 경전의 원각판은 2,740판이며, 중복경전 『대교왕경』의 원각판은 121판인 것으로 분석되었다. 그리고 중각판 118판 가운데 『대장목록』 경전의 중각판은 104판이고, 『보유목록』 경전의 중각판은 14판이며 중복경전인 『대교왕경』의 중각판은 없는 것으로 파악되었다.

셋째, 국보 제32호 해인사 대장경판의 수량 81,350판에 2013년 보물 제1806호로 지정된 『內典隨函音疏)』 2판을 추가하게 되면 총 81,352판이 된다.

넷째, 『고려판대장경인쇄전말』의 「大藏經印刷終了報告」에 기재된 현존 경판(즉 印經을 위한 경판인 입장판)의 수량 81,240판은 현재 필자가 파악한 입장판 81,238판의 수량보다 2판이 많은 수량이다. 그 원인을 살펴본 바, 「大藏經印刷終了報告」에 기재된 수량 81,240판에는 부득이하게 중복판 3판{조선시대에 중각된 「대반야바라밀다경」 권100 제3장 단면 1판(고유번호81287)과 조선후기에 중각된 「십송율」 권5 제34장 단면 1판(고유번호81325) 그리고 1381년이후에 중각된 「출요경」 권16, 제7장 단면 1판(고유번호81328)}이 포함되고, 1865년(조선 고종2년)에 판각된 「보유목록」 양면 1판(고유번호81118)이 포함되지 않았기 때문에 필자가 파악한 81,238판의 수량과 2판의 차이가 나는 것으로 판단되었다.

다섯째, 1915년 『고려판대장경인쇄전말』에 언급된 결판 18판은 실제로 '결실된 경판'이 아니라 '파손되거나 결실된 경판'인 것으로 밝혀졌다. 무엇보다도 『고려판대장경인쇄전말』의 「大藏經奉獻始末」에 기재된 '高麗再雕本大藏經…81,258枚'의 수량은 「大藏經印刷終了報告」에 기재된 "現存經板 81,240枚(內121枚重複セリ)ニシテ缺板18枚アリ左ノ如シ…"의 내용 가운데, 缺板18枚가 現存經板 81,240枚의 수량에 포함되지 않은 것으로 잘못 이해하여, 81,240枚에 缺板18枚를 더해서 산출된 수량으로 추정되었다.

여섯째, 서수생 선생이 산정한 架內奉安板(즉 입장판)의 수량 81,240판은 필자가 산정한 수량 81,238판보다 2판이 더 많다. 그 원인은 필자가 의거한 2008년 '해인사 고려대장경 디지털영상화 및 기초자료 데이터베이스화사업'의 경판 고유번호에는 『대반야바라밀다경』 제16권의 제16장, 제17장, 제20장, 제21장 4장 가운데, 제16장·제17장이 한 개의 경판에 새겨져 있고, 제20장·제21장도 한 개의 경판에 새겨져 있어 모두 두 개의 경판에 새겨져 있는 것으로 기록되어 있다. 그런데 서수생 선생은 『대반야바라밀다경』 제16권 제16장, 제17장, 제20장, 제21장 등 4장을 각각 한 판(모두 4개의 경판)에 새겨진 것으로 기록했기 때문에 두 판의 차이가 나는 것이다.

일곱째, 2017년 "海印寺大藏經板의 구성체계와 범위"에서 발표된 해인사대장경판 수량 가운데 보각·중복경판을 제외한 81,258판의 수량과 보각·중복경판 92판의 수량은 『고려판대장경인쇄전말』에 기재된 해인사 대장경판의 현존 전체 수량을 81,258판으로 잘못 이해한 데서 기인된 허상의 대장경판 수량인 것으로 판단되었다.

〈표 1-1〉 중복 경판 211판(입장판 99판·중복판 112판)의 분석

입장판 항차	입장판 원판번호	入藏板[원판분류경판]의 경명·경판고유번호 (진한 파랑색은 원각판, 보통 검은색은 중각판)	卷次	張次	重複板[중복분류경판]의 경명·경판고유번호 (진한 빨강색은 원각판, 보통 검은색은 중각판)	중복판 중복번호	입장판 張數	중복판 張數	重刻板(118판) 판각시기	중각판 순차	原刻板(93판/96판)55) 판각시기	원각판 순차	중복경판 사례 순차
99		입장판 99판 / 원각판 43판 / 중각판 56판			중복판 112판56) / 원각판 50판 / 중각판 62판	112	152	182	입장판 56판 중복판 62판	118	입장판 43판 중복판 50판	93–96	94
1	원판10729	대반야바라밀다경 15	2	1/2			2		1381년이후	1			1
					대반야바라밀다경 81243	중복 1		2			都監板	1	
					대반야바라밀다경 81244	중복 2		2	조선시대	2			
2	원판10741	대반야바라밀다경 27	2	21/22			2		조선시대	3			2
					대반야바라밀다경 81245	중복 3		2			都監板	2	
3	원판10774	대반야바라밀다경 60	5	1			1				都監板	3	3
					대반야바라밀다경 81246	중복 4		1	1381년이후	4			
4	원판10807	대반야바라밀다경 93	7	4			1				都監板	4	4
					대반야바라밀다경 81247	중복 5		1	1381년이후	5			
5	원판10835	대반야바라밀다경 121	9	1			1				都監板	5	5
					대반야바라밀다경 81248	중복 6		1	조선시대	6			
6	원판10837	대반야바라밀다경 123	9	2			1		조선후기	7			6
					대반야바라밀다경 81249	중복 7		1			都監板	6	
7	원판10861	대반야바라밀다경 146	10	12/13			2				都監板	7	7
					대반야바라밀다경 81251	중복 9		2	조선시대	8			
8	원판10936	대반야바라밀다경 221	15	9/10			2		조선시대	9			8
					대반야바라밀다경 81253	중복 11		2			都監板	8	
					대반야바라밀다경 81252	중복 10		2	조선시대	10			
9	원판11033	대반야바라밀다경 318	21	13			1		1915 (을묘판)	11			9
					대반야바라밀다경 81254	중복 12		1			都監板	9	
					대반야바라밀다경 81255	중복 13		1	1937 (정축판)	12			
10	원판11050	대반야바라밀다경 335	22	16/17			2		조선시대	13			10
					대반야바라밀다경 81256	중복 14		2			都監板	10	
11	원판11069	대반야바라밀다경 354	23	21/22			2		조선후기	14			11
					대반야바라밀다경 81257	중복 15		2			都監板	11	
12	원판11079	대반야바라밀다경 364	24	15/16			2				都監板	12	12
					대반야바라밀다경 81258	중복 16		2	조선시대	15			

13	원판11138	대반야바라밀다경 423	28	11/12			2			都監板	13	13
					대반야바라밀다경 81259	중복 17	2	조선시대	16			
14	원판11192	대반야바라밀다경 477	31	26/27			2	1915	17			14
					대반야바라밀다경 81260	중복 18	2			都監板	14	
					대반야바라밀다경 81261	중복 19	2	1937	18			
15	원판11226	대반야바라밀다경 511	34	5			1	조선시대	21			16
					대반야바라밀다경 81263	중복 21	1			都監板	15	
16	원판11276	대반야바라밀다경 561	37	9			1	조선시대	22			17
					대반야바라밀다경 81264-a(9/10)	중복 22-a	1			都監板	16-a	
17	원판11277	대반야바라밀다경 562	37	10			1	조선시대	23			
					대반야바라밀다경 81264-b(9/10)	중복 22-b	1			都監板	16-b	
18	원판11293	대반야바라밀다경 578	38	8			1	조선시대	24			18
					대반야바라밀다경 81265	중복 23	1			都監板	17	
19	원판11310	대반야바라밀다경 595	39	7/8			2	조선시대	25			19
					대반야바라밀다경 81266	중복 24	2			都監板	18	
20	원판11359	대반야바라밀다경 644	42	7/8			2	조선시대	26			20
					대반야바라밀다경 81268	중복 26	2			都監板	19	
21	원판11465	대반야바라밀다경 750	49	6			1			都監板	20	21
					대반야바라밀다경 81269-a	중복 27-a	1	1937	27-a			
22	원판11526	대반야바라밀다경 811	53	1			1			都監板	21	22
					대반야바라밀다경 81270	중복 28	1	조선후기	28			
23	원판11573	대반야바라밀다경 858	56	3/4			2			都監板	22	23
					대반야바라밀다경 81272	중복 30	2	1915	29			
					대반야바라밀다경 81271	중복 29	2	1937	30			
24	원판11580	대반야바라밀다경 865	56	15/16			2	1915	31			24
					대반야바라밀다경 81273	중복 31	2			都監板	23	
					대반야바라밀다경 81274	중복 32	2	1937	32			
25	원판11585	대반야바라밀다경 870	56	23/24			2	조선시대	33			25
					대반야바라밀다경 81275	중복 33	2			都監板	24	
26	원판11736	대반야바라밀다경 1021	67	3			1	조선시대	34			26
					대반야바라밀다경 81276	중복 34	1			都監板	25	
27	원판11740	대반야바라밀다경 1025	67	9/10			2	1915	35			27
					대반야바라밀다경 81277	중복 35	2			都監板	26	
					대반야바라밀다경 81278	중복 36	2	1937	36			

28	원판11750	대반야바라밀다경 1035	68	2			1		都監板	27		28
					대반야바라밀다경 81280	중복 38	1	1915	37			
					대반야바라밀다경 81279-a	중복 37-a	1	1937	38-a			
29	원판11779	대반야바라밀다경 1064	69	24			1	조선시대	39			29
					대반야바라밀다경 81281	중복 39	1		都監板	28		
30	원판11825	대반야바라밀다경 1110	73	2			1		都監板	29		30
					대반야바라밀다경 81269-b	중복 27-b	1	1937	27-b			
					대반야바라밀다경 81283	중복 41	1	1915	40			
31	원판11879	대반야바라밀다경 1163	76	20/21			2	1381년이후	41			31
					대반야바라밀다경 81284	중복 42	2		都監板	30		
32	원판11907	대반야바라밀다경 1191	78	23/24			2	1381년이후	42			32
					대반야바라밀다경 81285	중복 43	2		都監板	31		
33	원판12155	대반야바라밀다경 1439	96	14			1	조선시대	43			33
					대반야바라밀다경 81286	중복 44	1		都監板	32		
34	원판12205	대반야바라밀다경 1489	100	3			1		都監板	33		34
					대반야바라밀다경 81287	중복 45	1	조선시대	44			
35	원판12284	대반야바라밀다경 1568	106	3/4			2	무진년57)	45			35
					대반야바라밀다경 81288	중복 46	2		都監板	34		
36	원판12285	대반야바라밀다경 1569	106	5/6			2	조선시대	46			36
					대반야바라밀다경 81289	중복 47	2		都監板	35		
37	원판12329	대반야바라밀다경 1613	109	16/17			2	1381년이후	47			37
					대반야바라밀다경 81291	중복 49	2		都監板	36		
					대반야바라밀다경 81290	중복 48	2	조선시대	48			
38	원판12494	대반야바라밀다경 1778	122	12/13			2	조선시대	49			38
					대반야바라밀다경 81292	중복 50	2		都監板	37		
39	원판12552	대반야바라밀다경 1836	126	19/20				1915	50			39
					대반야바라밀다경 81282	중복 40	2		都監板	38		
					대반야바라밀다경 81310	중복 68		1937	51			
40	원판12597	대반야바라밀다경 1881	130	9/10			2	조선시대	52			40
					대반야바라밀다경 81293	중복 51	2		都監板	39		
41	원판12730	대반야바라밀다경 2014	141	6			1	1915	53			41
					대반야바라밀다경 81295	중복 53	1		都監板	40		
					대반야바라밀다경 81294	중복 52	1	1937	54			
42	원판12777	대반야바라밀다경 2061	144	19			1	조선후기	55			42
					대반야바라밀다경 81296-a(19/23)	중복 54-a	1		都監板	41-a		

43	원판12780	대반야바라밀다경 2064	144	23			1	1915	56			42
					대반야바라밀다경 81296-b(19/23)	중복 54-b	1			都監板	41-b	
					대반야바라밀다경 81297	중복 55	1	1937	57			
44	원판12896	대반야바라밀다경 2180	153	20			1	1915	58			43
					대반야바라밀다경 81299-a(20/21)	중복 57-a	1			都監板	42-a	
					대반야바라밀다경 81298	중복 56	1	1937	59			
45	원판12897	대반야바라밀다경 2181	153	21			1	조선후기	60			
					대반야바라밀다경 81299-b(20/21)	중복 57-b	1			都監板	42-b	
46	원판12965	대반야바라밀다경 2249	159	3/4			2	1381년이후	61			44
					대반야바라밀다경 81300	중복 58	2			都監板	43	
47	원판13002	대반야바라밀다경 2286	162	1/2			2	조선후기	62			45
					대반야바라밀다경 81267	중복 25	2			都監板	44	
48	원판13118	대반야바라밀다경 2402	170	23/24			2	1381년이후	63			46
					대반야바라밀다경 81302	중복 60	2			都監板	45	
					대반야바라밀다경 81301	중복 59	2	조선시대	64			
49	원판13196	대반야바라밀다경 2480	176	21			1	1381년이후	65			47
					대반야바라밀다경 81250	중복 8	1			都監板	46	
50	원판13222	대반야바라밀다경 2506	178	19/20			2	1381년이후	66			48
					대반야바라밀다경 81314	중복 72	2			都監板	47	
51	원판13248	대반야바라밀다경 2532	180	11/12			2	1381년이후	67			49
					대반야바라밀다경 81303	중복 61	2			都監板	48	
52	원판13336	대반야바라밀다경 2620	187	12			1	조선시대	68			50
					대반야바라밀다경 81304	중복 62	1			都監板	49	
53	원판13350	대반야바라밀다경 2634	188	15/16			2	조선시대	69			51
					대반야바라밀다경 81305	중복 63	2			都監板	50	
54	원판13613	대반야바라밀다경 2897	209	10/11			2	조선시대	70			52
					대반야바라밀다경 81306	중복 64	2			都監板	51	
55	원판13618	대반야바라밀다경 2902	209	20/21			2	조선시대	71			53
					대반야바라밀다경 81307	중복 65	2			都監板	52	
56	원판13698	대반야바라밀다경 2982	216	1/2			2	조선시대	72			54
					대반야바라밀다경 81308	중복 66	2			都監板	53	
57	원판13801	대반야바라밀다경 3085	224	7/8			2	조선시대	73			55
					대반야바라밀다경 81309	중복 67	2			都監板	54	
58	원판13853	대반야바라밀다경 3137	228	8/9			2	무진년	74			56
					대반야바라밀다경 81311	중복 69	2			都監板	55	

59	원판14180	대반야바라밀다경 3464	254	3/4			2	조선시대	75			57
					대반야바라밀다경 81313	중복 71	2			都監板	56	
60	원판17798	대승비분다리경 17307	1	28/29			2	1381년이후	76			58
					대승비분다리경 81316	중복 74	2			都監板	57	
61	원판18214	**합부금광명경** 17723	5	9/10			2			都監板	58	59
					합부금광명경 81317	중복 75	2	조선후기	77			
62	원판20659	불설미륵하생경 20170	單	7/8			2	조선시대	78			60
					불설미륵하생경 81319	중복 77	2			都監板	59	
63	원판22929	대반야바라밀다경 6741	506	7/8			2	조선시대	79			61
					대반야바라밀다경 81315	중복 73	2			都監板	60	
64	원판23330	대반야바라밀다경 7142	534	19/20			2	1381년이후	80			62
					대반야바라밀다경 81312	중복 70	2			都監板	61	
65	원판31212	**대승광백론석론** 31213	4	15			1			都監板	62	63
					대승광백론석론 81321	중복 79	1	1915	81			
					대승광백론석론 81320-a	중복 78-a	1	1937	82-a			
					대승광백론석론 81322	중복 80	1	1381년이후	83			
66	원판31758	**대장엄론경** 31759	2	19/20			2			都監板	63	64
					대장엄론경 81323	중복 81	2	1937	84			
67	원판44029	**출요경** 55682	16	7			1			都監板	64	69
					출요경 81328	중복 86	1	1381년이후	89			
68	원판44144	**출요경(16/17장)** 55797 필자주: "87-1 추가경판"은 '데이터베이스사업' 때 원판분류경판으로 분류되었던 『출요경』(고유번호55798, 조사번호44145)을 '중복판조사사용역사업' 때 중복판으로 재분류하여 중복판87-1로 추가한다는 의미임	25	17			1			都監板	65	70
					출요경(17장) 81329	중복 87	1	1937	90			
					출요경(17장) 55798 추가: 원판44145	중복 87-1 추가 경판	1	1915	91			
69	원판51051	**신화엄경론** 68118	33	22			1			都監板	66	75
					신화엄경론 81335	중복 93	1	조선후기	92			
70	원판55920	**마하승기율** 40228	33	24			1			都監板	67	65
					마하승기율 81324	중복 82	1	조선후기	93			
71	원판56119	**십송율** 40427	5	34			1			都監板	68	66
					십송율 81325	중복 83	1	조선후기	94			
72	원판65517	**집고금불도론형** 61001	丁	44			1			都監板	69	71
					집고금불도론형 81279-b	중복 37-b	1	1937	38-b			
					집고금불도론형 81330	중복 88	1	1381년이후	95			
					집고금불도론형 81331	중복 89	1	1915	96			

73	원판66553	속고승전 62037	24	37		1			都監板	70	72
					속고승전 81332 중복 90	1	조선후기	97			
74	원판66612	속고승전 62096	27	17		1			都監板	71	73
					속고승전 81333 중복 91	1	1381년이후	98			
75	원판68213	보리행경 63697	2	11/12		2			都監板	72	74
					보리행경 81334 중복 92	2	1381년이후	99			
76	원판73704	법원주림 73705	53	30		1			都監板	73	76
					법원주림 81336 중복 94	1	1381년이후	100			
77	원판73935	법원주림 73936	66	17/18		2			都監板	74	77
					법원주림 81337 중복 95	2	1381년이후	101			
78	원판75046	보리심이상론 75047	單	6		1			都監板	75	78
					보리심이상론 81320-b 중복 78-b	1	1937	82-b			
					보리심리상론 81338 중복 96	1	1915	102			
79	원판75299	불설비밀삼매대교왕경 75300	2	8		1			都監板	76	79
					불설비밀삼매대교왕경 81339 중복 97	1	조선후기	103			
80	원판75303	불설비밀삼매대교왕경 75304	2	15		1			都監板	77	80
					불설비밀삼매대교왕경 81340 중복 98	1	조선후기	104			
81	원판78922	종경록 78923	62	1		1			都監板	78	81
					종경록 81341 중복 99	1	1381년이후	105			
82	원판79214	남명천화상…사실 79215	1	8		1			고종35년(1248)	79	82
					남명천화상…사실 81342 중복 100	1	1381년이후	106			
83	원판79239	남명천화상…사실 79240	3	24		1			고종35년(1248)	80	83
					남명천화상…사실 81343 중복 101	1	1381년이후	107			
84	원판80123	석화엄지귀장원통초 80124	下	7/8		2			고종38년(1251)	81	84
					석화엄지귀장원통초 81344 중복 102	2	1381년이후	108			
85	원판80325-1	석화엄교분기원통초 81240	10	9/10		2			을유년	109	85
					석화엄교분기원통초 80326 중복 109 추가: 원판80325	2			고종38년(1251)	82	
86	원판80349	예념미타도량참법 80350 (연산군9년, 1503)	1	17/18		2			연산군9년(1503)	83	86
					예념미타도량참법 81241 중복 111 추가: 80349-1	2	조선후기	110			
87	원판80352	예념미타도량참법 80353 (연산군9년, 1503)	2	4/5		2			연산군9년(1503)	84	87
					예념미타도량참법 81242 중복 112 추가: 80352-1	2	조선후기	111			

순번	원판번호	경전명	권	장	중복 경전명	중복번호	수량	연도	번호	구분	번호	순차
88	원판80590	**화엄경탐현기 80591(兩面 2張中 1장)**	1	36			1			都監板	85	88-a
					화엄경탐현기 81345-a (兩面 2張中 1장)	중복 103-a	1	1381년이후	112-a			
89	원판80881	**화엄경탐현기 80882**	12	3			1			都監板	86	89
					화엄경탐현기 81346	중복 104	1	1381년이후	113			
90	원판80975	**화엄경탐현기 80976(兩面 2張中 1장)**	15	35			1			都監板	87	90-a
					화엄경탐현기 81347-a (兩面 2張中 1장)	중복 105-a	1	1381년이후	114-a			
91	원판80991	**화엄경탐현기 80992**	16	10			1			都監板	88	91
					화엄경탐현기 81348	중복 106	1	1381년이후	115			
92	원판81002	**화엄경탐현기 81003(兩面 2張中 1장)**	16	32			1			都監板	89	90-b
					화엄경탐현기 81347-b (兩面 2張中 1장)	중복 105-b	1	1381년이후	114-b			
93	원판81026	화엄경탐현기 81027	17	29/30			2	1381년이후	116			92
					화엄경탐현기 81349	중복 107	2			都監板	90	
94	원판81041	화엄경탐현기 81042	17	59/60			2			都監板	91	93
					화엄경탐현기 81350	중복 108	2	1381년이후	117			
95	원판81055	**화엄경탐현기 81056(兩面 2張中 1장)**	18	25			1			都監板	92	88-b
					화엄경탐현기 81345-b (兩面 2張中 1장)	중복 103-b	1	1381년이후	112-b			
96	**원판81117**	보유목록 81118 조선 고종 2년 (1865)	單	1/2			2			조선 고종2년(1865)	93	94
					보유목록 사간(5824)	중복 110(추가)	2	1937	118			
97	원판11216	대반야바라밀다경 501	33	12/13			2	1915	19			15
					대반야바라밀다경 81262	중복 20	2	1937	20			
					缺板(原刻板)		0			都監板	94	
98	원판37994	아비달마대비바사론 49647	88	5/6			2	1915	85			67
					아비달마대비바사론 81326	중복 84	2	1937	86			
					缺板(原刻板)		0			都監板	95	
99	원판40054	아비달마순정리론 51707	7	17/18			2	1915	87			68
					아비달마순정리론 81327	중복 85	2	1937	88			
					缺板(原刻板)		0			都監板	96	
							152	182				
합계						112			118			93~96

---

55) ① 入藏板 99판 중에서 '原刻板은 3판인데 6판으로 분리된 入藏·重刻板 3판' 및 '결판 3판'을 빼면 총93판이다. 이 가운데 '原刻板은 3판인데 6판으로 분리된 入藏·重刻板 3판'은 다음과 같다. 첫째, 제16항·제17항(원각판 순차 16-a, 16-b)에 기재된 대반야바라밀다경의 원각판 1판(고유번호81264)과 入藏·重刻板 2판(고유번호561 / 고유번호562).

둘째, 제42항·제43항(원각판 순차 41-a, 41-b)에 기재된 대반야바라밀다경의 원각판 1판(고유번호81296)과 入藏·重刻板 2판(고유번호2061 / 고유번호2064). 셋째, 제45항·제45항(원각판 순차 42-a, 42-b)에 기재된 대반야바라밀다경의 원각판 1판(고유번호81299)과 入藏·重刻板 2판(고유번호2180 / 고유번호2181). 그리고 '결판 3판'은 제97~99항에 기재된 3판(원판1126, 원판37994, 원판40054)에 해당되는 원각판인데 이미 1915년 조선총독부에서 인출할 때 결판으로 확인된 것이다.

② '원각판'은 대장도감과 분사대장도감에서 1236년(고종 23)~1251년(고종 38)에 판각된 원각판 및 1248년(고종 35년), 1251년(고종38년), 1503년(연산군 9년), 1865년(조선 고종 2년)에 판각된 원각판이다.

③ '93판'의 구성은 다음과 같다. 대장도감과 분사대장도감에서 판각된 원각판이 90판(缺板된 3판을 포함하면 93판임)이고, 1503년(연산군 9년)에 판각된 원각판이 『예념미타도량참법』 2판(고유번호80350·고유번호80353)이며(제89, 90항 참조), 1865년(조선 고종 2년)에 판각된 원각판(즉 '을축판')이 『補遺目錄』 2장 1판(고유번호81118)이다(제99항 참조).

④ 原刻板 93판에서 缺板 3개를 더하면 96판인데, 이 96판은 重刻板 118판의 原刻板에 해당된다.

⑤ 한편, 93판은 96판 가운데 缺板 3개를 제외한 것인데, 이 93판은 중복된 경판 전체 221판(원각판 93판+중각판 118판) 가운데 원각판 93판에 해당된다.

56) ① 중복판 112판 가운데 순차 76에 해당되는 '중복76'은 중복 목록에서 삭제되어 있다{"외장(外藏 : 소위 사간판)인 『대방광불화엄경수소연의초』로 확인되면서 조사 대상에서 제외"(최영호, 『국보 제32호 합천 海印寺大藏經板 중복판 조사용역사업 보고서』, 2013, p.517}.

② 반면, 출요경(추가: 원판44145)이 중복판 목록에 추가 되어 있다(중복87-1). 그래서 중복판 總數는 112판이 된다(제71항 참조).

57) ① "현존하는 『대반야바라밀다경』 권106, 제3·4장 가운데 원판분류경판 제4장에는 좌변 하단 안의 판미제 아래 부분에 각수 '志'가 양각되어 있으며, 좌변 중간 밖에 '戊辰年更刻海志(무진년에 각수 해지가 이 경판을 다시 판각하였다)'라는 발원문이 역으로 음각되어 있다. 이 가운데 양각의 각수 '志'는 음각의 각수 '海志'와 동일한 인물이다. 여기서 원판분류경판은 무진년에 보완한 보각판이며, 그 경판을 판각한 해지 역시 후대인 무진년에 활동한 각수라 확인할 수 있다. 이에 비해 중복분류경판 제4장에는 좌변 하단 밖에 각수 '子忠'이 표기되어 있다. 중복분류경판 제4장의 각수 '子忠'은 고종 25년(1238)에 조성된 『대반야바라밀다경』 권106의 기준원판(제2장)에 새겨진 각수 '子忠'과 같은 위치에 판각되어 있으며, 그 인명도 동일하다. 고종 25년에 조성된 『대반야바라밀다경』권106의 경판에는 각수가 자충(子忠)만 표기되어 있으므로 중복분류경판 제4장의 각수와 일치한다. 따라서 1판 양면의 중복분류경판 제3·4장은 고종 25년 대장도감에서 조성되었다고 할 수 있다. 그러면서도 원판분류경판은 발문의 내용처럼 무진년에 다시 보각하였다. … 이 무진년은 우왕 7년(1381) 이후부터 刊經都監의 운영 당시나 그 전후 사이로 짐작된다(최영호, 「국보 제32호 합천 海印寺大藏經板 중복판 조사용역사업 보고서」, pp.230~232).

② "『대반야바라밀다경』 권106, 제3·4장 및 권228, 제8·9장의 원판분류경판은 각수 의징(義澄)이 판각한 『대반야바라밀다경』 권2, 제1·2장 원판분류경판의 경판 외형적 형태나 본문 마무리 형태도 거의 유사하며, 더구나 권2, 제2장의 우변 상단에 역으로 음각된 '戊'자와도 관련성을 가진다고 할 수 있다. 이로써 무진년의 보각판은 우왕 7년 이후부터 간경도감의 운영 당시나 그 전후 사이로 짐작할 수 있으며, 이 경우에는 무진년의 보각판 가운데는 각수 의징(義澄)이 보완한 경판들도 포함될 수 있다. 이런 점에서 무진년의 구체적인 시기는 우왕 14년(1388), 세종 30년(1448), 중종 3년(1508) 가운데 특정 시기일 수 있다."(최영호, 「국보 제32호 합천 海印寺大藏經板 중복판 조사용역사업 보고서」, p.504).

③ "을유년의 보각판인 『석화엄교분기원통초』 권10, 제10장(원판분류경판)의 우변 밖에는 '丁丑年出陸時此闇失与知識道元同/ 願開板入上乙酉十月日首座冲玄 : 정축년 육지로 나올 때 이 경판을 잃어 버렸다. 지식 도원과 함께 같이 발원하여 개판하고 받들어 올렸다. 을유년 10월 모일 수좌 충현)'이라는 내용이 역으로 음각되어 있다. 이로써 본 보각판은 을유년에 보완하였다는 사실을 확인할 수 있다. 그러면서도 정축년과 을유년에 대해서는 기존 연구에서 태조 6년(1397)과

〈표 1-2〉 중복 경판(중복판·입장판) 211판(334장)의 분석
- 중복판 112판(182장)·입장판 99판(152장) -

중복판 순차	중복판 번호	重複板의 경명 경판고유번호 중복판으로 분류된 원각판·중각판 진한 빨강색은 원각판 검은색은 중각판	張數	입장판[원판] 번호	入藏板[원판분류경판]의 경명 경판고유번호 입장판으로 분류된 원각판·중각판 진한 파랑색은 원각판 검은색은 중각판	卷次	張次	張數	重刻板 판각 시기	張數	原刻板 판각 시기	張數
		총112판 원각판 50판 중각판 62판	182 (58) (188)		총99판 원각판 43판 중각판 56판			152	총118판 입장판 56판 중복판 62판	188	93판 (96판)	146 (59) (152)
				원판10729	대반야바라밀다경 15				1381년	2		
1	중복1	대반야바라밀다경 81243	2			2	1/2	2			都監板	2
2	중복2	대반야바라밀다경 81244	2						조선시대	2		
				원판10741	대반야바라밀다경 27				조선시대	2		
3	중복3	대반야바라밀다경 81245	2			2	21/22	2			都監板	2
				원판10774	대반야바라밀다경 60						都監板	1
4	중복4	대반야바라밀다경 81246	1			5	1	1	1381년	1		
				원판10807	대반야바라밀다경 93						都監板	1
5	중복5	대반야바라밀다경 81247	1			7	4	1	1381년	1		
				원판10835	대반야바라밀다경 121						都監板	1
6	중복6	대반야바라밀다경 81248	1			9	1	1	조선시대	1		
				원판10837	대반야바라밀다경 123				조선후기	1		
7	중복7	대반야바라밀다경 81249	1			9	2	1			都監板	1
				원판13196	대반야바라밀다경 2480				1381년	1		
8	중복8	대반야바라밀다경 81250	1			176	21	1			都監板	1
				원판10861	대반야바라밀다경 146						都監板	2
9	중복9	대반야바라밀다경 81251	2			10	12/13	2	조선시대	2		
				원판10936	대반야바라밀다경 221				조선시대	2		
10	중복10	대반야바라밀다경 81252	2			15	9/10	2	조선시대	2		
11	중복11	대반야바라밀다경 81253	2								都監板	2

태종 5년(1405)으로 각각 파악(朴泳洙, 「高麗大藏經版의 硏究」『白性郁博士頌壽紀念 佛敎學論文集』, 동국문화사, 1959, 437쪽 및 安啓賢, 「大藏經의 雕板」『한국사』6, 국사편찬위원회, 1975, 49~51쪽)하기도 하나, 그 정확한 시기를 확정할 수 없다."(최영호, 「국보 제32호 합천 海印寺大藏經板 중복판 조사용역사업 보고서」, p.506).

				원판11033	대반야바라밀다경 318				1915 (을묘판)	1		
12	중복12	대반야바라밀다경 81254	1			21	13	1			都監板	1
13	중복 13	대반야바라밀다경 81255	1						1937 (정축판)	1		
				원판11050	대반야바라밀다경 335	22	16/17	2	조선시대	2		
14	중복14	대반야바라밀다경 81256	2								都監板	2
				원판11069	대반야바라밀다경 354	23	21/22	2	조선후기	2		
15	중복15	대반야바라밀다경 81257	2								都監板	2
				원판11079	대반야바라밀다경 364	24	15/16	2			都監板	2
16	중복16	대반야바라밀다경 81258	2						조선시대	2		
				원판11138	대반야바라밀다경 423	28	11/12	2			都監板	2
17	중복17	대반야바라밀다경 81259	2						조선시대	2		
				원판11192	대반야바라밀다경 477	31	26/27	2	1915	2		
18	중복18	대반야바라밀다경 81260	2								都監板	2
19	중복19	대반야바라밀다경 81261	2						1937	2		
				원판11216	대반야바라밀다경 501	33	12/13	2	1915	2		
20	중복20	대반야바라밀다경 81262	2						1937	2		
	缺板(原刻板)										都監板	(2)
				원판11226	대반야바라밀다경 511	34	5	1	조선시대	1		
21	중복21	대반야바라밀다경 81263	1								都監板	1
				원판11276	대반야바라밀다경 561	37	9	1	조선시대	1		
22	중복22-a	대반야바라밀다경 81264-a(9/10)	1								都監板	1
				원판11277	대반야바라밀다경 562	37	10	1	조선시대	1		
	중복22-b	대반야바라밀다경 81264-b(9/10)	1								都監板	1
				원판11293	대반야바라밀다경 578	38	8	1	조선시대	1		
23	중복23	대반야바라밀다경 81265	1								都監板	1
				원판11310	대반야바라밀다경 595	39	7/8	2	조선시대	2		
24	중복24	대반야바라밀다경 81266	2								都監板	2
				원판13002	대반야바라밀다경 2286	162	1/2	2	조선후기	2		
25	중복25	대반야바라밀다경 81267	2								都監板	2
				원판11359	대반야바라밀다경 644	42	7/8	2	조선시대	2		
26	중복26	대반야바라밀다경 81268	2								都監板	2

			원판11465	대반야바라밀다경 750	49	6	1	都監板	1	
	중복27-a	대반야바라밀다경 81269-a	1						1937	1
			원판11825	대반야바라밀다경 1110	73	2	1	都監板	1	
27[60]	중복27-b	대반야바라밀다경 81269-b	1						1937	1
	중복41	대반야바라밀다경 81283							1915	
			원판11526	대반야바라밀다경 811	53	1	1	都監板	1	
28	중복28	대반야바라밀다경 81270	1						조선후기	1
			원판11573	대반야바라밀다경 858	56	3/4	2	都監板	2	
29—	중복29	대반야바라밀다경 81271	2						1937	2
30	중복30	대반야바라밀다경 81272	2						1915	2
			원판11580	대반야바라밀다경 865	56	15/16	2	1915	2	
31—	중복31	대반야바라밀다경 81273	2						都監板	2
32	중복32	대반야바라밀다경 81274	2						1937	2
			원판11585	대반야바라밀다경 870	56	23/24	2	조선시대	2	
33	중복33	대반야바라밀다경 81275	2						都監板	2
			원판11736	대반야바라밀다경 1021	67	3	1	조선시대	1	
34	중복34	대반야바라밀다경 81276	1						都監板	1
			원판11740	대반야바라밀다경 1025	67	9/10	2	1915	2	
35—	중복35	대반야바라밀다경 81277	2						都監板	2
36	중복36	대반야바라밀다경 81278	2						1937	2
			원판11750	대반야바라밀다경 1035	68	2	0	都監板	1	
	중복38	대반야바라밀다경 81280							1915	
	중복37-a	대반야바라밀다경 81279-a	1						1937	1
37[61]				원판65517	집고금불도론형 61001	丁	44	1	都監板	1
	중복37-b	집고금불도론형 81279-b	1						1937	1
	중복88	집고금불도론형 81330							1381년	
	중복89	집고금불도론형 81331							1915	
			원판11750	대반야바라밀다경 1035	68	2	1	都監板	0	
38	중복38	대반야바라밀다경 81280	1						1915	1
	중복37-a	대반야바라밀다경 81279-a							1937	
			원판11779	대반야바라밀다경 1064	69	24	1	조선시대	1	
39	중복39	대반야바라밀다경 81281	1						都監板	1

순번	중복	경판	수량	원판	경판	합계	장차	수량	연대	수량	구분	수량
				원판12552	대반야바라밀다경 1836				1915	2		
40	중복40	대반야바라밀다경 81282	2			126	19/20	2			都監板	2
	중복68	대반야바라밀다경 81310							1937			
				원판11825	대반야바라밀다경 1110						都監板	0
41[62]	중복27-b	대반야바라밀다경 81269-b				73	2	0	1937			
	중복41	대반야바라밀다경 81283	1						1915	1		
				원판11879	대반야바라밀다경 1163				1381년	2		
42	중복42	대반야바라밀다경 81284	2			76	20/21	2			都監板	2
				원판11907	대반야바라밀다경 1191				1381년	2		
43	중복43	대반야바라밀다경 81285	2			78	23/24	2			都監板	2
				원판12155	대반야바라밀다경 1439				조선시대	1		
44	중복44	대반야바라밀다경 81286	1			96	14	1			都監板	1
				원판12205	대반야바라밀다경 1489						都監板	1
45	중복45	대반야바라밀다경 81287	1			100	3	1	조선시대	1		
				원판12284	대반야바라밀다경 1568				무진년	2		
46	중복46	대반야바라밀다경 81288	2			106	3/4	2			都監板	2
				원판12285	대반야바라밀다경 1569				조선시대	2		
47	중복47	대반야바라밀다경 81289	2			106	5/6	2			都監板	2
				원판12329	대반야바라밀다경 1613				1381년	2		
48—49	중복48	대반야바라밀다경 81290	2			109	16/17	2	조선시대	2		
	중복49	대반야바라밀다경 81291	2								都監板	2
				원판12494	대반야바라밀다경 1778				조선시대	2		
50	중복50	대반야바라밀다경 81292	2			122	12/13	2			都監板	2
				원판12597	대반야바라밀다경 1881				조선시대	2		
51	중복51	대반야바라밀다경 81293	2			130	9/10	2			都監板	2
				원판12730	대반야바라밀다경 2014				1915	1		
52—53	중복52	대반야바라밀다경 81294	1			141	6	1	1937	1		
	중복53	대반야바라밀다경 81295	1								都監板	1
				원판12777	대반야바라밀다경 2061				조선후기	1		
	중복54-a	대반야바라밀다경 81296-a(19/23)	1			144	19	1			都監板	1
				원판12780	대반야바라밀다경 2064				1915	1		
54—55	중복54-b	대반야바라밀다경 81296-b(19/23)	1			144	23	1			都監板	1
	중복55	대반야바라밀다경 81297	1						1937	1		

순번	중복	경판명	수량	원판	원판경전	권	장	수량	시대	수량	구분	수량
				원판12896	대반야바라밀다경 2180				1915	1		
56	중복56	대반야바라밀다경 81298	1			153	20	1	1937	1		
57	중복57-a	대반야바라밀다경 81299-a(20/21)	1			153	21	1			都監板	1
				원판12897	대반야바라밀다경 2181				조선후기	1		
	중복57-b	대반야바라밀다경 81299-b(20/21)	1								都監板	1
				원판12965	대반야바라밀다경 2249	159	3/4	2	1381년	2		
58	중복58	대반야바라밀다경 81300	2								都監板	2
				원판13118	대반야바라밀다경 2402	170	23/24	2	1381년	2		
59	중복59	대반야바라밀다경 81301	2						조선시대	2		
60	중복60	대반야바라밀다경 81302	2								都監板	2
				원판13248	대반야바라밀다경 2532	180	11/12	2	1381년	2		
61	중복61	대반야바라밀다경 81303	2								都監板	2
				원판13336	대반야바라밀다경 2620	187	12	1	조선시대	1		
62	중복62	대반야바라밀다경 81304	1								都監板	1
				원판13350	대반야바라밀다경 2634	188	15/16	2	조선시대	2		
63	중복63	대반야바라밀다경 81305	2								都監板	2
				원판13613	대반야바라밀다경 2897	209	10/11	2	조선시대	2		
64	중복64	대반야바라밀다경 81306	2								都監板	2
				원판13618	대반야바라밀다경 2902	209	20/21	2	조선시대	2		
65	중복65	대반야바라밀다경 81307	2								都監板	2
				원판13698	대반야바라밀다경 2982	216	1/2	2	조선시대	2		
66	중복66	대반야바라밀다경 81308	2								都監板	2
				원판13801	대반야바라밀다경 3085	224	7/8	2	조선시대	2		
67	중복67	대반야바라밀다경 81309	2								都監板	2
				원판12552	대반야바라밀다경 1836	126	19/20	0	1915	0		
	중복40	대반야바라밀다경 81282									都監板	0
68	중복68	대반야바라밀다경 81310	2						1937	2		
				원판13853	대반야바라밀다경 3137	228	8/9	2	무진년	2		
69	중복69	대반야바라밀다경 81311	2								都監板	2
				원판23330	대반야바라밀다경 7142	534	19/20	2	1381년	2		
70	중복70	대반야바라밀다경 81312	2								都監板	2

				원판14180	대반야바라밀다경 3464	254	3/4	2	조선시대	2
71	중복71	대반야바라밀다경 81313	2						都監板	2
				원판13222	대반야바라밀다경 2506	178	19/20	2	1381년	2
72	중복72	대반야바라밀다경 81314	2						都監板	2
				원판22929	대반야바라밀다경 6741	506	7/8	2	조선시대	2
73	중복73	대반야바라밀다경 81315	2						都監板	2
				원판17798	대승비분다리경 17307	1	28/29	2	1381년	2
74	중복74	대승비분다리경 81316	2						都監板	2
				원판18214	합부금광명경 17723	5	9/10	2	都監板	2
75	중복75	합부금광명경 81317	2						조선후기	2
	중복76 (삭제)	화엄경수소연의초 (삭제) 사간판임								
				원판20659	불설미륵하생경 20170	單	7/8	2	조선시대	2
76	중복77	불설미륵하생경 81319	2						都監板	2
				원판75046	보리심이상론 75047	單	6	1	都監板	1
77	중복78-b	보리심이상론 81320-b	1						1937	1
	중복96	보리심리상론 81338							1915	
				원판31212	대승광백론석론 31213	4	15	1	都監板	1
78–79	중복78-a	대승광백론석론 81320-a	1						1937	1
	중복79	대승광백론석론 81321	1						1915	1
	중복80	대승광백론석론 81322	1						1381년	1
				원판31758	대장엄론경 31759	2	19/20	2	都監板	2
80	중복81	대장엄론경 81323	2						1937	2
				원판55920	마하승기율 40228	33	24	1	都監板	1
81	중복82	마하승기율 81324	1						조선후기	1
				원판56119	십송율 40427	5	34	1	都監板	1
82	중복83	십송율 81325	1						조선후기	1
				원판37994	아비달마대비바사론 49647	88	5/6	2	1915	2
83	중복84	아비달마대비바사론 81326	2						1937	2
	缺板(원각판)								都監板	(2)
				원판40054	아비달마순정리론 51707	7	17/18	2	1915	2
84	중복85	아비달마순정리론 81327	2						1937	2
	缺板(原刻板)								都監板	(2)

				원판44029	출요경 55682	16	7	1	都監板	1
85	중복86	출요경 81328	1						1381년	1
				원판44144	출요경 55797				都監板	1
86―87	중복87	출요경 81329	1		필자주: 출요경55798(원판44145)을 중복87-1로 추가한다는 의미임	25	17	1	1937	1
	중복87-1 추가경판	출요경 55798 추가: 원판44145	1						1915	1
				원판65517	집고금불도론형 61001				都監板	0
	중복37-b	집고금불도론형 81279-b				丁	44	0	1937	
88―89	중복88	집고금불도론형 81330	1						1381년	1
	중복89	집고금불도론형 81331	1						1915	1
				원판66553	속고승전 62037	24	37	1	都監板	1
90	중복90	속고승전 81332	1						조선후기	1
				원판66612	속고승전 62096	27	17	1	都監板	1
91	중복91	속고승전 81333	1						1381년	1
				원판68213	보리행경 63697	2	11/12	2	都監板	2
92	중복92	보리행경 81334	2						1381년	2
				원판51051	신화엄경론 68118	33	22	1	都監板	1
93	중복93	신화엄경론 81335	1						조선후기	1
				원판73704	법원주림 73705	53	30	1	都監板	1
94	중복94	법원주림 81336	1						1381년	1
				원판73935	법원주림 73936	66	17/18	2	都監板	2
95	중복95	법원주림 81337	2						1381년	2
				원판75046	보리심이상론 75047				都監板	0
	중복78-b	보리심이상론 81320-b				單	6	0	1937	
96	중복96	보리심리상론 81338	1						1915	1
				원판75299	불설비밀삼매대교왕경 75300	2	8	1	都監板	1
97	중복97	불설비밀삼매대교왕경 81339	1						조선후기	1
				원판75303	불설비밀삼매대교왕경 75304	2	15	1	都監板	1
98	중복98	불설비밀삼매대교왕경 81340	1						조선후기	1
				원판78922	종경록 78923	62	1	1	都監板	1
99	중복99	종경록 81341	1						1381년	1

번호	중복		수량	원판		卷	張	面	연도	수량	연도	수량
				원판79214	남명천화상…사실 79215	1	8	1			고종35년(1248)	1
100	중복100	남명천화상…사실 81342	1						1381년	1		
				원판79239	남명천화상…사실 79240	3	2	1			고종35년(1248)	1
101	중복101	남명천화상…사실 81343	1						1381년	1		
				원판80123	석화엄지귀장원통초 80124	下	7/8	2			고종38년(1251)	2
102	중복102	석화엄지귀장원통초 81344	2						1381년	2		
				원판80590	화엄경탐현기 80591 (兩面 2張中 1장)	1	36	1			都監板	1
103	중복103-a	화엄경탐현기 81345-a (兩面 2張中 1장)	1						1381년	1		
				원판81055	화엄경탐현기 81056 (兩面 2張中 1장)	18	25	1			都監板	1
	중복103-b	화엄경탐현기 81345-b (兩面 2張中 1장)	1						1381년	1		
				원판80881	화엄경탐현기 80882	12	3	1			都監板	1
104	중복104	화엄경탐현기 81346	1						1381년	1		
				원판80975	화엄경탐현기 80976 (兩面 2張中 1장)	15	35	1			都監板	1
105	중복105-a	화엄경탐현기 81347-a (兩面 2張中 1장)	1						1381년	1		
				원판81002	화엄경탐현기 81003 (兩面 2張中 1장)	16	32	1			都監板	1
	중복105-b	화엄경탐현기 81347-b (兩面 2張中 1장)	1						1381년	1		
				원판80991	화엄경탐현기 80992	16	10	1			都監板	1
106	중복106	화엄경탐현기 81348	1						1381년	1		
				원판81026	화엄경탐현기 81027	17	29/30	2	1381년	2		
107	중복107	화엄경탐현기 81349	2								都監板	2
				원판81041	화엄경탐현기 81042	17	59/60	2			都監板	2
108	중복108	화엄경탐현기 81350	2						1381년	2		
				원판80325-1	석화엄교분기원통초 81240	10	9/10	2	을유년	2		
109	중복109	석화엄교분기원통초 80326 추가: 원판80325	2								고종38년(1251)	2
				원판81117	보유목록 81118 조선 고종 2년 (1865)	單	1/2	2			조선 고종 2년(1865)	2
110 (추가)	중복110 (추가)	보유목록 사간(5824)	2						1937	2		

111	중복111	예념미타도량참법 81241 **추가**: 80349-1	2	원판80349	예념미타도량참법 80350 (연산군9년, 1503)	1	17/18	2	조선후기	2	연산군 9년 (1503)	2
112	중복112	예념미타도량참법 81242 **추가**: 80352-1	2	원판80352	예념미타도량참법 80353 (연산군9년, 1503)	2	4/5	2	조선후기	2	연산군 9년 (1503)	2
	중복76 (삭제)	화엄경수소연의초 (삭제) 사간판임										
	총112판		182		총99판			152	118판	188	총93판 — 총96판	146 (152)

---

58) '182장'은 결판 3판의 6장이 제외된 수량이고, '(188)'장은 결판 3판 6장이 포함된 수량이다.

59) '146장'은 결판 3판의 6장이 제외된 수량이고, '(152)'장은 결판 3판 6장이 포함된 수량이다.

60) 중복판 〈중복27-b〉·〈중복41〉에 해당되는 입장판은 〈고유번호1110〉이다.

61) ① 중복판 〈중복37-a〉·〈중복38〉에 해당되는 입장판은 〈고유번호1035〉이다.
　② 중복판 〈중복37-b〉·〈중복88〉·〈중복88〉에 해당되는 입장판은 〈고유번호61001〉이다.

62) 중복판 〈중복27-b〉·〈중복41〉에 해당되는 입장판은 〈고유번호1110〉이다.

<표1-3> 중복판으로 분류된 원각판 50판

▶ 빨강색은 原刻板으로서 중복판으로 분류된 경판(중복판 즉 중복분류경판)임
▷ 보통 검정색은 重刻板으로서 중복판으로 분류된 경판(중복판 즉 중복분류경판)임
▶ **진한 검정색**은 重刻板으로서 입장된 경판(입장판 즉 원판분류경판)임

	入藏板 [원판] 번호	原刻板 경판 고유번호	중복판 중복 번호	重刻板 경판 고유번호	卷 次	張 次	張數	판각시기	경판의 상태
1	10729	대반야바라밀다경 81243		**대반야바라밀다경 15**	2	1/2	2	1381년	
			1					都監板	
			2	대반야바라밀다경 81244				조선시대	
2	10741	대반야바라밀다경 81245		**대반야바라밀다경 27**	2	21/22	2	조선시대	
			3					都監板	
3	10837	대반야바라밀다경 81249		**대반야바라밀다경 123**	9	3	1	조선후기	
			7					都監板	
4	10936	대반야바라밀다경 81253		**대반야바라밀다경 221**	15	9/10	2	조선시대	
			11					都監板	
			10	대반야바라밀다경 81252				조선시대	
5	11033	대반야바라밀다경 81254		**대반야바라밀다경 318**	21	13	1	1915 (을묘판)	
			12					都監板	
			13	대반야바라밀다경 81255				1937 (정축판)	
6	11050	대반야바라밀다경 81256		**대반야바라밀다경 335**	22	16/17	2	조선시대	
			14					都監板	

7	11069			대반야바라밀다경 354		23	21/22	1	조선후기
		대반야바라밀다경 81257	15						都監板
8	11192			대반야바라밀다경 477		31	26/27	2	1915
		대반야바라밀다경 81260	18						都監板
			19	대반야바라밀다경 81261					1937
9	11226			대반야바라밀다경 511		34	5	1	조선시대
		대반야바라밀다경 81263	21						都監板
10	11276			대반야바라밀다경 561		37	9	1	조선시대
		대반야바라밀다경 81264-a(9/10)	22-a						都監板
	11277			대반야바라밀다경 562		37	10	1	조선시대
		대반야바라밀다경 81264-b(9/10)	22-b						都監板 81264의 뒷면
11	11293			대반야바라밀다경 578		38	8	1	조선시대
		대반야바라밀다경 81265	23						都監板
12	11310			대반야바라밀다경 595		39	7/8	2	조선시대
		대반야바라밀다경 81266	24						都監板
13	11359			대반야바라밀다경 644		42	7/8	2	조선시대
		대반야바라밀다경 81268	26						都監板
14	11580			대반야바라밀다경 865		56	15/16	2	1915
		대반야바라밀다경 81273	31						都監板

			32	대반야바라밀다경 81274				1937	
15	11585	대반야바라밀다경 81275		대반야바라밀다경 870	56	23/24	2	조선시대	
			33					都監板	
16	11736	대반야바라밀다경 81276		대반야바라밀다경 1021	67	3	1	조선시대	
			34					都監板	
17	11740	대반야바라밀다경 81277		대반야바라밀다경 1025	67	9/10	2	1915	
			35					都監板	
			36	대반야바라밀다경 81278				1937	
18	11779	대반야바라밀다경 81281		대반야바라밀다경 1064	69	24	1	조선시대	
			39					都監板	
19	11879	대반야바라밀다경 81284		대반야바라밀다경 1163	76	20/21	2	1381년	
			42					都監板	
20	11907	대반야바라밀다경 81285		대반야바라밀다경 1191	78	23/24	2	1381년	
			43					都監板	
21	12155	대반야바라밀다경 81286		대반야바라밀다경 1439	96	14	1	조선시대	
			44					都監板	
22	12284	대반야바라밀다경 81288		대반야바라밀다경 1568	106	3/4	2	무진년	
			46					都監板	
23	12285	대반야바라밀다경 81289		대반야바라밀다경 1569	106	5/6	2	조선시대	

			47					都監板	
24	12329	대반야바라밀다경 81291		대반야바라밀다경 1613	109	16/17	2	1381년	
			49					都監板	
			48	대반야바라밀다경 81290				조선시대	
25	12494	대반야바라밀다경 81292		대반야바라밀다경 1778	122	12/13	2	조선시대	
			50					都監板	
26	12552	대반야바라밀다경 81282		대반야바라밀다경 1836	126	19/20	2	1915	
			40					都監板	
			68	대반야바라밀다경 81310				1937	
27	12597	대반야바라밀다경 81293		대반야바라밀다경 1881	130	9/10	2	조선시대	
			51					都監板	
28	12730	대반야바라밀다경 81295		대반야바라밀다경 2014	141	6	1	1915	
			53					都監板	
			52	대반야바라밀다경 81294				1937	
29	12777	대반야바라밀다경 81296-a(19/23)		대반야바라밀다경 2061	144	19	1	조선후기	
			54-a					都監板	
	12780	대반야바라밀다경 81296-b(19/23)		대반야바라밀다경 2064	144	23	1	1915	
			54-b					都監板	
			55	대반야바라밀다경 81297				1937	

30	12896	대반야바라밀다경 81299-a(20/21)	57-a	대반야바라밀다경 2180	153	20	1	1915	
								都監板	
			56	대반야바라밀다경 81298				1937	
	12897	대반야바라밀다경 81299-b(20/21)		대반야바라밀다경 2181	153	21	1	조선후기	
			57-b					都監板	81299의 뒷면
31	12965	대반야바라밀다경 81300		대반야바라밀다경 2249	159	3/4	2	1381년	
			58					都監板	
32	13002	대반야바라밀다경 81267		대반야바라밀다경 2286	162	1/2	2	조선후기	
			25					都監板	
33	13118	대반야바라밀다경 81302		대반야바라밀다경 2402	170	23/24	2	1381년	
			60					都監板	
			59	대반야바라밀다경 81301				조선시대	
34	13196	대반야바라밀다경 81250		대반야바라밀다경 2480	176	21	1	1381년	
			8					都監板	
35	13222	대반야바라밀다경 81314		대반야바라밀다경 2506	178	19/20	2	1381년	
			72					都監板	
36	13248	대반야바라밀다경 81303		대반야바라밀다경 2532	180	11/12	2	1381년	
			61					都監板	
37	13336	대반야바라밀다경 81304		대반야바라밀다경 2620	187	12	1	조선시대	
			62					都監板	

38	13350	대반야바라밀다경 81305	63	대반야바라밀다경 2634	188	15/16	2	조선시대 都監板	
39	13613	대반야바라밀다경 81306	64	대반야바라밀다경 2897	209	10/11	2	조선시대 都監板	
40	13618	대반야바라밀다경 81307	65	대반야바라밀다경 2902	209	20/21	2	조선시대 都監板	
41	13698	대반야바라밀다경 81308	66	대반야바라밀다경 2982	216	1/2	2	조선시대 都監板	
42	13801	대반야바라밀다경 81309	67	대반야바라밀다경 3085	224	7/8	2	조선시대 都監板	
43	13853	대반야바라밀다경 81311	69	대반야바라밀다경 3137	228	8/9	2	무진년 都監板	
44	14180	대반야바라밀다경 81313	71	대반야바라밀다경 3464	254	3/4	2	조선시대 都監板	
45	17798	대승비분다리경 81316	74	대승비분다리경 17307	1	28/29	2	1381년 都監板	
46	20659	불설미륵하생경 81319	77	불설미륵하생경 20170	單	7/8	2	조선시대 都監板	
47	22929	대반야바라밀다경		대반야바라밀다경 6741	506	7/8	2	조선시대	

		81315	73					都監板	
48	23330			**대반야바라밀다경 7142**	534	19/20	2	1381년	
		대반야바라밀다경 81312	70					都監板	
49	80325-1			**석화엄교분기원통초 81240**	10	9/10	2	을유년	
		석화엄교분기원통초 80326 추가: 원판80325	109					고종 38년 (1251)	
50	81026			**화엄경탐현기 81027**	17	29/30	2	1381년	
		화엄경탐현기 81349	107					都監板	
1	11216	缺板		**대반야바라밀다경 501**	33	12/13	2	1915	
			20	대반야바라밀다경 81262				1937	
2	37994	缺板		**아비달마대비바사론 49647**	88	5/6	2	1915	
			84	아비달마대비바사론 81326				1937	
3	40054	缺板		**아비달마순정리론 51707**	7	17/18	2	1915	
			85	아비달마순정리론 81327				1937	

〈표1-4-1〉 입장판으로 분류된 훼손 원각판(양면 또는 단면) 9판

	入藏板 경판 고유번호	중복판 중복 번호	重複板 경판 고유번호	卷 次	張 次	판각 시기	경판의 상태	경판 이미지	1915 년의 인경 상황
1	대반야바라밀다경 93 (단면)			7	4		都監板 일부 훼손		
		중복 5	대반야바라밀다경 81247			1381년 이후	조맹부체		0
2	대반야바라밀다경 121 (단면)			9	1		都監板 일부 훼손		
		중복 6	대반야바라밀다경 81248			조선 시대	유계		0
3	대반야바라밀다경 364 (양면)			24	15/16		都監板 일부 훼손		00
		중복 16	대반야바라밀다경 81258			조선 시대	유계		
4	대반야바라밀다경 423 (양면)			28	11/12		都監板 일부 훼손		
		중복 17	대반야바라밀다경 81259			조선 시대	유계		00
5	대반야바라밀다경 811 (단면)			53	1		都監板 일부 결락 현재 매목		
		중복 28	대반야바라밀다경 81270			조선 후기	유계 시주자		0
6	대반야바라밀다경 858 (양면)			56	3/4		都監板 일부 훼손		
		중복 30	대반야바라밀다경 81272			1915			00
		중복 29	대반야바라밀다경 81271			1937			

7	대반야바라밀다경 1035 (단면)			68	2		都監板 일부훼손	
		중복 38	대반야바라밀다경 81280			1915		0
		중복 37-a	대반야바라밀다경 81279-a			1937		
8	속고승전 62037 (단면)			24	37		都監板 간기의 일부 매목 결실	
		중복 90	속고승전 81332			조선 후기	유계 시주자	0
9	법원주림 73936 (양면)			66	17/18		都監板 일부훼손	
		중복 95	법원주림 81337			1381년 이후	조맹부체	00

〈표1-4-2-A〉 입장판으로 분류된 훼손(양면 가운데 한 면) 원각판 22판

유형 A, 2판 : 원각판의 양면 가운데 한 면이 훼손되어 훼손된 한 면만이 1915년에 중각되어 1915년 당시 그 경판으로 인경된 것								
入藏板 경판 고유번호	중복판 중복 번호	重複板 경판 고유번호	卷次	張次	판각 시기	경판의 상태	경판의 이미지	1915 년의 인경 상황
1	대반야바라밀다경 1110 (양면 1/2장)						都監板 일부 훼손		
		중복 27-b	대반야바라밀다경 81269-b (양면 가운데 1장)	73	2	1937			
		중복 41	대반야바라밀다경 81283 (단면 1장)			1915			0
2	보리심이상론 75047 (양면 6/7)						都監板 마모 심함		
		중복 78-b	보리심이상론 81320-b	單	6	1937			
		중복 96	보리심리상론 81338			1915			0

유형 B, 2판 : 원각판의 양면 가운데 한 면이 훼손되어 훼손된 한 면만이 1381년 이후에 중각되었지만, 1915년에 다시 중각되어 1915년 당시 그 경판으로 인경된 것								
入藏板 경판 고유번호	중복판 중복 번호	重複板 경판 고유번호	卷次	張次	판각 시기	경판의 상태	경판의 이미지	1915 년의 인경 상황
1	대승광백론석론 31213 (양면 15/16)						都監板 절반 깎아냄		
		중복 79	대승광백론석론 81321			1915			0
		중복 78-a	대승광백론석론 81320-a	4	15	1937			
		중복 80	대승광백론석론 81322			1381년 이후	조맹부체		

入藏板 경판 고유번호	중복판 중복번호	重複板 경판 고유번호	卷次	張次	판각 시기	경판의 상태	경판의 이미지	1915년의 인경 상황
집고금불도론형 61001 (양면 43/44)			丁	44		都監板 수정 훼판		
(2)	중복 37-b	집고금불도론형 81279-b			1937			
	중복 88	집고금불도론형 81330			1381년 이후	조맹부체		
	중복 89	집고금불도론형 81331			1915			0

유형 C, 1판 : 원각판의 양면 가운데 한 면이 훼손되어 훼손된 한 면만이 1915년에 중각되었지만, 1915년 당시에는 훼손된 원각판으로 인경된 것

入藏板 경판 고유번호	중복판 중복번호	重複板 경판 고유번호	卷次	張次	판각 시기	경판의 상태	경판의 이미지	1915년의 인경 상황
출요경 55797 (양면 16/17)						都監板 글자 마모		0
(1)	중복 87	출요경(17장) 81329	25	17	1937			
	중복 87-1 추가 경판	출요경(17장) 55798 추가: 원판44145			1915			

유형 D, 14판 : 원각판의 양면 가운데 한 면이 훼손되어 훼손된 한 면만이 1381년 이후 또는 조선후기에 중각되었지만, 1915년 당시에는 훼손된 원각판으로 인경된 것

入藏板 경판 고유번호	중복판 중복번호	重複板 경판 고유번호	卷次	張次	판각 시기	경판의 상태	경판의 이미지	1915년의 인경 상황
신화엄경론 68118 (양면 22/23)			33	22		都監板 일부 마모		0
(1)	중복 93	신화엄경론 81335			조선 후기	유계		
속고승전 62096 (양면 17/18) (2)			27	17		都監板 부분 마모		0

		중복 91	속고승전 81333			1381년 이후	조맹부체		
3	법원주림 73705 (양면 30/31)			53	30		都監板 일부 훼손		0
		중복 94	법원주림 81336			1381년 이후	조맹부		
4	불설비밀삼매대교왕경 75300 (양면 7/8)			2	8		都監板 마모 심함		0
		중복 97	불설비밀삼매대교왕경 81339			조선 후기	유계 시주자		
5	불설비밀삼매대교왕경 75304 (양면 15/16)			2	15		都監板 마모 심함		0
		중복 98	불설비밀삼매대교왕경 81340			조선 후기	유계 시주자		
6	종경록 78923 (양면 9/10)			62	10		都監板 훼손 도려냄		0
		중복 99	종경록 81341			1381년 이후			
7	남명천화상…사실 79215 (양면 5,6/7,8)			1	8	고종35년 (1248) 마모 심함			0
		중복 100	남명천화상…사실 81342			1381년 이후			
8	남명천화상…사실 79240 (양면 21,22/23,24)			3	24	고종35년 (1248) 일부 마모			0
		중복 101	남명천화상…사실 81343			1381년 이후			
9	화엄경탐현기 80591 (양면 35/36)			1	36	都監板 훼손 심함			0

	入藏板 경판 고유번호	중복판 중복 번호	重複板 경판 고유번호	卷次	張次	판각 시기	경판의 상태	경판의 이미지	1915 년의 인경 상황
		중복 103-a	화엄경탐현기 81345-a (兩面 2張中 1장)			1381년 이후			
10	화엄경탐현기 80882 (양면 3/4)			12	3		都監板 마모 심함		0
		중복 104	화엄경탐현기 81346			1381년 이후			
11	화엄경탐현기 80976 (양면 35/36)			15	35		都監板 부분 마멸		0
		중복 105-a	화엄경탐현기 81347-a (兩面 2張中 1장)			1381년 이후			
12	화엄경탐현기 80992 (양면 9/10)			16	10		都監板 몇글자 마멸		0
		중복 106	화엄경탐현기 81348			1381년 이후			
13	화엄경탐현기 81003 (양면 31/32)			16	32		都監板 부분 마멸		0
		중복 105-b	화엄경탐현기 81347-b (兩面 2張中 1장)			1381년 이후			
14	화엄경탐현기 81056 (양면 25/26)			18	25		都監板 일부 마모		0
		중복 103-b	화엄경탐현기 81345-b (兩面 2張中 1장)			1381년 이후			

유형 E, 3판 : 원각판의 양면 가운데 한 면이 훼손되어 훼손된 한 면만이 1381년 이후 또는 조선시대 또는 조선 후기에 중각되었고, 1915년 당시에 원각판의 양면 가운데 훼손된 면은 각각의 중각판으로 인경된 것

	入藏板 경판 고유번호	중복판 중복 번호	重複板 경판 고유번호	卷次	張次	판각 시기	경판의 상태	경판의 이미지	1915 년의 인경 상황
1	대반야바라밀다경 1489 (양면 2/3장)			100	3		都監板 일부 훼손		

		중복 45	대반야바라밀다경 81287 40427(단면 1장)			조선 시대	유계 각수명	0
2	십송율 40427 (양면 34/35)			5	34		都監板 마모 심함	
		중복 83	십송율 81325 (단면 1장)			조선 후기	유계 시주자	0
3	출요경 55682 (양면 7/8)			16	7		都監板 글자 마모	
		중복 86	출요경 81328 (단면 1장)			1381년 이후	조맹부체	0

〈표1-4-2-B〉 입장판으로 분류된 훼손(양면 가운데 한 면) 원각판 22판의 인경본

유형 A, 2판 : 원각판의 양면 가운데 한 면이 훼손되어 훼손된 한 면만이 1915년에 중각되어 1915년 당시 그 경판으로 인경된 것										
								인 경 상 황		
중복판번호	중복판번호	入藏板 경판 고유번호	卷次	張次	판각시기	경판의 상태	인경본의 이미지	동국대본1963년	규장각본1915년	통도사본1899년	월정사본1865년
1		대반야바라밀다경 1110 (양면 1/2장)	73	2		都監板 일부 훼손					0
1	중복 27-b	대반야바라밀다경 81269-b (양면 가운데 1장)	73	2	1937						
1	중복 41	대반야바라밀다경 81283 (단면 1장)	73	2	1915			0	0		
2		보리심이상론 75047 (양면 6/7)	單	6		都監板 마모 심함					0
2	중복 78-b	보리심이상론 81320-b	單	6	1937						
2	중복 96	보리심리상론 81338	單	6	1915			0	0		

유형 B, 2판 : 원각판의 양면 가운데 한 면이 훼손되어 훼손된 한 면만이 1381년 이후에 중각되었지만, 1915년에 다시 중각되어 1915년 당시 그 경판으로 인경된 것									
1		대승광백론석론 31213 (양면 15/16)			都監板 절반 깎아냄				0
	중복 79	대승광백론석론 81321	4	15	1915		0	0	
	중복 78-a	대승광백론석론 81320-a			1937				
	중복 80	대승광백론석론 81322			1381년 이후 조맹부체				0
2		집고금불도론형 61001 (양면 43/44)	丁	44	都監板 수정 훼판				
	중복 37-b	집고금불도론형 81279-b			1937				
	중복 88	집고금불도론형 81330			1381년 이후 조맹부체		0	0	0

---

63) 『신화엄경론』 권33, 제22장의 통도사본 인경 상황은 미상이다. 한편 1899년에 인출된 해인사소장본에는 조선후기 유계판으로 인출된 것으로 조사되어 있다(박광헌, "해인사 대장경 중복판의 인경본 조사와 시기분석", 『미술사연구』 38, 미술사연구회, 2020. p.43).

구분	경판명 · 번호			간행시기	상태			
중복 89	집고금불도론형 81331			1915		0		
유형 C, 1판 : 원각판의 양면 가운데 한 면이 훼손되어 훼손된 한 면만이 1915년에 중각되었지만, 1915년 당시에는 훼손된 원각판으로 인경된 것								
1	출요경 55797 (양면 16/17)	25	17		都監板 글자 마모	0	0	缺
중복 87	출요경(17장) 81329			1937				
중복 87-1 추가 경판	출요경(17장) 55798 추가: 원판44145			1915				
유형 D, 14판 : 원각판의 양면 가운데 한 면이 훼손되어 훼손된 한 면만이 1381년 이후 또는 조선후기에 중각되었지만, 1915년 당시에는 훼손된 원각판으로 인경된 것								
1	신화엄경론 68118 (양면 22/23)	33	22		都監板 일부 마모	0	0	미상(63)
중복 93	신화엄경론 81335			조선후기	유계	0		
2	속고승전 62096 (양면 17/18)	27	17		都監板 부분 마모	0		
								미

	중복	경전명/경판번호			시기	비고	판본 상태				상
	91	속고승전 81333			1381년 이후	조맹부체		0			
3		법원주림 73705 (양면 30/31)	53	30		都監板 일부 훼손			0		
	94	법원주림 81336			1381년 이후	조맹부체		0	0	0	
4		불설비밀삼매대교왕경 75300 (양면 7/8)	2	8		都監板 마모 심함			0		缺
	97	불설비밀삼매대교왕경 81339			조선후기	유계 시주자		0	0		
5		불설비밀삼매대교왕경 75304 (양면 15/16)	2	15		都監板 마모 심함			0		缺
	98	불설비밀삼매대교왕경 81340			조선후기	유계 시주자		0	0		

6		종경록 78923 (양면 9/10)	62	10	都監板 훼손 도려냄		0	0	미 상
	중복 99	종경록 81341			1381년 이후			0	
7		남명천화상…사실 79215 (양면 5,6/7,8)	1	8	고종35 년 (1248) 마모 심함			0	미 상
	중복 100	남명천화상…사실 81342			1381년 이후			0	
8		남명천화상…사실 79240 (양면 21,22/23,24)	3	24	고종35 년 (1248) 일부 마모		0	0	미 상
	중복 101	남명천화상…사실 81343			1381년 이후				
9		화엄경탐현기 80591 (양면 35/36)	1	36	都監板 훼손 심함			0	
								0	

	중복 103-a	화엄경탐현기 81345-a (兩面 2張中 1장)			1381년 이후		0			
10		화엄경탐현기 80882 (양면 3/4)	12	3	都監板 마모 심함		0	0		0
	중복 104	화엄경탐현기 81346			1381년 이후					
11		화엄경탐현기 80976 (양면 35/36)	15	35	都監板 부분 마멸			0		
	중복 105-a	화엄경탐현기 81347-a (兩面 2張中 1장)			1381년 이후		0			0
12		화엄경탐현기 80992 (양면 9/10)	16	10	都監板 몇글자 마멸		0	0		
	중복 106	화엄경탐현기 81348			1381년 이후					0

13		화엄경탐현기 81003 (양면 31/32)	16	32	都監板 부분 마멸	0
						0
	중복 105-b	화엄경탐현기 81347-b (兩面 2張中 1장)			1381년 이후	0
14		화엄경탐현기 81056 (양면 25/26)	18	25	都監板 일부 마모	0
	중복 103-b	화엄경탐현기 81345-b (兩面 2張中 1장)			1381년 이후	0 0

유형 E, 3판 : 원각판의 양면 가운데 한 면이 훼손되어 훼손된 한 면만이 1381년 이후 또는 조선시대 또는 조선후기에 중각되었고, 1915년 당시에 원각판의 양면 가운데 훼손된 면은 각각의 중각판으로 인경된 것

1		대반야바라밀다경 1489 (양면 2/3장)	100	3	都監板 일부 훼손	0
	중복 45	대반야바라밀다경 81287 40427(단면 1장)			조선시대	유계 각수명	0 0

2	십송율 40427 (양면 34/35)	5	34		都監板 마모 심함		0			미상
	중복 83	십송율 81325 (단면 1장)			조선 후기	유계 시주자		0	0	
3	출요경 55682 (양면 7/8)	16	7		都監板 글자 마모					
	중복 86	출요경 81328 (단면 1장)			1381년 이후	조맹부 체	0	0	0	0

〈표1-4-3〉 입장판으로 분류된 양호한 원각판 12판

	入藏板 경판 고유번호	중복판 중복번호	重複板 경판 고유번호	卷次	張次	판각 시기	경판의 상태	중복판의 인경 상황							
								동국대본 1963년		규장각본 1915년		통도사본 1899년		월정사본 1865년	
								앞면	뒷면	앞면	뒷면	앞면	뒷면	앞면	뒷면
1	대반야바라밀다경 60			5	1		都監板 양호	0		0				0	
		중복 4	대반야바라밀다경 81246			1381년 이후	조맹부체								
2	대반야바라밀다경 146			10	12/13		都監板 양호							00	
		중복 9	대반야바라밀다경 81251			조선시대	유계	00		00					
3	대반야바라밀다경 750			49	6		都監板 양호	0		0				0	
		중복 27-a	대반야바라밀다경 81269-a			1937									
4	합부금광명경 17723			5	9/10		都監板 매우양호	00		00				缺	
		중복 75	합부금광명경 81317			조선 후기	유계 시주자					00			
5	대장엄론경 31759			2	19/20		都監板 매우양호	00		00		00		00	
		중복 81	대장엄론경 81323			1937									
6	마하승기율 40228 (양면 23/24)			33	24		都監板 매우양호	0		0		0		0	
		중복 82	마하승기율 81324			조선 후기	유계 시주자								
7	보리행경 63697			2	11/12		都監板 매우양호	00		00					
		중복 92	보리행경 81334			1381년 이후	조맹부체							00	
8	석화엄지귀장원통초 80124			下	7/8		고종 38년 (1251) 양호							00	
		중복 102	석화엄지귀장원통초 81344			1381년 이후		00		00					
9	예념미타도량참법 80350 (연산군9년, 1503)			1	17/18		연산군9년 (1503)	미상							
		중복 111	예념미타도량참법 81241 추가: 80349-1			조선후기	원래 선장 유계본임								
10	예념미타도량참법 80353 (연산군9년, 1503)			2	4/5		연산군9년 (1503)	미상							
		중복 112	예념미타도량참법 81242 추가: 80352-1			조선 후기	원래 선장 유계본임								
11	화엄경탐현기 81042			17	59/60		都監板 매우 양호	00		00				00	
		중복 108	화엄경탐현기 81350			1381년 이후									
12	보유목록 81118 조선 고종 2년(1865)			單	1/2		조선 고종2년 (1865) 매우양호	00		미상		미상		미상	
		중복 110 (추가)	보유목록 사간(5824)			1937									

〈표 2〉 중복 경판 211판을 중심으로 살펴본 조사번호와 고유번호의 변동사항[64]

분석항차	데이터베이스화사업		중복판조사용역사업	입장판─중복판 수량	비고
	'조사번호'·'중복번호' 부여	경판 '고유번호'[65] 부여	경판 '중복번호' 추가(4개)[66]		
A	0001~81117, 81118~81239.	A 00001~78378, B 78379~81118, C 81119~81239,	00001~81117, 81118~81239.		
	81239	81239 → 25674	81239		
	44145, 80325,	44145 → 55798, 80325 → 80326,	① 44145 → 중복87-1 ② 80325 → 중복109		
B	80325-1, 80349-1, 80352-1,	D 80325-1 → 81240, 80349-1 → 81241, 80352-1 → 81242,	③ 80325-1 → 원판분류 ④ 80349-1 → 중복111 ⑤ 80352-1 → 중복112		
C	중복76(사간판『화엄경수소연의초』),	중복76 → 81318	⑥ 중복76 → 삭제		
	『보유목록』 누락,	E 『보유목록』 누락,	⑦ 누락된『보유목록』 → 중복110		
	중복1~108	중복1~108 → 81243~81350.	중복1~108 → 중복1~112.		
	10715	고유번호 00001	원판10715		『대반야바라밀다경』 제1권 제1/2장의 경판.
1	10729	고유번호 00015[67]	원판10729	1	3중각임.[68]
2	10741	고유번호 00027[69]	원판10741	2	
3	10774	고유번호 00060	원판10774	3	
4	10807	고유번호 00093	원판10807	4	
5	10835	고유번호 00121	원판10835	5	
6	10837	고유번호 00123	원판10837	6	
7	10861	고유번호 00146	원판10861	7	
8	10936	고유번호 00221	원판10936	8	3중각임.[70]
9	11033	고유번호 00318	원판11033	9	
10	11050	고유번호 00335	원판11050	10	
11	11069	고유번호 00354	원판11069	11	
12	11079	고유번호 00364	원판11079	12	
13	11138	고유번호 00423	원판11138	13	
14	11192	고유번호 00477	원판11192	14	3중각임.[71]
15	11216	고유번호 00501	원판11216	15	3중각임(原刻板 缺).[72]
16	11226	고유번호 00511	원판11226	16	
17	11276	고유번호 00561	원판11276	17	이 2판의 중각판에 해당하는 원각판은 〈고유번호81264〉 1판임.
18	11277	고유번호 00562	원판11277	18	
19	11293	고유번호 00578	원판11293	19	
20	11310	고유번호 00595	원판11310	20	
21	11359	고유번호 00644	원판11359	21	
22	11465	고유번호 00750	원판11465	22	
23	11526	고유번호 00811	원판11526	23	
24	11573	고유번호 00858	원판11573	24	3중각임.[73]
25	11580	고유번호 00865	원판11580	25	3중각임.[74]
26	11585	고유번호 00870	원판11585	26	
27	11736	고유번호 01021	원판11736	27	
28	11740	고유번호 01025	원판11740	28	3중각임.[75]
29	11750	고유번호 01035	원판11750	29	3중각임.[76]
30	11779	고유번호 01064	원판11779	30	
31	11825	고유번호 01110	원판11825	31	3중각임.[77]
32	11879	고유번호 01163	원판11879	32	
33	11907	고유번호 01191	원판11907	33	
34	12155	고유번호 01439	원판12155	34	
35	12205	고유번호 01489	원판12205	35	
36	12284	고유번호 01568	원판12284	36	
37	12285	고유번호 01569	원판12285	37	
38	12329	고유번호 01613	원판12329	38	3중각임.[78]
39	12494	고유번호 01778	원판12494	39	
40	12552	고유번호 01836	원판12552	40	3중각임.[79]
41	12597	고유번호 01881	원판12597	41	
42	12730	고유번호 02014	원판12730	42	3중각임.[80]

43	12777	고유번호 02061	원판12777	43	이 2판의 중각판에 해당되는 원각판은 〈고유번호81296〉 1판임.
44	12780(3중각임)81)	고유번호 02064	원판12780	44	
45	12896(3중각임)82)	고유번호 02180	원판12896	45	이 2판의 중각판에 해당되는 원각판은 〈고유번호81299〉 1판임.
46	12897	고유번호 02181	원판12897	46	
47	12965	고유번호 02249	원판12965	47	
48	13002	고유번호 02286	원판13002	48	
49	13118	고유번호 02402	원판13118	49	3중각임.83)
50	13196	고유번호 02480	원판13196	50	
51	13222	고유번호 02506	원판13222	51	
52	13248	고유번호 02532	원판13248	52	
53	13336	고유번호 02620	원판13336	53	
54	13350	고유번호 02634	원판13350	54	
55	13613	고유번호 02897	원판13613	55	
56	13618	고유번호 02902	원판13618	56	
57	13698	고유번호 02982	원판13698	57	
58	13801	고유번호 03085	원판13801	58	
59	13853	고유번호 03137	원판13853	59	
60	14180	고유번호 03464	원판14180	60	
61	22929	고유번호 06741	원판22929	61	
62	23330	고유번호 07142	원판23330	62	
63	17798	고유번호 17307	원판17798	63	
64	18214	고유번호 17723	원판18214	64	
65	20659	고유번호 2017084)	원판20659	65	
65-1	81239	고유번호 25674	/		『불설대칠보다라니경』 제100-3항과 연계.85)
66	31212	고유번호 3121386)	원판31212	66	4중각임.87)
67	31758	고유번호 31759	원판31758	67	
68	55920	고유번호 40228	원판55920	68	
69	56119	고유번호 40427	원판56119	69	
70	37994	고유번호 49647	원판37994	70	3중각임(原刻板 缺).88)
71	40054	고유번호 51707	원판40054	71	3중각임(原刻板 缺).89)
72	44029	고유번호 55682	원판44029	72	
73	44144	고유번호 55797	원판44144	73	3중각임.90)
74	44145	고유번호 55798 (55797의중복판)	〈중복87-1〉로 이동	/	1915년판 『출요경』91) 제189-1항과 연계.
75	65517	고유번호 61001	원판65517	74	4중각임.92)
76	51051	고유번호 68118	원판51051	75	
77	66553	고유번호 62037	원판66553	76	
78	66612	고유번호 62096	원판66612	77	
79	68213	고유번호 63697	원판68213	78	
80	73704	고유번호 73705	원판73704	79	
81	73935	고유번호 73936	원판73935	80	
82	75046	고유번호 75047	원판75046	81	3중각임.93)
83	75299	고유번호 75300	원판75299	82	
84	75303	고유번호 75304	원판75303	83	
/	78377		78378	/	『일체경음의』(『대장목록』 경전의 마지막 경판).
/	78378		78379	/	『보유목록』 경전의 처음 경판(『종경록』).
85	78922	고유번호 78923	원판78922	84	
86	79214	고유번호 79215	원판79214	85	
87	79239	고유번호 79240	원판79239	86	
88	80123	고유번호 80124	원판80123	87	
89	80325	고유번호 80326	〈중복109〉로 이동	88	『석화엄교분기원통초』의 '대장도감 원각판'임.94) 210-1항과 연계.
90	80349	고유번호 80350	원판80349	89	
91	80352	고유번호 80353	원판80352	90	
92	80590	고유번호 80591	원판80590	91	
93	80881	고유번호 80882	원판80881	92	
94	80975	고유번호 80976	원판80975	93	
95	80991	고유번호 80992	원판80991	94	
96	81002	고유번호 81003	원판81002	95	

97	81026	고유번호 81027	원판81026	96	
98	81041	고유번호 81042	원판81041	97	
99	81055	고유번호 81056	원판81055	98	
100	81117	고유번호 81118	원판81117	99	『보유목록』2장(1판)
100 -1	81118	고유번호 81119	81118	/	중복경전『대교왕경』의 처음 경판
100 -2	81238	고유번호 81239	81238	/	중복경전『대교왕경』의 마지막 경판
100 -3	81239	고유번호 25674[95]	81239	/	『불설대칠보다라니경』1판
101	80325-1	고유번호 81240	원판80325-1	/	정식 입장판으로 조정됨. 제89항 참조[96]
102	80349-1	고유번호 81241	중복111 (추가: 원판80349-1)	1	『예념미타도량참법』 〈고유번호81241〉[97]
103	80352-1	고유번호 81242	중복112 (추가: 원판80352-1)	2	『예념미타도량참법』 〈고유번호81242〉[98]
104	중복1	고유번호 81243	중복1	3	
105	중복2	고유번호 81244	중복2	4	
106	중복3	고유번호 81245	중복3	5	
107	중복4	고유번호 81246	중복4	6	
108	중복5	고유번호 81247	중복5	7	
109	중복6	고유번호 81248	중복6	8	
110	중복7	고유번호 81249	중복7	9	
111	중복8	고유번호 81250	중복8	10	
112	중복9	고유번호 81251	중복9	11	
113	중복10	고유번호 81252	중복10	12	
114	중복11	고유번호 81253	중복11	13	
115	중복12	고유번호 81254	중복12	14	
116	중복13	고유번호 81255	중복13	15	
117	중복14	고유번호 81256	중복14	16	
118	중복15	고유번호 81257	중복15	17	
119	중복16	고유번호 81258	중복16	18	
120	중복17	고유번호 81259	중복17	19	
121	중복18	고유번호 81260	중복18	20	
122	중복19	고유번호 81261	중복19	21	
123	중복20	고유번호 81262	중복20	22	
124	중복21	고유번호 81263	중복21	23	
125	중복22	고유번호 81264	중복22	24	중복22-a/b : 중복판은 양면 1판이고 입장판은 단면 2판임.
126	중복23	고유번호 81265	중복23	25	
127	중복24	고유번호 81266	중복24	26	
128	중복25	고유번호 81267	중복25	27	
129	중복26	고유번호 81268	중복26	28	
130	중복27	고유번호 81269	중복27	29	중복27-a/b : 중복판은 양면 1판이고 입장판은 단면 2판임.
131	중복28	고유번호 81270	중복28	30	
132	중복29	고유번호 81271	중복29	31	
133	중복30	고유번호 81272	중복30	32	
134	중복31	고유번호 81273	중복31	33	
135	중복32	고유번호 81274	중복32	34	
136	중복33	고유번호 81275	중복33	35	
137	중복34	고유번호 81276	중복34	36	
138	중복35	고유번호 81277	중복35	37	
139	중복36	고유번호 81278	중복36	38	
140	중복37	고유번호 81279	중복37	39	중복37-a/b : 중복판은 양면 1판이고 입장판은 단면 2판임.
141	중복38	고유번호 81280	중복38	40	
142	중복39	고유번호 81281	중복39	41	
143	중복40	고유번호 81282	중복40	42	제171항 참조
144	중복41	고유번호 81283	중복41	43	제130항 참조
145	중복42	고유번호 81284	중복42	44	
146	중복43	고유번호 81285	중복43	45	
147	중복44	고유번호 81286	중복44	46	
148	중복45	고유번호 81287	중복45	47	
149	중복46	고유번호 81288	중복46	48	
150	중복47	고유번호 81289	중복47	49	

151	중복48	고유번호	81290	중복48	50	
152	중복49	고유번호	81291	중복49	51	
153	중복50	고유번호	81292	중복50	52	
154	중복51	고유번호	81293	중복51	53	
155	중복52	고유번호	81294	중복52	54	
156	중복53	고유번호	81295	중복53	55	
157	중복54	고유번호	81296	중복54	56	중복54-a/b : 중복판은 양면 1판이고 입장판은 단면 2판임.
158	중복55	고유번호	81297	중복55	57	
159	중복56	고유번호	81298	중복56	58	
160	중복57	고유번호	81299	중복57	59	중복57-a/b : 중복판은 양면 1판이고 입장판은 단면 2판임.
161	중복58	고유번호	81300	중복58	60	
162	중복59	고유번호	81301	중복59	61	
163	중복60	고유번호	81302	중복60	62	
164	중복61	고유번호	81303	중복61	63	
165	중복62	고유번호	81304	중복62	64	
166	중복63	고유번호	81305	중복63	65	
167	중복64	고유번호	81306	중복64	66	
168	중복65	고유번호	81307	중복65	67	
169	중복66	고유번호	81308	중복66	68	
170	중복67	고유번호	81309	중복67	69	
171	중복68	고유번호	81310	중복68	70	제143항 참조
172	중복69	고유번호	81311	중복69	71	
173	중복70	고유번호	81312	중복70	72	
174	중복71	고유번호	81313	중복71	73	
175	중복72	고유번호	81314	중복72	74	
176	중복73	고유번호	81315	중복73	75	
177	중복74	고유번호	81316	중복74	76	
178	중복75	고유번호	81317	중복75	77	
178-1	중복76	고유번호	81318	삭제		잘못 대장경판의 '중복경판'인 〈고유번호 81318〉『합부금광명경』으로 정리된 사간판 『화엄경수소연의초』가 삭제된 것임.
179	중복77	고유번호	81319	중복77	78	
180	중복78	고유번호	81320	중복78	79	중복78-a/b : 중복판은 양면 1판이고 입장판은 단면 2판임.
181	중복79	고유번호	81321	중복79	80	
182	중복80	고유번호	81322	중복80	81	
183	중복81	고유번호	81323	중복81	82	
184	중복82	고유번호	81324	중복82	83	
185	중복83	고유번호	81325	중복83	84	
186	중복84	고유번호	81326	중복84	85	
187	중복85	고유번호	81327	중복85	86	
188	중복86	고유번호	81328	중복86	87	
189	중복87	고유번호	81329	중복87	88	
189-1				중복87-1	89	〈고유번호55798〉이 〈중복87-1〉로 이동되어 추가된 것임. 제74항 참조.
190	중복88	고유번호	81330	중복88	90	
191	중복89	고유번호	81331	중복89	91	
192	중복90	고유번호	81332	중복90	92	
193	중복91	고유번호	81333	중복91	93	
194	중복92	고유번호	81334	중복92	94	
195	중복93	고유번호	81335	중복93	95	
196	중복94	고유번호	81336	중복94	96	
197	중복95	고유번호	81337	중복95	97	
198	중복96	고유번호	81338	중복96	98	제180항 참조
199	중복97	고유번호	81339	중복97	99	
200	중복98	고유번호	81340	중복98	100	
201	중복99	고유번호	81341	중복99	101	
202	중복100	고유번호	81342	중복100	102	
203	중복101	고유번호	81343	중복101	103	
204	중복102	고유번호	81344	중복102	104	
205	중복103	고유번호	81345	중복103	105	중복103-a/b : 중복판은 양면 1판이고 입장판은 단면 2판임.

206	중복104	고유번호 81346	중복104	106	
207	중복105	고유번호 81347	중복105	107	중복105-a/b : 중복판은 양면 1판이고 입장판은 단면 2판임.
208	중복106	고유번호 81348	중복106	108	
209	중복107	고유번호 81349	중복107	109	
210	중복108	고유번호 81350	중복108	110	**고유번호 끝 번호임.**
210-1			중복109 (추가: 고유번호80326, 원판80325)	111	**제89항 참조99)**
211	『보유목록』 누락	좌동 〈사간5824〉	중복110 (추가)	112	『보유목록』100) 〈사간5824〉 → 〈중복112〉

64) 해인사 대장경판의 경판 번호와 관련된 조사사업과 보고서·발표문은 다음과 같다.

	사업명·보고서·발표문	사업기간 발표년도	저자	사업주체	비 고
1	가야산 해인사팔만대장경연구	1968-1969	서수생	경북대학교	架內奉安板이 8,1240판 架外奉安板 92판(중복판)을 더한 81,332판
	『해인사대장경판 板別 목록』 ▸『대반야바라밀다경』 권1의 일련번호는 '1' ▸『대반야바라밀다경』 권2의 일련번호는 '2'				경전의 一連番號 부여
	『팔만대장경판총목록』 ▸天函의『대반야바라밀다경』 권1(26장 14판)의 일련번호는 '1'~'14' ▸地函의『대반야바라밀다경』 권11의 일련번호는 '153'~'167'				경전의 一連番號 부여
2	해인사 고려대장경 디지털영상화 및 기초자료 데이터베이스화사업	1997-2007		해인사 팔만대장경연구원	전수조사 81,350판 조사번호와 고유번호 부여 중복판 108판 확인
	『해인사 팔만대장경 경판 제원조사 자료집 I-IV』 4권	2009			
3	국보 제32호 합천 海印寺大藏經板 중복판 조사용역사업	2013		해인사·합천군	국간판 내 중복판 110판 확인
4	해인사 사간판내 대장경판 중복여부 조사용역사업	2015		문화재청·동아대학교	사간판 내 중복판 2판 확인
5	해인사 대장경판에 포함된 중복경판 및 보각경판의 역사·문화적 성격	2015	최영호		중복판 112판 확정
비고	▸ "2012~2013년의 조사사업에서는 중복분류경판의 분석대상이 애초 108판이었다. 그런데 조사사업의 수행과정에서는 108판 가운데 1판 양면의 중복분류경판이 소위 사간판의『대방광불화엄경수소연의초』로 확인되면서 분석대상에서 제외되어 107판으로 줄어들었다. 그러다가 새로운 중복분류경판 3종 3판 5면이 추가되면서 분석대상은 110판 178면으로 확대되었다.『출요경』권25, 제17장(단면)을 비롯하여『석화엄교분기원통초』권10, 제9/10장과 소위『대장경보유목록』(이하『보유목록』) 1판 양면 등 3판 5면을 추가하여 조사대상의 개별 중복분류경판을 110판으로 삼고, 그 목록을 확정하였다." ▸ "기존연구에서는 중복경판의 순차를 일관된 원칙도 없이 매긴 경우도 상당수 발견되어 이후의 연구에 혼란을 초래하기도 하였다. 때문에 2012~2013년의 조사사업에서는『대장목록』과『보유목록』에 편입된 경판 이름·함차·권차·장차 등을 기준으로 조사대상의 순차를 새롭게 조정·배열하였다. 이로써 조사목록에서는『대반야바라밀다경』권2, 제1/2장이 가장 첫머리에,『보유목록』이 가장 마지막으로 각각 자리잡게 되었다." ▸ "2015년의 조사사업에서는『예념미타도량참법』권1, 제17/18장 및 권2, 제4/5장 등의 2종이 이중경판으로 확인되었다." 본 표의 내용은『합천해인사 대장경판 보존 관리 프로그램 구축』(불교문화재연구소, 2017)과 "해인사 대장경판에 포함된 중복경판 및 보각경판의 역사·문화적 성격"(최영호,『국보 제32호 합천 해인사 대장경판 성격과 가치』, 2015)에 게재된 내용을 정리한 것임.				

65) ① '경판 고유번호' 가운데 파랑색과 빨강색은 원각판이고, 검정색은 중각판임을 의미한다.
  ② '고유번호' 가운데 '00001~78378'은『대장목록』경전의 '입장판' 개별경판 고유번호이고, '78379~81118'은『보유목록』경전의 '입장판' 개별경판 고유번호이며, '81119~81239'는 중복경전『대교왕경』의 '입장판' 개별경판 고유번호이고, '81240~81350'은 '중복판' 개별경판 고유번호이다.

66) '조사번호C' 가운데, '원판00001~원판78377'은『대장목록』경전의 '입장판' 개별경판 조사번호이고, '원판78378~원판81117'은『보유목록』경전의 '입장 판' 개별경판 조사번호이며, '원판81118~원판81238'은 중복경전『대교왕경』의 '입장판' 개별경판 고유번호이다. 한편 '원판81239'는『불설대칠보다라니경(K450)』의 조사번호인데 이전의 오류가 인습된 것이다. 그리고 '중복1~1112'은 '중복판' 개별경판 조사번호이다.

67) 〈고유번호15〉는『대반야바라밀다경』제2권, 제1/2장의 경판 '고유번호'이다. 참고로『대반야바라밀다경』의 제1권은 총26장인데 경판은 14판이고, 제2권은 총28장이다.

68) 『대반야바라밀다경』권2 제1/2장(〈고유번호15, 조사번호10729〉)은 3중각이다. 제104, 105항 참조.

69) 〈고유번호27〉은『대반야바라밀다경』권2, 제21/22장의 경판 '고유번호'이다.

70) 『대반야바라밀다경』권15 제9/10장(〈고유번호221, 조사번호10936〉)은 3중각이다. 제113, 114항 참조.

71) 『대반야바라밀다경』권31 제26/27장(〈고유번호477, 조사번호11192〉)은 3중각이다. 제121, 122항 참조.

72) 『대반야바라밀다경』 권33 제12/13장(〈고유번호501, 조사번호11216〉)은 3중각이다. 제123항 참조.

73) 『대반야바라밀다경』 권56 제3/4장(〈고유번호858, 조사번호11573〉)은 3중각이다. 제132, 133항 참조.

74) 『대반야바라밀다경』 권56 제15/16장(〈고유번호865, 조사번호11580〉)은 3중각이다. 제134, 135항 참조.

75) 『대반야바라밀다경』 권67 제9/10장(〈고유번호1025, 조사번호11740〉)은 3중각이다. 제138, 139항 참조.

76) 『대반야바라밀다경』 권68 제2장(〈고유번호1035, 조사번호11750〉)은 3중각이다. 제140, 141항 참조.

77) 『대반야바라밀다경』 권73 제2장(〈고유번호1110, 조사번호11825〉)은 3중각이다. 제130, 144항 참조.

78) 『대반야바라밀다경』 권109 제16/17장(〈고유번호1613, 조사번호12329〉)은 3중각이다. 제151, 152항 참조.

79) 『대반야바라밀다경』 권126 제19/20장(〈고유번호1836, 조사번호12552〉)은 3중각이다. 제143, 171항 참조.

80) 『대반야바라밀다경』 권141 제6장(〈고유번호2014, 조사번호12730〉)은 3중각이다. 제155, 156항 참조.

81) 『대반야바라밀다경』 권144 제23장 (〈고유번호2064, 조사번호12780〉)은 3중각이다. 제157, 158항 참조.

82) 『대반야바라밀다경』 권153 제20장(〈고유번호2180, 조사번호12896〉)은 3중각이다. 제159, 160항 참조.

83) 『대반야바라밀다경』 권170 제23/24장(〈고유번호2402, 조사번호13118〉)은 3중각이다. 제162, 163항 참조.

84) 〈고유번호20170, 조사번호20659〉인 『불설미륵하생경』의 경번호는 'K197'이다.

85) ① 『불설대칠보다라니경(K450)』(〈조사번호81239〉)의 경판 1판은 경판이 배열되어 있는 순서(즉 『대장목록』에 수록된 위치) 상에서 보면, 원래 〈조사번호20659〉 ~ 〈조사번호31212〉 사이에 있는 어느 1개의 번호가 부여되어야 하는데, 조사번호가 부여될 때 누락되어 자기의 순서에 맞는 조사번호를 부여받지 못하고 조사번호의 맨 끝 번호(〈조사번호81238〉)의 다음 번호인 〈조사번호81239〉를 추가적으로 부여받은 것이다.
② 『불설대칠보다라니경』(K450)은 1장 분량의 경전으로 讚(198)에 수록되어 있다.
③ 제100-3항과 연계된다.

86) 〈고유번호31213, 조사번호31212〉인 『대승광백론석론』의 경번호는 'K583'이다.

87) 『대승광백론석론』 권4 제15장(〈고유번호31213, 조사번호31212〉)은 4중각이다. 제180, 181, 182항 참조.

88) 『아비달마대비바사론』 권88 제5/6장(〈고유번호49647, 조사번호37994〉)은 3중각이다. 제186항 참조.

89) 『아비달마순정리론』 권7 제17/18장(〈고유번호51707, 조사번호40054〉)은 3중각이다. 제187항 참조.

90) 『출요경』 권25 제17장(〈고유번호55797, 조사번호44144〉)은 3중각이다. 제74, 189, 189-1항 참조.

91) ① 경판의 '고유번호'가 부여될 때, 1915년판 『출요경』 권25, 제17장 1판(〈고유번호55798, 조사번호44145〉)은 원래 '중복판'인데 잘못 '원판'으로 정리되었던 것이다. 1937년판 『출요경』 권25, 제17장 1판이 〈고유번호81329, 조사번호44144-1〉로 정리된 것으로 볼 때, 본래 '중복판'으로 분류되어 〈고유번호81329, 조사번호44144-1〉 또는〈고유번호81330, 조사번호44144-2〉로 정리되었어야 올바른 것이었다. 참고로 1937년판 『출요경』 권25, 제17장 1판(〈고유번호81329, 조사번호44144-1〉)은 중복번호가 부여될 때 〈중복87〉의 번호가 부여되었다.
② '조사번호C'에서 '중복판'으로 이동되고 〈중복87-1〉로 추가된 것이다.
③ 제189-1항과 연계된다.

92) 『집고금불도론형』 권丁 제44장(〈고유번호61001, 조사번호65517〉)은 4중각이다. 제140, 190, 191항 참조.

93) 『보리심이상론』 단권 제6장(〈고유번호75047, 조사번호75046〉)은 3중각이다. 제180, 198항 참조.

94) ① 경판의 '중복번호'(1~108)가 부여될 때, 이전에 '원판'인 〈고유번호80326, 조사번호80325〉로 정리되어 있던 『석화엄교분기원통초』의 '대장도감 원각판'이 소재미상으로 인해 '원판분류경판'의 명단에서 누락되고 대신에 '중복판'인 〈고유번호81240, 조사번호80325-1〉로 정리되어 있던 '을유년 중각판'이 '원판분류경판'으로 조정되었던 것이다(제101항과 연계됨).
② 이후, 소재미상이었던 '대장도감 원각판'인 〈고유번호80326, 조사번호80325〉가 발견되어 '조사번호C'에서 〈중복109〉로 추가된 것으로 추정된다(제210-1항과 연계됨).
③ 제101항 및 제210-1항과 연계된다.

95) 『불설대칠보다라니경(K450)』(〈조사번호81239〉)의 경판 1판(『불설대칠보다라니경』(K450)은 1장 분량의 경전으로 讚(198)함에 수록되어 있음)은 경판이 배열되어 있는 순서(즉 『대장목록』에 수록된 위치) 상에서 보면, 원래 〈조사번호20659〉 ~ 〈조사번호31212〉 사이에 있는 어느 1개의 번호가 부여되어야 한다.

96) 경판의 '중복번호'(1~108)가 부여될 때, 이전에 '중복판'로 정리되어 있던 〈조사번호80325-1〉이 '원판분류경판'인 〈원판80325-1〉로 조정된 것이다.

97) 경판의 '중복번호'(1~108)가 부여될 때, 사간판에 섞여 있는 바람에 '중복경전'의 명단에서 누락되었던 『예념미타도량참법』의 '조선후기 중각판'인 〈고유번호81241, 조사번호80349-1〉이 〈중복111〉로 추가된 것이다.

98) 경판의 '중복번호'(1~108)가 부여될 때, 사간판에 섞여 있는 바람에 '중복경전'의 명단에서 누락되었던 『예념미타도량참법』의 '조선후기 중각판'인 〈고유번호81242, 조사번호80352-1〉이 〈중복112〉로 추가된 것이다.

99) ① 소재미상이었던 '대장도감 원각판'인 〈고유번호80326, 조사번호80325〉가 발견되어 '조사번호C'에서 〈중복109〉로 추가된 것으로 추정된다.
　　② 제89항과 연계된다.

100) ① 경판의 고유번호가 부여될 때 원래 '중복판'인데 잘못 '사간판'으로 정리되었던 〈사간5824:『보유목록』〉이 '조사번호 C'에서 '중복판'으로 이동되고 〈중복110〉으로 추가된 것이다.
　　② 이 '중복판' 을축판(1865)『補遺目錄』은 서수생 선생이 작성한 二重板 92판 목록에 기재되어 있다(徐首生, "大藏經의 二重板과 補遺板의 形像"『어문학』36집, 한국어문학회, 1977. p.34). 그리고 서수생 선생이 작성한 을축판(1865) 『補遺目錄』의 一連番號는 '81240'이다(徐首生, "伽倻山 海印寺 八萬大藏經 硏究(1)", 『韓國學報』9집, 1977. p.35).
　　③『補遺目錄』의 발견과 봉안에 대한 서수생 선생의 언급을 소개하면 다음과 같다.
"遺目錄板은 現在 二重板인데, 조선말 고종 을축판(1865)과 光復前 倭政 정축판(1937)이 그것이다. 前者는1953년 9월과 1969년 8월에 國刊藏經板을 總整理하다가 발견한 것이며, 고종 2년(1865)에 대장경을 인경하고 난 뒤에 沙門 壯雄 등이 新雕한 藏板이다. 이것은 補遺藏經의 華嚴經探玄記 맨 끝 架內에 봉안중이다. 後者는 1937년 丁丑(日帝 昭和 12년)에 京城大學 교수인 高橋亨이 朝鮮總督의 명을 받아 두 벌 인경하고 난 뒤에 을축판(1865)을 그대로 復元 新雕한 것이다. 이것은 1947년 8월 16일에 寺刊藏經을 조사하다가 寺刊右小殿에서 발견하였으며, 지난 1968년 9월에 寺刊藏經을 再整理할 때 가려내어 法寶殿 右便 堆雪堂 쪽 구석 二重經板架上에 봉안하였다. 이것은 아마 1937년에 高橋亨이 印經佛 事를 수행할 때 이 목록을 찾지 못하였으므로 다시 새겨 넣은 것이 아닐까 한다. 寺刊藏經殿右小殿(堆雪堂 쪽) 奉安中이던 補遺目錄板은 筆者가 1947년 8월 16일과 1968년 9월 15일에 寺刊藏經板을 再整理하면서 가려내어 法寶殿 右便(堆雪堂 쪽) 移安하였고, 法寶殿 綿函에 있던 補遺目錄板(1865)은 1969년 9월에 國刊藏經板을 조사 총정리하면서 보유장경의 務(663)函 華嚴經探玄記 맨 끝 板架內에 봉안중이다."(徐首生, "伽倻山 海印寺 八萬大藏經 硏究(1)", 『韓國學報』9집, 1977. p.7).

〈표 3-1〉 해인사 대장경판(입장판·중복판)의 구성별 수량

	해인사 팔만대장경 경판의 구성	2008년 해인사 전체경판 81350판 '데이터베이스화사업'[101] 경판 조사번호	2008년 경판 고유번호	2013년·2015년 최영호 전체경판 81350판 『중복판보고서』[102] 『중복판발표문』[103]	2020년 필자 전체경판 81350판 필자의 분석 입장판[104] (원판분류경판)	2020년 중복판 112판	2020년 중복판의 해당 입장판 99판
1	㉮『대장목록』경전 (K0001~K1498)의 경판 / 『대장목록』의 경전[106] 1496종 6555권 639질	78378판	00001~78378, (78378판)		78377판 (154,379장)[105] — 원각판 78323 / 중각판 54	98 — 원각판 48 / 중각판 50	83 — 원각판 29 / 중각판 54
2	㉯『보유목록』(1865년 작성)[107]경전(K1499~K1514)의 경판(목록 포함) / 『보유목록』의 경전[110] 15종 236권 24질	2740판	78379~81118, (2740판)		2740판[108] (6,343장) — 원각판 2738 / 중각판 2	14 — 원각판 2 / 중각판 12	16[109] — 원각판 14 / 중각판 2
합계 ①	㉮『대장목록』경전의 경판 ㉯『보유목록』경전의 경판 / 1511종 6791권 663질	81118판	81118판		81117판[111] (160,722장) — 원각판 81061 / 중각판 56	112 — 원각판 50 / 중각판 62	99 — 원각판 43 / 중각판 56
3	㉰ 중복경전 『대교왕경』의 경판 / 1종 10권 1질	81118~81238 (121판)	81119~81239, (121판)		121판 (238장) — 원각판 121 / 중각판 0	0	0
합계 ②	㉮『대장목록』경전의 경판 ㉯『보유목록』경전의 경판 ㉰ 중복『대교왕경』의 경판 / 1512종 6801권 664질	00001~81117, 81118~81239, (81239판) / 81239, → / 중복76, → / 『보유목록』 누락, / 44145, → / 80325, →	81239판 / 25674 / 81318(사간판 『화엄경수소연의초』) / 『보유목록』 누락, / 55798 / 80326	81238	81238판[112] (160,960장) — 원각판 81182 / 중각판 56	112 — 원각판 50 / 중각판 62	99 — 원각판 43 / 중각판 56
4	㉱ 중복판 (중복분류경판) 112판	80325-1, → / 80349-1, → / 80352-1, → / (3판) ; 중복1~108. → (108판) ; 111판	81240, 81241, 81242, (3판) ; 81243~81350. (108판) ; 111판	112판	112판 (182장)[115]	중복판[113] 112판[114] — 원각판 50판 중각판 62판 ▸중복판 112판 가운데 원각판은 50판이고, 중각판은 62판임. ▸중복판 112판의 해당 입장판 99판 가운데 원각판은 43판이고, 중각판은 56판임. ▸중복판 112판과 해당 입장판 99판을 합하면 '211판'임.	99 — 원각판 43판 중각판 56판
합계 ③	㉮『대장목록』경전 ㉯『보유목록』경전 ㉰ 중복『대교왕경』경판 ㉱ 중복분류경판 112판	81350판	81350판	81350판	81350판[116] (161,142장) — 원각판 81232 / 중각판 118		
5	『內典隨函音疏』2판			『內典隨函音疏』2판[117]	2		
합계 ④				81352	81352		

① 『대장목록』에 기재된 卷數 / 牒數 / 張數

항차	函次	卷數	牒數	張數	항차	函次	卷數	牒數	張數
1	天(001)~奈(060)	600	748	18	178	奉(342)·母(343)	14	19	3
2	菜(061)~重(062)	20	33	7	179	儀(344)	10	13	11
3	芥(063)~海(065)	27	45	5	180	諸(345)	10	11	1
4	鹹(066)	7	11	16	181	姑(346)	10	15	6
5	河(067)	8	10	10	182	伯(347)	10	14	15
6	淡(068)	10	12	2	183	叔(348)	10	14	9
7	鱗(069)	10	11	9	184	猶(349)	10	15	6
8	潛(070)	13	15	14	185	子(350)~兒(352)	30	33	8
9	羽(071)	15	12	14	186	孔(353)·懷(354)	20	25	18
10	翔(072)~文(083)	120	143	3	187	兄(355)	12	13	14
11	字(084)	11	14	18	188	弟(356)·同(357)	20	20	2
12	乃(085)	8	11	0	189	氣(358)	10	12	0
13	服(086)	10	10	9	190	連(359)	9	10	3
14	衣(087)	10	12	8	191	枝(360)	10	10	2
15	裳(088)	11	11	2	192	交(361)	10	10	8
16	推(089)~虞(094)	60	86	10	193	友(362)	10	12	12
17	陶(095)	10	12	5	194	投(363)~規(368)	60	93	17
18	唐(096)	10	10	17	195	仁(369)~逸(388)	200	221	11
19	弔(097)	10	13	0	196	心(389)~神(391)	23	35	9
20	民(098)	10	9	0	197	疲(392)~眞(394)	30	34	3
21	伐(099)	10	11	3	198	志(395)~持(402)	80	101	11[118]
22	罪(100)	13	13	2	199	雅(403)~爵(406)	40	45	10
23	周(101)	10	11	2	200	自(407)	10	13	5
24	發(102)	10	13	11	201	縻(408)·都(409)	7	13	13
25	殷(103)	10	9	8	202	都(409)	7	13	9
26	湯(104)~道(108)	60	63	11	203	邑(410)	7	12	16
27	垂(109)~首(116)	80	77	18	204	華(411)	8	12	1
28	臣(117)	13	14	5	205	夏(412)·東(413)	16	28	17
29	伏(118)	13	12	2	206	西(414)	10	11	17
30	戎(119)	12	15	19	207	二(415)	12	14	1
31	羌(120)	10	14	14	208	京(416)~面(419)	23	33	16
32	遐(121)~體(124)	40	53	19	209	面(419)	9	12	0
33	率(125)	8	12	18	210	洛(420)	8	13	17
34	賓(126)	10	12	16	211	浮(421)	9	13	4
35	歸(127)	10	13	0	212	渭(422)	14	14	2
36	王(128)	10	12	19	213	據(423)	12	15	12
37	鳴(129)	10	13	12	214	涇(424)	10	10	15
38	鳳(130)	10	14	8	215	宮(425)~盤(427)	30	36	18
39	在(131)	10	16	2	216	鬱(428)	13	18	17
40	樹(132)	10	13	13	217	樓(429)	11	17	8
41	白(133)	10	13	4	218	觀(430)	10	13	3
42	駒(134)	10	14	6	219	飛(431)	17	12	5
43	食(135)	10	10	12	220	驚(432)	12	13	0
44	場(136)	11	13	4	221	圖(433)	13	13	7
45	化(137)	11	10	19	222	寫(434)	14	12	11
46	被(138)	10	10	6	223	禽(435)	10	12	10
47	草(139)	10	12	4	224	獸(436)	16	14	6
48	木(140)	12	14	2	225	畵(437)	19	11	19
49	賴(141)	10	13	18	226	彩(438)	8	17	19
50	及(142)	10	13	7	227	仙(439)~傍(443)	50	58	10
51	萬(143)	10	11	11	228	啓(444)	10	12	11
52	方(144)	9	11	6	229	甲(445)~對(447)	20	42	7
53	蓋(145)	10	10	5	230	楹(448)	10	14	12
54	此(146)	10	12	2	231	肆(449)	12	14	7
55	身(147)	10	12	19	232	筵(450)	10	13	4

56	髮(148)	10	12	15	233	設(451)	10	13	19
57	四(149)	10	10	5	234	席(452) 鼓(453)	10	20	8
58	大(150)	10	11	4	235	瑟(454)	10	13	14
59	五(151)	11	12	17	236	吹(455)	11	11	19
60	常(152)	12	8	17	237	笙(456)~階(458)	20	46	15
61	恭(153)	10	13	0	238	納(459)~轉(462)	27	55	3
62	惟(154)	10	13	7	239	疑(463)	10	13	8
63	鞠(155)	14	13	17	240	星(464)	7	12	7
64	養(156)	13	12	2	241	右(465)	10	15	13
65	豈(157)	14	13	11	242	通(466)	10	12	16
66	敢(158)	23	10	14	243	廣(467)	9	14	4
67	毀(159)	24	11	4	244	內(468)	8	12	13
68	傷(160)	29	8	6	245	左(469)~明(472)	30	56	0
69	女(161)~貞(163)	30	37	12	246	旣(473)	10	16	15
70	潔(164)	12	12	3	247	集(474)	10	10	11
71	男(165)	14	11	4	248	墳(475)	10	15	3
72	效(166)	7	14	5	249	典(476)~群(479)	30	58	5
73	才(167)	13	13	6	250	英(480)	13	13	18
74	良(168)	17	10	18	251	杜(481)	10	5	16
75	知(169)	20	12	2	252	槀(482)	10	9	8
76	過(170)	17	11	5	253	鍾(483)	10	5	7
77	必(171)	12	13	0	254	隸(484)	10	3	19
78	改(172)	9	12	10	255	漆(485)	10	6	4
79	得(173)	7	13	2	256	書(486)	10	6	6
80	能(174)	7	11	9	257	壁(487)	10	5	13
81	莫(175)	8	15	5	258	經(488)	10	3	6
82	忘(176)	8	13	9	259	府(489)·羅(490)	20	14	18
83	罔(177)	8	13	12	260	將(491)	10	2	15
84	談(178)·彼(179)	20	21	11	261	相(492)	10	6	10
85	短(180)·靡(181)	20	19	9	262	路(493)	10	7	19
86	恃(182)	7	10	15	263	俠(494)	10	3	14
87	己(183)	8	12	17	264	槐(495)	8	2	10
88	長(184)	10	10	17	265	卿(496)	10	7	9
89	信(185)	10	16	15	266	戶(497)	7	4	5
90	使(186)	12	13	1	267	封(498)	11	4	9
91	可(187)	10	11	12	268	八(499)	12	3	5
92	覆(188)	10	12	16	269	縣(500)	7	3	17
93	器(189)	10	13	11	270	家(501)	7	5	12
94	欲(190)	12	13	12	271	給(502)	7	5	12
95	難(191)	10	12	19	272	千(503)	10	7	17
96	量(192)	10	11	12	273	兵(504)	10	5	15
97	墨(193)	10	10	17	274	高(505)	10	9	5
98	悲(194)	13	18	5	275	冠(506)	8	3	0
99	絲(195)	10	10	11	276	陪(507)	10	3	0
100	染(196)	10	13	6	277	輦(508)	7	3	0
101	詩(197)	11	18	4	278	驅(509)	7	4	9
102	讚(198)	25	14	15	279	轂(510)	8	8	3
103	羔(199)	26	12	13	280	振(511)~移(515)	30	178	12
104	羊(200)	22	10	4	281	富(516)	11[119]	13	15
105	景(201)	24	10	2	282	車(517)~肥(519)	30	20	11
106	行(202)	10	13	9	283	輕(520)	16	9	13
107	維(203)	10	13	10	284	策(521)~實(524)	40	34	9
108	賢(204)	10	13	6	285	勒(525)~銘(528)	40	65	5
109	剋(205)	9	11	10	286	磻(529)	10	6	7
110	念(206)	14	11	0	287	溪(530)	10	11	18
111	作(207)~正(216)	100	150	16	288	伊(531)	10	10	17
112	空(217)	12	17	14	289	尹(532)	10	7	4
113	谷(218)	14	16	5	290	佐(533)	10	7	19
114	傳(219)	10	10	18	291	時(534)	11	9	19
115	聲(220)	11	12	5	292	阿(535)	10	4	1

No	經名	권	牒	장	No	經名	권	牒	장
116	虛(221)	12	12	0	293	衡(536)	11	9	7
117	堂(222)~善(231)	100	131	6	294	奄(537)	10	5	10
118	慶(232)·尺(233)	20	23	9	295	宅(538)	11	7	0
119	壁(234)	10	10	10	296	曲(539)	8	7	15
120	非(235)	10	11	5	297	阜(540)	10	12	19
121	寶(236)	10	14	14	298	微(541)	10	7	18
122	寸(237)	10	11	17	299	旦(542)	10	8	8
123	陰(238)	10	13	17	300	孰(543)	9	5	17
124	是(239)	10	14	11	301	營(544)	11	5	17
125	競(240)	10	11	17	302	桓(545)	12	11	18
126	資(241)	13	13	13	303	公(546)	10	11	4
127	父(242)	13	15	13	304	匡(547)	8	8	12
128	事(243)	10	10	2	305	合(548)	11	9	14
129	君(244)	10	12	6	306	濟(549)·弱(550)	18[120]	19	19
130	曰(245)	10	16	10	307	扶(551)·傾(552)	20	24	1
131	嚴(246)	10	16	1	308	綺(553)	9	8	17
132	與(247)	10	11	3	309	廻(554)	20	5	7
133	敬(248)	10	12	15	310	漢(555)	10	13	6
134	孝(249)	10	15	15	311	惠(556)	7	10	9
135	當(250)	10	13	1	312	說(557)~丁(560)	30	66	4
136	竭(251)	10	12	9	313	俊(561)~密(563)	30	32	0
137	力(252)	13	10	13	314	勿(564)~寔(567)	36	53	12
138	忠(253)	10	12	19	315	寧(568)~楚(570)	30	25	17
139	則(254)	10	12	14	316	更(571)	3	11	13
140	盡(255)	11	10	12	317	覇(572)~何(585)	100	166	17
141	名(256)	17	8	3	318	遵(586)	10	6	16
142	臨(257)~深(258)	22	31	9	319	約(587)	10	6	12
143	履(259)~淸(264)	60	83	4	320	法(588)	12	10	5
144	似(265)~如(269)	51	59	6	321	韓(589)~煩(591)	25	20	18
145	松(270)~流(274)	50	76	12	322	刑(592)	10	6	15
146	不(275)·息(276)	16	23	7	323	起(593)	10	6	15
147	淵(277)	12	15	15	324	翦(594)	9	6	5
148	澄(278)	10	12	1	325	頗(595)	9	5	8
149	取(279)	10	12	2	326	牧(596)	9	4	2
150	暎(280)	10	12	12	327	用(597)	10	5	1
151	容(281)	30	9	10	328	軍(598)	9	7	0
152	止(282)	32	11	1	329	最(599)	7	3	17
153	若(283)	33	11	6	330	精(600)	12	8	11
154	思(284)	18	10	4	331	宣(601)~沙(603)	30	20	18
155	言(285)	13	12	4	332	漠(604)	7	3	1
156	詞(286)	17	11	8	333	馳(605)	11	4	16
157	安(287)	7	11	0	334	譽(606)	10	6	1
158	定(288)~終(294)	70	87	15	335	丹(607)~靑(608)	20	11	2
159	宜(295)~基(300)	60	61	7	336	九(609)	8	3	19
160	籍(301)	10	10	8	337	州(610)~禹(611)	18	11	3
161	甚(302)	24	11	18	338	跡(612)~百(613)	18	10	18
162	無(303)	30	9	2	339	郡(614)	12	6	9
163	竟(304)	31	7	13	340	秦(615)	11	6	1
164	學(305)~仕(308)	40	71	15	341	幷(616)~嶽(617)	20	10	18
165	攝(309)~以(314)	61	103	16	342	宗(618)~禪(621)	40	23	2
166	甘(315)~益(319)	50	63	5	343	主(622)~云(623)	25	15	11
167	詠(320)·樂(321)	20	25	17	344	亭(624)	9	3	17
168	殊(322)~禮(325)	40	46	19	345	鴈(625)	10	7	11
169	別(326)	10	9	4	346	門(626)	12	5	13
170	尊(327)~上(329)	30	43	13	347	紫(627)~塞(628)	20	12	9
171	和(330)~婦(335)	60	95	14	348	鷄(629)	10	10	2
172	隨(336)	7	12	12	349	田(630)~洞(639)	100	206	14
173	外(337)	10	12	2		합계	6,555권	7,552牒	3,339장
174	受(338)	10	10	5				×20	
175	傅(339)	7	13	15				151,040장	+151,040장

176	訓(340)	8	15	0					합154,379장
177	入(341)	12	12	18					

② 『보유목록』 경전의 장수(『보유목록』 2장 포함) : 6,343장[121](236권, 2740판)
③ 중복경전 『대교왕경』의 장수 : 238장(10권, 121판)
④ 총합계 : 『대장목록』 경전 154,379장, 『보유목록』 경전 6,343장, 중복 『대교왕경』 238장, 중복판 182장 = 161,142장
⑤ 팔만대장경 경전의 張數[紙數] : 총161,142장

---

101) "1999~2008년 '해인사고려대장경 디지털영상화 및 기초자료 데이터베이스화사업'에서 해인사대장경판의 전체 수량은 중복분류경판 108판을 포함하여 81,350판으로 확대·조사되었다."{해인사 팔만대장경연구원, 「해인사 고려대장경 디지털영상화 및 기초자료 데이터베이스화사업」{『중복판보고서』(최영호, 2013. p.45)에서 재인용}.

102) 최영호, 「국보 제32호 합천 海印寺大藏經板 중복판 조사용역사업 보고서」(합천: 해인사, 2015).

103) 최영호, "해인사 대장경판에 포함된 중복경판 및 보각경판의 역사문화적 성격", 『합천 해인사 대장경판 성격과 가치』, 문화재청·불교문화재연구소, 2015.

104) ① 입장판(入藏板)은 현재 해인사 法寶殿[上殿]과 修多羅藏殿[下殿]에 천자문 函號의 순서에 따라 봉안된 경판(이른바 '원판분류경판')이다. 즉 『대장목록』에 입장된 경전(K0001~K1498) 1496종[1] 6555권[1] 639질에 해당되는 경판 78377판과 『보유목록』에 수록된 경전(K1499~K1514)[1] 15종 236권 24질에 해당되는 경판 2740판(합 1511종 6791권 663질 81117판) 및 중복경전 『대교왕경』 10권 1질의 경전에 해당되는 경판 121판 등 총 1512종 6801권 664질의 경전에 해당되는 경판 81238판이다.
② 중복판(重複板)은 입장판 81238판 가운데 99판과 중복되는 경판(이른바 '중복분류경판')으로서 입장판과 달리 법보전 내의 한 쪽에 별치되어 봉안된 경판 112판이다.
③ 원각판(原刻板)은 『대장목록』에 입장된 경전과 『보유목록』에 수록된 경전의 경판으로서 대장도감과 분사도감 등에서 처음 판각된 원래의 경판이다. 중각판 118판에 해당되는 원각판은 96판이다(현재 3판이 결판임).
④ 중각판(補刻板)은 유실·훼손·마모된 96판의 원각판을 대체하기 위해 후에 다시 판각된 경판 118판이다.

105) 78377판에 해당되는 장수 154,379장에 대해서는 〈표 3-1 〉 "팔만대장경』 경전의 張數[紙數]" 참조바람.

106) 여기에 기재된 『재조장』에 수록된 경전의 종수와 권수는 필자가 산정하여 계산한 것이다.

107) ① "歲乙丑 余在此 參印經事矣 閱板校訂 宗鏡錄等一五部二百三十一卷 錄中不參 而亦板章頭 不書某字 印者印難 校者校力 故印事畢後 與退庵公鎌佑議 命劁劂氏 舊錄漏者 已補 某部板頭 惟書某冊幾張 而不書某字 可欠也 然前人之事 目於此者 不誅於我爾 / 五月下浣 海冥壯雄 誌 / 比丘 希一 書" 『補遺目錄』
② "印成大藏經跋 末尾에도 「同治四年 乙丑年 秋九月 下浣 海冥壯雄迹」이라고 보이며 壯雄이 高宗 2년 을축년에 대장경 두 벌을 發願印成하여 五臺와 雪嶽에 각각 안치한 사실을 기록하였다"(徐首生, 「大藏經의 二重板과 補遺板 研究」, 『東洋文化研究』 4집, 경북대 동양문화연구소, 1977. p.8).
③ 오대산에 안장된 것이 현재 오대산 월정사에 전하는 월정사본이다(金芳蔚, 「月精寺所藏 高麗在彫大藏經 印經本에 대하여」, 『서지학보』31, 2007, p.165).

108) ① 현재 해인사에 입장되어 있는 『보유목록』 경전(K1499~K1514)의 경판은 2740판인데, 원래의 경판(목록 포함) 수량도 2740판이다(현재 입장판의 수량과 동일함).
② 『보유목록』 경전의 경판(목록 포함) 가운데 『종경록』(K1499)~『보유목록』(K1514)의 경판 조사번호는 '78378~81117'이다.

109) 중복판은 14판인데 해당 입장판이 16판으로 중복판보다 해당 입장판이 2판이 많게 된 것은 중복판은 양면 1판인데 해당 입장판은 단면 1판인 경우가 있기 때문이다.

110) "『보유목록』의 경전 15종 236권 24질"은 2張으로 된 『보유목록』을 포함하지 않은 수량이다.

111) ① 현재 해인사에 입장되어 있는 『대장목록』과 『보유목록』 경전의 경판은 81117판인데, 원래의 『대장목록』 경전의 경판 수량은 78374판이고, 『보유목록』 경전의 경판 수량은 2740판이다. 따라서 원래의 『대장목록』 경전과 『보유목록』 경전의 경판(목록 포함)의 수량은 총 81114판이다.
② 『보유목록』의 경판 조사번호는 '81117'이다(참고로 『중복판보고서』(최영호, 2013)에는 『보유목록』의 원판번호가 '81117'로 기재되어 있고, 『보유목록』의 고유번호는 '81118'로 기재되어 있음).
③ 『대장목록』 경전(K0001~K1498) 경전과 『보유목록』 경전(K1499~K1514) 경전 경판에 해당되는 입장판은 81117판인데 이중 원각판은 81061판이고 중각판은 56판이다.

112) ① 현재 해인사에 입장되어 있는 『대장목록』과 『보유목록』의 경전 및 중복경전 『대교왕경』의 경판은 81238판인데, 『대장목록』 경전(K0001~K1498)의 원래의 경판 수량은 78374판이고, 『보유목록』 경전(K1499~K1514)의 원래의 경판 수량은 2740판이며, 중복경전 『대교왕경』의 원래의 경판 수량은 121판이다. 따라서 원래의 『대장목록』 경전과 『보유목록』 경전의 경판(목록 포함) 및 중복경전 『대교왕경』의 경판 수량은 총 81235판이다.
② 중복경전인 『대교왕경』의 경판 조사번호는 '81118~81238'이다.

③『대장목록』경전(K0001~K1498) 경전과 『보유목록』경전(K1499~K1514) 경전 및 중복경전『대교왕경』의 경판에 해당되는 입장판은 81238판인데 이중 원각판은 81182판이고 중각판은 56판이다.

113) ① "2012~2013년의 조사사업에서는 중복분류경판의 분석대상이 애초 108판이었다. 그런데 조사사업의 수행과정에서는 108판 가운데 1판 양면의 중복분류경판이 소위 사간판의『대방광불화엄경수소연의초』로 확인되면서 분석대상에서 제외되어 107판으로 줄어들었다. 그러다가 새로운 중복분류경판 3종 3판 5면이 추가되면서 분석대상은 110판 178면으로 확대되었다.『출요경』권25, 제17장(단면)을 비롯하여『석화엄교분기원통초』권10, 제9·10장과 소위『대장경보유목록』(이하『보유목록』) 1판 양면 등 3판 5면을 추가하여 조사대상의 개별 중복분류경판을 110판으로 삼고, 그 목록을 확정하였다."(최영호, "해인사 대장경판에 포함된 중복경판 및 보각경판의 역사문화적 성격",『합천 해인사 대장경판 성격과 가치』, 문화재청·불교문화재연구소, 2015. p.46, 4단). ② "2015년에는 '해인사 사간판 내 대장경판 중복여부 조사용역사업'이 수행되었다. 조사결과에서는 다행히 사간판의 전체 경판 6,025판 가운데 해인사대장경판으로 추가편입될 수 있는 개별경판이 발견되지 않았다. 그러면서 이 조사과정에서는 개별경판의 중복경판 2판(『예념미타도량참법』권1, 제17·18장 및 권2, 제4·5장)과 특정 경전종류의 중복경판 121판(『대승유가금강성해만수실리천비천발대교왕경』권10, 雞함)이 다시 확인되었다."(최영호, "해인사 대장경판에 포함된 중복경판 및 보각경판의 역사문화적 성격",『합천 해인사 대장경판 성격과 가치』, 문화재청·불교문화재연구소, 2015. p.46, 1단).
③ 86{『예념미타도량참법』권1, 제17·18장 : 중복111(추가: 80349—1)}·87{『예념미타도량참법』권2, 제4·5장 : 중복112(추가: 80352—1)}의 경우는 2015년의 조사용역사업에서 추가. … 국보 제32호 해인사대장경판 가운데 현재까지 확인된 개별 중복경판은 원판분류경판이 99판이며, 중복분류경판이 112판으로 94종(순차 88·90의『화엄경탐현기』원판을 기준으로 삼아 2종으로 분리하면 96종. 반복 소개를 피하기 위해 각각 1종으로 묶어 분류) 총211판이 된다. 이 가운데 원판이 93판(13세기 중엽 원판 90판, 연산군 9년 원판 2판, 조선 고종 2년 원판 1판)이며, 후대 보각경판이 118판이다.… 다만, 원판의 수량 가운데는 현재까지 확인되지 않고 있는 13세기 중엽 조성 원판의 3판은 93판에서 미산정."(최영호, "해인사 대장경판에 포함된 중복경판 및 보각경판의 역사·문화적 성격",『합천 해인사 대장경판 성격과 가치』, 문화재청·불교문화재연구소, 2015. p.63.

114) '중복판'은 현재 해인사의 장경판전 내에 별치되어 있는 경판 즉 '중복분류경판' 112판으로 원각판과 중각판으로 구성된 것인데 이중 원각판은 50판이고 중각판은 62판이다.

115) 중복판 112판 장수[紙數] 182장은 원각판의 결판 3판의 6장이 제외된 수량이다. 원각판의 결판 3판의 6장이 포함되면 188장이 된다. 여기에 대해서는 〈표 1-2〉 "중복 경판(중복판·입장판) 211판(334장)의 분석" 참조 바람.

116) 81350판의장수 161,142장은 원각판의 결판 3판의 6장이 제외된 수량이다. 원각판의 결판 3판의 6장이 포함되면 161,148장이 된다.

117) ① "2013년 '합천 해인사 내전수함음소 권490 목판'이라는 명칭으로 보물 제1806호로 지정된『내전수함음소』2판은 현재 국보 제32호 해인사대장경판 등과 함께 해인사 장경판전에 보존되어 있다. … 본 경판의 인경본은 광무 3년(1899) 인출불사로 인경된 해인사 소장 현존 인경본과 함께 우왕 7년에 인출되어 교토(京都) 오오타니(大谷)대학에 소장된 인출본에도 해인사대장경판의 桓함에 편입·제책되어 있으므로,『내전수함음소』2판은 14세기 후기 이래 19세기 말기까지도 이미 해인사대장경판의 桓함으로 분류·편입되어 있었다고 할 수 있다"(최영호, "해인사 대장경판에 포함된 중복경판 및 보각경판의 역사문화적 성격",『합천 해인사 대장경판 성격과 가치』, 문화재청·불교문화재연구소, 2015. pp.54~55).
② "『內典隨函音疏』殘板 이것을 처음으로 알게 된 것은 光復 직후 동국대학교 총장인 趙明基박사의 지도 아래 해인사 소장 고려대장경의 原寸印經作業이 진행되고 있을 때, 실무를 책임지고 있는 朴尙演이 그 藏外板의 처리를 문의하기 위해 제출한 墨印자료에 의해 비롯된다. 그 뒤 여러 차례 大藏殿의 經板조사가 이루어졌으나, 이 音疏에 대한 보고는 아직 듣지 못하였다. 광복초에 입수한 墨印자료는『內典隨函音疏』490 釋行瑒製 桓函의 殘存板에서 찍은 것인데, … 卷尾題의 다음에 '乙巳歲高麗國大藏都監奉勅雕造'와 '內典隨函音疏 四百九十 第三張 桓'의 板題를 표시하고 있다."(천혜봉,『고려대장경과 교장의 연구』, 범우사, 2012. p.178).

118) 『대장목록』에는 志(395)~持(402)함의 80권의 장수(표의 제198항)가 101첩 11장, 합 2,031장인 것으로 기재되어 있다. 그런데 필자가 센 수량은 2,028장이다.

119) "富函 入十一卷 入紙十三牒十五張 御製蓮華心輪迴文偈頌 二十五卷 '合十一卷'"

120) "根本說一切有部毗奈耶藥事二十卷 '欠二卷'"

121) 『보유목록』경전의 장수 '6,343장'은 서수생 선생의 조사 결과에 의거한 것이다(徐首生, "大藏經의 二重板과 補遺板 硏究"『東洋文化硏究』4집, 경북대 동양문화연구소, 1977. p.77).

〈표 4-1〉 중복 경판(원각판·중각판) 211판(334장)의 분석[122]

원각판 항차	原刻板 경명 / 경판고유번호 ▶검정색 셀에 파랑색으로 기재된 것은 入藏板[원판분류경판]임. ▶하얀 바탕의 셀에 빨강색으로 기재된 것은 重複板[중복분류경판]임.	卷次	張次	重刻板 경명 / 경판고유번호 ▶검정색 셀에 진한 검정색으로 기재된 것은 入藏板[원판분류경판]임. ▷보통의 검정색으로 기재된 것은 重複板[중복분류경판]임.	중각판 순차	원각판 장수(146장) 입장 張數	원각판 장수(146장) 중복 張數	중각판 장수(188장) 입장 張數	중각판 장수(188장) 중복 張數	판각 시기	入藏板 원판번호	중복판 중복번호[123]	중복경판 사례 순차
93—96 (124)	원각판 93판 / 입장판 43판 중복판 50판			중각판 118판 / 입장판 56판 중복판 62판		56	90	96	92				94 (125)
1	대반야바라밀다경 81243	2	1/2	대반야바라밀다경 15	1			2		1381년	10729		1
									2	都監板		1	
				대반야바라밀다경 81244	2				2	조선시대		2	
2	대반야바라밀다경 81245	2	21/22	대반야바라밀다경 27	3			2		조선시대	10741		2
									2	都監板		3	
3	대반야바라밀다경 60	5	1			1				都監板	10774		3
				대반야바라밀다경 81246	4				1	1381년		4	
4	대반야바라밀다경 93	7	4			1				都監板	10807		4
				대반야바라밀다경 81247	5				1	1381년		5	
5	대반야바라밀다경 121	9	1			1				都監板	10835		5
				대반야바라밀다경 81248	6				1	조선시대		6	
6	대반야바라밀다경 81249	9	2	대반야바라밀다경 123	7			1		조선후기	10837		6
									1	都監板		7	
7	대반야바라밀다경 146	10	12/13			2				都監板	10861		7
				대반야바라밀다경 81251	8				2	조선시대		9	
8	대반야바라밀다경 81253	15	9/10	대반야바라밀다경 221	9			2		조선시대	10936		8
									2	都監板		11	
				대반야바라밀다경 81252	10				2	조선시대		10	
9	대반야바라밀다경 81254	21	13	대반야바라밀다경 318	11				1	1915 (을묘판)	11033		9
									1	都監板		12	
				대반야바라밀다경 81255	12				1	1937 (정축판)		13	
10	대반야바라밀다경 81256	22	16/17	대반야바라밀다경 335	13			2		조선시대	11050		10
									2	都監板		14	
11	대반야바라밀다경 81257	23	21/22	대반야바라밀다경 354	14			2		조선후기	11069		11
									2	都監板		15	
12	대반야바라밀다경 364	24	15/16			2				都監板	11079		12

				대반야바라밀다경 81258	15		2	조선시대		16	
13	대반야바라밀다경 423	28	11/12			2		都監板	11138		13
				대반야바라밀다경 81259	16		2	조선시대		17	
14	대반야바라밀다경 81260	31	26/27	대반야바라밀다경 477	17		2	1915	11192		14
						2		都監板		18	
				대반야바라밀다경 81261	18		2	1937		19	
15	대반야바라밀다경 81263	34	5	대반야바라밀다경 511	21		1	조선시대	11226		16
						1		都監板		21	
16-a	대반야바라밀다경 81264-a(9/10)	37	9	대반야바라밀다경 561	22		1	조선시대	11276		17
						1		都監板		22-a	
16-b	대반야바라밀다경 81264-b(9/10)	37	10	대반야바라밀다경 562	23		1	조선시대	11277		
						1		都監板		22-b	
17	대반야바라밀다경 81265	38	8	대반야바라밀다경 578	24		1	조선시대	11293		18
						1		都監板		23	
18	대반야바라밀다경 81266	39	7/8	대반야바라밀다경 595	25		2	조선시대	11310		19
						2		都監板		24	
19	대반야바라밀다경 81268	42	7/8	대반야바라밀다경 644	26		2	조선시대	11359		20
						2		都監板		26	
20	대반야바라밀다경 750	49	6			1		都監板	11465		21
				대반야바라밀다경 81269-a	27-a		1	1937		27-a	
21	대반야바라밀다경 811	53	1			1		都監板	11526		22
				대반야바라밀다경 81270	28		1	조선후기		28	
22	대반야바라밀다경 858	56	3/4			2		都監板	11573		23
				대반야바라밀다경 81272	29		2	1915		30	
				대반야바라밀다경 81271	30		2	1937		29	
23	대반야바라밀다경 81273	56	15/16	대반야바라밀다경 865	31		2	1915	11580		24
						2		都監板		31	
				대반야바라밀다경 81274	32		2	1937		32	
24	대반야바라밀다경 81275	56	23/24	대반야바라밀다경 870	33		2	조선시대	11585		25
						2		都監板		33	
25	대반야바라밀다경 81276	67	3	대반야바라밀다경 1021	34		1	조선시대	11736		26
						1		都監板		34	
26	대반야바라밀다경 81277	67	9/10	대반야바라밀다경 1025	35		2	1915	11740		27
						2		都監板		35	
				대반야바라밀다경 81278	36		2	1937		36	

27	대반야바라밀다경 1035	68	2			1		都監板	11750		28
				대반야바라밀다경 81280	37		1	1915		38	
				대반야바라밀다경 81279-a	38-a		1	1937		37-a	
28	대반야바라밀다경 81281	69	24	대반야바라밀다경 1064	39		1	조선시대	11779		29
							1	都監板		39	
29	대반야바라밀다경 1110	73	2			1		都監板	11825		30
				대반야바라밀다경 81269-b	27-b		1	1937		27-b	
				대반야바라밀다경 81283	40		1	1915		41	
30	대반야바라밀다경 81284	76	20/21	대반야바라밀다경 1163	41		2	1381년	11879		31
							2	都監板		42	
31	대반야바라밀다경 81285	78	23/24	대반야바라밀다경 1191	42		2	1381년	11907		32
							2	都監板		43	
32	대반야바라밀다경 81286	96	14	대반야바라밀다경 1439	43		1	조선시대	12155		33
							1	都監板		44	
33	대반야바라밀다경 1489	100	3			1		都監板	12205		34
				대반야바라밀다경 81287	44		1	조선시대		45	
34	대반야바라밀다경 81288	106	3/4	대반야바라밀다경 1568	45		2	무진년	12284		35
							2	都監板		46	
35	대반야바라밀다경 81289	106	5/6	대반야바라밀다경 1569	46		2	조선시대	12285		36
							2	都監板		47	
36	대반야바라밀다경 81291	109	16/17	대반야바라밀다경 1613	47		2	1381년	12329		37
							2	都監板		49	
				대반야바라밀다경 81290	48		2	조선시대		48	
37	대반야바라밀다경 81292	122	12/13	대반야바라밀다경 1778	49		2	조선시대	12494		38
							2	都監板		50	
38	대반야바라밀다경 81282	126	19/20	대반야바라밀다경 1836	50		2	1915	12552		39
							2	都監板		40	
				대반야바라밀다경 81310	51		2	1937		68	
39	대반야바라밀다경 81293	130	9/10	대반야바라밀다경 1881	52		2	조선시대	12597		40
							2	都監板		51	
40	대반야바라밀다경 81295	141	6	대반야바라밀다경 2014	53		1	1915	12730		41
							1	都監板		53	
				대반야바라밀다경 81294	54		1	1937		52	
41-a	대반야바라밀다경 81296-a(19/23)	144	19	대반야바라밀다경 2061	55		1	조선후기	12777		42
							1	都監板		54-a	
41-b	대반야바라밀다경 81296-b(19/23)	144	23	대반야바라밀다경 2064	56		1	1915	12780		

						1		都監板		54-b	
				대반야바라밀다경 81297	57		1	1937		55	
42-a	대반야바라밀다경 81299-a(20/21)	153	20	대반야바라밀다경 2180	58	1		1915	12896		43
						1		都監板		57-a	
				대반야바라밀다경 81298	59		1	1937		56	
42-b	대반야바라밀다경 81299-b(20/21)	153	21	대반야바라밀다경 2181	60	1		조선후기	12897		
						1		都監板		57-b	
43	대반야바라밀다경 81300	159	3/4	대반야바라밀다경 2249	61	2		1381년	12965		44
						2		都監板		58	
44	대반야바라밀다경 81267	162	1/2	대반야바라밀다경 2286	62	2		조선후기	13002		45
						2		都監板		25	
45	대반야바라밀다경 81302	170	23/24	대반야바라밀다경 2402	63	2		1381년	13118		46
						2		都監板		60	
				대반야바라밀다경 81301	64		2	조선시대		59	
46	대반야바라밀다경 81250	176	21	대반야바라밀다경 2480	65	1		1381년	13196		47
						1		都監板		8	
47	대반야바라밀다경 81314	178	19/20	대반야바라밀다경 2506	66	2		1381년	13222		48
						2		都監板		72	
48	대반야바라밀다경 81303	180	11/12	대반야바라밀다경 2532	67	2		1381년	13248		49
						2		都監板		61	
49	대반야바라밀다경 81304	187	12	대반야바라밀다경 2620	68	1		조선시대	13336		50
						1		都監板		62	
50	대반야바라밀다경 81305	188	15/16	대반야바라밀다경 2634	69	2		조선시대	13350		51
						2		都監板		63	
51	대반야바라밀다경 81306	209	10/11	대반야바라밀다경 2897	70	2		조선시대	13613		52
						2		都監板		64	
52	대반야바라밀다경 81307	209	20/21	대반야바라밀다경 2902	71	2		조선시대	13618		53
						2		都監板		65	
53	대반야바라밀다경 81308	216	1/2	대반야바라밀다경 2982	72	2		조선시대	13698		54
						2		都監板		66	
54	대반야바라밀다경 81309	224	7/8	대반야바라밀다경 3085	73	2		조선시대	13801		55
						2		都監板		67	
55	대반야바라밀다경 81311	228	8/9	대반야바라밀다경 3137	74	2		무진년	13853		56
						2		都監板		69	
56	대반야바라밀다경 81313	254	3/4	대반야바라밀다경 3464	75	2		조선시대	14180		57
						2		都監板		71	

57	대승비분다리경 81316	1	28/29	대승비분다리경 17307	76		2	1381년	17798		58
						2		都監板		74	
58	합부금광명경 17723	5	9/10			2		都監板	18214		59
				합부금광명경 81317	77		2	조선후기		75	
59	불설미륵하생경 81319	單	7/8	불설미륵하생경 20170	78		2	조선시대	20659		60
						2		都監板		77	
60	대반야바라밀다경 81315	506	7/8	대반야바라밀다경 6741	79		2	조선시대	22929		61
						2		都監板		73	
61	대반야바라밀다경 81312	534	19/20	대반야바라밀다경 7142	80		2	1381년	23330		62
						2		都監板		70	
62	대승광백론석론 31213	4	15			1		都監板	31212		63
				대승광백론석론 81321	81		1	1915		79	
				대승광백론석론 81320-a	82-a		1	1937		78-a	
				대승광백론석론 81322	83		1	1381년		80	
63	대장엄론경 31759	2	19/20			2		都監板	31758		64
				대장엄론경 81323	84		2	1937		81	
64	출요경 55682	16	7			1		都監板	44029		69
				출요경 81328	89		1	1381년		86	
65	출요경 55797	25	17			1		都監板	44144		70
				출요경 81329	90		1	1937		87	
				출요경 55798 추가: 44145	91		1	1915		87-1 추가경판	
66	신화엄경론 68118	33	22			1		都監板	51051		75
				신화엄경론 81335	92		1	조선후기		93	
67	마하승기율 40228	33	24			1		都監板	55920		65
				마하승기율 81324	93		1	조선후기		82	
68	십송율 40427	5	34			1		都監板	56119		66
				십송율 81325	94		1	조선후기		83	
69	집고금불도론형 61001	丁	44			1		都監板	65517		71
				집고금불도론형 81279-b	38-b		1	1937		37-b	
				집고금불도론형 81330	95		1	1381년		88	
				집고금불도론형 81331	96		1	1915		89	
70	속고승전 62037	24	37			1		都監板	66553		72
				속고승전 81332	97		1	조선후기		90	
71	속고승전 62096	27	17			1		都監板	66612		73
				속고승전 81333	98		1	1381년		91	

순번	경명/번호	권	장차	경명/번호	번호	면	면	조성연대	경판번호	번호	순번
72	보리행경 63697	2	11/12			2		都監板	68213		74
				보리행경 81334	99		2	1381년		92	
73	법원주림 73705	53	30			1		都監板	73704		76
				법원주림 81336	100		1	1381년		94	
74	법원주림 73936	66	17/18			2		都監板	73935		77
				법원주림 81337	101		2	1381년		95	
75	보리심이상론 75047	單	6			1		都監板	75046		78
				보리심이상론 81320-b	82-b		1	1937		78-b	
				보리심리상론 81338	102		1	1915		96	
76	불설비밀삼매대교왕경 75300	2	8			1		都監板	75299		79
				불설비밀삼매대교왕경 81339	103		1	조선후기		97	
77	불설비밀삼매대교왕경 75304	2	15			1		都監板	75303		80
				불설비밀삼매대교왕경 81340	104		1	조선후기		98	
78	종경록 78923	62	1			1		都監板	78922		81
				종경록 81341	105		1	1381년		99	
79	남명천화상…사실 79215	1	8			1		고종 35년(1248)	79214		82
				남명천화상…사실 81342	106		1	1381년		100	
80	남명천화상…사실 79240	3	24			1		고종 35년(1248)	79239		83
				남명천화상…사실 81343	107		1	1381년		101	
81	석화엄지귀장원통초 80124	下	7/8			2		고종 38년(1251)	80123		84
				석화엄지귀장원통초 81344	108		2	1381년		102	
82	석화엄교분기원통초 80326 추가: 원판80325	10	9/10	석화엄교분기원통초 81240	109		2	을유년	80325-1		85
							2	고종 38년(1251)		109	
83	예념미타도량참법 80350 (연산군9년, 1503)	1	17/18			2		연산군 9년	80349		86
				예념미타도량참법 81241 추가: 80349-1	110		2	조선후기		111	
84	예념미타도량참법 80353 (연산군9년, 1503)	2	4/5			2		연산군 9년	80352		87
				예념미타도량참법 81242 추가: 80352-1	111		2	조선후기		112	
85	화엄경탐현기 80591(兩面 2張中 1장)	1	36			1		都監板	80590		88-a
				화엄경탐현기 81345-a (兩面 2張中 1장)	112-a		1	1381년		103-a	
86	화엄경탐현기 80882	12	3			1		都監板	80881		89
				화엄경탐현기 81346	113		1	1381년		104	

순차	原刻板			重刻板	중각판	입장판 張數	중복판 張數	입장판 張數	중복판 張數		入藏板 重複板	중복 번호	
87	화엄경탐현기 80976(兩面 2張中 1장)	15	35				1			都監板	80975		90-a
				화엄경탐현기 81347-a (兩面 2張中 1장)	114-a				1	1381년		105-a	
88	화엄경탐현기 80992	16	10				1			都監板	80991		91
				화엄경탐현기 81348	115				1	1381년		106	
89	화엄경탐현기 81003(兩面 2張中 1장)	16	32				1			都監板	81002		90-b
				화엄경탐현기 81347-b (兩面 2張中 1장)	114-b				1	1381년		105-b	
90	화엄경탐현기 81349	17	29/30	화엄경탐현기 81027	116		2			1381년	81026		92
									2	都監板		107	
91	화엄경탐현기 81042	17	59/60				2			都監板	81041		93
				화엄경탐현기 81350	117				2	1381년		108	
92	화엄경탐현기 81056(兩面 2張中 1장)	18	25				1			都監板	81055		88-b
				화엄경탐현기 81345-b (兩面 2張中 1장)	112-b				1	1381년		103-b	
93	보유목록 81118 조선 고종 2년(1865)	單	1/2				2			조선 고종 2년(1865)	81117		94
				보유목록 사간(5824)	118				2	1937		110 추가	
94	缺板 [126]	33	12/13	대반야바라밀다경 501	19		2			1915	11216		15
				대반야바라밀다경 81262	20				2	1937		20	
95	缺板 [127]	88	5/6	아비달마대비바사론 49647	85		2			1915	37994		67
				아비달마대비바사론 81326	86				2	1937		84	
96	缺板 [128]	7	17/18	아비달마순정리론 51707	87		2			1915	40054		68
				아비달마순정리론 81327	88				2	1937		85	
	原刻板			重刻板	중각판	입장판 張數	중복판 張數	입장판 張數	중복판 張數		入藏板 重複板	중복 번호	
93판	原刻板 합93 =43+50			93+118=211	118	56	90	96	92	①	합211	112 [129]	
	重刻板 합118 =56+62			原刻板+重刻板 (原刻板=大藏·補遺)						②			
	入藏板 합99 =43+56			99+112=211						③			
	重複板 합112 =50+62			入藏板+重複板(不入藏된 經板)						④			

122) ① 본 표에 기재된 원각판은 원각판의 '조사번호' 순으로 나열되었고(단 원각판이 결판인 3판은 맨 끝에 나열되었음), 원각판의 오른쪽에는 해당 원각판의 중각판을 기재해 놓았다.
② '원각판 순차번호', '조사단위 순차번호', '원각판 고유번호', '원각판·중각판 중복번호' 다음에 병기된 '-a' / '-b'는 원각판은 양면 1판인데 해당 중각판이 단면 2판으로 판각되었거나 원각판은 단면 2판인데 해당 중각판이 양면 1판으로

판각된 경우 양면 1판으로 판각된 경판의 '앞면' 또는 '뒷면'을 의미한다.

③ 중복 경판 211판 334장에 대한 분석을 종합해 보면 다음과 같다.

첫째, '原刻板'과 '重刻板'의 관점에서 보면, 중복 경판 211판 334장 중에서 '원각판'은 93판 146장(결판된 원각판 3판 6장을 포함하면 '원각판'은 96판 152장임)이고, '중각판'은 118판 188장이다(단, 118판 188장의 '중각판'은 93판 146장의 '원각판'에 대한 중각판이 아니라, 결판된 3판 6장의 원각판이 포함된 '원각판' 96판 152장에 대한 중각판임). 이중 '원각판' 93판 146장 가운데 '입장판'은 43판 56장이고, '중복판'은 50판 90장이다. 그리고 '중각판' 118판 188장 가운데 '입장판'은 56판 96장이고, '중복판'은 62판 92장이다.

둘째, '入藏板'과 '重複板'의 관점에서 보면, 중복 경판 211판 334장 중에서 '입장판'은 99판 152장('입장판' 99판 152장은 93판 146장의 '원각판' 수량에 원래 원각판은 양면 3판 6장이지만 단면 6판 6장으로 판각된 重刻板으로서 입장된 경판 3판 및 결판된 원각판에 대한 입장판 3판 6장이 포함된 것임)이고, '중복판'은 112판 182장이다. 이중 '입장판' 99판 152장 가운데 '원각판'은 43판 56장이고, '중각판'은 56판 96장이다. 그리고 '중복판' 112판 182장 가운데 '원각판'은 50판 90장이고, '중각판'은 62판 92장이다.

123) 분홍색 셀에 빨강색으로 기재된 것은 '원각판'인데 '중복'으로 정리된 것이다.

124) ① 현존 原刻板 93판에서 缺板 3개('중복된 경판의 原刻板'의 제94. 95, 96항)를 더하면 96판인데, 이 96판은 重刻板 118판의 原刻板에 해당된다. 한편, 현존 原刻板 93판은 중복판 221판(원각판 93판 +중각판 118판) 가운데 원각판 93판에 해당된다.

② 입장판은 99판이다. 입장판 99판 가운데 '原刻板은 양면 1판'('중복된 경판의 原刻板'의 제16-a/b항, 제41-a/b항, 제42-a/b항)이지만 단면 2판으로 분리된 入藏 · 重刻板 3판('중복된 경판의 入藏板'의 제16 · 17항, 제42 · 43항, 제44 · 45항)의 6판 중에서 3판을 을 제외한 것이 원각판 96판의 수량이다. 그리고 원각판 96판의 수량에 '결판 3판'(제97. 98, 99항)을 제외한 것이 현존 원각판 93판의 수량이다.

125) '중복된 사례 94'는 『중복판발표문』(최영호, 2015. pp.58~63)에서 중복판 118판과 이 중복판 118판의 原刻板에 해당되는 현존 原刻板 93판 그리고 중복판 118판의 入藏板[원판]에 해당되는 99판의 경판을 종합하여 비교 조사할 때에 작성된 중복된 사례의 조사 단위 94種이다. 본 표에 기재된 '중복된 사례'의 번호는 『중복판발표문』(최영호, 2015. pp.58~63)에 기재된 〈부록 1 : 현존 해인사대장경판의 개별 중복경판 목록〉에 매겨진 '순차'의 번호와 동일하다.

126) 〈표 4-2〉 "현재 결판된 대반야바라밀다경 권33, 제12장 / 제13장의 인경본" 참조.

127) 〈표 4-3〉 "현재 결판된 아비달마대비바사론 권88, 제5장 / 제6장의 인경본" 참조.

128) 〈표 4-4〉 현"재 결판된 아비달마순정리론 권7, 제17장의 인경본" 참조.

129) '중복번호'인 '중복1~112'에서 '중복76'은 없다{외장(外藏 : 소위 사간판)인 『대방광불화엄경수소연의초』로 확인되면서 조사 대상에서 제외), 『중복판보고서』(최영호, 2013. p.517}. 그리고 '중복번호'인 '중복1~112'에서 '중복87-1'{출요경(추가: 원판44145)}이 추가된 것이다. 따라서 중복 總數는 112가 된다.

〈표 4-2〉 현재 결판된 『대반야바라밀다경』 권33, 제12장 / 제13장의 인경본

大谷大學所藏本 대장도감판 『大般若波羅蜜多經』 권33, 제12장

月精寺所藏本 대장도감판 『大般若波羅蜜多經』 권33, 제12장 / 제13장

동국대 영인본 1915년판 『大般若波羅蜜多經』 권33, 제12장

〈표 4-3〉 현재 결판된 『아비달마대비바사론』 권88, 제5장 / 제6장의 인경본

大谷大學所藏本 대장도감판 『阿毘達磨大毘婆沙論』 권88, 제5장

月精寺所藏本 대장도감판 『阿毘達磨大毘婆沙論』 권88, 제5장 / 제6장

缺

동국대 영인본 1915년판 『阿毘達磨大毘婆沙論』 권88, 제5장 / 제6장

大谷大學所藏本 대장도감판 『阿毘達磨順正理論』 권7, 제17장

月精寺所藏本 대장도감판 『阿毘達磨順正理論』 권7, 제17장 / 제18장

동국대 영인본 1915년판 『阿毘達磨順正理論』 권7, 제17장

〈표 5-1〉 중각판(118판 188장)의 중각 시기별 분석
(검정색 셀에 기재된 번호는 입장판의 '경판고유번호'임)

분석 항차	經名	卷次	張次	張數	原刻板의 경판고유번호(중복번호) 96/93	96	93	93판+118판=211판 (146장+188장=334장) 重刻板 의 중각 시기[130]						비고
								① 1381년(우왕7년)이후	② 무진년 을유년	③ 조선시대	④ 조선후기	⑤ 1915(을묘판)	⑥ 1937(정축판)	
					原刻板									
96					93판(146장)			30판(47장)	3판(6장)	34판(58장)	15판(20장)	18판(26장)	18판(31장)	118판(188장)
1	대반야바라밀다경	33	12/13	2	缺板	1						501	81262(중복20)	3重刻
2	아비달마대비바사론	88	5/6	2	缺板	2						49647	81326(중복84)	3重刻
3	아비달마순정리론	7	17/18	2	缺板	3						51707	81327(중복85)	3重刻
4	대반야바라밀다경	2	1/2	2	81243(중복1)	4	1	15		81244(중복2)				3重刻
5	대반야바라밀다경	2	21/22	2	81245(중복3)	5	2			27				
6	대반야바라밀다경	5	1	1	60	6	3	81246(중복4)						
7	대반야바라밀다경	7	4	1	93	7	4	81247(중복5)						
8	대반야바라밀다경	9		1	121	8	5			81248(중복6)				
9	대반야바라밀다경	9	2	1	81249(중복7)	9	6				123			
10	대반야바라밀다경	10	12/13	2	146	10	7			81251(중복9)				
11	대반야바라밀다경	15	9/10	2	81253(중복11)	11	8			221 81252(중복10)				3重刻
12	대반야바라밀다경	21	13	1	81254(중복12)	12	9					318	81255(중복13)	3重刻
13	대반야바라밀다경	22	16/17	2	81256(중복14)	13	10			335				
14	대반야바라밀다경	23	21/22	2	81257(중복15)	14	11				354			
15	대반야바라밀다경	24	15/16	2	364	15	12			81258(중복16)				
16	대반야바라밀다경	28	11/12	2	423	16	13			81259(17)				
17	대반야바라밀다경	31	26/27	2	81260(중복18)	17	14					477	81261(중복19)	3重刻
18	대반야바라밀다경	34	5	1	81263(중복21)	18	15			511				
19	대반야바라밀다경	37	9	1	81264-a(9/10)(중복22-a)					561(單面)				
19	대반야바라밀다경	37	10	1	81264-b(9/10)(중복22-b)	19	16			562(單面)				
20	대반야바라밀다경	38	8	1	81265(중복23)	20	17			578				
21	대반야바라밀다경	39	7/8	2	81266(중복24)	21	18			595				
22	대반야바라밀다경	42	7/8	2	81268(중복26)	22	19			644				
23	대반야바라밀다경	49	6	1	750	23	20						81269-a(중복27-a)	
24	대반야바라밀다경	53	1	1	811	24	21				81270(중복28)			
25	대반야바라밀다경	56	3/4	2	858	25	22					81272(중복30)	81271(중복29)	3重刻

26	대반야바라밀다경	56	15/16	2	81273(중복31)	26	23				865	81274(중복32)	3重刻
27	대반야바라밀다경	56	23/24	2	81275(중복33)	27	24			870			
28	대반야바라밀다경	67	3	1	81276(중복34)	28	25			1021			
29	대반야바라밀다경	67	9/10	2	81277(중복35)	29	26				1025	81278(중복36)	3重刻
30	대반야바라밀다경	68	2	1	1035	30	27				81280(중복38)	81279-a(중복37-a)	3重刻
31	대반야바라밀다경	69	24	1	81281(중복39)	31	28			1064			
32	대반야바라밀다경	73	2	1	1110	32	29				81283(중복41)	81269-b(중복27-b)	3重刻
33	대반야바라밀다경	76	20/21	2	81284(중복42)	33	30	1163					
34	대반야바라밀다경	78	23/24	2	81285(중복43)	34	31	1191					
35	대반야바라밀다경	96	14	1	81286(중복44)	35	32			1439			
36	대반야바라밀다경	100	3	1	1489	36	33			81287(중복45)			
37	대반야바라밀다경	106	3/4	2	81288(중복46)	37	34		무진년 1568				
38	대반야바라밀다경	106	5/6	2	81289(중복47)	38	35			1569			
39	대반야바라밀다경	109	16/17	2	81291(중복49)	39	36	1613		81290(중복48)			3重刻
40	대반야바라밀다경	122	12/13	2	81292(중복50)	40	37			1778			
41	대반야바라밀다경	126	19/20	2	81282(중복40)	41	38				1836	81310(중복68)	3重刻
42	대반야바라밀다경	130	9/10	2	81293(중복51)	42	39			1881			
43	대반야바라밀다경	141	6	1	81295(중복53)	43	40				2014	81294(중복52)	3重刻
44	대반야바라밀다경	144	19	1	81296-a(19/23)(중복54-a)	44	41				2061		
	대반야바라밀다경	144	23	1	81296-b(19/23)(중복54-b)						2064	81297(중복55)	3重刻
45	대반야바라밀다경	153	20	1	81299-a(20/21)(중복57-a)	45	42				2180	81298(중복56)	3重刻
	대반야바라밀다경	153	21	1	81299-b(20/21)(중복57-b)						2181		
46	대반야바라밀다경	159	3/4	2	81300(중복58)	46	43	2249					
47	대반야바라밀다경	162	1/2	2	81267(중복25)	47	44				2286		
48	대반야바라밀다경	170	23/24	2	81302(중복60)	48	45	2402		81301(중복59)			3重刻
49	대반야바라밀다경	176	21	1	81250(중복8)	49	46	2480					
50	대반야바라밀다경	178	19/20	2	81314(중복72)	50	47	2506					
51	대반야바라밀다경	180	11/12	2	81303(중복61)	51	48	2532					
52	대반야바라밀다경	187	12	1	81304(중복62)	52	49			2620			
53	대반야바라밀다경	188	15/16	2	81305(중복63)	53	50			2634			
54	대반야바라밀다경	209	10/11	2	81306(중복64)	54	51			2897			
55	대반야바라밀다경	209	20/21	2	81307(중복65)	55	52			2902			
56	대반야바라밀다경	216	1/2	2	81308(중복66)	56	53			2982			

순번	경명	권	장		경판번호									
57	대반야바라밀다경	224	7/8	2	81309 (중복67)	57	54			3085				
58	대반야바라밀다경	228	8/9	2	81311 (중복69)	58	55		무진년 3137					
59	대반야바라밀다경	254	3/4	2	81313 (중복71)	59	56			3464				
60	대반야바라밀다경	506	7/8	2	81315 (중복73)	60	57			6741				
61	대반야바라밀다경	534	19/20	2	81312 (중복70)	61	58	7142						
62	대승비분다리경	1	28/29	2	81316 (중복74)	62	59	17307						
63	합부금광명경	5	9/10	2	17723	63	60				81317 (중복75)			
64	불설미륵하생경	單	7/8	2	81319 (중복77)	64	61			20170				
65	대승광백론석론	4	15	1	31213	65	62	81322 (중복80)				81321 (중복79)	81320-a (중복78-a)	4重刻
66	대장엄론경	2	19/20	2	31759	66	63						81323 (중복81)	
67	출요경	16	7	1	55682	67	64	81328 (중복86)						
68	출요경	25	17	1	55797	68	65					55798 추가: 44145 (중복87-1)	81329 (중복87)	3重刻
69	신화엄경론	33	22	1	68118	69	66				81335 (중복93)			
70	마하승기율	33	24	1	40228	70	67				81324 (중복82)			
71	십송율	5	34	1	40427	71	68				81325 (중복83)			
72	집고금불도론형	丁	44	1	61001	72	69	81330 (중복88)				81331 (중복89)	81279-b (중복37-b)	4重刻
73	속고승전	24	37	1	62037	73	70				81332 (중복90)			
74	속고승전	27	17	1	62096	74	71	81333 (중복91)						
75	보리행경	2	11/12	2	63697	75	72	81334 (중복92)						
76	법원주림	53	30	1	73705	76	73	81336 (중복94)						
77	법원주림	66	17/18	2	73936	77	74	81337 (중복95)						
78	보리삼이상론	單	6	1	75047	78	75					81338 (중복96)	81320-b (중복78-b)	3重刻
79	불설비밀삼매대교왕경	2	8	1	75300	79	76				81339 (중복97)			
80	불설비밀삼매대교왕경	2	15	1	75304	80	77				81340 (중복98)			
81	종경록	62	1	1	78923	81	78	81341 (중복99)						
82	남명천화상···사실	1	8	1	79215	82	79	81342 (중복100)						
83	남명천화상···사실	3	24	1	79240	83	80	81343 (중복101)						
84	석화엄지귀장원통초	下	7/8	2	80124	84	81	81344 (중복102)						
85	석화엄교분기원통초	10	9/10	2	80326 (중복109) 추가: 원판80325	85	82		을유년 81240					
86	예념미타도량참법 (연산군9년 1503)	1	17/18	2	80350 (연산군9년)	86	83				81241 (중복111) 추가: 원판 80349-1			

87	예념미타도량참법 (연산군9년 1503)	2	4/5	2	80353 (연산군9년)	87	84			81242 (중복112) 추가: 원판 80352-1	
88	화엄경탐현기	1	36	1	80591 (兩面 2張中 1장)	88	85	81345-a [兩面의 1장] (중복103-a)			
89	화엄경탐현기	12	3	1	80882	89	86	81346 (중복104)			
90	화엄경탐현기	15	35	1	80976 (兩面 2張中 1장)	90	87	81347-a [兩面의 1장] (중복105-a)			
91	화엄경탐현기	16	10	1	80992	91	88	81348 (중복106)			
92	화엄경탐현기	16	32	1	81003 (兩面 2張中 1장)	92	89	81347-b [兩面의 1장] (중복105-b)			
93	화엄경탐현기	17	29/30	2	81349 (중복107)	93	90	81027			
94	화엄경탐현기	17	59/60	2	81042	94	91	81350 (중복108)			
95	화엄경탐현기	18	25	1	81056 (兩面 2張中 1장)	95	92	81345-b [兩面의 1장] 중복103-b			
96	보유목록	單	1/2	2	81118 조선 고종 2년 (1865)	96	93			보유목록 사간(5824) (추가) (중복110)	

---

130) 중각판의 판각시기와 특징은 다음과 같다(「국보 제32호 합천 海印寺大藏經板 중복판 조사용역사업 보고서」(최영호외, 법보종찰 해인사합천군 / 동아대학교 석당학술원, 2013. pp.493~515)의 내용에 의거한 것임).
　① '1381년(우왕7년) 이후'의 중각판은 일본 오오타니대학 소장 인경본이 인출된 우왕 7년(1381) 이후부터 刊經都監의 운영 당시나 그 전후에 중각된 것이다.
　② '무진년 을유년'의 중각판 가운데 '무진년'의 중각판은 우왕 7년 이후부터 간경도감의 운영 당시나 그 전후 사이에 중각된 것로 짐작할 수 있음. 이 경우에는 무진년의 중각판 가운데 각수 義澄이 보완한 경판들도 포함될 수 있다. 이런 점에서 무진년의 구체적인 시기는 우왕 14년(1388) 세종 30년(1448) 중종 3년(1508) 가운데 특정 시기일 수 있다. 그리고 '을유년'의 중각판은 을유년에 중각된 것인데(을유년의 중각판인『석화엄교분기원통초』권10 제10장의 우변 밖에는 "丁丑年出陸時此闍失与知識道元同 / 願開板入上乙酉十月日首座冲玄 : 정축년 육지로 나올 때 이 경판을 잃어 버렸다. 지식 도원과 함께 같이 발원하여 개판하고 받들어 올렸다. 을유년 10월 모일 수좌 충현"이라는 내용이 역으로 음각되어 있음), 기존 연구에서 태종 5년(1405)으로 파악하기도 하나, 그 정확한 시기를 확정할 수는 없다.
　③ '조선시대'의 중각판은 중각시기가 명확하게 진단할 수 없으나 이들 중각판은 경판 외형이 대부분 붉은 색을 띠고 있으며 본문에 界線이 있다. 판제의 경우도 대부분 계선이 있으며 본문 계선과 밀착되어 판각된 형태이다. 그리고 '조선시대'의 중각판은 특정의 시기에 함께 조성하지 않고 최소한 2차례 이상 시기를 달리하면서 보완한 듯하다.
　④ '조선후기'의 중각판은 경판의 외형 색이 황색 계통으로 붉은 색에 가까운 조선시대 중각판과 차이를 보인다.
　⑤ '1915년(을묘판)'의 중각판은 小田幹治郎이 1915년 데라우치 총독의 명령으로 해인사대장경판을 인경할 때 결락된 18판(필자주: 실제 결락된 것은 아님)을 보완한 중각판이다. 본 중각판의 개별 경판의 판면에는 우변 하단 밖에 "大正四年雕刻"이라는 내용이 음각되어 있다.
　⑥ '1937년(정축판)'의 중각판은 1937년 경성대학의 高橋亨이 해인사대장경판의 인출 때 중각된 것이다. 1937년의 중각판은 현재까지 총18판 31면이 확인된다. 1915년의 중각판 18판 26면과 더불어『대반야바라밀다경』권49의 제6장『대장엄론경』권2의 제19·20장『보유목록』단권 1판 양면 등과 같은 3판 5면이다.

	경명	卷次		특징	판각시기 미상인 중각판의 추정 판각시기			동국대본 1963년 앞뒷면면	규장각본 1915년 앞뒷면면	통도사본 1899년 앞뒷면면	월정사본 1865년 앞뒷면면
					최영호[131]	박광헌[132]	신은재[133]				
1	남명천화상…사실 81342	1	8	서체 미상	1381년이후 일본 오오타니대학 소장 인경본이 인출된 우왕 7년(1381) 이후부터 간경도감의 운영 당시나 그 전후에 보각됨 간경도감의 운영 당시나 그 전후에 조성·보각된 경판은 외형적 형태가 규격화되어 있지 않고 다양함 그 외형적 형태는 광곽의 형식에 따라 크게 3가지 유형으로 구분할 수 있음 3가지 유형은 사주단변과 상하단변 및 기타 복합적 형식임 이러한 외형적 형태는 간경도감의 운영 당시나 그 전후에 조성된 경판과 유사함	1251년 이후 조선 이전 無界本 구양순체 상하를 사선으로 처리하여 변란형성 옻칠	무진년(1448) 상하 광곽 길이가 원판보다 짧음 판면부 글자 사이에 흐릿한 계선이 있으면서 바닥면 마무리가 원판에 비해 거침 '조맹부체'로 쓰여진 경판이 4판이 존재함 14판 가운데 9판에는 광곽 외부 좌측 혹은 우측에 음각으로 각수명이 기재되어 있음	O	[134]	[135]	
2	남명천화상…사실 81343	3	24	서체 미상							
3	대반야바라밀다경 1163	76	20/21	서체 미상				O	O		O
4	대반야바라밀다경 1191	78	23/24	서체 미상				00	00		00
5	대반야바라밀다경 2249	159	3/4	복각				00	00		00
6	대반야바라밀다경 2402	170	23/24	복각				00	00	00	00
7	대반야바라밀다경 2480 (단면)	176	21	서체 미상				00	00		00
8	대반야바라밀다경 2506	178	19/20	서체 미상				00	00		00
9	대반야바라밀다경 7142	534	19/20	복각				00	00		00
10	석화엄지귀장원통초 81344	下	7/8	서체 미상				00	00		
11	종경록 81341	62	10	서체 미상				O			
12	화엄경탐현기 81345-a (兩面 2張中 1장)	1	36	서체 미상				O			O
13	화엄경탐현기 81346	12	3	서체 미상							O
14	화엄경탐현기 81347-a (兩面 2張中 1장)	15	35	서체 미상							O
15	화엄경탐현기 81347-b (兩面 2張中 1장)	16	32	서체 미상							O
16	화엄경탐현기 81348	16	10	서체 미상							O
17	화엄경탐현기 81350	17	59/60	서체 미상							
18	화엄경탐현기 81027	17	29/30	서체 미상				00	00		00
19	화엄경탐현기 81345-b (兩面 2張中 1장)	18	25	서체 미상				O			O
20	대반야바라밀다경 15	2	1/2	조맹부체		15세기 중반 無界本 조맹부체 상하단변 판각 옻칠	무진년(1448)			00	O
21	대반야바라밀다경 81246	5	1	조맹부체							
22	대반야바라밀다경 81247	7	4	조맹부체				O	O		O
23	대반야바라밀다경 1613	109	16/17	조맹부체							00
24	대반야바라밀다경 2532	180	11/12	11장 복각 12장 조맹부체				00	00		00
25	대승광백론석론 81322	4	15	조맹부체							O
26	대승비분다리경 17307	1	28/29	조맹부체				00	00	00	00
27	법원주림 81336	53	30	조맹부체				O		O	O
28	법원주림 81337	66	17/18	조맹부체					00		O [136]
29	보리행경 81334	2	11/12	조맹부체							00
30	속고승전 81333	27	17	조맹부체				O			
31	집고금불도론형 81330	丁	44	조맹부체				O		O	O

번호	경전명	권	장	구분	조선시대	19세기말~20세기 초	1899년				
32	출요경 81328	16	7	조맹부체				0	0	/	0
33	대반야바라밀다경 1568	106	3/4	무계	무진년137)무진년	무진년	무진년(1448)	00	00	/	00
34	대반야바라밀다경 3137	228	8/9	무계				00	00	/	00
35	석화엄교분기원통초 81240	10	9/10	복각 간기	을유년138)	을유년		/	/	/	00
36	대반야바라밀다경 578 (단면)	38	8	각수이름 유계	경판 외형이 대부분 붉은 색을 띠고 있음 본문의 行字사이에 界線이 있음 본문 마지막 행의 다음에 계선을 새기고 1행의 공간을 남겨두거나 일부의 경우 각수 이름을 새겨두기도 했음 광곽은 대부분이 사주단변이면서 극히 일부의 경우 상하단변이 보이기도 함 조선시대의 보각판은 특정의 시기에 함께 조성하지 않고 최소한 2차례 이상 시기를 달리하면서 보완한 듯함 조선시대의 보각판 가운데는 최정균(崔丁均;『대반야바라밀다경』 권38, 제8장의 원판분류경판)·김명진(金明鎭;『대반야바라밀다경』 권100, 제3장의 중복분류경판)·김주석(金珠錫;『대반야바라밀다경』 권187, 제12장의 원판분류경판) 등 3명의 각수가 확인되고 있다. 이 가운데 각수 김주석은 조선 고종 19년(1882) 11월 하순 해인사에서 각수 崔永 金東錫 등과 함께 해인사 소장의 『다비문(茶毘文)』을 판각한 金珠錫과 동일 인물인지 확인할 수 없다. 그러면서도 조선시대의 보각판이 그 외형적 색(붉은 색 계열)이나 형태에서 조선 고종 2년에 조성된 소위 『보유목록』과 유사한 점이 발견되므로, 본 보각판 가운데는 조선 고종 때 보완된 사례에 대해도 전혀 배제할 수 없을 것임	'有界本 구양순체 고려본 저본 붉은 빛' A 상하를 직선으로 처리하여 변란 형성 板尾題 有界 '有界本 구양순체 고려본 저본 붉은 빛' B 상하단변 판각 板尾題 無界	붉은 칠이 도포되어 있음 판수의 앞, 판미에 한 행을 띄워 놓았음	0	0	0	/
37	대반야바라밀다경 81287 (단면 1장)	100	3	각수이름 유계139)				0	0	/	
38	대반야바라밀다경 2620 (단면)	187	12	각수이름 유계				0	0	/	
39	대반야바라밀다경 81244	2	1/2	유계				00	00	/	
40	대반야바라밀다경 27	2	21/22	유계				00	00	/	
41	대반야바라밀다경 81248	9	1	유계140)				0	0	/	
42	대반야바라밀다경 81251	10	12/13	유계				00	00	/	
43	대반야바라밀다경 221	15	9/10	유계141)				00	00	00	
44	대반야바라밀다경 81252	15	9/10	유계						/	
45	대반야바라밀다경 335	22	16/17	유계				00	00	/	
46	대반야바라밀다경 81258	24	15/16	유계							00
47	대반야바라밀다경 81259	28	11/12	유계				00	00	/	
48	대반야바라밀다경 511 (단면)	34	5	유계				0	0	0	
49	대반야바라밀다경 562	37	10	유계				0	0	/	
50	대반야바라밀다경 561	37	9	유계				0	0	/	
51	대반야바라밀다경 595	39	7/8	유계				00	00	/	
52	대반야바라밀다경 644	42	7/8	유계				00	00	/	
53	대반야바라밀다경 870	56	23/24	유계				00	00	00	
54	대반야바라밀다경 1021 (단면)	67	3	유계				0	0	/	
55	대반야바라밀다경 1064 (단면)	69	24	유계				0	0	/	
56	대반야바라밀다경 1439 (단면)	96	14	유계				0	0	/	
57	대반야바라밀다경 1569	106	5/6	유계				00	00	/	
58	대반야바라밀다경 81290	109	16/17	유계				00	00	/	
59	대반야바라밀다경 1778	122	12/13	유계				00	00	00	
60	대반야바라밀다경 1881	130	9/10	유계				00	00	/	
61	대반야바라밀다경 81301	170	23/24	유계						/	
62	대반야바라밀다경 2634	188	15/16	유계				00	00	00	
63	대반야바라밀다경 2902	209	20/21	유계				00	00	/	
64	대반야바라밀다경 2897	209	10/11	유계				00	00	/	
65	대반야바라밀다경 2982	216	1/2	유계				00	00	/	
66	대반야바라밀다경 3085	224	7/8	유계				00	00	00	
67	대반야바라밀다경 3464	254	3/4	유계				00	00	/	
68	대반야바라밀다경 6741	506	7/8	유계				00	00	/	
69	불설미륵하생경 20170	單	7/8	유계				00	00	/	
70	신화엄경론 81335	33	22	유계				0		142)	

번호	경전명				조선후기	1865년	1865년			
71	대반야바라밀다경 123 (단면)	9	3	시주자 유계143)	조선후기 조선후기의 보각판은 경판의 외형 색이 황색계통으로 붉은 색에 가까운 조선시대 보각판과 차이를 보임 판제의 경우에는 계선을 표기하지 않았으며, 본문 마지막 행의 다음에는 보시자와 발원문이 새겨져 있어 조선시대 보각판과 차이를 보임	'有界本 구양순체 臨書本' 사주단변 판각 옻칠 없음 발원·시주자 기록 있음	계선이 있음	0	0	
72	대반야바라밀다경 354	23	21/22	시주자 유계			칠이 도포되지 않았음	00	00	
73	대반야바라밀다경 81270	53	1	시주자 유계			판미부에 후원자의 명단이 기재되어 있음	0	0	
74	대반야바라밀다경 2061 (단면)	144	19	시주자 유계				0	0	0
75	대반야바라밀다경 2181 (단면)	153	21	시주자 유계						
76	대반야바라밀다경 2286	162	1/2	시주자 유계				00	00	
77	마하승기율 81324	33	24	시주자 유계						
78	불설비밀삼매대교왕경 81339	2	8	시주자 유계				0	0	
79	불설비밀삼매대교왕경 81340	2	15	시주자 유계				0	0	
80	속고승전 81332	24	37	시주자 유계				0	0	
81	십송율 81325	5	34	시주자 유계				0	0	
82	합부금광명경 81317	5	9/10	시주자 유계					00	

131) 최영호, 『국보 제32호 합천 海印寺大藏經板 중복판 조사용역사업 보고서』, 法寶宗刹 海印寺· 陜川郡, 2013년. p.499.

132) 박광헌, "해인사 대장경 중복판의 인경본 조사와 시기분석", 「미술사연구」 38, 미술사연구회, 2020. p.62.

133) 신은제 박혜인, "해인사 고려대장경 補刻板중 연구 -『대반야바라밀다경』보각판을 중심으로- ", 「美術資料」 98, 미술사연구회, 2020. p.126.

134) 셀에 공란으로 되어 있는 것은 해당 면이 중각판이 아닌 원각판으로 인쇄된 것을 의미한다.

135) 셀에 사선으로 되어 있는 것은 필자가 미처 조사하지 못한 것을 의미한다. 그리고 통도사본의 인경상태는 국민대 박용진 교수가 제공한 사진과 전주대 박광헌 교수의 "해인사 대장경 중복판의 인경본 조사와 시기분석"(「미술사연구」 38, 미술사연구회, 2020. p.62)에 기술된 내용에 의거하여 작성한 것이다.,

136) 『법원주림』 권66, 제17/18장의 경우, 1865년의 월정사본의 제17장은 원각판(고유번호73936)으로 인출되었고, 제18장은 중각판(고유번호81337, 중복95)으로 인출된 것이다. 그리고 1915년의 규장각본은 제17/18장 모두 중각판으로 인출되었고, 1963년의 동국대본은 제17/18장 모두 원각판으로 인출된 것이다.

137) ① "현존하는 『대반야바라밀다경』 권106, 제3·4장 가운데 원판분류경판 제4장에는 좌변 하단 안의 판미제 아래 부분에 각수 '志'가 양각되어 있으며, 좌변 중간 밖에 '戊辰年更刻海志(무진년에 각수 해지가 이 경판을 다시 판각하였다)'라는 발원문이 역으로 음각되어 있다. 이 가운데 양각의 각수 '志'는 음각의 각수 '海志'와 동일한 인물이다. 여기서 원판분류경판은 무진년에 보완한 보각판이며, 그 경판을 판각한 해지 역시 후대인 무진년에 활동한 각수라 확인할 수 있다. 이에 비해 중복분류경판 제4장에는 좌변 하단 밖에 각수 '子忠'이 표기되어 있다. 중복분류경판 제4장의 각수 '子忠'은 고종 25년(1238)에 조성된 『대반야바라밀다경』 권106의 기준원판(제2장)에 새겨진 각수 '子忠'과 같은 위치에 판각되어 있으며, 그 인명도 동일하다. 고종 25년에 조성된 『대반야바라밀다경』 권106의 경판에는 각수가 자충(子忠)만 표기되어 있으므로 중복분류경판 제4장의 각수와 일치한다. 따라서 1판 양면의 중복분류경판 제3·4장은 고종 25년 대장도감에서 조성되었다고 할 수 있다. 그러면서도 원판분류경판은 발문의 내용처럼 무진년에 다시 보각하였다. … 이 무진년은 우왕 7년(1381) 이후부터 刊經都監의 운영 당시나 그 전후 사이로 짐작된다(최영호, 「국보 제32호 합천 海印寺大藏經板 중복판 조사용역사업 보고서」, pp.230~232).
② "『대반야바라밀다경』 권106, 제3·4장 및 권228, 제8·9장의 원판분류경판은 각수 의징(義澄)이 판각한 『대반야바라밀다경』 권2, 제1·2장 원판분류경판의 경판 외형적 형태나 본문 마무리 형태도 거의 유사하며, 더구나 권2, 제2장의 우변 상단에 역으로 음각된 '戌'자와도 관련성을 가진다고 할 수 있다. 이로써 무진년의 보각판은 우왕 7년 이후부터 간경도감의 운영 당시나 그 전후 사이로 짐작할 수 있으며, 이 경우에는 무진년의 보각판 가운데는 각수 의징(義澄)이 보완한 경판들도 포함될 수 있다. 이런 점에서 무진년의 구체적인 시기는 우왕 14년(1388), 세종 30년(1448), 중종 3년(1508) 가운데 특정 시기일 수 있다."(최영호, 「국보 제32호 합천 海印寺大藏經板 중복판 조사용역사업 보고서」, p.504).

138) "을유년의 보각판인 『석화엄교분기원통초』 권10, 제10장(원판분류경판)의 우변 밖에는 '丁丑年出陸時此闇失与知識道元同/ 願開板上乙酉十月日首座沖玄 : 정축년 육지로 나올 때 이 경판을 잃어 버렸다. 지식 도원과 함께 같이 발원하여 개판하고 받들어 올렸다. 을유년 10월 모일 수좌 충현)'이라는 내용이 역으로 음각되어 있다. 이로써 본 보각판은 을유년에 보완하였다는 사실을 확인할 수 있다. 그러면서도 정축년과 을유년에 대해서는 기존 연구에서 태조 6년(1397)과 태종 5년(1405)으로 각각 파악(朴泳洙, 「高麗大藏經版의 研究」『白性郁博士頌壽紀念 佛教學論文集』, 동국문화사, 1959, 437쪽 및 安啓賢, 「大藏經의 雕板」『한국사』6, 국사편찬위원회, 1975, 49~51쪽)하기도 하나, 그 정확한 시기를

확정할 수 없다."(최영호, 「국보 제32호 합천 海印寺大藏經板 중복판 조사용역사업 보고서」, p.506).

139) 동국대 영인본에는 계선이 인쇄되지 않은 상태이다.

140) 동국대 영인본은 계선이 인쇄되지 않았는데 아마도 보정 처리를 한 것으로 판단된다.

141) 중각판으로서 입장판(고유번호221)과 중복판(고유번호81252)은 둘 다 조선시대 판각된 경판된 것인데, 동국대영인본과 규장각본은 입장판(고유번호221)에서 인출된 인본이다.

142) 한편 『신화엄경론』 권33, 제22장이 1899년에 인출된 해인사소장본에는 조선후기 유계판으로 인출된 것으로 조사되어 있다(박광헌, "해인사 대장경 중복판의 인경본 조사와 시기분석", 『미술사연구』 38, 미술사연구회, 2020. p.43).

143) 동국대 영인본은 계선이 인쇄되지 않았는데 아마도 보정 처리를 한 것으로 판단된다.

<표 5-3> 복잡한 중각 상태의 경판

분석 항차	原刻版 경명 경판고유번호 ▶파랑색으로 기재된 것은 入藏板[원판분류경판]임. ▶빨강색으로 기재된 것은 重複板[중복분류경판]임.	卷次	張次	入藏板 원판번호	중복판 중복번호	重刻版 경명 경판고유번호 ▶진한 검정색으로 기재된 것은 入藏板[원판분류경판]임. ▷보통의 검정색으로 기재된 것은 重複板[중복분류경판]임.	卷次	張次	판각 시기	入藏板 원판번호	중복판 중복번호
1	대반야바라밀다경 81264	37	9/10		22	대반야바라밀다경 561	37	9	조선시대	11276	
						대반야바라밀다경 562	37	10	조선시대	11277	
1	① 『대반야바라밀다경』 권37, 제9/10장의 양면 1판(81264)의 중각판이 조선시대에 단면 2판[제9장 단면 1판(561), 제10장 단면 1판(562)]으로 판각되었다. ② 이 중각판 2판이 입장판으로 분류되어 있다.										
2	대반야바라밀다경 81296	144	19/23		54	대반야바라밀다경 2061	144	19	조선후기	12777	
						대반야바라밀다경 2064	144	23	1915	12780	
						대반야바라밀다경 81297	144	23	1937		55
2	① 『대반야바라밀다경』 권144, 19/23장(81296) 가운데 제19장의 중각판이 조선후기에 단면 1판(2061)으로 판각되었다. ② 『대반야바라밀다경』 권144, 19/23장(81296) 가운데 제23장의 중각판이 1915년에 단면 1판(2064)으로 판각되었다. ③ 『대반야바라밀다경』 권144, 19/23장(81296) 가운데 제23장의 중각판이 1937년에 단면 1판(81297)으로 판각되었다. ④ 조선후기에 중각된 제19장의 단면 1판(2061)과 1915년에 중각된 제23장의 단면 1판(2064)이 입장판으로 분류되어 있고, 양면 1판의 원각판(81296)과 1937에 중각된 제23장의 단면 1판(81297)이 중복판으로 분류되어 있다.										
3	대반야바라밀다경 81299	153	20/21		57	대반야바라밀다경 2181	153	21	조선후기	12897	
						대반야바라밀다경 2180	153	20	1915	12896	
						대반야바라밀다경 81298	153	20	1937		56
3	① 『대반야바라밀다경』 권153, 제20/21장(81299) 가운데 제21장의 중각판이 조선후기에 단면 1판(2181)으로 판각되었다. ② 『대반야바라밀다경』 권153, 제20/21장(81299) 가운데 제20장의 중각판이 1915년에 단면 1판(2180)으로 판각되었다. ③ 『대반야바라밀다경』 권153, 제20/21장(81299) 가운데 제20장의 중각판이 1937년에 단면 1판(81298)으로 판각되었다. ④ 조선후기에 중각된 제21장의 단면 1판(2181)과 1915년에 중각된 제20장의 단면 1판(2180)이 입장판으로 분류되어 있고, 양면 1판의 원각판(81299)과 1937년에 중각된 제20장의 단면 1판(81298)이 중복판으로 분류되어 있다.										
4	대반야바라밀다경 81282	126	19/20		40	대반야바라밀다경 1836	126	19/20	1915	12552	
						대반야바라밀다경 81310	126	19/20	1937		68
4	① 『대반야바라밀다경』 권126, 제19/20장(81282)의 중각판이 1915년에 양면 1판(1836)으로 판각되었다. ② 『대반야바라밀다경』 권126, 제19/20장(81282)의 중각판이 1937년에 양면 1판(81310)으로 판각되었다. ③ 1915년의 중각판(1836)이 입장판으로 분류되어 있고, 원각판(81282)과 1937년의 중각판(81310)이 중복판으로 분류되어 있다.										
5	대반야바라밀다경 1110	73	2	11825		대반야바라밀다경 81283	73	2	1915		41
						대반야바라밀다경 81269-b	73	2	1937		27
	대반야바라밀다경 750	49	6	11465		대반야바라밀다경 81269-a	49	6			
5	① 『대반야바라밀다경』 권73, 제2장(1110)의 중각판이 1915년에 단면 1판(81283)으로 판각되었다. ② 『대반야바라밀다경』 권73, 제2장(1110)과 『대반야바라밀다경』 권49, 제6장(750)의 중각판이 1937년에 양면 1판(81269)으로 판각되었다. ③ 이 중각판 2판이 중복판으로 분류되어 있다.										
6	대반야바라밀다경	68	2	11750		대반야바라밀다경	68	2	1915		38

번호	경판명	구분	장	경판번호		경판명	구분	장	연도	수량
	1035					81280				
						대반야바라밀다경 81279-a	68	2	1937	37
	집고금불도론형 61001	丁	44	65517		집고금불도론형 81279-b	丁	44		
						집고금불도론형 81330	丁	44	1381년이후	88
						집고금불도론형 81331	丁	44	1915	89

① 『집고금불도론형』 丁, 제44장(61001)의 중각판이 1381년이후에 단면 1판(81330)으로 판각되었다.
② 『대반야바라밀다경』 권68, 제2장(1035)의 중각판이 1915년에 단면 1판(81280)으로 판각되었다.
③ 『집고금불도론형』 丁, 제44장(61001)의 중각판이 1915년에 단면 1판(81331)으로 판각되었다.
④ 『집고금불도론형』 丁, 제44장(61001)과 『대반야바라밀다경』 권68, 제2장(1035)의 중각판이 1937년에 양면 1판(81279)으로 판각되었다.
⑤ 이 중각판 4판이 중복판으로 분류되어 있다.

번호	경판명	구분	장	경판번호		경판명	구분	장	연도	수량
7	보리심리상론 75047	單	6	75046		보리심리상론 81338	單	6	1915	96
						보리심이상론 81320-b	單	6	1937	78
	대승광백론석론 31213	4	15	31212		대승광백론석론 81320-a	4	15		
						대승광백론석론 81322	4	15	1381년	80
						대승광백론석론 81321	4	15	1915	79

① 『대승광백론석론』 권4, 제15장(31213)의 중각판이 1381년이후에 단면 1판(81322)으로 판각되었다.
② 『대승광백론석론』 권4, 제15장(31213)의 중각판이 1915년에 단면 1판(81321)으로 판각되었다.
③ 『보리심이상론』 單, 제6장(75047)의 중각판이 1915년에 단면 1판(81338)으로 판각되었다.
④ 『대승광백론석론』 권4, 제15장(31213)과 『보리심이상론』 單, 제6장(75047)의 중각판이 1937년에 양면 1판(81320)으로 판각되었다.
⑤ 이 중각판 4판이 중복판으로 분류되어 있다.

번호	경판명	구분	장	경판번호		경판명	구분	장	연도	수량
8	화엄경탐현기 80591(兩面 2張中 1장)	1	36	80590		화엄경탐현기 81345-a	1	36	1381년	103
	화엄경탐현기 81056(兩面 2張中 1장)	18	25	81055		화엄경탐현기 81345-b	18	25		

① 『화엄경탐현기』 권1, 제36장{80591(兩面 2張中 1장)}과 『화엄경탐현기』 권18, 제25장{81056(兩面 2張中 1장)}의 중각판이 1381년에 양면 1판(81345)으로 판각되었다.
② 이 중각판 1판이 중복판으로 분류되어 있다.

번호	경판명	구분	장	경판번호		경판명	구분	장	연도	수량
9	화엄경탐현기 80976(兩面 2張中 1장)	15	35	80975		화엄경탐현기 81347-a	15	35	1381년	105
	화엄경탐현기 81003(兩面 2張中 1장)	16	32	81002		화엄경탐현기 81347-b	16	32		

① 『화엄경탐현기』 권1, 제15장{80976(兩面 2張中 1장)}과 『화엄경탐현기』 권16, 제32장{81003(兩面 2張中 1장)}의 중각판이 1381년에 양면 1판(81347)으로 판각되었다.
② 이 중각판 1판이 중복판으로 분류되어 있다.

분석 항차	原刻板 순차	入藏板 순차	사례 순차	入藏板[원판] 번호	經名	卷次	張次	張數	原刻板의 경판고유번호(중복번호)	重刻板의 판각시기				중각 상황
										1381년이후(우왕7년)	조선시대	1915	1937	
1	69	72	71	65517	집고금불도론형	丁	44	1	61001	81330(중복88)		81331(중복89)	81279-b(중복37-b)	4重刻
2	62	65	63	31212	대승광백론석론	4	15	1	31213	81322(중복80)		81321(중복79)	81320-a(중복78-a)	4重刻
														2건
3	45	48	46	13118	대반야바라밀다경	170	23/24	2	81302(중복60)	2402	81301(중복59)			3重刻
4	36	37	37	12329	대반야바라밀다경	109	16/17	2	81291(중복49)	1613	81290(중복48)			3重刻
5	1	1	1	10729	대반야바라밀다경	2	1/2	2	81243(중복1)	15	81244(중복2)			3重刻
6	65	68	70	44144	출요경	25	17	1	55797			추가: 44145(중복87-1)	81329(중복87)	3重刻
7	22	23	23	11573	대반야바라밀다경	56	3/4	2	858			81272(중복30)	81271(중복29)	3重刻
8	42-a	44	43	12896	대반야바라밀다경	153	20	1	81299-a(20/21)(중복57-a)			2180	81298(중복56)	3重刻
9	26	27	27	11740	대반야바라밀다경	67	9/10	2	81277(중복35)			1025	81278(중복36)	3重刻
10	40	41	41	12730	대반야바라밀다경	141	6	1	81295(중복53)			2014	81294(중복52)	3重刻
11	29	30	30	11825	대반야바라밀다경	73	2	1	1110			81283(중복41)	81269-b(중복27-b)	3重刻
12	41-b	43	42	12780	대반야바라밀다경	144	23	1	81296-b(19/23)(중복54-b)			2064	81297(중복55)	3重刻
13	75	78	78	75046	보리심이상론	單	6	1	75047			81338(중복96)	81320-b(중복78-b)	3重刻
14	38	39	39	12552	대반야바라밀다경	126	19/20	2	81282(중복40)			1836	81310(중복68)	3重刻
15	27	28	28	11750	대반야바라밀다경	68	2	1	1035			81280(중복38)	81279-a(중복37-a)	3重刻
16	14	14	14	11192	대반야바라밀다경	31	26/27	2	81260(중복18)			477	81261(중복19)	3重刻
17	23	24	24	11580	대반야바라밀다경	56	15/16	2	81273(중복31)			865	81274(중복32)	3重刻
18	94	97	15	11216	대반야바라밀다경	33	12/13	2	缺板			501	81262(중복20)	3重刻
19	96	99	68	40054	아비달마순정리론	7	17/18	2	缺板			51707	81327(중복85)	3重刻
20	95	98	67	37994	아비달마대비바사론	88	5/6	2	缺板			49647	81326(중복84)	3重刻
21	8	8	8	10936	대반야바라밀다경	15	9/10	2	81253(중복11)		221 / 81252(중복10)			3重刻
22	9	9	9	11033	대반야바라밀다경	21	13	1	81254(중복12)			318	81255(중복13)	3重刻
								34						20건
														2重刻 77건
														총 99건

---

144) '原刻板 순차', '入藏板 순차', '사례 순차'는 〈표 1-1〉 "중복 경판 211판(입장판 99판 · 중복판 112판)의 분석"과
〈표 4-1〉 "중복 경판(원각판 · 중각판) 211판(334장)의 분석"에 기재된 '중복된 경판의 原刻板', '중복된 경판의 入藏板',
'중복된 경판의 사례'에 매겨진 순차이다.

〈표 6〉 해인사 대장경판(원각판·중각판)의 구성별 수량

해인사 대장경판의 구성		전체경판 81350판의 분석						비고
		원각판145)		중각판 118판		중각판의 해당 원각판 93판(96판)		
1	㉮『대장목록』경전 (K0001~K1498) 경판	78371판146) (154,379장)147)		104		77		원각판의 결판 3판을 포함하면 78,374판임
	『대장목록』의 경전148) 1496종 6555권 639질	입장판	중복판	입장판	중복판	입장판	중복판	
		78323	48	54	50	29	48	
2	㉯『보유목록』(1865년작성)149)경전 (K1499~K1514)경판(목록 포함)	2740판150) (6,343장)		14		16		
	『보유목록』의 경전151) 15종 236권 24질	입장판	중복판	입장판	중복판	입장판	중복판	
		2738	2	2	12	14	2	
합계①	㉮『대장목록』경전 ㉯『보유목록』경전	81111판152) (160,722장)		118		93		원각판의 결판 3판을 포함하면 81,114판임
	1511종 6791권 663질	입장판	중복판	입장판	중복판	입장판	중복판	
		81061	50	56	62	43	50	
3	㉰ 중복경전『대교왕경』의 경판	121판 (238장)		0		0		
	1종 10권 1질	입장판	중복판					
		121	0					
합계②	㉮『대장목록』경전 ㉯『보유목록』경전 ㉰ 중복『대교왕경』경판	81232판153) (160,960장)		118		93		원각판의 결판 3판을 포함하면 81,235판임
	1512종 6801권 664질	입장판	중복판	입장판	중복판	입장판	중복판	
		81182	50	56	62	43	50	
4	㉱ 중각판 118판	118판 (188장)155)		중각판154) 118판		93		
				입장판 56판 중복판 62판		입장판 43판 중복판 50판		
				▸중각판 118판 가운데, 입장판은 56판이고 중복판은 62판임. ▸중각판 118판의 해당 원각판 93판(원래 96판인데 현재 3판이 결판임) 가운데, 입장판은 43판이고 중복판은 50판임. ▸중각판 118판과 해당 현존 원각판 93판을 합하면 '211판'임.				
합계③	㉮『대장목록』경전 ㉯『보유목록』경전 ㉰ 중복『대교왕경』경판 ㉱ 중각판 118판	81350 (161,148장)						원각판의 결판 3판을 포함하면 81,353판임
		입장판	중복판					
		81232	118					
합계④	원각판의 결판 3판을 포함한 경판 수	81353판						
합계⑤	원각판의 결판 3판 6장이 포함된 장수	161,148장						
	원각판의 결판 3판 6장이 제외된 장수	161,142장						
합계⑥	『내전수함음소』 2판을 추가한 경판 수	81352판						

145) '원각판'은 대장도감과 분사대장도감에서 1236년(고종 23)~1251년(고종 38)에 판각된 원각판 및 1248년(고종 35년)·1251년(고종 38년)·1503년(연산군 9년)·1865년(조선 고종 2년)에 판각된 원각판이다.

146) ① 현재 해인사 장경판전에 입장되어 있는『대장목록』경전의 경판은 **78377판**인데, 고려 대장도감에서 판각된 원래의 경판 수량은 **78374판**이다. 현재의 입장판 가운데 중각판인 〈고유번호561〉〈고유번호562〉 2판에 해당되는 원각판은 〈고유번호81264〉 1판이고, 중각판인 〈고유번호2061〉〈고유번호2066〉 2판에 해당되는 원각판은 〈고유번호81296〉 1판이며, 중각판인 〈고유번호2180〉〈고유번호2181〉 2판에 해당되는 원각판은 〈고유번호81299〉 1판이다. 따라서 현재

의 입장판에 해당되는 원래의 경판 즉 대장도감에서 판각된 원각판의 수량은 입장판의 수량 78377판에서 3판을 뺀 78374판이 된다. 그런데 현재에는 이 가운데 3판이 결실된 상태이다. 따라서 현존하는 『대장목록』 경전의 원각판은 결판 3판이 제외된 78371판이 된다.

② 『대장목록』 경전(K0001~K1498)의 경판에 해당되는 입장판은 78377판인데 이중 원각판은 78326판이고 중각판은 51판이다.

③ 『대장목록』 경전(K0001~K1498)의 경판 가운데 『일체경음의』(K1498)의 마지막 경판 '고유번호'는 〈고유번호 78378〉인데, 중간에 〈고유번호557985〉(『출요경』 권25, 제17장 1판)은 원래 '중복판'인데 잘못 '원판'으로 정리되었던 것이다. 따라서 경판의 '고유번호' 입장에서 『대장목록』 경전의 경판 수량을 산정해 보면 마지막 경판 '고유번호'인 〈고유번호78378〉에서 잘못 '원판'으로 정리되었던 1판(『출요경』)을 뺀 78377판이 된다.

④ 『대장목록』 경전(K0001~K1498)의 경판 가운데 『일체경음의』(K1498)의 마지막 경판 '조사번호'는 '78377'인데, 중간에 〈조사번호44145〉(『출요경』 권25, 제17장 1판)은 원래 '중복판'인데 잘못 '원판'으로 정리되었던 것이다. 그리고 〈조사번호81239〉(『불설대칠보다라니경(K450)』)는 경판이 배열되어 있는 순서(즉 『대장목록』에 수록된 위치) 상에서 보면, 원래 〈조사번호20659〉 ~ 〈조사번호31212〉 사이에 있는 어느 1개의 번호가 부여되어야 하는데, 조사번호가 부여될 때 누락되어 자기의 순서에 맞는 조사번호를 부여받지 못하고 조사번호의 맨 끝 번호(〈조사번호81238〉)의 다음 번호인 〈조사번호81239〉를 추가적으로 부여받은 것이다. 따라서 경판의 '조사번호' 입장에서 『대장목록』 경전의 경판 수량을 산정해 보면 원래 '중복판'인데 잘못 '원판'으로 정리되었던 〈조사번호44145〉(『출요경』) 1판이 빠져야 되고, 한편 뒤로 빠져 조사번호의 맨 끝 번호(〈조사번호81238〉)의 다음 번호를 부여 받은 〈조사번호81239〉(『불설대칠 보다라니경(K450)』) 1판이 '조사번호' 78377 안에 추가되어야 한다. 결국 『대장목록』 경전의 마지막 경판 '조사번호' 인 '78377'이 『대장목록』 경전의 경판 수량이 된다.

147) 78371판에 해당되는 경전의 장수는 원래 154,373장인데 '154,379장'은 결판 3판 6장을 포함한 수량이다. 이하 본 표에 기재된 장수의 수량도 동일하다.

148) 여기에 기재된 『재조장』에 수록된 경전의 종수와 권수는 필자가 산정하여 계산한 것이다.

149) ① "歲乙丑 余在此 參印經事矣 閱板校訂 宗鏡錄等一五部二百三十一卷 錄中不參 而亦板章頭 不書某字 印者印難 校者校力 故印事畢後 與退庵公鎌佑議 命剞劂氏 舊錄漏者 已補 某部板頭 惟書某冊幾張 而不書某字 可欠也 然前人之事 目於此者 不誅 於我爾 / 五月下浣 海冥壯雄 誌 / 比丘 希一 書"『補遺目錄』

② "印成大藏經跋 末尾에도 「同治四年 乙丑年 秋九月 下浣 海冥壯雄述」이라고 보이며 壯雄이 高宗 2년 을축년에 대장경 두 벌을 發願印成하여 五臺와 雪嶽에 각각 안치한 시실을 기록하였다"(徐首生,「大藏經의 二重板과 補遺板 研究」,『東洋文化研究』 4집, 경북대 동양문화연구소, 1977. p.8).

③ 오대산에 안장된 것이 현재 오대산 월정사에 전하는 월정사본이다(金芳蔚,「月精寺所藏 高麗在彫大藏經 印經本에 대하여」,『서지학보』 31, 2007, p.165).

150) ① 현재 해인사에 입장되어 있는 『보유목록』 경전(K1499~K1514)의 경판은 2740판인데, 원래의 경판(목록 포함) 수량도 2740판이다(현재 입장판의 수량과 동일함).

② 『보유목록』 경전의 경판(목록 포함) 가운데 『종경록』(K1499)~『보유목록』(K1514)의 경판 조사번호는 '78378~ 81117'이다.

151) "『보유목록』의 경전 15종 236권 24질"은 2張으로 된 『보유목록』을 포함하지 않은 수량이다.

152) ① 현재 해인사에 입장되어 있는 『대장목록』과 『보유목록』 경전의 경판은 81117판인데, 원래의 『대장목록』 경전의 경판 수량은 78374판이고, 『보유목록』 경전의 경판 수량은 2740판이다. 따라서 원래의 『대장목록』 경전과 『보유목록』 경전의 경판(목록 포함)의 수량은 총 81114판이다.

② 『보유목록』의 경판 조사번호는 '81117'이다(참고로 『중복판보고서』(최영호, 2013)에는 『보유목록』의 원판번호가 '81117'로 기재되어 있고, 『보유목록』의 고유번호는 '81118'로 기재되어 있음).

③ 『대장목록』 경전(K0001~K1498) 경전과 『보유목록』 경전(K1499~K1514) 경전 경판에 해당되는 입장판은 81117판인데 이중 원각판은 81061판이고 중각판은 56판이다.

153) ① 현재 해인사에 입장되어 있는 『대장목록』과 『보유목록』의 경전 및 중복경전 『대교왕경』의 경판은 81238판인데, 『대장목록』 경전(K0001~K1498)의 원래의 경판 수량은 78374판이고, 『보유목록』 경전(K1499~K1514)의 원래의 경판 수량은 2740판이며, 중복경전 『대교왕경』의 원래의 경판 수량은 121판이다. 따라서 원래의 『대장목록』 경전과 『보유목록』 경전의 경판(목록 포함) 및 중복경전 『대교왕경』의 경판 수량은 총 81235판이다.

② 중복경전인 『대교왕경』의 경판 조사번호는 '81118~81238'이다.

③ 『대장목록』 경전(K0001~K1498) 경전과 『보유목록』 경전(K1499~K1514) 경전 및 중복경전 『대교왕경』의 경판에 해당되는 입장판은 81238판인데 이중 원각판은 81182판이고 중각판은 56판이다.

154) ① "2012~2013년의 조사사업에서는 중복분류경판의 분석대상이 애초 108판이었다. 그런데 조사사업의 수행과정에서는 108판 가운데 1판 양면의 중복분류경판이 소위 사간판의 『대방광불화엄경수소연의초』로 확인되면서 분석대상에서 제외되어 107판으로 줄어들었다. 그러다가 새로운 중복분류경판 3종 3판 5면이 추가되면서 분석대상은 110판 178면으로 확대되었다. 『출요경』 권25, 제17장(단면)을 비롯하여 『석화엄교분기원통초』 권10, 제9·10장과 소위 『대장경보유

목록』(이하『보유목록』) 1판 양면 등 3판 5면을 추가하여 조사대상의 개별 중복분류경판을 110판으로 삼고, 그 목록을 확정하였다.”(최영호, “해인사 대장경판에 포함된 중복경판 및 보각경판의 역사문화적 성격”,『합천 해인사 대장경판 성격과 가치』, 문화재청·불교문화재연구소, 2015. p.46, 4단). ② “2015년에는 '해인사 사간판 내 대장경판 중복여부 조사용역사업'이 수행되었다. 조사결과에서는 다행히 사간판의 전체 경판 6,025판 가운데 해인사대장경판으로 추가편 입될 수 있는 개별경판이 발견되지 않았다. 그러면서 이 조사과정에서는 개별경판의 중복경판 2판(『예념미타도량참법』 권1, 제17·18장 및 권2, 제4·5장)과 특정 경전종류의 중복경판 121판(『대승유가금강성해만수실리천비천발대교왕경』 권10, 雞함)이 다시 확인되었다.”(최영호, “해인사 대장경판에 포함된 중복경판 및 보각경판의 역사문화적 성격”,『합천 해인사 대장경판 성격과 가치』, 문화재청·불교문화재연구소, 2015. p.46, 1단).

③ “86{『예념미타도량참법』권1, 제17·18장 : 중복111(추가: 80349—1)}·87{『예념미타도량참법』권2, 제4·5장 : 중복112(추가: 80352—1)}의 경우는 2015년의 조사용역사업에서 추가. … 국보 제32호 해인사대장경판 가운데 현재까 지 확인된 개별 중복경판은 원판분류경판이 99판이며, 중복분류경판이 112판으로 94종(순차 88·90의『화엄경탐현기』 원판을 기준으로 삼아 2종으로 분리하면 96종. 반복 소개를 피하기 위해 각각 1종으로 묶어 분류) 총211판이 된다. 이 가운데 원판이 93판(13세기 중엽 원판 90판, 연산군 9년 원판 2판, 조선 고종 2년 원판 1판)이며, 후대 보각경판이 118판이다.… 다만, 원판의 수량 가운데는 현재까지 확인되지 않고 있는 13세기 중엽 조성 원판의 3판은 93판에서 미산정.”(최영호, “해인사 대장경판에 포함된 중복경판 및 보각경판의 역사·문화적 성격”,『합천 해인사 대장경판 성격과 가치』, 문화재청·불교문화재연구소, 2015. p.63.

155) 중각판 118판의 장수[紙數] 188장에 대해서는 〈표 1-2〉“중복 경판(중복판·입장판) 211판(334장)의 분석” 참조 바람.

〈표 7-1〉 서수생 선생의 조사 내용 정리

	구분	판수	중복판①	판수	중복판②	판수	필자의 이해	판수	서수생 일련번호	비고
①	架內奉安板	81,240 [156]					입장판 『대장목록』 경전 경판① (『대반야경』~『부자합집경』)	77,185	00001~77185	
							중복『대교왕경』 경판	121	77186~77306	
							『대장목록』 경전 경판② (『속일체경음의』~『일체경음의』)	1,193	77307~78500	
							『대장목록』 경전 경판③	78,379	00001~77185, 77307~78500	필자가 계산한 수량은 78,377판임[157]
							『보유목록』 경전 경판 (『종경록』~『보유목록』)	2,740	78501~81240	▸'81239'는『화엄경탐현기』 마지막 1판임 ▸'81240'은『보유목록』 1판임
							합계	81,240		
	架外奉安板 (二重板)		國刊板	51	高麗板	52	중복판 중복판	92		중복판 108판 및 92판에 대한 분석[158]
			有罫板	16	조선판	16				
			無罫板	17	을묘판	7				
			大正板	7	정축판	17				
			昭和板	17						
			계	108	계	92				
	총계		81,348[159]		81,332		총계	81,332		
②	正藏板	78,500					『대장목록』 경전 경판	78,379	00001~77185, 77307~78500	
							중복『대교왕경』 경판	121	77186~77306	
	副藏板	2,740					『보유목록』 경전 경판	2,740	78501~81240	
	二重板	92					중복판	92		
	총계	81,332					총계	81,332		
③							『대장목록』 경전 경판	78,379		
							『보유목록』 경전 경판	2,740		
							합계	81,119		

본 표의 내용은 서수생 선생이 1969년에 작성한 『八萬大藏經板總目錄』·『八萬大藏經板板別目錄』 및 "伽倻山 海印寺 八萬大藏經 研究"(徐首生, 『韓國學報』 9집, 1977. pp.4~35)를 바탕으로 정리한 것임

---

156) 『대반야바라밀다경』 권16의 16/17장, 20/21장이 2판인데 서수생 선생이 작성한 『八萬大藏經板板別目錄』에는 4판으로 잘못 기록되었다. 따라서 합계 81240과 81332는 81238과 81330의 잘못으로 추정된다.

157) 서수생 선생이 산정한 『대장목록』 경전의 경판 수량 '78379'판은 필자가 산정한 수량 78377판보다 2판이 더 많다. 서수생 선생의 1963년-1968년 조사에는 『대반야바라밀다경』 제16권 제16장, 제17장, 제20장, 제21장 4장이 각각 한 판 즉 모두 4판 경판에 새겨진 것으로 기록되어 있다. 반면 2008년 '해인사 고려대장경 디지털영상화 및 기초자료 데이터베이스화사업'의 경판 고유번호에는 대반야바라밀다경 제16권의 제16장, 제17장, 제20장, 제21장 4장 가운데 제16장·제17장은 한 개의 경판에 새겨져 있고, 제20장·제21장도 한 개의 경판에 새겨져 있어 모두 두 개의 경판에 새겨져 있는 것으로 기록되어 있다. 이 때문에 두 판의 차이가 나는 것이다. 참고로 이 경판들은 서수생 선생인 제시한 二重板 목록에 들어 있지 않고, '해인사 고려대장경 디지털영상화 및 기초자료 데이터베이스화사업'에 기재된 중복판 명단에도 없는 경판이다. 아마도 서수생 선생의 조사에서 발생된 착오로 추정된다.

158) ① 중복판 108판은 架內에 奉安된 중복판과 架外에 奉安된 중복판을 포함한 수량으로 추정된다. 중복판 108판 가운데 國刊板 7판 및 무괘 1판(17판 가운데 제4판인 '무괘4') 등 총 8판만이 현재 파악된 중복판112판에서 확인되지 않고 나머지는 모두 확인된다.
② 중복판 92판은 架內에 奉安된 중복판은 포함하지 않고 架外에 奉安된 중복판만의 수량으로 추정된다. 중복판 92판 가운데 고려판 14판과 조선판 2판은 현재 파악된 중복판112판에서 확인되지 않고 나머지는 모두 확인된다.

159) 『대반야바라밀다경』 권16의 16/17장, 20/21장이 2판이 4판으로 잘못 기록되어 있고, 『출요경』 권25, 제17/18장 1판 가운데 제17장 한 면의 補板(즉 중복판)이 架內에 奉安되어 있다. 따라서 81348에서 2판을 빼면 81346판이 되고 다시 1판을 빼면 81347판이 되는데, 현재에 파악된 81350판에서 중복판『십송율』 권5 제34장 1판, 『석화엄지귀장원통초』 卷下 제7/8장 1판, 『화엄경탐현기』 권1 제36장/권18 제25장 1판 등 3판이 누락된 수량이다

〈표 7-2〉 현재의 중복판 112판에서 확인된 서수생 선생이 조사 기록한 중복판 108판과 92판의 상황 및 인경본의 인경 상태

入藏板[원판분류경판]의 경명 경판고유번호 / 입장판으로 분류된 원각판·중각판 (진한 파랑색은 원각판, 보통 검은색은 중각판)	卷次	張次	重複板[중복분류경판]의 경명 경판고유번호 / 중복판으로 분류된 원각판·중각판 (진한 빨랑색은 원각판, 보통 검은색은 중각판)	현재의 중복판 번호	서수생 중복판 108판	서수생 중복판 92판	重刻板(118판) 판각시기	중각판 순차	原刻板(93판/96판)160) 판각시기	동1국9대6본3년 앞뒷면면	규1장9각1본5년 앞뒷면면	통1도8사9본9년 앞뒷면면	월1정8사6본5년 앞뒷면면
입장판 99판 원각판 43판 / 중각판 56판 (항차 99)			**중복판 112판**161) 원각판 50판 / 중각판 62판	112	國刊 51판 / 有罫 16판 / 無罫 17판 / 大正 7판 / 昭和 17판 — 미확인 8판 — 국간4, 37, 47~51, 무패4.	고려 52판 / 조선 16판 / 을묘 7판 / 정축 17판 — 미확인 15판 — 고려4, 7, 13~19, 31, 32, 39, 43, 50, 조선 13,	입장판 56판 / 중복판 62판	118	입장판 43판 / 중복판 50판			162)	
대반야바라밀다경 15	2	1/2					1381년 이후	1	조맹부체163)			00	0
			대반야바라밀다경 81243	중복 1	국간1	고려24			都監板 일부 훼손				0
			대반야바라밀다경 81244	중복 2	유패1	印經	조선시대	2	유계			00	00
대반야바라밀다경 27	2	21/22					조선시대	3	유계			00	00
			대반야바라밀다경 81245	중복 3	국간2	고려28			都監板 부분 훼손				00
대반야바라밀다경 60 (단면)	5	1							都監板 양호	0	0		0
			대반야바라밀다경 81246	중복 4	무패1	조선4	1381년 이후	4	조맹부체				
대반야바라밀다경 93 (단면)	7	4							都監板 일부 훼손				0
			대반야바라밀다경 81247	중복 5	무패2	조선11	1381년 이후	5	조맹부체	0	0		0
대반야바라밀다경 121 (단면)	9	1							都監板 일부 훼손				0
			대반야바라밀다경 81248	중복 6	유패2	印經	조선시대	6	유계164)	0	0		
대반야바라밀다경 123 (단면)	9	3					조선후기	7	유계165) 시주자	0	0		
			대반야바라밀다경 81249	중복 7	무패3 9권 2장166)	고려49			都監板 일부 훼손				缺
대반야바라밀다경 146 (단면)	10	12/13							都監板 양호				00
			대반야바라밀다경 81251	중복 9	무패4 미상 0-1167)	印經	조선시대	8	유계			00	00
대반야바라밀다경 221	15	9/10					조선시대	9	유계168)	00	00	00	
			대반야바라밀다경 81253	중복 11	국간3	고려45			都監板 일부 훼손				00
			대반야바라밀다경 81252	중복 10	유패3	미확인	조선시대	10	유계169)				
대반야바라밀다경 318 (단면)	21	13			대정1	을묘2	1915 (을묘판)	11		0	0		
			대반야바라밀다경 81254 (단면)	중복 12	0-2 국간04 추정	고려26			都監板 일부 훼손			缺	缺170)
			대반야바라밀다경 81255	중복 13			1937 (정축판)	12					
대반야바라밀다경 335	22	16/17			유패4	印經	조선시대	13	유계			00	00
			대반야바라밀다경 81256	중복 14					都監板 일부 훼손				00
대반야바라밀다경 354	23	21/22					조선후기	14	유계 시주자	00	00		
			대반야바라밀다경 81257	중복 15	국간30	고려40			都監板 일부 훼손				00

12	대반야바라밀다경 364	24	15/16							都監板 일부 훼손	00	00		00
				대반야바라밀다경 81258	중복 16	유패5	미확인	조선시대	15	유계171)			00	
13	대반야바라밀다경 423	28	11/12							都監板 일부 훼손				00
				대반야바라밀다경 81259	중복 17	유패6	印經	조선시대	16	유계	00	00		
14	대반야바라밀다경 477	31	26/27					1915	17		00	00		
				대반야바라밀다경 81260	중복 18	국간39 29장 30장	글자 불명 미확인			都監板 훼판			缺	缺
				대반야바라밀다경 81261	중복 19	소화1 31권 26장	정축3 31권 26장 欠	1937	18					
15	대반야바라밀다경 511 (단면)	34	5					조선시대	21	유계	0	0	0	
				대반야바라밀다경 81263 (단면)	중복 21	국간5	고려12			都監板 일부 훼손				0
16	대반야바라밀다경 561	37	9					조선시대	22	유계	0	0		
				대반야바라밀다경 81264-a(9/10)	중복 22-a	국간6	고려22			都監板 일부 훼손				0
17	대반야바라밀다경 562	37	10					조선시대	23	유계	0	0		
				대반야바라밀다경 81264-b(9/10)	중복 22-b	국간6	고려22			都監板 일부 훼손				0
18	대반야바라밀다경 578 (단면)	38	8					조선시대	24	유계 각수이름	0	0	0	
				대반야바라밀다경 81265 (단면)	중복 23	국간29	고려41			都監板 일부 훼손				0
19	대반야바라밀다경 595	39	7/8					조선시대	25	유계	00	00		
				대반야바라밀다경 81266	중복 24	국간7	고려25			都監板 일부 훼손				00
20	대반야바라밀다경 644	42	7/8					조선시대	26	유계	00	00		
				대반야바라밀다경 81268	중복 26	국간8	고려33			都監板 일부 훼손				00
21	대반야바라밀다경 750 (단면)	49	6							都監板 양호	0	0		0
				대반야바라밀다경 81269-a	중복 27-a	소화3	정축15	1937	27-a					
22	대반야바라밀다경 811 (단면)	53	1			0-3 국간37 추정	미확인			都監板172) 일부 결락 현재 매목			0 매복	0 일부 결락
				대반야바라밀다경 81270	중복 28			조선후기	28	유계 시주자	0	0		
23	대반야바라밀다경 858	56	3/4							都監板 일부 훼손				缺
				대반야바라밀다경 81272	중복 30	대정2	을묘6	1915	29		00	00		
				대반야바라밀다경 81271	중복 29	소화4	정축6	1937	30					
24	대반야바라밀다경 865	56	15/16					1915	31		00	00		
				대반야바라밀다경 81273	중복 31	국간27	고려27			都監板 일부 훼손				缺
				대반야바라밀다경 81274	중복 32	소화5	정축2	1937	32					
25	대반야바라밀다경 870	56	23/24					조선시대	33	유계	00	00	00	
				대반야바라밀다경 81275	중복 33	국간9	미확인			都監板 일부훼손				00
26	대반야바라밀다경 1021 (단면)	67	3					조선시대	34	유계	0	0		
				대반야바라밀다경 81276	중복 34	국간10	고려1			都監板 일부훼손 현재 절단				0
27	대반야바라밀다경 1025	67	9/10					1915	35		00	00		
				대반야바라밀다경	중복	국간11	고려2			都監板				缺

				81277	35					일부훼손				
	대반야바라밀다경 81278				중복 36	소화6	정축7	1937	36					
28	대반야바라밀다경 1035 (단면)	68	2							都監板 일부훼손				缺
	대반야바라밀다경 81280				중복 38	대정3	을묘7	1915	37		0	0		
	대반야바라밀다경 81279-a				중복 37-a	소화11	정축8	1937	38-a					
29	대반야바라밀다경 1064 (단면)	69	24					조선시대	39	유계	0	0		
	대반야바라밀다경 81281				중복 39	국간34	고려8			都監板 일부훼손				0
30	대반야바라밀다경 1110 (양면 1/2)	73	2							都監板 일부훼손				0
	대반야바라밀다경 81269-b (양면 가운데 1장)				중복 27-b	소화3	정축15	1937	27-b					
	대반야바라밀다경 81283 (단면 1장)				중복 41	대정4	을묘5	1915	40		0	0		
31	대반야바라밀다경 1163	76	20/21					1381년이후	41		0	0		0
	대반야바라밀다경 81284				중복 42	국간12	고려36			都監板 일부훼손				
32	대반야바라밀다경 1191	78	23/24					1381년 이후	42		00	00		00
	대반야바라밀다경 81285				중복 43	국간33 ?:장차	미확인			都監板 일부훼손				
33	대반야바라밀다경 1439 (단면)	96	14					조선시대	43	유계	0	0		
	대반야바라밀다경 81286				중복 44	0-4 국간47 추정	고려11			都監板 일부훼손				0
34	대반야바라밀다경 1489 (양면 2/3)	100	3			0-5 국간48 추정	미확인			都監板 일부 훼손				0
	대반야바라밀다경 81287 (단면 1장)				중복 45			조선시대	44	유계[173] 각수명	0	0		
35	대반야바라밀다경 1568	106	3/4					무진년[174]	45		00	00		00
	대반야바라밀다경 81288				중복 46	국간13	고려48			都監板 일부훼손				
36	대반야바라밀다경 1569	106	5/6					조선시대	46	유계	00	00		
	대반야바라밀다경 81289				중복 47	국간14	고려10			都監板 절단 훼손				00
37	대반야바라밀다경 1613	109	16/17					1381년 이후	47	조맹부체				00
	대반야바라밀다경 81291				중복 49	국간15	고려46			都監板 훼손 보수			00	
	대반야바라밀다경 81290				중복 48	유패7	印經	조선시대	48	유계	00	00		
38	대반야바라밀다경 1778	122	12/13					조선시대	49	유계	00	00	00	
	대반야바라밀다경 81292				중복 50	국간35 13장 14장	미확인			都監板 절단 훼손				00
39	대반야바라밀다경 1836	126	19/20					1915	50		00	00		
	대반야바라밀다경 81282				중복 40	국간40 ?장차	고려6			都監板 절단 훼손			缺	缺
	대반야바라밀다경 81310				중복 68	소화7 116권	정축16	1937	51					
40	대반야바라밀다경 1881	130	9/10					조선시대	52	유계	00	00		
	대반야바라밀다경 81293				중복 51	국간22 230권	고려29			都監板 일부훼손			缺	00
41	대반야바라밀다경 2014	141	6					1915	53		00	00		
	대반야바라밀다경 81295 (단면)				중복 53	국간32	고려38			都監板 절단 훼손				缺
	대반야바라밀다경 81294				중복 52	소화8	정축5	1937	54					

번호	경전명	장	행	경판명	중복	국간	간기	연대	순번	비고				
42	대반야바라밀다경 2061 (단면)	144	19					조선후기	55	유계 시주자	0	0	0	
				대반야바라밀다경 81296-a(19/23)	중복 54-a	국간38	글자 불명 미확인			都監板 일부훼손				缺
43	대반야바라밀다경 2064 (단면)	144	23					1915	56		0	0		
				대반야바라밀다경 81296-b(19/23)	중복 54-b	국간38	글자 불명 미확인			都監板 일부훼손			缺	缺
				대반야바라밀다경 81297	중복 55	소화9	정축14	1937	57					
44	대반야바라밀다경 2180 (단면)	153	20					1915	58		0	0		
				대반야바라밀다경 81299-a(20/21)	중복 57-a	국간23	미확인			都監板 일부훼손				缺
				대반야바라밀다경 81298	중복 56	소화10 21장	정축4	1937	59					
45	대반야바라밀다경 2181 (단면)	153	21					조선후기	60	유계 시주자	0	0		
				대반야바라밀다경 81299-b(20/21)	중복 57-b	국간23	미확인			都監板 일부훼손				缺
46	대반야바라밀다경 2249	159	3/4					1381년 이후	61		00	00		00
				대반야바라밀다경 81300	중복 58	국간25	고려5			都監板 일부훼손				
47	대반야바라밀다경 2286	162	1/2					조선후기	62	유계 시주자	00	00		
				대반야바라밀다경 81267	중복 25	0-6 국간49 추정	글자 불명 미확인			都監板 훼판				缺
48	대반야바라밀다경 2402	170	23/24					1381년 이후	63		00	00	00	00
				대반야바라밀다경 81302	중복 60	국간16	미확인			都監板 절단 훼손				
				대반야바라밀다경 81301	중복 59	유쾌8	미확인	조선시대	64	유계				
49	대반야바라밀다경 2480 (단면)	176	21					1381년 이후	65		00	00		00
				대반야바라밀다경 81250 (단면)	중복 8	0-7 국간50 추정	미확인			都監板 훼판				
50	대반야바라밀다경 2506	178	19/20					1381년 이후	66		00	00		00
				대반야바라밀다경 81314	중복 72	국간41 20장 21장	미확인			都監板 일부훼손				
51	대반야바라밀다경 2532	180	11/12					1381년 이후	67	11장 복각 12장 조맹부체	00	00		00
				대반야바라밀다경 81303	중복 61	국간19	미확인			都監板 일부훼손				
52	대반야바라밀다경 2620 (단면)	187	12					조선시대	68	유계 각수이름	0	0		
				대반야바라밀다경 81304 (단면)	중복 62	국간24	고려42			都監板 절단 훼손				0
53	대반야바라밀다경 2634	188	15/16					조선시대	69	유계	00	00	00	
				대반야바라밀다경 81305	중복 63	국간17	고려47			都監板 절단훼손				0
54	대반야바라밀다경 2897	209	10/11					조선시대	70	유계	00	00		
				대반야바라밀다경 81306	중복 64	국간18 11장 12장	고려44			都監板 일부훼손				00
55	대반야바라밀다경 2902	209	20/21					조선시대	71	유계	00	00		
				대반야바라밀다경 81307	중복 65	국간20	고려3			都監板 일부훼손				00
56	대반야바라밀다경 2982	216	1/2					조선시대	72	유계	00	00		
				대반야바라밀다경 81308	중복 66	국간28	고려35			都監板 일부훼손				00
57	대반야바라밀다경 3085	224	7/8					조선시대	73	유계	00	00	00	
				대반야바라밀다경 81309	중복 67	국간21	고려30			都監板 일부 훼손				00

연번	경명 / 경판번호	장수	장차	경명	중복			시대	번호	비고				
58	대반야바라밀다경 3137	228	8/9					무진년	74		00	00		00
				대반야바라밀다경 81311	중복 69	국간36 ?장차	고려23			都監板 훼손 심함				
59	대반야바라밀다경 3464	254	3/4					조선시대	75	유계	00	00		
				대반야바라밀다경 81313	중복 71	국간26	고려9			都監板 일부 훼손				00
60	대승비분다리경 17307	1	28/29					1381년 이후	76	조맹부체	00	00	00	00
				대승비분다리경 81316	중복 74	국간44	고려37			都監板 일부 훼손				
61	합부금광명경 17723	5	9/10							都監板175) 매우양호함	00	00		缺
				합부금광명경 81317	중복 75	유패9	미확인	조선후기	77	유계 시주자			00	
62	불설미륵하생경 20170	單	7/8					조선시대	78	유계	00	00		
				불설미륵하생경 81319	중복 77	국간43	고려21			都監板 일부훼손				00
63	대반야바라밀다경 6741	506	7/8					조선시대	79	유계	00	00		
				대반야바라밀다경 81315	중복 73	국간31	고려34			都監板 일부 훼손				00
64	대반야바라밀다경 7142	534	19/20					1381년 이후	80		00	00		00
				대반야바라밀다경 81312	중복 70	0-8 국간51 추정	미확인			都監板 훼판				
65 ※	대승광백론석론 31213 (양면 15/16)	4	15							都監板176) 절반 깍아냄		0		
				대승광백론석론 81321	중복 79	대정5	을묘1	1915	81		0	0		
				대승광백론석론 81320-a	중복 78-a	소화12	정축1	1937	82-a					
				대승광백론석론 81322	중복 80	무패5	조선15	1381년이후	83	조맹부체				0
66	대장엄론경 31759	2	19/20							都監板 매우양호	00	00	00	00
				대장엄론경 81323	중복 81	소화16	정축13	1937	84					
67	출요경 55682 (양면 7/8)	16	7							都監板 글자마모				
				출요경 81328	중복 86	무패6	조선14	1381년 이후	89	조맹부체	0	0	0	0
68 ※	출요경 55797 (양면 16/17)	25	17							都監板 글자마모	0	0		缺
				출요경(17장) 81329	중복 87	소화15	정축9	1937	90					
				출요경(17장) 55798 추가: 원판44145	중복 87-1 추가경판	0-9 가내봉안	가내봉안	1915	91					
69 ※	신화엄경론 68118 (양면 22/23)	33	22							都監板 일부마모		0	미상177)	
				신화엄경론 81335	중복 93	유패12	印經	조선후기	92	유계	0			
70 ※	마하승기율 40228 (양면 23/24)	33	24							都監板 매우양호	0	0	0	0
				마하승기율 81324	중복 82	유패10	미확인	조선후기	93	유계 시주자				
71	십송율 40427 (양면 34/35)	5	34							都監板 마모 심함	0			미상
				십송율 81325	중복 83	0-10 누락	미확인	조선후기	94	유계 시주자			0	0
72	집고금불도론형 61001 (양면 43/44)	丁	44							都監板178) 수정 훼판				
				집고금불도론형 81279-b	중복 37-b	소화11	정축8	1937	38-b					
				집고금불도론형 81330	중복 88	무패7	조선3	1381년 이후	95	조맹부체	0		0	0
				집고금불도론형 81331	중복 89	대정6	을묘3	1915	96			0		

번호	경전명·번호			국간	중복	패	구분	시기	No	비고					상태
73 ※	속고승전 62037 (단면)	24	37							都監板 간기의 일부 매목 결실	0				미상
	속고승전 81332				중복 90	유패11	미확인	조선후기	97	유계 시주자		0	0		
74	속고승전 62096 (양면 17/18)	27	17							都監板 부분마모	0				미상
	속고승전 81333				중복 91	무패8	조선2	1381년 이후	98	조맹부체	0				
75	보리행경 63697	2	11/12	국간42						都監板 매우양호	00	00			
	보리행경 81334				중복 92		조선5	1381년 이후	99	조맹부체					00
76	법원주림 73705 (양면 30/31)	53	30							都監板 일부훼손	0				
	법원주림 81336				중복 94	무패9	조선9	1381년 이후	100	조맹부체	0		0	0	
77 ※	법원주림 73936	66	17/18							都監板 일부훼손	00			0	
	법원주림 81337				중복 95	무패10	조선12	1381년 이후	101	조맹부체	00			0	
78 ※	보리심이상론 75047 (양면 6/7)	單	6							都監板 마모심함				0	
	보리심이상론 81320-b				중복 78-b	소화12	정축1	1937	82-b						
	보리심리상론 81338				중복 96	대정7	을묘4	1915	102	179)	0	0			
79 ※	불설비밀삼매대교왕경 75300 (양면 7/8)	2	8							都監板 마모심함	0				缺 180)
	불설비밀삼매대교왕경 81339				중복 97	유패13	印經	조선후기	103	유계 시주자	0		0		
80 ※	불설비밀삼매대교왕경 75304 (양면 15/16)	2	15							都監板 마모심함	0				缺 181)
	불설비밀삼매대교왕경 81340				중복 98	유패14	印經	조선후기	104	유계 시주자	0		0		
81 ※	종경록 78923 (양면 9/10)	62	10							都監板 훼손 도려냄	0	0			미상
	종경록 81341				중복 99	무패11	조선1	1381년 이후	105						미상
82 ※	남명천화상…사실 79215 (양면 5·6/7·8)	1	8							고종35년 (1248) 마모 심함			0		미상
	남명천화상…사실 81342				중복 100	무패12	고려51	1381년 이후	106				0		
83 ※	남명천화상…사실 79240 (양면 21·22/23·24)	3	24							고종35년 (1248) 일부 마모	0	0			미상
	남명천화상…사실 81343				중복 101	무패13	고려52	1381년 이후	107						
84	석화엄지귀장원통초 80124	下	7/8							고종 38년 (1251) 양호					00
	석화엄지귀장원통초 81344				중복 102	0-11 누락	조선8	1381년 이후	108		00	00			
85	석화엄교분기원통초 81240	10	9/10			무패14	미확인	을유년	109	重刻 간기					00
	석화엄교분기원통초 80326 중복 109 추가: 원판80325									고종 38년 (1251) 양호	00	00			
86	예념미타도량참법 80350 (연산군9년, 1503)	1	17/18							연산군9년 (1503)		미 상			
	예념미타도량참법 81241 추가: 80349-1				중복 111	유패15	미확인	조선후기	110	원래 선장 유계본임					
87	예념미타도량참법 80353 (연산군9년, 1503)	2	4/5							연산군9년 (1503)		미 상			
	예념미타도량참법 81242 추가: 80352-1				중복 112	유패16	미확인	조선후기	111	원래 선장 유계본임					

번호	원각판(고유번호)	권	장	입장판(고유번호)	중복	구분1	구분2	인경(연도)	순차	비고	①	②	③	④
88 ※	화엄경탐현기 80591 (양면 35/36)	1	36							都監板 훼손 심함		0		
				화엄경탐현기 81345-a (兩面 2張中 1장)	중복 103-a	0-12 누락	조선16-a	1381년 이후	112-a			0		0
89 ※	화엄경탐현기 80882 (양면 3/4)	12	3							都監板 마모 심함	0	0		0
				화엄경탐현기 81346	중복 104	무패15	조선6 37장	1381년 이후	113					
90	화엄경탐현기 80976 (양면 35/36)	15	35							都監板 부분 미멸		0		
				화엄경탐현기 81347-a (兩面 2張中 1장)	중복 105-a	무패16	印經	1381년 이후	114-a					0
91	화엄경탐현기 80992 (양면 9/10)	16	10			국간45				都監板 몇글자마멸	0	0		
				화엄경탐현기 81348 (단면)	중복 106		조선10	1381년 이후	115					0
92	화엄경탐현기 81003 (양면 31/32)	16	32							都監板 부분 미멸	0	0		
				화엄경탐현기 81347-b (兩面 2張中 1장)	중복 105-b	무패16 16권 12장	印經	1381년 이후	114-b		0			
93	화엄경탐현기 81027	17	29/30					1381년 이후	116		00	00		00
				화엄경탐현기 81349	중복 107	국간46	고려20			都監板 일부 훼손				
94	화엄경탐현기 81042	17	59/60							都監板 매우 양호	00	00		00
				화엄경탐현기 81350	중복 108	무패17	조선7	1381년 이후	117					
95	화엄경탐현기 81056 (양면 25/26)	18	25							都監板 일부 마모		0		
				화엄경탐현기 81345-b (兩面 2張中 1장)	중복 103-b	0-12 누락	조선16-b	1381년 이후	112-b			0		0
96	보유목록 81118 조선 고종 2년(1865)	單	1/2							조선 고종2년(1865) 매우양호	00			
				보유목록 사간(5824)	중복 110 (추가)	소화17	정축17	1937	118			미상	미상	미상
97	대반야바라밀다경 501	33	12/13					1915	19		00	00		
				대반야바라밀다경 81262	중복 20	소화2	정축11	1937	20					
				缺板(原刻板)				都監板		매우양호				00
98	아비달마대비바사론 49647	88	5/6					1915	85		00	00		
				아비달마대비바사론 81326	중복 84	소화14	정축12	1937	86					
				缺板(原刻板)				都監板						缺
99	아비달마순정리론 51707	7	17/18					1915	87		00	00		
				아비달마순정리론 81327	중복 85	소화13	정축10	1937	88					
				缺板(原刻板)182)				都監板		17장 양호 18장 마모			缺	00
합계					112	108	92		118					

---

160) ① 入藏板 99판 중에서 '原刻板은 3판인데 6판으로 분리된 入藏·重刻板 3판' 및 '결판 3판'을 빼면 총93판이다. 이 가운데 '原刻板은 3판인데 6판으로 분리된 入藏·重刻板 3판'은 다음과 같다. 첫째, 제16항·제17항(원각판 순차 16-a, 16-b)에 기재된 대반야바라밀다경의 원각판 1판(고유번호81264)과 入藏·重刻板 2판(고유번호561 / 고유번호562). 둘째, 제42항·제43항(원각판 순차 41-a, 41-b)에 기재된 대반야바라밀다경의 원각판 1판(고유번호81296)과 入藏·重刻板 2판(고유번호2061 / 고유번호2064). 셋째, 제45항·제45항(원각판 순차 42-a, 42-b)에 기재된 대반야바라밀다경의 원각판 1판(고유번호81299)과 入藏·重刻板 2판(고유번호2180 / 고유번호2181). 그리고 '결판 3판'은 제97~99항에 기재된 3판(원판1126, 원판37994, 원판40054)에 해당되는 원각판인데 이미 1915년 조선총독부에서 인출할 때 결판으로 확인된 것이다.

② '원각판'은 대장도감과 분사대장도감에서 1236년(고종 23)~1251년(고종 38)에 판각된 원각판 및 1248년(고종 35년)·1251년(고종 38년)·1503년(연산군 9년)·1865년(조선 고종 2년)에 판각된 원각판이다.

③ '93판'의 구성은 다음과 같다. 대장도감과 분사대장도감에서 판각된 원각판이 90판(缺板된 3판을 포함하면 93판임)이고, 1503년(연산군 9년)에 판각된 원각판이 『예념미타도량참법』 2판(고유번호80350·고유번호80353)이며(제89, 90항 참조), 1865년(조선 고종 2년)에 판각된 원각판(즉 '을축판')이 『補遺目錄』 2장 1판(고유번호81118)이다(제99항 참조).

④ 原刻板 93판에서 缺板 3개를 더하면 96판인데, 이 96판은 重刻板 118판의 原刻板에 해당된다.

⑤ 한편, 93판은 96판 가운데 缺板 3개를 제외한 것인데, 이 93판은 중복된 경판 전체 221판(원각판 93판+중각판 118판) 가운데 원각판 93판에 해당된다.

161) ① 중복판 112판 가운데 순차 76에 해당되는 '중복76'은 중복 목록에서 삭제되어 있다("외장(外藏 : 소위 사간판)인 『대방광불화엄경수소연의초』로 확인되면서 조사 대상에서 제외"(최영호, 『국보 제32호 합천 海印寺大藏經板 중복판 조사용역사업 보고서』, 2013, p.517}.

② 반면, 출요경(추가: 원판44145)이 중복판 목록에 추가 되어 있다(중복87-1). 그래서 중복판 總數는 112판이 된다(제71항 참조).

162) ① 통도사본의 인경상태는 국민대 박용진 교수가 제공한 사진과 전주대 박광헌 교수의 "해인사 대장경 중복판의 인경본 조사와 시기분석"(「미술사연구」 38, 미술사연구회, 2020. p.62)에 기술된 내용에 의거하여 작성한 것이다.

② 인경상황에서 통도사본의 셀에 공란으로 되어 있는 것은 조사되지 못한 경우이다.

163) 한편 『대반야바라밀다경』 권2, 제1/2장이 1960년대에 인출된 동아대소장본에는 1381년이후 간경도감 전후 시기판으로 인출된 것으로 조사되어 있다(박광헌, "해인사 대장경 중복판의 인경본 조사와 시기분석", 『미술사연구』 38, 미술사연구회, 2020. p.43).

164) 동국대 영인본은 계선이 인쇄되지 않았는데 아마도 보정 처리를 한 것으로 판단된다. 동국대소장 인경본은 계선이 뚜렷하게 인쇄되어 있다.

165) 동국대 영인본은 계선이 인쇄되지 않았는데 아마도 보정 처리를 한 것으로 판단된다. 동국대소장 인경본은 계선이 뚜렷하게 인쇄되어 있다.

166) ① 현존 경판의 장차가 '二'자로 판독된 연유는 '三'자 가운데 중간의 '一'자 1획이 후대에 마모되었기 때문이다(최영호, 『국보 제32호 합천 海印寺大藏經板 중복판 조사용역사업 보고서』, 2013, p.16).

② 서수생 선생의 '중복판 108판' 목록에 『대반야바라밀다경』 권9, 제2장(실은 제3장) 1판이 조선시대의 중복판인 '무괘3'으로 기재되어 있다. 그러나 서수생 선생이 중복판으로 비정한 '무괘3'은 조선시대 중각판이 아니라 대장도감에서 판각된 원각판 즉 '國刊'으로 보아야 옳다. '중복판 108판' 목록에는 '고려49'로 바르게 기재되어 있다.

167) 서수생 선생의 '중복판 108판' 목록에는 『대반야바라밀다경』 권10, 제11장 1판이 무괘4(無罫線板의 제4항)로 기재되어 있는데, 현존하는 『대반야바라밀다경』 권10, 제11장 1판의 경판은 원각판(무괘선판)이고 이에 해당되는 중복판은 없다. 한편 현재의 중복판 112판 가운데 『대반야바라밀다경』 권10, 제12/13장 1판(고유번호146)의 중복판(고유번호81251, 有罫線板임)은 서수생 선생의 '중복판 108판' 목록에서 확인되지 않는다. 아마도 이 중복판이 서수생 선생의 '중복판 108판' 목록에서는 『대반야바라밀다경』 권10, 제11장 1판의 중복판(無罫線板)인 것으로 잘못 기재된 것이 아닌가 한다.

168) 중각판으로서 입장판(고유번호221)과 중복판(고유번호81252)은 둘 다 조선시대 판각된 경판된 것인데, 동국대영인본과 규장각본은 입장판(고유번호221)에서 인출된 인본이다.

169) 한편 『대반야바라밀다경』 권15, 제9/10장이 1960년대에 인출된 동아대소장본에는 조선시대 유계판 가운데 〈고유번호 81252〉으로 인출된 것으로 조사되어 있다(박광헌, "해인사 대장경 중복판의 인경본 조사와 시기분석", 『미술사연구』 38, 미술사연구회, 2020. p.42).

170) 현재 월정사본에는 결락된 것으로 조사되었다(김방울, "月精寺所藏 高麗再彫大藏經 印經本에 대하여", 『서지학보』 31호, 한국서지학회, p.178). 한편 고려대장경연구소 제공 월정사본 이미지는 1915년판의 인경본이다.

171) 한편 『대반야바라밀다경』 권24, 제15/16장이 1960년대에 인출된 동아대소장본에는 조선시대 유계판인 〈고유번호 81258〉으로 인출된 것으로 조사되어 있다(박광헌, "해인사 대장경 중복판의 인경본 조사와 시기분석", 『미술사연구』 38, 미술사연구회, 2020. p.42).

172) 日本大谷大學所藏 인경본은 1381년 이전에 보각된 매목(매목된 부분의 글자는 주변의 글자와 구별이 됨)이 빠지지

173) 동국대 영인본에는 계선이 인쇄되지 않은 상태이다.

174) ① "현존하는 『대반야바라밀다경』 권106, 제3·4장 가운데 원판분류경판 제4장에는 좌변 하단 안의 판미제 아래 부분에 각수 '志'가 양각되어 있으며, 좌변 중간 밖에 '戊辰年更刻海志(무진년에 각수 해지가 이 경판을 다시 판각하였다)'라는 발원문이 역으로 음각되어 있다. 이 가운데 양각의 각수 '志'는 음각의 각수 '海志'와 동일한 인물이다. 여기서 원판분류경판은 무진년에 보완한 보각판이며, 그 경판을 판각한 해지 역시 후대인 무진년에 활동한 각수라 확인할 수 있다. 이에 비해 중복분류경판 제4장에는 좌변 하단 밖에 각수 '子忠'이 표기되어 있다. 중복분류경판 제4장의 각수 '子忠'은 고종 25년(1238)에 조성된 『대반야바라밀다경』 권106의 기준원판(제2장)에 새겨진 각수 '子忠'과 같은 위치에 판각되어 있으며, 그 인명도 동일하다. 고종 25년에 조성된 『대반야바라밀다경』권106의 경판에는 각수가 자충

(子忠)만 표기되어 있으므로 중복분류경판 제4장의 각수와 일치한다. 따라서 1판 양면의 중복분류경판 제3 · 4장은 고종 25년 대장도감에서 조성되었다고 할 수 있다. 그러면서도 원판분류경판은 발문의 내용처럼 무진년에 다시 보각하였다. … 이 무진년은 우왕 7년(1381) 이후부터 刊經都監의 운영 당시나 그 전후 사이로 짐작된다(최영호, 「국보 제32호 합천 海印寺大藏經板 중복판 조사용역사업 보고서」, pp.230~232).

② "『대반야바라밀다경』 권106, 제3 · 4장 및 권228, 제8 · 9장의 원판분류경판은 각수 의징(義澄)이 판각한 『대반야바라밀다경』 권2, 제1 · 2장 원판분류경판의 경판 외형적 형태나 본문 마무리 형태도 거의 유사하며, 더구나 권2, 제2장의 우변 상단에 역으로 음각된 '戊'자와도 관련성을 가진다고 할 수 있다. 이로써 무진년의 보각판은 우왕 7년 이후부터 간경도감의 운영 당시나 그 전후 사이로 짐작할 수 있으며, 이 경우에는 무진년의 보각판 가운데는 각수 의징(義澄)이 보완한 경판들도 포함될 수 있다. 이런 점에서 무진년의 구체적인 시기는 우왕 14년(1388), 세종 30년(1448), 중종 3년(1508) 가운데 특정 시기일 수 있다."(최영호, 「국보 제32호 합천 海印寺大藏經板 중복판 조사용역사업 보고서」, p.504).

③ "을유년의 보각판인 『석화엄교분기원통초』 권10, 제10장(원판분류경판)의 우변 밖에는 '丁丑年出陸時此閣失与知識道元同/ 願開板入上乙酉十月日首座冲玄 : 정축년 육지로 나올 때 이 경판을 잃어 버렸다. 지식 도원과 함께 같이 발원하여 개판하고 받들어 올렸다. 을유년 10월 모일 수좌 충현)'이라는 내용이 역으로 음각되어 있다. 이로써 본 보각판은 을유년에 보완하였다는 사실을 확인할 수 있다. 그러면서도 정축년과 을유년에 대해서는 기존 연구에서 태조 6년(1397)과 태종 5년(1405)으로 각각 파악(朴泳洙, 「高麗大藏經版의 硏究」『白性郁博士頌壽紀念 佛敎學論文集』, 동국문화사, 1959, 437쪽 및 安啓賢, 「大藏經의 雕板」『한국사』6, 국사편찬위원회, 1975, 49~51쪽)하기도 하나, 그 정확한 시기를 확정할 수 없다."(최영호, 「국보 제32호 합천 海印寺大藏經板 중복판 조사용역사업 보고서」, p.506).

175) 『합부금광명경』〈고유번호17723〉이 1865년에는 실종된 상태이었을 것을 판단된다.

176) 왼쪽은 「대승광백론석론」〈고유번호31213〉의 해인사 경판의 이미지이고, 오른쪽은 통도사본의 이미지이다.

177) 한편 『신화엄경론』 권33, 제22장이 1899년에 인출된 해인사소장본에는 조선후기 유계판으로 인출된 것으로 조사되어 있다(박광헌, "해인사 대장경 중복판의 인경본 조사와 시기분석", 『미술사연구』 38, 미술사연구회, 2020. p.43).

178) 왼쪽은 「집고금불도론형」〈고유번호61001〉의 해인사 경판의 이미지이고, 오른쪽은 월정사본의 이미지이다.

179) 왼쪽은 「보리심이상론」〈고유번호675047〉의 월정사본의 이미지이고, 오른쪽은 동국대학교영인본에 수록된 이미지이다.

180) 고려대장경연구소의 월정사본 이미지는 有界本인 동대본을 바탕으로 해서 계선을 제거한 다음 촬영한 이미지이다.

181) 고려대장경연구소의 월정사본 이미지는 有界本인 동대본을 바탕으로 해서 계선을 제거한 다음 촬영한 이미지이다.

182) 현재 결판인 「아비달마순정리론」의 원각판에서 인출된 월정사본의 제17장은 온전하고 제18장은 마멸이 90%이다.

서수생 중복판 108판	중복판 108판 -國刊 51판 -有罫 16판 -無罫 17판 -大正 7판 -昭和 17판	▸서수생 선생의 중복판 108판 목록에 기재된 경판과 현재의 중복판 112판의 대조 ① 국간 51판 가운데 7판(국간4, 37, 47~51판)과 무쾌 17판 가운데 1판(무쾌4) 등 총 8판이 미확인됨 ② 유쾌 16판, 무쾌 16판, 대정 7판, 소화 17판은 현재의 중복판 112판에서 모두 확인됨
		▸서수생 선생의 '중복판 108판' 목록에 조선시대의 중복판인 '무쾌3'으로 기재되어 있는 『대반야바라밀다경』 권9, 제2장(실은 제3장) 1판은 대장도감에서 판각된 원각판 즉 '國刊'으로 보아야 옳다. 서수생 선생의 '중복판 108판' 목록에는 '고려49'로 바르게 기재되어 있다.
		▸미확인된 8판 1) 서수생 선생의 중복판 108판 목록에서 발생된 숫자 오류로 미확인된 경판 2판 　① '국간4'(『대반야경』 권23, 1장).[183] 　② '국간37'(『대반야경』 권97, ?장).[184] 2) 경판의 훼손으로 인해 서수생 선생의 중복판 목록에 글자 불명으로 기재되어 미확인된 경판 5판 　① '국간47' ~ ⑤ '국간51'(경명 권차 장차 미상). 3) 기타 미확인된 경판 1판 　① '무쾌4'
		▸현재의 중복판 112판 가운데 서수생 선생의 중복판 108판 목록에 없는 경판 12판(표의 0-1~12) 1) 서수생 선생의 중복판 108판 목록에서 확인되지 못한 현재의 경판(중복판 또는 입장판) 8판(표의 0-1~8) 　① '중복09'인 『대반야경』 권10, 12/13장(고유번호81251) 　② '중복12'인 『대반야경』 권21, 13장(고유번호81254) 　③ '중복28'인 『대반야경』 권53, 1장(고유번호81270) / 입장판(고유번호811)[185] 　④ '중복44'인 『대반야경』 권96, 14장(고유번호81286) 　⑤ '중복45'인 『대반야경』 권100, 3장(고유번호81287) / 입장판(고유번호1489)[186] 　⑥ '중복25'인 『대반야경』 권162, 1/2장(고유번호81267) 　⑦ '중복08'인 『대반야경』 권176, 21장(고유번호81250) 　⑧ '중복70'인 『대반야경』 권534, 19/20장(고유번호81312)
		2) 서수생 선생의 중복판 108판 목록에 누락된 현재의 중복판 3판(표의 0-10~12) 　① '중복83'인 『십송율』 권5, 34장 1판(고유번호81325) 　② '중복102'인 『석화엄지귀장원통초』 卷下, 7/8장 1판(고유번호81344) 　③ '중복103'인 『화엄경탐현기』 권1,36장/권18,25장 1판(고유번호81345)
		3) 현재의 중복판 112판의 1판(중복87-1)으로서 서수생 선생의 중복판 108판 목록에 없고 架內에 봉안되어 있던 중복판 1판(표의 0-9) 　① '중복87-1'인 『출요경』 권25, 제17장 1판(고유번호55798)
서수생 중복판 92판	중복판 92판 -고려 52판 -조선 16판 -을묘 7판 -정축 17판	① 고려 52판 가운데 제4, 7, 13~19, 31, 32, 39, 43, 50항 등 총14항 14판은 미확인 ② 조선 16판 가운데 제13항(1항 1판)은 미확인 ③ 을묘 7판과 정축 17판은 현재의 중복판 112판에서 모두 확인됨 ④ 총77판이 현재의 중복판 112판에서 확인됨
	미확인된 15판	'고려4'(『대반야경』 권226)　　　　　　　　'고려31'(『대반야경』 권278, 19/20장) '고려7'(『대반야경』 불명)　　　　　　　　'고려32'(『대반야경』 권116, 23/24장) '고려13'(『대반야경』 권80, 11/12장)　　　'고려39'(『대반야경』 권149, 19/20장) '고려14~17'(『대반야경』 불명)　　　　　'고려43'(『대반야경』 권178, 23/24장) '고려18'(『대반야경』 권270, 23/24장)　　'고려50'(『대반야경』 권10, 11장) '고려19'(『대반야경』 권253, 20/21장)　　'조선13'(『탐현기』 권15, 32/33장)
		① 〈표 7-2〉의 '서수생 중복판 92판' 목록에서 '미확인'으로 표기된 경판 24판 가운데 15판은 '중복판 92판' 가운데 확인되지 못한 15판(고려04, 07, 13~19, 31, 32, 39, 43, 50항 등 14판과 조선13 1판)에 해당되고, 나머지 9판은 '중복판 92판'의 목록이 작성될 때에 이전의 印經때문에 입장판으로 분류[架內에 배열]되어 있었던 경판으로 판단된다〈표 7-4〉 "서수생 선생의 중복판 92판을 중심으로 한 현재의 중복판 112판에서 확인된 서수생 선생이 조사 기록한 중복판 108판과 92판의 상황" 참조). ② 〈표 7-2〉의 '서수생 중복판 92판' 목록에서 '印經'으로 표기된 경판 10판은 '중복판 108판'의 목록이 작성될 때 중복판으로[架外에] 정리되었던 경판이었는데, '중복판 92판'의 목록이 작성될 때에는 이전의 印經때문에 입장판으로 분류[架內에 배열]되어 있었던 경판으로 판단된다.
		▸서수생 선생이 정리한 二重板 92판에 대해 선행연구에서 분석된 내용을 소개하면 다음과 같다. "이 기존목록에서는 해인사대장경판의 중복판인 이중판 가운데 고려시대의 보각판이 52판이고, 조선시대 보각판이 16판이며, 1915년과 1937년의 보각판이 각각 7판과 17판이라 하였다. 이처럼 총92판의 중복판이 새로 정리되어 발표되면서 해인사대장경판에 대해 보다 구체적이고 심층적으로 연구할 수 있는 계기를 제공하게 되었다. 그러면서도 이 기존목록에는 몇 가지 아쉬운 점을 남겨 두기도 하였다. 우선, 중복분류경판에 해당하는 경판의 종류나 수량이 상당수 누락되어 있다는 사실이다. 기존목록에서는 고려시대ㆍ조선시대 및 1915ㆍ1937년의 중복분류경판을 총92판으로 확인하였다. 그런데 본 조사사업이 수행되고 있는 현재까지 발견된 중복분류경판은 총110판으로 기존 92판과 18판이나 차이를 보인다. 더구나 총92판 가운데 본 조사사업의 중복분류경판 110판과 권차ㆍ장차가 일치하는 경판이 총63판(단, 1판 양면 가운데 1면만 일치하는 『대반야바라밀다경』 권31, 제26장 및 권76, 제21장 및 209, 제20장, 그리고 『대승광백론석론』 권4, 제15장 및 『화엄경탐현기』 권1, 제36장 등 5종 경판도 여기에 포함)으로, 기존의 중복분류경판 목록에서는 총47판이 누락되어 있다. 다음으로, 기존목록에는 중복판에 해당되지 않은 중복분류경판들이 포함되어 있다. 기존목록에서는 해당 경전 이름과 권차ㆍ장차가 명확하거나 불명확한 중복분류경판 가운데 총29판이 중복분류경판과 다른 경판이다."(최영호 외, 『국보 제32호 합천 海印寺大藏經板 중복판 조사용역사업 보고서』, 법보종찰 해인사ㆍ합천군ㆍ동아대학교 석당학술원, 2015, p.12).

183) '국간4'(『대반야경』 권23, 1장)에서 '권23'은 '권53'의 잘못으로 추정된다.

184) '국간37'(『대반야경』 권97, ?장)에서 '권97, ?장'은 '권96, 14장'의 잘못으로 추정된다.

185) 『대반야경』 권53, 1장의 경우 현재에는 원각판인 〈고유번호811〉이 입장판으로 분류되어 있고, 중각판인 〈고유번호 81270〉이 중복판으로 정리되어 있지만, 1968년 서수생 선생이 조사할 때에는 원각판인 〈고유번호811〉이 중복판으로 정리 되었고, 중각판인 〈고유번호81270〉이 입장판으로 분류되었을 것으로 판단된다. 그리고 1977년 서수생 선생이 다시 조사할 때에는 중복판으로 정리되어 있던 원각판 〈고유번호811〉이 중각판인 〈고유번호81270〉과 함께 입장판으로 분류되었을 것으로 판단된다.

186) 『대반야경』 권100, 3장의 경우 현재에는 원각판인 〈고유번호1489〉(『대반야경』 권100, 2/3장)가 입장판으로 분류되어 있고, 중각판인 〈고유번호81287〉(『대반야경』 권100, 2/3장의 3장 한 면)이 중복판으로 정리되어 있지만, 1968년 서수생 선생이 조사할 때에는 원각판인 〈고유번호1489〉(『대반야경』 권100, 2/3장)의 3장 한 면이 중복판으로 정리되었고, 중각판인 〈고유번호81287〉(『대반야경』 권100, 2/3장의 3장 한 면)이 입장판으로 분류되었을 것으로 판단된다. 그리고 1977년 서수생 선생이 다시 조사할 때에는 중복판으로 정리되었던 원각판 〈고유번호1489〉(『대반야경』 권100, 3/4장의 3장 한면)이 중각판인 〈고유번호81287〉과 함께 입장판으로 분류되었을 것으로 판단된다.

〈표 7-4〉 서수생 선생의 중복판 92판을 중심으로 한 현재의 중복판 112판에서 확인된
서수생 선생이 조사 기록한 중복판 108판과 92판의 상황

	현재의 중복판 112판	현재의 중복판 번호	서수생의 중복판 92판			서수생의 중복판 108판	
1	대반야바라밀다경 81276	중복034	고려01	1		국간10	1
2	대반야바라밀다경 81277	중복035	고려02	2		국간11	2
3	대반야바라밀다경 81307	중복065	고려03	3		국간20	3
4	대반야바라밀다경 81300	중복058	고려05	4		국간25	4
5	대반야바라밀다경 81282	중복040	고려06	5		국간40 ?장차	5
6	대반야바라밀다경 81281	중복039	고려08	6		국간34	6
7	대반야바라밀다경 81313	중복071	고려09	7		국간26	7
8	대반야바라밀다경 81289	중복047	고려10	8		국간14	8
9	대반야바라밀다경 81286	중복044	고려11	9		국간47 추정 0-4	9
10	대반야바라밀다경 81263	중복021	고려12	10		국간05	10
11	화엄경탐현기 81349	중복107	고려20	11		국간46	11
12	불설미륵하생경 81319	중복077	고려21	12		국간43	12
13	대반야바라밀다경 81264-a(9/10)	중복022	고려22	13		국간06	13
14	대반야바라밀다경 81311	중복069	고려23	14		국간36 ?장차	14
15	대반야바라밀다경 81243	중복001	고려24	15		국간01	15
16	대반야바라밀다경 81266	중복024	고려25	16		국간07	16
17	대반야바라밀다경 81254	중복012	고려26	17		국간04 추정 0-2	17
18	대반야바라밀다경 81273	중복031	고려27	18		국간27	18
19	대반야바라밀다경 81245	중복003	고려28	19		국간02	19
20	대반야바라밀다경 81293	중복051	고려29	20		국간22 230권	20
21	대반야바라밀다경 81309	중복067	고려30	21		국간21	21
22	대반야바라밀다경 81268	중복026	고려33	22		국간08	22
23	대반야바라밀다경 81315	중복073	고려34	23		국간31	23
24	대반야바라밀다경 81308	중복066	고려35	24		국간28	24
25	대반야바라밀다경 81284	중복042	고려36	25		국간12	25
26	대승비분다리경 81316	중복074	고려37	26		국간44	26
27	대반야바라밀다경 81295	중복053	고려38	27		국간32	27
28	대반야바라밀다경 81257	중복015	고려40	28		국간30	28
29	대반야바라밀다경 81265	중복023	고려41	29		국간29	29

30	대반야바라밀다경 81304	중복062	고려42	30		국간24	30
31	대반야바라밀다경 81306	중복064	고려44	31		국간18 11장/12장	31
32	대반야바라밀다경 81253	중복011	고려45	32		국간03	32
33	대반야바라밀다경 81291	중복049	고려46	33		국간15	33
34	대반야바라밀다경 81305	중복063	고려47	34		국간17	34
35	대반야바라밀다경 81288	중복046	고려48	35		국간13	35
36	대반야바라밀다경 81249	중복007	고려49	36		무패03 9권 2장	36
37	남명천화상…사실 81342	중복100	고려51	37		무패12	37
38	남명천화상…사실 81343	중복101	고려52	38		무패13	38
39	대승광백론석론 81321	중복079	을묘1	39		대정5	39
40	대반야바라밀다경 81255	중복013	을묘2	40		대정1	40
41	집고금불도론형 81331	중복089	을묘3	41		대정6	41
42	보리심리상론 81338	중복096	을묘4	42		대정7	42
43	대반야바라밀다경 81283	중복041	을묘5	43		대정4	43
44	대반야바라밀다경 81272	중복030	을묘6	44		대정2	44
45	대반야바라밀다경 81280	중복038	을묘7	45		대정3	45
46	대승광백론석론 81320-a	중복078	정축01	46		소화12	46
47	대반야바라밀다경 81274	중복032	정축02	47		소화05	47
48	대반야바라밀다경 81261	중복019	정축03 31권 26장 欠	48		소화01 31권 26장	48
49	대반야바라밀다경 81298	중복056	정축04	49		소화10 21장	49
50	대반야바라밀다경 81294	중복052	정축05	50		소화08	50
51	대반야바라밀다경 81271	중복029	정축06	51		소화04	51
52	대반야바라밀다경 81278	중복036	정축07	52		소화06	52
53	대반야바라밀다경 81279-a	중복037	정축08	53		소화11	53
54	출요경(17장) 81329	중복087	정축09	54		소화15	54
55	아비달마순정리론 81327	중복085	정축10	55		소화13	55
56	대반야바라밀다경 81262	중복020	정축11	56		소화02	56
57	아비달마대비바사론 81326	중복084	정축12	57		소화14	57
58	대장엄론경 81323	중복081	정축13	58		소화16	58
59	대반야바라밀다경 81297	중복055	정축14	59		소화09	59

60	대반야바라밀다경 81269-a	중복027	정축15	60		소화03	60
61	대반야바라밀다경 81310	중복068	정축16	61		소화07 116권	61
62	보유목록 사간(5824)	중복110 (추가)	정축17	62		소화17	62
63	종경록 81341	중복099	조선01	63		무패11	63
64	속고승전 81333	중복091	조선02	64		무패08	64
65	집고금불도론형 81330	중복088	조선03	65		무패07	65
66	대반야바라밀다경 81246	중복004	조선04	66		무패01	66
67	보리행경 81334	중복092	조선05	67		국간42	67
68	화엄경탐현기 81346	중복104	조선06 37장	68		무패15	68
69	화엄경탐현기 81350	중복108	조선07	69		무패17	69
70	석화엄지귀장원통초 81344	중복102	조선08	70		0-11 누락	
71	법원주림 81336	중복094	조선09	71		무패09	70
72	화엄경탐현기 81348	중복106	조선10	72		국간45	71
73	대반야바라밀다경 81247	중복005	조선11	73		무패02	72
74	법원주림 81337	중복095	조선12	74		무패10	73
75	출요경 81328	중복086	조선14	75		무패06	74
76	대승광백론석론 81322	중복080	조선15	76		무패05	75
77	화엄경탐현기 81345	중복103	조선16	77		0-12 누락	
78	대반야바라밀다경 81251	중복009	印經	1		무패04 미상 0-1	76
79	화엄경탐현기 81347	중복105	印經	2		무패16	77
80	대반야바라밀다경 81244	중복002	印經	3		유패01	78
81	대반야바라밀다경 81248	중복006	印經	4	① 이 경판 10판은 '중복판 108판'의 목록이 작성될 때 중복판으로[架外에] 정리되었던 경판이었는데, '중복판 92판'의 목록이 작성될 때에는 이전의 印經 때문에 입장판에 분류[架內에 배열]되어 있었던 경판으로 판단된다.	유패02	79
82	대반야바라밀다경 81256	중복014	印經	5		유패04	80
83	대반야바라밀다경 81259	중복017	印經	6		유패06	81
84	대반야바라밀다경 81290	중복048	印經	7		유패07	82
85	신화엄경론 81335	중복093	印經	8		유패12	83
86	불설비밀삼매대교왕경 81339	중복097	印經	9		유패13	84
87	불설비밀삼매대교왕경 81340	중복098	印經	10		유패14	85
88	대반야바라밀다경 81260	중복018	불명미확인	1		국간39 29장/30장	86
89	대반야바라밀다경 81267	중복025	불명미확인	2		국간49 추정 0-6	87
90	대반야바라밀다경 81296	중복054	불명미확인	3		국간38	88

91	대반야바라밀다경 81250	중복008	미확인	4		국간50 추정 0-7	89
92	대반야바라밀다경 81252	중복010	미확인	5		유패03	90
93	대반야바라밀다경 81258	중복016	미확인	6		유패05	91
94	대반야바라밀다경 81270	중복028	미확인	7		국간37 추정 0-3	92
95	대반야바라밀다경 81275	중복033	미확인	8		국간09	93
96	대반야바라밀다경 81285	중복043	미확인	9	② 현재의 중복판 112판 중 이 24판의 경판 가운데 어느 15판은 '중복판 92판' 가운데 확인되지 못한 15판(고려04, 07, 13~19, 31, 32, 39, 43, 50항 등 14판과 '조선13' 1판)에 해당되고,	국간33 ?:장차	94
97	대반야바라밀다경 81287	중복045	미확인	10		국간48 추정 0-5	95
98	대반야바라밀다경 81292	중복050	미확인	11		국간35 13장/14장	96
99	대반야바라밀다경 81299-a(20/21)	중복057	미확인	12	나머지 9판은 '중복판 92판'의 목록이 작성될 때에 이전의 印經때문에 입장판에 분류[架內에 배열]되어 있었던 경판으로 판단된다.	국간23	97
100	대반야바라밀다경 81301	중복059	미확인	13		유패08	98
101	대반야바라밀다경 81302	중복060	미확인	14		국간16	99
102	대반야바라밀다경 81303	중복061	미확인	15		국간19	100
103	대반야바라밀다경 81312	중복070	미확인	16		국간51 추정 0-8	101
104	대반야바라밀다경 81314	중복072	미확인	17		국간41 20장/21장	102
105	합부금광명경 81317	중복075	미확인	18		유패09	103
106	마하승기율 81324	중복082	미확인	19		유패10	104
107	십송율 81325	중복083	미확인	20		0-10 누락	
108	속고승전 81332	중복090	미확인	21		유패11	105
109	석화엄교분기원통초 80326	중복109	미확인	22		무패14	106
110	예념미타도량참법 81241 추가: 80349-1	중복111	미확인	23		유패15	107
111	예념미타도량참법 81242 추가: 80352-1	중복112	미확인	24		유패16	108
112	출요경(17장) 55798	중복087-1 추가경판	架內奉安		架內奉安	架內奉安 0-9	

	현재의 중복판 112판	현재의 중복판 번호	서수생의 중복판 108판		서수생의 중복판 92판		
1	대반야바라밀다경 81243	중복001	국간01	1	고려24	1	① 서수생의 '중복판 92판' 목록에서 '미확인'으로 표기된 경판 24판 가운데 15판은 '중복판 92판' 가운데 확인되지 못한 15판(고려04, 07, 13~19, 31, 32, 39, 43, 50항 등 14판과 조선13 1판)에 해당되고, 나머지 9판은 '중복판 92판'의 목록이 작성될 때에 이전의 印經때문에 입장판에 분류[架內에 배열]되어 있었던 경판으로 판단된다.
2	대반야바라밀다경 81245	중복003	국간02	2	고려28	2	
3	대반야바라밀다경 81253	중복011	국간03	3	고려45	3	
4	대반야바라밀다경 81254	중복012	국간04 추정 0-2	4	고려26	4	
5	대반야바라밀다경 81263	중복021	국간05	5	고려12	5	
6	대반야바라밀다경 81264-a(9/10)	중복022	국간06	6	고려22	6	
7	대반야바라밀다경 81266	중복024	국간07	7	고려25	7	② 서수생의 '중복판 92판' 목록에서 '印經'으로 표기된 경판 10판은 '중복판 108판'의 목록이 작성될 때 중복판으로[架外에] 정리되었던 경판이었는데, '중복판 92판'의 목록이 작성될 때에는 이전의 印經때문에 입장판에 분류[架內에 배열]되어 있었던 경판으로 판단된다.
8	대반야바라밀다경 81268	중복026	국간08	8	고려33	8	
9	대반야바라밀다경 81275	중복033	국간09	9	미확인	9	
10	대반야바라밀다경 81276	중복034	국간10	10	고려01	10	
11	대반야바라밀다경 81277	중복035	국간11	11	고려02	11	
12	대반야바라밀다경 81284	중복042	국간12	12	고려36	12	
13	대반야바라밀다경 81288	중복046	국간13	13	고려48	13	③ 서수생 선생의 '중복판 108판' 목록에 조선시대의 중복판인 '무쾌03'으로 기재되어 있는 『대반야바라밀다경』 권9, 제2장(실은 제3장) 1판은 대장도감에서 판각된 경판 즉 '國刊'으로 보아야 옳다.
14	대반야바라밀다경 81289	중복047	국간14	14	고려10	14	
15	대반야바라밀다경 81291	중복049	국간15	15	고려46	15	
16	대반야바라밀다경 81302	중복060	국간16	16	미확인	16	
17	대반야바라밀다경 81305	중복063	국간17	17	고려47	17	
18	대반야바라밀다경 81306	중복064	국간18 11장/12장	18	고려44	18	
19	대반야바라밀다경 81303	중복061	국간19	19	미확인	19	
20	대반야바라밀다경 81307	중복065	국간20	20	고려03	20	
21	대반야바라밀다경 81309	중복067	국간21	21	고려30	21	
22	대반야바라밀다경 81293	중복051	국간22 230권	22	고려29	22	
23	대반야바라밀다경 81299-a(20/21)	중복057	국간23	23	미확인	23	
24	대반야바라밀다경 81304	중복062	국간24	24	고려42	24	
25	대반야바라밀다경 81300	중복058	국간25	25	고려05	25	
26	대반야바라밀다경 81313	중복071	국간26	26	고려09	26	
27	대반야바라밀다경 81273	중복031	국간27	27	고려27	27	
28	대반야바라밀다경 81308	중복066	국간28	28	고려35	28	
29	대반야바라밀다경 81265	중복023	국간29	29	고려41	29	
30	대반야바라밀다경 81257	중복015	국간30	30	고려40	30	
31	대반야바라밀다경 81315	중복073	국간31	31	고려34	31	
32	대반야바라밀다경 81295	중복053	국간32	32	고려38	32	

33	대반야바라밀다경 81285	중복043	국간33 ?:장차	33	미확인	33
34	대반야바라밀다경 81281	중복039	국간34	34	고려08	34
35	대반야바라밀다경 81292	중복050	국간35 13장/14장	35	미확인	35
36	대반야바라밀다경 81311	중복069	국간36 ?장차	36	고려23	36
37	대반야바라밀다경 81270	중복028	국간37 추정 0-3	37	미확인	37
38	대반야바라밀다경 81296	중복054	국간38	38	불명미확인	38
39	대반야바라밀다경 81260	중복018	국간39 29장/30장	39	불명미확인	39
40	대반야바라밀다경 81282	중복040	국간40 ?장차	40	고려06	40
41	대반야바라밀다경 81314	중복072	국간41 20장/21장	41	미확인	41
42	보리행경 81334	중복092	국간42	42	조선05	42
43	불설미륵하생경 81319	중복077	국간43	43	고려21	43
44	대승비분다리경 81316	중복074	국간44	44	고려37	44
45	화엄경탐현기 81348	중복106	국간45	45	조선10	45
46	화엄경탐현기 81349	중복107	국간46	46	고려20	46
47	대반야바라밀다경 81286	중복044	국간47 추정 0-4	47	고려11	47
48	대반야바라밀다경 81287	중복045	국간48 추정 0-5	48	미확인	48
49	대반야바라밀다경 81267	중복025	국간49 추정 0-6	49	불명미확인	49
50	대반야바라밀다경 81250	중복008	국간50 추정 0-7	50	미확인	50
51	대반야바라밀다경 81312	중복070	국간51 추정 0-8	51	미확인	51
52	대반야바라밀다경 81255	중복013	대정1	52	을묘2	52
53	대반야바라밀다경 81272	중복030	대정2	53	을묘6	53
54	대반야바라밀다경 81280	중복038	대정3	54	을묘7	54
55	대반야바라밀다경 81283	중복041	대정4	55	을묘5	55
56	대승광백론석론 81321	중복079	대정5	56	을묘1	56
57	집고금불도론형 81331	중복089	대정6	57	을묘3	57
58	보리심리상론 81338	중복096	대정7	58	을묘4	58
59	대반야바라밀다경 81246	중복004	무패01	59	조선04	59
60	대반야바라밀다경 81247	중복005	무패02	60	조선11	60
61	대반야바라밀다경 81249	중복007	무패03 9권 2장	61	고려49	61
62	대반야바라밀다경 81251	중복009	무패04 미상 0-1	62	印經	62
63	대승광백론석론 81322	중복080	무패05	63	조선15	63
64	출요경 81328	중복086	무패06	64	조선14	64
65	집고금불도론형 81330	중복088	무패07	65	조선03	65
66	속고승전 81333	중복091	무패08	66	조선02	66
67	법원주림 81336	중복094	무패09	67	조선09	67

68	법원주림 81337	중복095	**무패10**	68	조선12	68	
69	종경록 81341	중복099	**무패11**	69	조선01	69	
70	남명천화상…사실 81342	중복100	**무패12**	70	고려51	70	
71	남명천화상…사실 81343	중복101	**무패13**	71	고려52	71	
72	석화엄교분기원통초 80326	중복109	**무패14**	72	미확인	72	
73	화엄경탐현기 81346	중복104	**무패15**	73	조선06 37장	73	
74	화엄경탐현기 81347	중복105	**무패16**	74	印經	74	
75	화엄경탐현기 81350	중복108	**무패17**	75	조선07	75	
76	대반야바라밀다경 81261	중복019	소화01 31권 26장	76	정축03 31권 26장/欠	76	
77	대반야바라밀다경 81262	중복020	소화02	77	정축11	77	
78	대반야바라밀다경 81269-a	중복027	소화03	78	정축15	78	
79	대반야바라밀다경 81271	중복029	소화04	79	정축06	79	
80	대반야바라밀다경 81274	중복032	소화05	80	정축02	80	
81	대반야바라밀다경 81278	중복036	소화06	81	정축07	81	
82	대반야바라밀다경 81310	중복068	소화07 116권	82	정축16	82	
83	대반야바라밀다경 81294	중복052	소화08	83	정축05	83	
84	대반야바라밀다경 81297	중복055	소화09	84	정축14	84	
85	대반야바라밀다경 81298	중복056	소화10 21장	85	정축04	85	
86	대반야바라밀다경 81279-a	중복037	소화11	86	정축08	86	
87	대승광백론석론 81320-a	중복078	소화12	87	정축01	87	
88	아비달마순정리론 81327	중복085	소화13	88	정축10	88	
89	아비달마대비바사론 81326	중복084	소화14	89	정축12	89	
90	출요경(17장) 81329	중복087	소화15	90	정축09	90	
91	대장엄론경 81323	중복081	소화16	91	정축13	91	
92	보유목록 사건(5824)	중복110 (추가)	소화17	92	정축17	92	
93	대반야바라밀다경 81244	중복002	**유패01**	93	印經	93	
94	대반야바라밀다경 81248	중복006	**유패02**	94	印經	94	
95	대반야바라밀다경 81252	중복010	**유패03**	95	미확인	95	
96	대반야바라밀다경 81256	중복014	**유패04**	96	印經	96	
97	대반야바라밀다경 81258	중복016	**유패05**	97	미확인	97	
98	대반야바라밀다경 81259	중복017	**유패06**	98	印經	98	
99	대반야바라밀다경 81290	중복048	**유패07**	99	印經	99	
100	대반야바라밀다경 81301	중복059	**유패08**	100	미확인	100	
101	합부금광명경 81317	중복075	**유패09**	101	미확인	101	

102	마하승기율 81324	중복082	**유괘10**	102	미확인	102	
103	속고승전 81332	중복090	**유괘11**	103	미확인	103	
104	신화엄경론 81335	중복093	**유괘12**	104	**印經**	104	
105	불설비밀삼매대교왕경 81339	중복097	**유괘13**	105	**印經**	105	
106	불설비밀삼매대교왕경 81340	중복098	**유괘14**	106	**印經**	106	
107	예념미타도량참법 81241	중복111	**유괘15**	107	미확인	107	
108	예념미타도량참법 81242	중복112	**유괘16**	108	미확인	108	
109	출요경(17장) 55798	중복087-1 추가경판	架內奉安 0-9	109	架內奉安	109	
110	십송율 81325	중복083	0-10 누락	111	미확인	111	
111	석화엄지귀장원통초 81344	중복102	0-11 누락	110	조선08	110	
112	화엄경탐현기 81345	중복103	0-12 누락	112	조선16	112	

<표 7-6> 현재의 중복판 112판에서 확인된 서수생 선생이 조사 기록한 중복판 108판과 92판의 상황

	현재의 중복판 112판	현재의 중복판 번호	서수생의 중복판 108판		서수생의 중복판 92판		
1	대반야바라밀다경 81243	중복001	국간01	1	고려24	1	① 서수생의 '중복판 92판' 목록에서 '미확인'으로 표기된 경판 24판 가운데 15판은 '중복판 92판' 가운데 확인되지 못한 15판(고려04, 07, 13~19, 31, 32, 39, 43, 50항 등 14판과 조선13 1판)에 해당되고, 나머지 9판은 '중복판 92판'의 목록이 작성될 때에 이전의 印經때문에 입장판에 분류[架內에 배열]되어 있었던 경판으로 판단된다.
2	대반야바라밀다경 81244	중복002	유패01	2	印經	2	
3	대반야바라밀다경 81245	중복003	국간02	3	고려28	3	
4	대반야바라밀다경 81246	중복004	무패01	4	조선04	4	
5	대반야바라밀다경 81247	중복005	무패02	5	조선11	5	
6	대반야바라밀다경 81248	중복006	유패02	6	印經	6	② 서수생의 '중복판 92판' 목록에서 '印經'으로 표기된 경판 10판은 '중복판 108판'의 목록이 작성될 때 중복판으로[架外에] 정리되었던 경판이었는데, '중복판 92판'의 목록이 작성될 때에는 이전의 印經때문에 입장판에 분류[架內에 배열]되어 있었던 경판으로 판단된다.
7	대반야바라밀다경 81249	중복007	무패03 9권 2장	7	고려49	7	
8	대반야바라밀다경 81250	중복008	국간50 추정 0-7	8	미확인	8	
9	대반야바라밀다경 81251	중복009	무패04 미상 0-1	9	印經	9	
10	대반야바라밀다경 81252	중복010	유패03	10	미확인	10	
11	대반야바라밀다경 81253	중복011	국간03	11	고려45	11	③ 서수생 선생의 '중복판 108판' 목록에 조선시대의 중복판인 '무패03'으로 기재되어 있는 『대반야바라밀다경』 권9, 제2장(실은 제3장) 1판은 대장도감에서 판각된 경판 즉 '國刊'으로 보아야 옳다.
12	대반야바라밀다경 81254	중복012	국간04 추정 0-2	12	고려26	12	
13	대반야바라밀다경 81255	중복013	대정1	13	을묘2	13	
14	대반야바라밀다경 81256	중복014	유패04	14	印經	14	
15	대반야바라밀다경 81257	중복015	국간30	15	고려40	15	
16	대반야바라밀다경 81258	중복016	유패05	16	미확인	16	
17	대반야바라밀다경 81259	중복017	유패06	17	印經	17	
18	대반야바라밀다경 81260	중복018	국간39 29장/30장	18	불명미확인	18	
19	대반야바라밀다경 81261	중복019	소화01 31권 26장	19	정축03 31권 26장/欠	19	
20	대반야바라밀다경 81262	중복020	소화02	20	정축11	20	
21	대반야바라밀다경 81263	중복021	국간05	21	고려12	21	
22	대반야바라밀다경 81264-a(9/10)	중복022	국간06	22	고려22	22	
23	대반야바라밀다경 81265	중복023	국간29	23	고려41	23	
24	대반야바라밀다경 81266	중복024	국간07	24	고려25	24	
25	대반야바라밀다경 81267	중복025	국간49 추정 0-6	25	불명미확인	25	
26	대반야바라밀다경 81268	중복026	국간08	26	고려33	26	
27	대반야바라밀다경 81269-a	중복027	소화03	27	정축15	27	
28	대반야바라밀다경 81270	중복028	국간37 추정 0-3	28	미확인	28	
29	대반야바라밀다경 81271	중복029	소화04	29	정축06	29	
30	대반야바라밀다경 81272	중복030	대정2	30	을묘6	30	
31	대반야바라밀다경 81273	중복031	국간27	31	고려27	31	
32	대반야바라밀다경 81274	중복032	소화05	32	정축02	32	

33	대반야바라밀다경 81275	중복033	국간09	33	미확인	33
34	대반야바라밀다경 81276	중복034	국간10	34	고려01	34
35	대반야바라밀다경 81277	중복035	국간11	35	고려02	35
36	대반야바라밀다경 81278	중복036	소화06	36	정축07	36
37	대반야바라밀다경 81279-a	중복037	소화11	37	정축08	37
38	대반야바라밀다경 81280	중복038	대정3	38	을묘7	38
39	대반야바라밀다경 81281	중복039	국간34	39	고려08	39
40	대반야바라밀다경 81282	중복040	국간40 ?장차	40	고려06	40
41	대반야바라밀다경 81283	중복041	대정4	41	을묘5	41
42	대반야바라밀다경 81284	중복042	국간12	42	고려36	42
43	대반야바라밀다경 81285	중복043	국간33 ?:장차	43	미확인	43
44	대반야바라밀다경 81286	중복044	국간47 추정 0-4	44	고려11	44
45	대반야바라밀다경 81287	중복045	국간48 추정 0-5	45	미확인	45
46	대반야바라밀다경 81288	중복046	국간13	46	고려48	46
47	대반야바라밀다경 81289	중복047	국간14	47	고려10	47
48	대반야바라밀다경 81290	중복048	유패07	48	印經	48
49	대반야바라밀다경 81291	중복049	국간15	49	고려46	49
50	대반야바라밀다경 81292	중복050	국간35 13장/14장	50	미확인	50
51	대반야바라밀다경 81293	중복051	국간22 230권	51	고려29	51
52	대반야바라밀다경 81294	중복052	소화08	52	정축05	52
53	대반야바라밀다경 81295	중복053	국간32	53	고려38	53
54	대반야바라밀다경 81296	중복054	국간38	54	불명미확인	54
55	대반야바라밀다경 81297	중복055	소화09	55	정축14	55
56	대반야바라밀다경 81298	중복056	소화10 21장	56	정축04	56
57	대반야바라밀다경 81299-a(20/21)	중복057	국간23	57	미확인	57
58	대반야바라밀다경 81300	중복058	국간25	58	고려05	58
59	대반야바라밀다경 81301	중복059	유패08	59	미확인	59
60	대반야바라밀다경 81302	중복060	국간16	60	미확인	60
61	대반야바라밀다경 81303	중복061	국간19	61	미확인	61
62	대반야바라밀다경 81304	중복062	국간24	62	고려42	62
63	대반야바라밀다경 81305	중복063	국간17	63	고려47	63
64	대반야바라밀다경 81306	중복064	국간18 11장/12장	64	고려44	64
65	대반야바라밀다경 81307	중복065	국간20	65	고려03	65
66	대반야바라밀다경 81308	중복066	국간28	66	고려35	66
67	대반야바라밀다경 81309	중복067	국간21	67	고려30	67

68	대반야바라밀다경 81310	중복068	소화07 116권	68	정축16	68	
69	대반야바라밀다경 81311	중복069	국간36 ?장차	69	고려23	69	
70	대반야바라밀다경 81312	중복070	국간51 추정 0-8	70	미확인	70	
71	대반야바라밀다경 81313	중복071	국간26	71	고려09	71	
72	대반야바라밀다경 81314	중복072	국간41 20장/21장	72	미확인	72	
73	대반야바라밀다경 81315	중복073	국간31	73	고려34	73	
74	대승비분다리경 81316	중복074	국간44	74	고려37	74	
75	합부금광명경 81317	중복075	유패09	75	미확인	75	
76	불설미륵하생경 81319	중복077	국간43	76	고려21	76	
77	대승광백론석론 81320-a	중복078	소화12	77	정축01	77	
78	대승광백론석론 81321	중복079	대정5	78	을묘1	78	
79	대승광백론석론 81322	중복080	무패05	79	조선15	79	
80	대장엄론경 81323	중복081	소화16	80	정축13	80	
81	마하승기율 81324	중복082	유패10	81	미확인	81	
82	십송율 81325	중복083	0-10 누락		미확인	82	
83	아비달마대비바사론 81326	중복084	소화14	82	정축12	83	
84	아비달마순정리론 81327	중복085	소화13	83	정축10	84	
85	출요경 81328	중복086	무패06	84	조선14	85	
86	출요경(17장) 81329	중복087	소화15	85	정축09	86	
87	출요경(17장) 55798	중복087-1 추가경판	架內奉安 0-9		架內奉安	87	
88	집고금불도론형 81330	중복088	무패07	86	조선03	88	
89	집고금불도론형 81331	중복089	대정6	87	을묘3	89	
90	속고승전 81332	중복090	유패11	88	미확인	90	
91	속고승전 81333	중복091	무패08	89	조선02	91	
92	보리행경 81334	중복092	국간42	90	조선05	92	
93	신화엄경론 81335	중복093	유패12	91	印經	93	
94	법원주림 81336	중복094	무패09	92	조선09	94	
95	법원주림 81337	중복095	무패10	93	조선12	95	
96	보리심리상론 81338	중복096	대정7	94	을묘4	96	
97	불설비밀삼매대교왕경 81339	중복097	유패13	95	印經	97	
98	불설비밀삼매대교왕경 81340	중복098	유패14	96	印經	98	
99	종경록 81341	중복099	무패11	97	조선01	99	
100	남명천화상…사실 81342	중복100	무패12	98	고려51	100	
101	남명천화상…사실 81343	중복101	무패13	99	고려52	101	
102	석화엄지귀장원통초 81344	중복102	0-11 누락		조선08	102	

103	화엄경탐현기 81345	중복103	0-12 누락		조선16	103	
104	화엄경탐현기 81346	중복104	무패15	100	조선06 37장	104	
105	화엄경탐현기 81347	중복105	무패16	101	印經	105	
106	화엄경탐현기 81348	중복106	국간45	102	조선10	106	
107	화엄경탐현기 81349	중복107	국간46	103	고려20	107	
108	화엄경탐현기 81350	중복108	무패17	104	조선07	108	
109	석화엄교분기원통초 80326	중복109	무패14	105	미확인	109	
110	보유목록 사간(5824)	중복110 (추가)	소화17	106	정축17	110	
111	예념미타도량참법 81241	중복111	유패15	107	미확인	111	
112	예념미타도량참법 81242	중복112	유패16	108	미확인	112	

〈표 7-7〉 현재의 중복판 112판과 서수생 선생이 조사 기록한 중복판 108판과 다른 사항

	〈표 7-6〉의 번호	현재의 중복판 112판	현재의 중복판 번호		서수생의 중복판 108판	서수생의 중복판 번호		서수생의 중복판 92판
1	14	대반야바라밀다경 권22 81256	중복014	원각판	대반야바라밀다경 권22 335	유괘04	중각판	印經
2	109	석화엄교분기원통초 권10 80326	중복109		석화엄교분기원통초 권10 81240	무괘14		미확인
3	12	대반야바라밀다경 권21 81254 81255	중복012 중복013	원각판 중각판	대반야바라밀다경 권21 81254 318	국간04 추정 0-2 대정1	원각판 중각판	고려26 을묘2
4	28	대반야바라밀다경 권53 81270	중복028	중각판	대반야바라밀다경 권53 811	국간37 추정 0-2	원각판	미확인
5	45	대반야바라밀다경 권100 81287	중복045		대반야바라밀다경 권100 1489	국간48 추정 0-4		미확인
6	92	보리행경 권2 81334	중복092		보리행경 권2 63697	국간42		조선05
7	106	화엄경탐현기 권16 81348	중복106		화엄경탐현기 권16 80992	국간45		조선10
8	87	출요경 권25(제17장) 55798	중복087-1 추가경판	중각판	출요경 권25(제17장) 55798	架內奉安 0-8	중각판	架內奉安
9	82	십송율 권5 81325	중복083	중각판	십송율 권5 81325	누락	중각판	미확인
10	102	석화엄지귀장원통초 권하 81344	중복102		석화엄지귀장원통초 권하 81344	누락		조선08
11	103	화엄경탐현기 권1 81345	중복103		화엄경탐현기 권1 81345	누락		조선16

1. 제1∼2항에 기재된 경판이 해인사의 '데이터베이스사업'때에는 해당 경판의 원각판이 중복판으로 분류되었다. 그러나 서수생 선생이 조사 기록한 중복판 108판에는 해당 경판의 중각판이 중복판으로 분류되었다.

2. 제3항에 기재된 경판 가운데 중각판인 1915년 을묘판(고유번호318)이 입장판으로 분류되고, 원각판인 대장도감판(고유번호81254)과 중각판인 1937년 정축판(고유번호81255)이 중복판(중복12 / 중복13)으로 정리되어 있다. 그런데 서수생 선생의 '중복판 108판'과 '중복판 92판'의 목록이 작성될 때에는 중각판인 1937년 정축판이 입장판으로 분류되고 원각판인 대장도감판(국간04 / 고려26)과 중각판인 1915년 을묘판(대정1 / 을묘2)이 중복판으로 정리되어 있었다.

3. 제4∼7항에 기재된 경판이 해인사의 '데이터베이스사업'때에는 해당 경판의 중각판이 중복판으로 분류되었다. 그러나 서수생 선생이 조사 기록한 중복판 108판에는 해당 경판의 원각판이 중복판으로 분류되었다.

4. 제8항에 기재된 출요경의 경판(이 경판은 원각판이면서 입장판인 『출요경』 권25, 제17/18장 1판(〈고유번호55797〉) 가운데 제17장 한 면의 補板(즉 중각판으로서 중복판)임)이 해인사의 '데이터베이스사업'때에는 불가피하게 〈고유번호55798〉로 입장판에 편입[즉 架內奉安板架에 配架]되었던 것인데, '중복판조사용역사업'때 중복판으로 이동되어 〈중복87-1〉로 재정리되었다. 한편 서수생 선생의 『八萬大藏經板板別目錄』에는 일련번호가 부여되지 않은 상태(중복판 목록에도 기재되지 않았음)

로 架內에 봉안되어 있는 것으로 기록되어 있다.

5. 제9~11항에 기재된 경판이 해인사의 '데이터베이스사업'때에는 해당 경판의 중각판이 중복판으로 분류되었다. 한편 서수생 선생이 조사 기록한 중복판 108판에는 누락되었던 것이다.

6. 해인사의 '데이터베이스사업'때 해인사 경판의 중복판이 총 108판으로 조사되었다. 한편 '중복판조사용역사업'때에는 해인사 경판의 중복 경판은 총 211판으로 조사되었다. 그리고 211판 가운데 93판은 '원판분류경판'(즉 '입장판')으로 분류되었고, 118판은 '중복분류경판'(즉 '중복판')은 분류되었다.

하지만 '데이터베이스사업'과 '중복판조사용역사업'때 중복판으로 분류된 중복판의 분류 기준 또는 원칙은 알려진 사실이 없다. 그런데 '데이터베이스사업'과 '중복판조사용역사업'때 중복판으로 분류된 중복판은 서수생 선생이 조사 기록한 중복판 108판과 대부분 일치하고 있다.

〈표 7-8〉 앞의 〈표 7-7〉에 기재된 경판의 이미지

표 7-7의 번호	중복판 이미지	서수생의 중복판 이미지	입장판 이미지
	경판 고유번호 / 중복판 번호	경판 고유번호 / 서수생 중복판 번호	경판 고유번호 / 원판번호
1	대반야바라밀다경 권22 81256 / 중복014 / 도감 원각판	右同 335 / 유패04 중각판	335 / 11050 / 조선시대 중각판
2	석화엄교분기원통초 권10 80326 / 중복109 / 1251년 원각판	右同 81240 / 무패14 중각판	81240 / 80325-1 / 을유년 중각판
3	대반야바라밀다경 권21 81254 / 중복012 / 도감 원각판	左同 81254 / 국간04 추정 0-2 원각판	
	대반야바라밀다경 권21 81255 / 중복013 / 1937 중각판	右同 318 / 대정1 중각판	318 / 11033 / 1915년 중각판
4	대반야바라밀다경 권53 81270 / 중복028 / 조선후기 중각판	右同 811 / 국간37 추정 0-2 원각판	811 / 11526 / 都監 原刻板
5	대반야바라밀다경 권100 81287 / 중복045 / 조선시대 중각판	右同 1489 / 국간48추정 0-4 원각판	1489 / 12205 / 都監 原刻板
6	보리행경 권2 81334 / 중복092 / 1381년 이후 중각판	右同 63697 / 국간42 원각판	63697 / 68213 / 都監 原刻板
7	화엄경탐현기 권16 81348 / 중복106 / 1381년 이후 중각판	右同 80992 / 국간45 원각판	80992 / 80991 / 都監 原刻板

〈표 7-9〉 서수생 선생의 원고에서 중복판이 108판인 것으로 기재된 상태에서 92판으로 수정된 기록

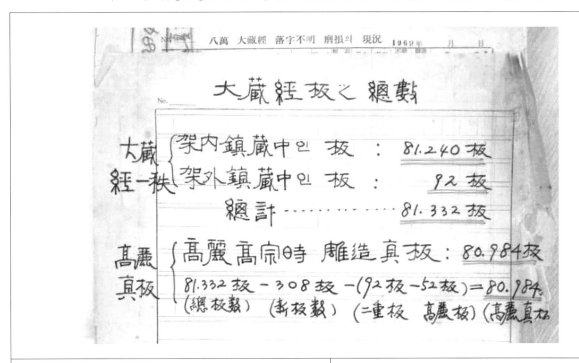

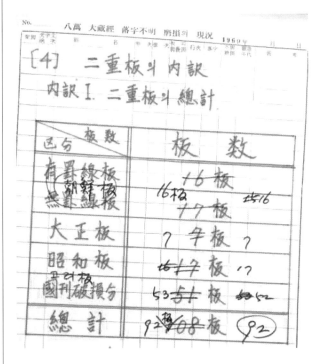

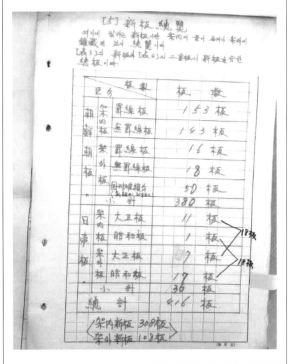

〈표 8〉 국보 제32호 해인사 대장경판의 구성과 수량

구분	해인사 팔만대장경 경판의 구성	1915년 총독부① 『인쇄전말』「奉獻始末」	1915년 총독부② 『인쇄전말』「報告書」	1977년 서수생 『총목록』	2008년 해인사① 경판 조사번호	2008년 해인사② 경판 고유번호	2015년 최영호 『중복판발표문』	필자의 분석 입장판(원판분류경판)	필자의 분석 원각판
1	㉮『대장목록』경전 (K0001~K1498) 경판 / 『대장목록』의 경전 1496종 6555권 639질			00001~77185, 77307~~78500, (78379판)	00001~78377, 81239, (78378판)	00001~78378, (78378판)		78377판 (154,379장) / 원각판 78326, 중각판 51	78371판 (154,379장) / 입장판 78323, 중복판 48
2	㉯『보유목록』(1865년 작성)경전(K1499~K1514)경판(목록 포함) / 『보유목록』의 경전 15종 236권 24질			78501~81240, (2740판)	78378~81117, (2740판)	78379~81118, (2740판)		2740판 (6,343장) / 원각판 2735, 중각판 5	2740판 (6,343장) / 입장판 2738, 중복판 2
합계①	㉮『대장목록』경전 ㉯『보유목록』경전 / 1511종 6791권 663질	81137 〈由來書〉	81119 「報告書」	81119	81118	81118		81117판 (160,722장) / 원각판 81061, 중각판 56	81111판 (160,722장) / 입장판 81061, 중복판 50
3	㉰중복경전 『대교왕경』의 경판 / 1종 10권 1질	121	121	77186~77306, (121판)	81118~81238, (121판)	81119~81239, (121판)		121판 (238장) / 원각판 121, 중각판 0	121판 (238장) / 입장판 121, 중복판 0
합계②	㉮『대장목록』경전 ㉯『보유목록』경전 ㉰중복『대교왕경』경판 / 1512종 6801권 664질	81258 〈上奏文〉	81240[187] (81238) 「報告書」	81240[188] (81238)	81239	81239	81238	81238판 (160,960장) / 원각판 81182, 중각판 56	81232판 (160,960장) / 입장판 81182, 중복판 50
4	㉱중복판 (중복분류경판)	① 國刊板 51판, 有界板 16판, 無界板 17판, 大正板 7판, 昭和板 17판 → 108[190]	② 高麗板 52판, 조선판 16판, 을묘판 7판, 정축판 17판 → 92	44145 80325, 80325-1, 80349-1, 80352-1, (3판), 중복76, 『보유목록』누락, 중복1~108 (108판) → 111	55798 80326, 81240, 81241, 81242, (3판), 81318(사간판『화엄경수소연의초』), 『보유목록』누락, 81243~81350. (108판) → 111	① 삭제 ② 중복110(추가) ③ 중복87-1 ④ 중복109 ⑤ 원판분류 ⑥ 중복111 ⑦ 중복112, 중복1~112. (112판)[189] → 112	중복판 112판 / 원각판 50, 중각판 62 → 112	중각판 118판 / 입장판 56, 중복판 62 → 118
합계③	㉮『대장목록』경전 ㉯『보유목록』경전 ㉰중복『대교왕경』경판 ㉱중복판 112판		81348[191] (81346) (81347) / 81332 (81330)	81350	81350	81350		81350 / 원각판 81232, 중각판 118	81350 / 입장판 81238, 중복판 112
5	원각판의 결판 3판 포함								3
합계④									81353
6	『內典隨函音疏』 2판 추가					2		2	2
합계⑤						81352		81352	81352

---

187) 『고려판대장경인쇄전말』의 「大藏經印刷終了報告」에 기재된 현존 경판의 수량 81,240판은 필자가 파악한 입장판 81,238판의 수량보다 2판이 많은데, 81,240판의 수량에는 부득이하게 중복판 3판(조선시대에 중각된 「대반야바라밀다경」 권100 제3장 단면 1판(고유번호81287)과 조선후기에 중각된 「십송율」 권5 제34장 단면 1판(고유번호81325) 그리고 1381년이후에 중각된 「출요경」 권16, 제7장 단면 1판(고유번호81328))이 포함되고, 1865년(조선 고종2년)에 판각된 「보유목록」 양면 1판(고유번호81118)이 포함되지 않았기 때문에 2판의 차이가 나는 것으로 판단된다.

188) 『대반야바라밀다경』 권16의 16/17장, 20/21장이 2판인데 『八萬大藏經板板別目錄』(경북대학교 도서관소장본)에는 4판으로 잘못 기록되었다. 따라서 합계 81240과 81332는 81238과 81330의 착오로 판단된다.

189) 중복1~112(112판)에서 '중복76'(사간판『화엄경수소연의초』)는 삭제되고, 부득이하게 입장판에 분류되었던『출요경』 (고유번호55798)이 '중복87-1'로 추가되어 있는 상태이다. 최근 팔만대장경연구원에서는 이와 같은 중복번호 가운데 빈 번호와 '중복87-1'의 번호를 없애고 중복판 112판을 경순(K1~1514) 순차 및 경전의 권차 순서로 재배열하여 '중복1'~'중복112'로 재정리하였다(『합천 해인사 대징경판 중복판 보존처리 보존연구』, 법보종찰해인사·합천군, 2018).

190) 108판은 1969년 당시에 파악된 중복판 수량이고, 92판은 1977년 당시 法寶殿 右便에 奉安되었던 架外奉安板 92판인 것으로 추정된다.

191) 『대반야바라밀다경』 권16의 16/17장, 20/21장이 2판이 4판으로 잘못 기록되어 있고,『출요경』 권25, 제17/18장 1판 가운데 제17장 한 면의 補板(즉 중복판)이 架內에 奉安되어 있다. 따라서 81348에서 2판을 빼면 81346판이 되고 다시 1판을 빼면 81347판이 되는데, 현재에 파악된 81350판에서 중복판『십송율』 권5 제34장 1판,『석화엄지귀장원 통초』 卷下 제7/8장 1판,『화엄경탐현기』 권1 제36장/권18 제25장 1판 등 3판이 누락된 수량이다.

Ⅳ.「大乘大敎王經」의 고려대장경 중복판 연구

1. 서언

『高麗大藏經』 1,496종(부록된 경전 포함 1,530종) 6,555권 639질의 경전 가운데 「대승대교왕경」 (「大乘瑜伽金剛性海曼殊室利千臂千鉢大敎王經」) 10권은 현재 2종의 중복판이 전래되고 있다. 하나는 分司大藏都監에서 판각된 것이고, 다른 하나는 大藏都監에서 판각된 것이다. 이 2종의 「대승대교왕경」은 분사대장도감과 대장도감의 관계를 규명하는데 매우 중요한 경전이다.

특히 '분사대장도감판' 「대승대교왕경(雞函)」은 卷末에 분사대장도감과 대장도감의 간기가 혼재해 있어서 분사대장도감과 대장도감의 판각 관계를 구명하는데 의미있는 실마리를 제공해 주는 문헌이다. 그럼에도 불구하고 종래에는 분사대장도감에서 판각된 「대승대교왕경(雞函)」이 오탈자가 많고 函號가 잘못 매겨졌기 때문에 대장도감에서 다시 수정된 「대승대교왕경(溪函)」이 간행되었다는 연구만이 진행되었다.

본 연구에서는 선행 연구에서 밝혀진 분석 내용 가운데 문제가 되는 몇 가지 사항을 중심으로 「대승대교왕경」의 '분사대장도감판'과 '대장도감판'의 文字異同(즉 내용의 차이) 및 저본과 판각 그리고 '분사대장도감판'의 간기와 각수 등에 대해서 고찰해 보고자 한다. 본 연구에서 도출될 연구결과는 분사대장도감과 대장도감의 관계를 규명하는 데 하나의 작은 단서가 될 것으로 기대된다.

2. 「대승대교왕경」의 중복판

「대승대교왕경」 10권은 현재 2종의 중복판이 현존하고 있다. 하나는 이 경전의 函號가 '溪(530)'로 되어 있는 '대장도감판' 「대승대교왕경」이고(동국대학교 영인본 『고려대장경』의 저본인 동국대학교소장본), 다른 하나는 函號가 '雞(629)'로 되어 있는 '분사대장도감판' 「대승대교왕경」이다(고려대장경연구소 인경본의 저본인 월정사소장본). 그리고 이들의 경판은 각각 해인사에 남아 있다. 그런데 『고려대장경』의 목록인 「대장목록」에는 이 「대승대교왕경」 10권이 溪(530)함에 편차되어 있고, 「續一切經音義」 10권이 雞(629)함에 편차되어 있다.

函號가 '雞(629)'로 된 '분사대장도감판'은 趙城藏本(金代에 조성된 대장경으로 개보장 수정본[1]의 복

---

1) 「대승대교왕경」의 개보장 원본은 咸平 元年(998)에 간행된 것이고{조성장본 제1권 권말에 "大宋咸平元年(998)奉勅雕"와 같은 刊記가 기재되어 있음}, 「대승대교왕경」의 개보장 수정본은 景祐 3년(1036)에 이루진 것으로 추정된다. 開寶藏의 수정에 관해서 經錄에는 개보장이 天禧 2년(1018)에 王欽若에 의해 수정되었고{『景祐法寶總錄』 권13(中華書局編, 『中華大藏經』, 1984. 73책. p.559)}, 乾興 1년(1022)에 惟淨에 의해 다시 수정되다가 중단되었으며{『경우법보총록』 乾興元年條의 記事(중화서국편, 『중화대장경』 1984. 73책. p.596) / 『경우법보총록』 권17(중화서국편, 『중화대장경』 1984. 73책. p.576)}, 景祐 3년(1036)에는 呂夷簡等이 '貞元錄經'(續開元錄藏 경전인 이른바 '未入藏經 27帙')을 수정했다는 기록이

각본임)과 分節, 卷首題 事項 등이 재조장본에서 수정된 내용을 제외하곤 거의 동일하다. 그러나 글자의 자형은 일치하지 않는다. 반면 함호가 '溪(530)'로 된 '대장도감판' 「대승대교왕경」은 趙城藏本과 分節, 卷首題 事項 등이 재조장본에서 수정된 내용을 제외하곤 거의 동일하다. 뿐만 아니라 글자의 자형까지도 일치한다(〈그림 1〉·〈그림 2〉 참조).

이러한 「대승대교왕경」의 '분사대장도감판'과 '대장도감판'에 대해서 일찍이 김윤곤 선생은 "高麗大藏經의 東亞大本과 彫成主體에 대한 考察"(『石堂論叢』 제24집, 1996)대해서 다음과 같이 언급하였다.

① "〈동국본〉(즉 '大藏都監版')은 〈東亞本〉(즉 '分司大藏都監版')의 誤字·脫字 등 오류를 수정 보완하여 새로 조성한 판본일 것이다."(p.63)

② "「大乘大教王經」의 〈東亞本〉(즉 '分司大藏都監版')은 函号를 모두 '雞'자를, 또 〈동국본〉(즉 '大藏都監版')은 함호를 모두 '溪'자로 각각 상이하게 刻해 놓았다. 이미 널리 알고 있다시피 『高麗大藏經』의 函次는 천자문의 순차에 의한 것이므로, 함차 礴~伊의 사이에 위치하고 있는 「大乘大教王經」의 함호는 당연히 '溪'자가 옳다. 그런데 「大藏目錄」에 의하면 '雞'함은 「續一切經音義」의 함호로 밝혀져 있으므로 「大乘大教王經」의 함호가 만약 '溪'자가 아닌 '雞'자라면 중복되는 것이다. 방대한 수량의 대장경판에 함호를 잘못 刻해 놓았다면, 이 경판은 색인·인경 등이 어려워 결국 폐기할 수밖에 없을 것이다. … 두 판본을 서로 비교해 보면 178곳의 相異한 부분을 발견할 수 있으며, 이 178곳의 거의 대부분은 〈東亞本〉(즉 '分司大藏都監版')의 誤字·脫字 등 오류를 '대장도감판'이 수정 보완해 넣은 것이다."(p.64)

③ "〈東亞本〉(즉 '分司大藏都監版')은 誤字·脫字 등이 무수히 많은 거의 廢板에 가까운 판본이다."(p.66)

④ "(표-6) (1)번2)에서 〈東亞本〉(즉 '分司大藏都監版')은 단순히 「大乘……經」의 '序'라고 했으나, 〈동국본〉(즉 '大藏都監版')은 「大乘……經」의 '卷第一幷序'라고 수정 보완해 놓았음을 볼 수 있다. (2)번3)에서 〈東亞本〉(즉 '分司大藏都監版')의 '唐大曆 九年 十年'은 9년 10월을 잘못 刻字하였음이 분명하며, 〈동국본〉(즉 '大藏都監版')은 이것을 수정하여 바르게 고쳐두었음을 볼 수 있다. 또 (3)번4)에서 〈東亞本〉(즉 '分司大藏都監版')의 '唐津中'은 〈동국본〉(즉 '大藏都監版')의 '唐建中'을 잘못 각자하였음이 분명하다. 당나라의 연호 중에서 津中이란 연호는 없으며 建中은 德宗 1년(780)부터 4년(785)까지 사용하였던 연호임으로 〈東亞本〉(즉 '分司大藏都監版')이 잘못임을 알 수 있다. (표-6)의 (1~178) 중에서 (3)까지 그 내용을 검토해 본 결과로 「大乘大教王經」의 〈東亞本〉(즉 '分司大藏都監版')에 나타나 있는 誤脫字 및 誤謬 등을 〈동국본〉(즉 '大藏都監版')에서 수정 보완하고 있다는 사실을 파악할 수 있으며, 끝번인 (178)까지 모두 장황하게 열거할 수 있는 겨를이 없으므로 언급을 삼가기로 하되, 그 결과만을 요약하면 앞에서 이미 언급한 (1)~(3) 등의 결과와 거의 대동소이한 것으로 간주하면 크게 어긋나지 않을 성싶다."(p.82~83)

⑤ "추측컨대 「大乘大教王經」은 처음에 대장도감과 분사대장도감 등이 각기 분담하여 판각하게 되어 있었으나, … 그 판하본의 瑕疵로 인하여 善本을 산출하지 못하자 다시 대장도감에서 새로 조성한 것이 〈동국본〉(즉 '大藏都監版')으로 남아 있게 되었을 것으로 생각된다."(p.97)

보인다(『경우법보총록』 景祐 3年條의 記事(중화서국편, 『중화대장경』, 1984. 73책. p.599)).

2) 본고의 〈표 1〉의 제1항에 해당됨.

3) 본고의 〈표 3〉의 제1항에 해당됨.

4) 본고의 〈표 7〉의 제3항에 해당됨.

필자는 「대승대교왕경」의 '분사대장도감판'과 '대장도감판'에 대해서 『고려대장경의 구성과 저본 및 판각에 대한 연구』(시간의 물레, 2014. p.307)에서 다음과 같이 언급하였다.

> "함호가 '雞(629)'로 되어 있는 「大乘瑜伽金剛性海曼殊室利千臂千鉢大教王經」 10권은 甲辰歲(1244)에 分司大藏都監에서 개보장본을 저본으로 해서 필사 판각된 것으로 추정된다. 그런데 이 판본에는 函次의 오류 및 誤寫字 등의 문제점이 발생되었다. 때문에 丙午歲(1246)에 다시 大藏都監에서 함호가 '溪(530)'로 된 「大乘瑜伽金剛性海曼殊室利千臂千鉢大教王經」 10권이 개보장본을 저본으로 해서 수정 복각된 것으로 판단된다."

김윤곤 선생과 필자의 이전 주장을 종합해 보면, 「대승대교왕경」의 '分司大藏都監版'은 誤謬가 많은 판본이고, '大藏都監版'은 '分司大藏都監版'의 오류를 말끔히 수정한 善本인 것으로 정리될 수 있겠다.

그러나 본 연구에서는 후술하는 바와 같이 김윤곤 선생의 '分司大藏都監版'·'大藏都監版'「大乘大教王經」의 대조 결과5)를 바탕으로 다시 조사하여 '분사대장도감판'·'대장도감판'「대승대교왕경」의 문자이동 199건을 조사하여 분석하였고 그 결과 새로운 사실이 도출되었다.

1) 중복판의 문자이동

필자가 새롭게 조사 분석한 199건의 文字異同(즉 내용의 차이)을 유형별로 나누어 표로 만들어 제시하면 본문 끝에 수록된 〈표 1〉~〈표 8〉과 같다. 필자의 분석은 '分司大藏都監版'·'大藏都監版'「大乘大教王經」에서 발생된 문자이동의 내용을 趙城藏本·房山石經·磧砂藏本의 내용6)과 대조하여 그 문자이동의 원인을 분석한 것이다.

이제 199건의 문자이동을 유형별로 나누어 분석한 결과를 소개하면 다음과 같다.

① 〈표 1〉 "'分司大藏都監版'「大乘大教王經」과 趙城藏이 일치하는 문자이동 134건"에서 '분사대장도감판'·조성장본의 문자이동은 개보장 원본의 상태로 판단되고, '대장도감판'의 문자이동은 개보장(원본 또는 수정본)의 내용이 거란장에 의거하여 수정된 상태로 추정된다.7)

② 〈표 2〉 "'大藏都監版'「大乘大教王經」과 趙城藏·房山石經이 일치하는 문자이동 33건"에서 '분사대장도감판'의 문자이동은 개보장 원본의 상태로 판단되고, '대장도감판'의 문자이동은 개보장(원본 또는 수정본)의 내용이 거란장에 의거하여 수정된 상태로 추정되며, 조성장본의 문자이동은 개보장 수정본의 상태로 판단된다.

---

5) 김윤곤, "高麗大藏經의 東亞大本과 彫成主體에 대한 考察", 『石堂論叢』 제24집, 1996. p.77.

6) 趙城藏本·房山石經·磧砂藏本의 내용은 『中華大藏經』(中華書局編, 1984)에 수록된 「大乘大教王經」 조성장본과 校勘記에 의거한 것이고, 房山石經은 金 天會14년 1136년 刻石된 것으로 그 탁본이 『房山石經』 24책(華夏出版社, 2000)에 수록되어 있다.

7) 필자는 拙著 『한문대장경의 문자이동 연구』(한국학술정보, 2011)와 『고려대장경의 구성과 저본 및 판각에 대한 연구』(시간의 물레, 2014) 그리고 『고려대장경의 교감학적 연구』(시간의물레, 2018)에서 북송 開寶藏은 '원본'과 '수정본' 그리고 '재수정본'이 있고, 고려 初雕藏은 개보장 원본 또는 수정본을 저본으로 삼고 수정 복각한 '초조장 원본'(이른바 國前本)과 거란장(房山石經의 저본이 된 거란 대장경)에 의거하여 보각 수정한 '초조장 수정본'(이른바 國後本)이 있으며, 再雕藏은 개보장 원본 또는 수정본을 저본으로 삼고 거란장에 의거하여 수정한 다음 복각된 것이고, 조성장은 개보장 '재수정본'을 저본으로 복각된 것임을 밝혔다.

③〈표 3〉"'分司大藏都監版'「大乘大敎王經」의 내재된 오류 9건"에서 '분사대장도감판'의 문자이동은 저본인 초조장본 또는 초조장본의 저본인 개보장의 오류가 내재되어 있는 것으로 추정되고, '대장도감판'의 문자이동은 개보장(원본 또는 수정본)의 내용이 거란장에 의거하여 수정된 상태로 추정되며, 조성장본의 문자이동은 개보장 수정본의 상태로 판단된다.

④〈표 4〉"'分司大藏都監版'「大乘大敎王經」에서 발생된 오류 7건"에서 '분사대장도감판'의 문자이동은 저본인 초조장본 또는 초조장본의 저본인 개보장의 오류가 내재되어 있는 것으로 추정되고. '대장도감판'의 문자이동은 개보장(원본 또는 수정본)의 내용이 거란장에 의거하여 수정된 상태로 추정되며, 조성장본의 문자이동은 개보장 수정본의 상태로 판단된다.

⑤〈표 5〉"'大藏都監版'「大乘大敎王經」에서 발생된 오류 6건"에서 오류 6건은 '대장도감판'이 개보장본을 저본으로 삼고 복각 또는 補寫하여 판각되는 과정에서 발생된 오류로 추정된다.

⑥〈표 6〉"'分司大藏都監版'의 저본인 初雕藏本과 '大藏都監版'「大乘大敎王經」에서 각각 이루어진 수정 2건"에서 '분사대장도감판'의 문자이동은 저본인 초조장본이 개보장본을 저본으로 필사판각될 때, 거란장에 의거하여 수정된 상태로 추정되고, '대장도감판'의 문자이동은 개보장(원본 또는 수정본)의 내용이 거란장에 의거하여 수정된 상태로 추정된다.

⑦〈표 7〉"'分司大藏都監版'의 저본인 初雕藏本「大乘大敎王經」에서 이루어진 수정 3건"에서 '분사대장도감판'의 문자이동은 저본인 초조장본이 개보장본을 저본으로 필사판각될 때, 거란장에 의거하여 수정된 상태로 추정되고, '대장도감판'의 문자이동은 개보장(원본 또는 수정본)의 오류가 교정되지 못하고 인습된 것으로 추정되며, 제3항의 경우는 고려 태조 왕건의 이름인 '建'에 대한 피휘결획자로서 초조장본에서 이루어진 수정으로 추정된다.

⑧〈표 8〉"未詳인 '分司大藏都監版'・'大藏都監版'「大乘大敎王經」의 문자이동 4건"은 문자이동의 원인관계가 밝혀지지 못한 것이다.

이상과 같은 분석에서 '분사대장도감판'의 문자이동은 개보장 원본의 내용이 일부 수정된 상태로 판단되고, '대장도감판'의 문자이동은 개보장(원본 또는 수정본)의 내용이 거란장에 의거하여 대폭 수정된 상태로 추정되며, 조성장본의 문자이동은 개보장 수정본의 상태로 판단되었다. 다시 말해서「大乘大敎王經」의 '分司大藏都監版(雞函)'과・'大藏都監版''(溪函)'사이에 발생된 차이는 대부분 그 저본의 상태와 '大藏都監版(溪函)'에서 이루어진 수정으로 인한 것이지 '分司大藏都監版(雞函)'에서 발생된 오류로 인한 것이 아니었다.

2) 중복판의 저본과 판각

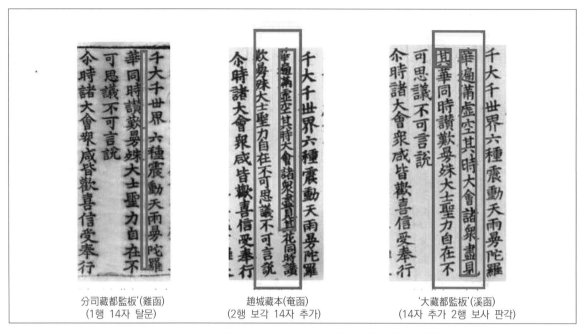

〈그림 1〉「大乘大教王經」제1권 제13장 제9행~제13행['대장도감판'(溪函) 기준]

'분사대장도감판'·'대장도감판'·조성장본의 저본과 판각 관계는 〈표 1〉~〈표 8〉에서 분석된 '분사대장도감판'·'대장도감판'·조성장본·방산석경(거란장으로 저본으로 석각된 것임)의 문자이동의 상태와 원인에 의거하면 다음과 같이 정리될 수 있겠다. 즉 '대장도감판'은 개보장 원본 또는 수정본을 저본으로 삼고 거란장에 의거하여 수정한 다음 복각된 것이고, 조성장본은 개보장 수정본을 저본으로 복각된 것이며, '분사대장도감판'은 개보장 원본을 저본으로 삼고 수정한 다음 필사판각한 '초조장 원본' 또는 보각 수정한 '초조장 수정본'을 저본으로 삼아 복각된 것으로 정리될 수 있겠다(〈그림 1〉·〈그림 2〉 참조).

먼저 〈표 3〉"'分司大藏都監版'「大乘大教王經」의 내재된 오류 8건" 가운데 제3항의 '分司大藏都監板'에 내재된 1행 14자의 탈문에 대해서 '대장도감판'·조성장본과 대조하여 자세히 분석해 보면 다음과 같다. 우선 '分司大藏都監板'에 내재된 1행 14자의 탈문 및 1행 14자의 탈문이 보충된 '대장도감판'·조성장본의 판본 상태를 그림으로 표시하여 제시하면 앞의 〈그림 1〉"「大乘大教王經」 제1권 제13장 제9행~제13행['대장도감판'(溪函) 기준]"과 같다.

첫째, '分司大藏都監板'에 내재된 1행 14자 탈문("華遍滿虛空其時大會諸衆盡見其")의 경위는 다음과 같다.
① 개보장 원본에서 1행 14자 탈문이 발생됨.
② 초조장본에서 개보장 원본을 저본으로 필사판각될 때 탈문이 교정되지 못하고 그대로 수용됨.
③ 재조장본 '분사대장도감판'에서 초조장본을 저본으로 복각될 때도 탈문이 교정되지 못하고 그대로 수용됨.

둘째, 趙城藏本에서 2행이 보각되어 14자가 추가된 경위는 다음과 같다.

① 개보장 원본에서 1행 14자 탈문이 발생됨.

② 개보장 수정본에서 탈문이 보충될 때, 탈문이 발생된 다음 행의 2행{"華同時讚歎曼殊大士聖力自在不"(14자) / "可思議不可言說"(7자)}을 탈문의 내용{"華遍滿虛空其時大會諸衆盡見其"(14자)}과 함께 2행{"華遍滿虛空其時大會諸衆盡見其'花'同時讚"(18자) / "歎曼殊大士聖力自在不可思議不可言說"(17자)}으로 필사되어 보각됨.

③ 조성장본은 탈문이 보충된 개보장 수정본을 저본으로 복각됨.

셋째, 大藏都監板에서 14자가 추가되면서 2행이 필사 판각된 경위는 다음과 같다.

① 개보장 원본에서 1행 14자 탈문이 발생됨.

② 재조장본 '대장도감판'에서 大藏都監板이 개보장본(원본 혹은 수정본)을 저본으로 복각될 때 거란장본에 의거하여, 탈문이 발생된 다음 행의 1행{"華同時讚歎曼殊大士聖力自在不"(14자)}을 탈문의 내용{"華遍滿虛空其時大會諸衆盡見其"(14자)}과 함께 2행{"華遍滿虛空其時大會諸衆盡見"(13자)} / "其'華'同時讚歎曼殊大士聖力自在不"(15자)}으로 필사되어 판각됨.

다음으로 〈표 6〉 "'分司大藏都監版'의 저본인 初雕藏本과 '大藏都監版'「大乘大教王經」에서 각각 이루어진 수정 2건"의 제2항에서 분석된 결과에 의하면, '分司大藏都監版'의 문자이동은 조성장본(즉 개보장본)이 아닌 방산석경과 동일한 내용으로 수정되어 있는 것이다. 또한 〈표 7〉 "'分司大藏都監版'의 저본인 初雕藏本「大乘大教王經」에서 이루어진 수정 3건"의 제1항과 제2항에서 분석된 결과에 의하면, '分司大藏都監版'의 문자이동은 조성장본(즉 개보장본)이 아닌 방산석경과 동일한 내용으로 수정되어 있는 것이다. 이것은 '分司大藏都監版'이 개보장본을 저본으로 한 것이 아니라 개보장본을 저본으로 삼고 수정된 그 어떤 판본을 저본으로 했음을 말해 주는 것이다. 그렇다면 그 판본은 어떤 판본일까? 〈표 1〉~〈표 8〉에서 분석된 '분사대장도감판'·'대장도감판'·조성장본·방산석경(거란장으로 저본으로 석각된 것임)의 문자이동의 상태와 원인에 의거하면, '分司大藏都監版'의 저본은 초조장본임을 쉽게 짐작할 수 있다.

3) 중복판의 함호

1244년(甲辰歲)과 1245년(乙巳歲)에 판각된 '分司大藏都監版'은 函號가 雞(629)함이고, 1245년(乙巳歲)~1247년(丁未歲)에 판각된 '分司大藏都監版'은 함호가 '溪(530)'로 되어 있다. 이 함호는 「대승대교왕경」 10권 각 권의 卷首題 하단에 기재되어 있고, 총 121판 가운데 권수제가 있는 제1판을 제외한 111판의 板題('대장도감판'은 板尾題 / '분사대장도감판'은 板首題)에 새겨져 있다. 일반적으로 '分司大藏都監版'의 函號 '雞'(629)는 '溪'(530)의 잘못으로 이해하고 있다. 필자 역시 이전에는 그렇게 판단했었지만 본고를 통해 새로운 의견을 피력해보고자 한다.

먼저 「속정원록」에는 「대승대교왕경」의 譯者名이 '金剛智'로 되어 있다. 그리고 다음과 같은 분석을 통해 볼 때, 초조장의 溪(530)함에는 역자명이 '金剛智'로 되어 있는 「대승대교왕경(溪函)」이 수록되어 있었을

것으로 판단된다.[8]

첫째, 여러 經錄과 大藏經에 기재되어 있는 「大乘大教王經」의 譯者名은 동일하지 않다. 「大乘大教王經」이 「속정원록」에는 '金剛智'가 開元 二十八年(740) 長安의 薦福寺에서 漢譯한 경전으로 기재되어 있다. 또한 재조장에 수록된 「속개원록」에는 이 경전의 譯者名이 「속정원록」의 내용과 동일하게 '金剛智'로 기재되어 있다. 반면 재조장본·조성장본 「大乘大教王經」과 조성장에 수록된 「속개원록」에는 이 경전의 譯者名이 '不空'으로 되어 있다.[9] 그리고 再雕藏에 현재 수록되어 있는 「정원록」의 기록(「貞元錄」第1卷 : "「千臂千鉢曼殊室利經」十卷 保大中拾遺編上 已上十四卷南天竺國三藏沙門'金剛智'譯")에 따르면, 이 「千臂千鉢曼殊室利經」은 「정원록」이 貞元 16년(800)에 편찬된 이후 그리고 「속정원록」이 편찬된 保大 3년(945) 이후에 「속정원록」에 근거하여 「정원록」에 추가된 것임을 알 수 있다. 또한 조성장에 수록되어 있는 「속개원록」에 기재된 「千臂千鉢曼殊室利經千鉢文殊經」에 대한 내용(「續開元錄」下卷 : "「千臂千鉢曼殊室利經千鉢文殊經」一部十卷 右上一部十卷三藏沙門'不空'共弟子同譯") 역시 후에 추가된 것이다.

둘째, 여러 經錄과 大藏經에 편제되어 있는 「대승대교왕경」의 위치는 각각 다르다. ① 조성장과 조성장에 수록된 「속개원록」에는 이 경전이 譯者名은 '不空'으로 되어 있으면서 貞元錄藏 경전의 맨 끝부분에 위치하고 있다.[10] ② 재조장에 수록된 「속개원록」에는 이 경전이 譯者名은 '金剛智'로 되어 있으면서 貞元錄藏 경전의 맨 끝부분에 위치하고 있다.[11] ③ 「속정원록」에는 이 경전이 譯者名은 '金剛智'로 되어 있으면서 貞元錄藏 경전의 앞부분에 있는 '金剛智'譯本 경전의 맨 끝인 동시에 '不空'譯本 경전의 맨 앞에 위치하고 있다.[12] ④ 한편, 재조장의 「대장목록」에는 이 경전이 譯者名은 '不空'으로 되어 있으면서 貞元錄藏 경전의 앞부분에 있는 '金剛智'譯本 경전의 맨 끝인 동시에 '不空'譯本 경전의 맨 앞에 위치하고 있다. ⑤ 재조장의 정원록장 경전의 구성{礎(529)함·溪(530)함~合(548)함} 체제는 「속개원록」이 아닌 「속정원록」의 그것과 거의 동일하다(〈표 9〉 "초조장·재조장의 구성과 저본 및 판각" 참조). 그리고 초조장의 정원록장 경전의 구성 체제{礎(529)함·溪(530)함~合(548)함} 역시 재조장과 같이 「속정원록」의 그것과 거의 동일한 것으로 판단된다(〈표 10〉 "초조장의 구성과 저본 및 판각" 참조). 이렇게 볼 때, 초조장의 溪(530)함에는 譯者名이 '金剛智'로 되어 있는 「대승대교왕경(溪函)」(속정원록장 사본을 저본으로 삼아 필사판각된 것)이 수록되어 있었을 것으로 추정된다.

---

8) 재조장의 정원록장 경전의 구성 체제{礎(529)함·溪(530)함~合(548)함}는 「속정원록」의 구성과 거의 동일하다. 그리고 초조장의 정원록장 경전의 구성 체제{礎(529)함·溪(530)함~合(548)함} 역시 재조장과 같이 「속정원록」의 구성과 거의 동일한 것으로 판단된다. 그렇기 때문에 초조장의 溪(530)함에는 譯者名이 '金剛智'로 되어 있는 「대승대교왕경(溪函)」(속정원록장 사본을 저본으로 삼아 필사판각된 것)이 수록되어 있었을 것으로 추정한 것이다.

9) ① "「千臂千鉢曼殊室利經」十卷 大唐贈開府儀同三司諡大弘教三藏'金剛智'於長安薦福寺譯"(재조장에 수록된 「속개원록」, 『고려대장경』38책, p.35)
② "「千臂千鉢曼殊室利經千鉢文殊經」一部十卷 右上一部十卷三藏沙門'不空'共弟子同譯"(조성장에 수록된 「속개원록」, 『중화대장경』65책, p.224)
③ "「千臂千鉢曼殊室利經」一部十卷 三藏'金剛智'開元二十八年於長安薦福寺譯"(재조장에 수록된 「속정원록」, 『고려대장경』38책, p.39, 40)

10) ①의 경우는 「大乘大教王經」이 貞元錄藏 경전의 앞부분에 위치하고 있는 大曆 7년(772) 一切經 目錄에 편입된 '不空'譯本 경전(『고려대장경』38책, p.33)보다 뒤에 수집되었고, 이 경전의 譯者를 '不空'으로 착각하였기 때문에 貞元 11년(795)에 圓照가 편찬한 「속개원록」에 뒷날 추가될 때 貞元錄藏 경전의 맨 끝부분에 위치하게 되었고, 역자도 '不空'으로 잘못 기재된 것으로 추정된다. 참고로 '不空'(705-774)은 '金剛智'(671-741)의 제자이다.

11) ②의 경우는 재조장본(실은 초조장본) 「속개원록」의 저본은 續貞元錄藏 「속개원록」으로서 「속정원록」의 영향으로 譯者名이 「속정원록」의 내용과 동일하게 수정된 것으로 추정된다.

12) ③의 경우는 「大乘大教王經」의 譯者를 '金剛智'로 간주했기 때문에 貞元錄藏 경전의 앞부분에 있는 '金剛智'譯本 경전의 맨 끝에 배치한 것으로 판단된다.

다음으로 譯者名이 '不空'으로 되어 있는 '分司大藏都監版' 「대승대교왕경(雞函)」의 문자이동과 저본 및 판각에 대한 다음과 같은 분석을 통해 보면, 초조장의 雞(629)函에는 譯者名이 '不空'으로 되어 있는 「대승대교왕경(雞函)」이 수록되어 있었을 것으로 판단된다.

첫째, '분사대장도감판' 「대승대교왕경(雞函)」은 '대장도감판' 「대승대교왕경(溪函)」과 分節, 卷首題 事項 등은 동일하지만 字形은 다르다.13) 그리고 '분사대장도감판' 「대승대교왕경(雞函)」의 문자이동은 '대장도감판' 「대승대교왕경(溪函)」과 다르고 또한 조성장본 「대승대교왕경(奄函)」과도 다르다.

둘째, 필자는 앞에서 '분사대장도감판' 「대승대교왕경(雞函)」의 문자이동은 개보장 원본의 내용이 일부 수정된 상태이고, '대장도감판'의 문자이동은 개보장(원본 또는 수정본)의 내용이 거란장에 의거하여 대폭 수정된 상태이며, 조성장본의 문자이동은 개보장 수정본의 상태인 것으로 분석하였다. 그리고 '분사대장도감판'은 개보장 원본을 저본으로 삼고 수정한 다음 필사판각한 초조장본을 저본으로 삼아 복각된 것으로 추정하였다. 이렇게 볼 때, 초조장의 雞函(629)함에는 譯者名이 '不空'으로 된 「대승대교왕경」(개보장[속개원록장 경전]을 저본으로 삼아 필사판각된 것)이 수록되어 있었을 것으로 생각된다.

앞에서 살펴본 내용에 의거하면, 초조장의 溪(530)함에는 譯者名이 '金剛智'로 된 「대승대교왕경」(속정원록장 사본을 저본으로 삼아 필사판각된 것)이 수록되어 있고, 雞函(629)함에는 譯者名이 '不空'으로 된 「대승대교왕경」(개보장[속개원록장 경전]을 저본으로 삼아 필사판각된 것)이 수록되어 있었을 것으로 판단된다. 추측컨대, 초조장에서는 譯者名이 '金剛智'로 된 속정원록장 「대승대교왕경」을 溪(530)함에 배정하고 필사판각했는데, 뒤에 譯者名이 '不空'으로 된 개보장 「대승대교왕경」이 수입되자 대장경의 끝부분인 雞函(629)함에 추가 배정하고 필사판각한 것으로 추정된다.

한편, 初雕藏에서 동일한 내용의 경전이 추가된 경우는 이 「대승대교왕경」 외에 「佛名經」과 「大般涅槃經」이 더 있는 것으로 추정된다(본문 끝의 〈표 10〉 "초조장의 구성과 저본 및 판각" 참조). 이 경전들이 중복되어 초조장에 수록된 까닭은 앞에서 언급된 2종의 「대승대교왕경」의 경우는 역자명이 다르고, 2종의 「佛名經」14)

---

13) 반면 조성장본 「대승대교왕경(奄函)」은 字形을 비롯한 분절, 권수제 사항 등이 '대장도감판' 「대승대교왕경(溪函)」과 완전히 똑같다.

14) ① 「佛名經」 18卷은 「開元錄」에 遺漏된 경전으로서 貞元 15년(799)에 大藏에 入藏되어 貞元 16년(800)에 「貞元錄 入藏錄」에 수록되었고(「貞元錄」 卷30), 후에 「續貞元錄」에도 수록되었다. 그런데 「貞元錄 入藏錄」과 續貞元錄에는 16권본이 기재되어 있는 반면에, 「貞元錄」{卷首 總序: "大「佛名經」 一部十六卷 或十八卷"(「貞元錄」 卷第1 第13張)}과 續貞元錄 {"大「佛名經」 一十六卷 或十八卷 附梁錄未詳作者"(「續貞元錄」 第27張)}에서는 18권본이 "或本"으로 기재되고 있다.
② 초조장의 廻(554)·漢(555)함에 수록되어 있었던 초조장본 「佛名經」 18卷에 대해 수기는 「校正別錄」{"寧晉楚(568∼570)함 「佛名經」 三十卷"의 항목}에서 초조장(즉 재조장)의 寧晉楚(568∼570)함에 수록된 「佛名經」 三十卷과 같은 경전인데 다만 권수가 다른 것이라고 하였다.
③ 「佛名經」 18卷의 판본에 대해 守其는 「교정별록」{"廻(554)·漢(555)함"의 항목}에서 "國本"만을 언급하였고 "宋本"(즉 개보장본)과 "丹本"(즉 거란장본)에 대해서는 언급이 없었다. 그렇다면 "國本"(즉 초조장본) 「佛名經」 18卷의 저본으로 "宋本" 혹은 "丹本"이 되었을 가능성은 매우 적은 것으로 판단된다. 그런데 「續貞元錄」에는 「佛名經」 16卷이 수록되어 있고 「佛名經」 18卷은 "或本"으로서 기재되어 있다. 이렇게 볼 때 초조장본 「佛名經」 18卷의 저본은 續貞元錄藏本 혹은 國內傳本일 가능성이 높다 하겠다.
④ 「佛名經」 18卷의 초조장본은 제8, 9, 10, 11권 4권(南禪寺所藏本)이 남아 있는데, 行字數가 23行 14字로 되어 있다. 이로 보아 「佛名經」 18卷의 초조장본은 續貞元錄藏本(혹은 國內傳本)을 저본으로 삼고 전형적인 개보장 계열 판본의 행자수로 필사된 다음 판각된 것으로 판단된다. 그리고 이 초조장본 「佛名經」 18卷은 수기가 언급한대로 재조장(즉 초조장)의 寧晉楚(568∼570)함에 수록된 「佛名經」 三十卷과 내용이 동일하다. 예를 들면 초조장본 「佛名經」 18卷 가운데 제8권의 처음은 재조장본 「佛名經」 30卷 가운데 제14권 제3장 제9행(『고려대장경』 39책, p.79의 상단)에서 시작되고 있다.
⑤ 再雕藏에는 「佛名經」 18卷 대신 그 函次에 大宗地玄文本論 20卷{廻(554)함}과 釋摩訶衍論 10卷{漢(555)함}이 수록되어 있다.

과 2종의 「大般涅槃經」[15]의 경우는 각각 卷數가 달랐기 때문에 초조장에서 이들 경전을 각각 다른 종류의 경전으로 이해한데 기인한 것으로 판단된다.[16]

끝으로 譯者名이 '不空'으로 되어 있는 '대장도감판' 「대승대교왕경(溪函)」과 譯者名이 '不空'으로 되어 있는 '분사대장도감판' 「대승대교왕경(雞函)」의 函號 및 저본과 판각에 대해서 살펴보자.

첫째, '대장도감판' 「대승대교왕경(溪函)」은 조성장본 「대승대교왕경(奄函)」과 함호는 다르지만 字形을 비롯한 分節, 卷首題 事項 등이 완전히 똑같다. 반면 '분사대장도감판' 「대승대교왕경(雞函)」과는 分節, 卷首題 事項 등은 동일하지만 함호와 자형은 다르다. 또한 '분사대장도감판'의 문자이동은 '대장도감판'과 다르고 또한 조성장본과도 다르다. 그리고 '대장도감판'은 개보장본(원본 또는 수정본)을 저본으로 삼고 거란장에 의거하여 수정한 다음 복각된 것이고, 조성장본은 개보장 수정본을 저본으로 복각된 것이며, '분사대장도감판'은 초조장본(개보장 원본을 저본으로 삼고 수정한 다음 필사판각된 것)을 저본으로 삼아 복각된 것으로 추정되는 것이다.

둘째, 재조장에서는 분사대장도감에서 먼저 甲辰·乙巳歲(1244·1245)에 2종의 초조장본{①역자명이 '金剛智'로 된 「대승대교왕경(溪函)」(속정원록장 사본을 저본으로 삼아 필사판각된 것) / ②역자명이 '不空'으로 되어 있는 「대승대교왕경(雞函)」(개보장[속개원록장 경전]을 저본으로 삼아 필사판각된 것)} 가운데 ②역자명이 '不空'으로 된 초조장본 「대승대교왕경」{雞函(629)함}을 선택하여 복각한 것으로 판단된다.[17] 그러나

---

⑥ 「佛名經」 30卷은 梁代(502~557)의 失譯으로서 菩提流支譯 12권본 「佛名經」을 增廣한 것인데 그 출처는 아직 밝혀지지 않았다. 그런데 守其는 '교정별록'("寧晉楚(568~570)函 「佛名經」 三十卷"의 항목)에서 「佛名經」 30권의 '國本'(즉 초조장본)에 대해서만 언급하고 「佛名經」 30권의 '宋本'과 '丹本'은 없다고 하였다. 또한 「續貞元錄」에도 「佛名經」 30卷은 수록되어 있지 않다. 따라서 초조장본 「佛名經」 30卷의 저본은 國內傳本으로 판단된다.

15) ① 참고로 재조장에는 「北本涅槃經」 40권이 趙(121)함~體(124)함에 수록되어 있고, 勿(564)함~寔(567)함에 「南本涅槃經」 36권이 추가 수록되어 있다. 초조장의 경우 「北本涅槃經」 40권의 현존본이 趙(121)함~體(124)함에 수록되어 있는 것으로 확인된다. 「南本涅槃經」 36권의 초조장본은 알려진 것이 없지만, 아마도 勿(564)함~寔(567)함에 추가 수록되었을 것으로 추정된다.
② 大藏經에 수록되어 있는 두 본을 비교해 보면, 구체적으로 初雕藏에 수록된 「北本涅槃經」 40권과 再雕藏에 수록된 「北本涅槃經」 40권, 「南本涅槃經」 36권 그리고 趙城藏에 수록된 「北本涅槃經」 40권을 비교해 보면 南本·北本 두 본 가운데 어느 한 본은 다른 한 본을 저본으로 삼아 판각된 것으로 보인다. 다시 말해서 開寶藏(개보장에 수록되어 있는 경전에는 「開元錄」에 正本이 아닌 或本으로 기재되어 있는 경전이 입장되어 있는 경우도 많다)이 雕造될 때 두 본 중에서 어느 한 본이 먼저 刻成되었고, 이후 이것을 저본으로 삼고 品數와 卷數 그리고 일부 내용을 수정해서 다른 한 본이 더 板刻되었던 것으로 보인다.
③ 조성장에는 「南本涅槃經」 36권이 수록되어 있지는 않지만, 高麗藏과 資福藏, 磧砂藏, 普寧藏, 永樂南藏, 徑山藏, 淸藏 등에는 「北本涅槃經」 40권과 「南本涅槃經」 36권이 모두 수록되어 있다(『중화대장경』 14책, p.464의 상단 제1항). 한편 634년(唐 貞觀8년)에 석각된 방산석경본은 不分卷本이다(『방산석경』 1책, p.149(『방산석경』 1책의 목록에는 "36권본"으로 기재되어 있는데, 오류로 판단됨) 및 『중화대장경』 14책, p.11의 상단 제2항 참조. 한편 방산석경본은 앞 22품의 품명이 36권본과 일치하고, 뒤 3품의 품명은 40권본과 일치한다(『중화대장경』 14책, p.11의 상단 제2항)). 그런데 「開元錄」, 「貞元錄」에는 「北本涅槃經」 40권이 정식으로 입장되어 있고, 「南本涅槃經」 36권은 「北本涅槃經」 40권의 或本으로 기재되어 있다. 한편 「대반열반경」은 원래 北涼의 曇無讖(385~433)이 처음 한역할 때 13品 40권본으로 완성하여 北方에서 유통되었고, 宋文帝 元嘉年中((424~451)에는 范慧(惠)嚴, 崔慧(惠)觀, 謝靈運 等에 의해서 25品 36권본으로 改定(이 改定은 주로 品數와 卷數에 있어서의 개정이었음. 두 본을 비교해 보았을 때, 본문에 있어서는 변동사항이 거의 없었고 단지 미세한 교정만 있었음)되어 江南에서 유통되었다. 그래서 이후 40권본은 「北本涅槃經」으로 불리고 36권본은 「南本涅槃經」으로 불리게 되었던 것이다.

16) 참고로 守其法師는 중복 수록된 「佛名經」에 대해 「校正別錄」에 "廻函과 漢函의 국본에는 『불명경』 18권이 있다. 지금 살펴보니, 아래의 寧晉楚函에 들어 있는 30권본과 같은 경전이다. 후세 사람이 그 권수에 차이가 있는 것을 보고 다른 경전이라 인식한 까닭에 중복해서 편입시킨 것이다. 지금 30권본이 세상에 많이 유통되고 있는 까닭에 이 18권본은 삭제한다."는 교정 기록을 남겼다(유부현, 『고려대장경의 교감학적 연구』, 시간의물레, 2018.p.251).

17) 참고로 재조장에서는 貞元錄經{磻(529)·溪(530)~合(548)}의 경우 일반적으로 속정원록장 사본을 저본으로 필사판각된 초조장본을 복각했다(〈그림 3〉참조).

②역자名이 '不空'으로 된 초조장본「대승대교왕경」(雞函(629)함)은 그 함호가 재조장의 목록인「大藏目錄」에 기재된「대승대교왕경」함차와 다르고 본문의 내용도 수정된 것이 아니었다. 때문에 대장도감에 다시 乙巳~丁未歲(1245~1247)에 譯者名이 '不空'으로 된 개보장본(원본 또는 수정본)을 저본으로 삼고 거란장에 의거하여 수정을 가하고, 함호를「大藏目錄」에 기재된「대승대교왕경」함차와 동일한 溪(530)함에 배정한 다음 복각한 것으로 판단된다.

이상에서 분석된 결과를 종합해 보면, 함호가 '雞(629)'로 된 '분사대장도감판'은 초조장본(개보장 원본을 저본으로 삼고 수정한 다음 필사판각된 것임)을 저본[18]으로 삼아 그 함호인 '雞(629)'까지 복각된 것이고(필자는 이전에 '분사대장도감판'이 개보장본을 저본으로 삼아 필사판각된 것으로 오해했음),「대승대교왕경」의 함호가 '溪(530)'로 된 '대장도감판'은 개보장본(원본 또는 수정본)을 저본으로 삼고 거란장에 의거하여 수정하고 함호를「大藏目錄」에 기재된「대승대교왕경」함차와 동일한 溪(530)함에 배정한 다음 복각한 것으로 이해하는 것이 타당하다. 그리고 초조장의 溪(530)함에는 譯者名이 '金剛智'로 된「대승대교왕경」이 수록되었을 것으로 추정되고, 雞函(629)함에는 譯者名이 '不空'으로 된「대승대교왕경」이 수록되었을 것으로 생각된다. 그리고 이들 경전이 초조장에 중복되어 수록된 것은 譯者名이 다르게 기재되어있었기 때문에 다른 종류의 경전으로 이해한데 기인한 것으로 판단된다.

3.「대승대교왕경」의 간기 및 각수

『高麗大藏經』의 재조장 경전 권말에는 대부분 刊記가 기재되어 있다. 또한 경판의 板題 하단에는 刻手의 이름이 새겨져 있다. 이 간기의 내용은 극히 일부를 제외하고 거의 전부가 정형화 된 것으로 다음과 같이 세 가지 형식과 내용으로 되어 있다.

① "○○歲高麗國大藏都監奉勅彫造"
② "○○歲分司大藏都監彫造(또는 開板)"
③ "○○歲高麗國分司大藏都監奉勅彫造"

그런데 이들 간기에는 그동안 알려지지 않았던 사실이 내재되어 있다. 즉 ① "○○歲高麗國大藏都監奉勅彫造"와 ② "○○歲分司大藏都監彫造(또는 開板)"의 간기는 판각을 하기 위해 작성된 登梓本에 필사된 간기가 그대로 판각된 것이다. 그러나 ③ "○○歲高麗國分司大藏都監奉勅彫造"의 간기는 登梓本에 필사된 간기인 "○○歲高麗國大藏都監奉勅彫造"가 '大藏' 앞에 '分司' 두 글자가 추가되어 고쳐진 것인데 세 가지의 유형이 있다.

첫째는 본래 대장도감에서 작성된 등재본에 "○○歲高麗國大藏都監奉勅彫造"로 필사되어 있던 것을 분사대장도감에서 '大藏' 앞에 '分司' 두 글자를 추가하여 "○○歲高麗國分司大藏都監奉勅彫造"로 고쳐 필사한 다음

---

18) 참고로 '분사대장도감판'「대승대교왕경(雞函)」제8권 제5장의 張次는 '第五丈'으로 되어 있다.

판각한 것이다.

둘째는 본래 대장도감에서 작성된 등재본에 "○○歲高麗國大藏都監奉勅彫造"로 필사되어 있던 것을 분사대장도감에서 '大藏' 앞에 '分司' 두 글자를 추가하면서 '分司' 앞뒤의 일부 내용만을 고쳐 필사한 다음 판각한 것이다.

셋째는 본래 대장도감에서 작성된 등재본에 "○○歲高麗國大藏都監奉勅彫造"로 필사되어 있던 것을 분사대장도감에서 목판에 그대로 새겨놓고 이후에 "分司" 2字가 포함된 일련의 글자가 埋木의 형식으로 보각된 것이다.[19]

본고의 연구 대상인 「대승대교왕경」 '분사대장도감판'에 새겨진 간기는 "○○歲高麗國大藏都監奉勅彫造"와 "○○歲分司大藏都監彫造"의 간기가 혼재되어 있고, "○○歲高麗國大藏都監奉勅彫造"의 간기로 되어 있는 경판에 새겨져 있는 刻手名이 "○○歲分司大藏都監彫造"의 간기로 되어 있는 경판에 중복되어 새겨져 있다. 이러한 현상에 대해서 박상국 선생은 대장도감과 분사대장도감이 동일한 장소에 있었고, 동일한 각수가 같은 장소에서 大藏都監板과 分司板을 함께 새긴 것으로 이해하였다."[20] 본 연구에서는 이와는 달리 새로운 시각에서 살펴보고자 한다.

먼저 '분사대장도감판' 「대승대교왕경(雞函)」 10권에 새겨진 간기를 소개하면 다음과 같다.[21]

第1권 : 甲辰歲(1244)高麗國分司大藏都監奉勅彫造
第2권 : 甲辰歲高麗國大藏都監奉勅彫造
第3권 : 甲辰歲高麗國分司大藏都監奉勅彫造
第4권 : 甲辰歲高麗國分司大藏都監奉勅雕造
第5권 : 甲辰歲高麗國分司大藏都監奉勅彫造
第6권 : 甲辰歲高麗國分司大藏都監奉勅雕造
第7권 : 乙巳歲高麗國大藏都監奉勅彫造
第8권 : 甲辰歲高麗國分司大藏都監奉勅彫造
第9권 : 甲辰歲高麗國分司大藏都監奉勅彫造
第10권 : 甲辰歲高麗國分司大藏都監奉勅彫造[22]

---

19) "○○歲分司大藏都監彫造(또는 開板)"와 "○○歲高麗國分司大藏都監奉勅彫造"의 형식으로 되어 있는 모든 刊記를 조사하여 소개하면 〈부록〉 "分司大藏都監에서 판각된 경판의 刊記"와 같다.

20) 박상국, "法寶: 高麗大藏經", 『천년의 지혜 천년의 그릇』, 대한불교조계종 불교중앙박물관, 2011, p.187.

21) '분사대장도감판' 「대승대교왕경(雞函)」 10권에 새겨진 간기의 이미지는 〈그림 4〉를 참조바람.

22) 참고로 '대장도감판' 「대승대교왕경(雞函)」 10권에 새겨진 간기는 아래와 같다.
　　第1권 : 丙午歲高麗國大藏都監奉勅彫造
　　第2권 : 乙巳歲高麗國大藏都監奉勅彫造
　　第3권 : 乙巳歲高麗國大藏都監奉勅彫造
　　第4권 : 丙午歲高麗國大藏都監奉勅彫造
　　第5권 : 丙午歲高麗國大藏都監奉勅彫造
　　第6권 : 丙午歲高麗國大藏都監奉勅彫造
　　第7권 : 丁未歲高麗國大藏都監奉勅彫造
　　第8권 : 丙午歲高麗國大藏都監奉勅彫造
　　第9권 : 丙午歲高麗國大藏都監奉勅彫造

종래에는 '분사대장도감판' 「대승대교왕경(雞函)」 10권의 경판에 새겨있는 간기를 등재본에 필사되어 있는 간기가 경판에 그대로 새겨진 것으로 인식했다. 또한 간기에 판각지가 '대장도감' 으로 기재된 경판의 등재본은 대장도감에서 작성된 것이고, 판각지가 '분사대장도감' 으로 기재된 경판의 등재본은 분사대장도감에서 작성된 것으로 이해한 듯하다. 그렇기 때문에 위와 같은 간기의 내용에 따라 제1권·제3권~제6권·제8권~제10권의 경판은 분사대장도감에서 판각된 것이고, 이를 제외한 제2권과 제7권의 경판은 대장도감에서 판각된 것으로 인식했다. 즉 경판에 새겨 있는 판각지의 이름(대장도감 / 분사대장도감)을 판각 장소(대장도감 / 분사대장도감)로 이해한 것이다. 그렇다면 종래의 이해처럼 '분사대장도감판' 「대승대교왕경」 10권 가운데 제1권·제3권~제6권·제8권~제10권의 경판은 분사대장도감에서 판각되고, 나머지 제2권과 제7권의 경판이 대장도감에서 판각되었다면 그 이유는 무엇일까? 그 이유는 아직 밝혀진 것이 없다.

이제부터는 새로운 시각 즉 간기에 기재되어 있는 글자의 모양과 배열에 주목하여 '분사대장도감판' 「대승대교왕경」 10권의 간기를 살펴보고자 한다.

첫째, 판각지가 '대장도감' 으로 되어 있는 제2권과 제7권의 刊記를 보면, 〈그림 4〉 "「大乘大敎王經」 권말의 간기"에서 확인되듯이 그 간기에 기재된 글자는 똑바로 정연하게 배열되어 있다. 이것은 원래 대장도감에서 淨書하여 작성된 등재본의 글자 모양과 배열이 그대로 판각되었기 때문이다.

둘째, 판각지가 '분사대장도감' 으로 되어 있는 제1권·제3권~제6권·제8권~제10권의 간기를 보면, 〈그림 4〉 "「大乘大敎王經」 권말의 간기"에서 확인되듯이 그 간기에 기재된 글자는 제8권의 간기를 제외한 제1권·제3권~제6권·제9권·제10권의 刊記에 기재된 글자는 글자의 배열이 한 쪽으로 치우치거나 들쑥날쑥하다. 이것은 원래의 대장도감에서 작성된 등재본에는 "甲辰歲高麗國大藏都監奉勅彫造"로 정연하게 기재되어 있던 것인데, 분사대장도감에서 '分司' 두 글자를 추가하여 "甲辰歲高麗國 '分司' 大藏都監奉勅彫造"로 고쳐 필사한 것이 임시방편적이었기 때문에 정연하지 못하게 된 것으로 판단된다. 심지어 제3권과 제9권, 제4권과 제6권, 제6권과 제10권의 간기는 각각 서로의 글자 모양이 같고, 들쑥날쑥한 글자 배열까지도 동일하다. 즉 둘 중 하나는 필사된 것이 아니라 이미 판각되어 종이에 인쇄된 간기를 활용하여 복각한 것이다. 예를 들면 제10권의 간기는 제5권의 간기를 복각한 것으로 판단된다.

이렇게 볼 때, 「대승대교왕경(雞函)」 10권의 모든 간기는 원래의 등재본에 제2권과 제7권의 刊記처럼 판각지가 '대장도감' 으로 되어 있던 것인데, 제1권·제3권~제6권·제8권~제10권 등의 경우는 분사대장도감에서 판각지가 '분사대장도감' 으로 고쳐져 판각된 것이고, 제2권과 제7권의 간기는 미처 고치지 못한 상태에서 판각된 것으로 판단된다. 즉 제2권과 제7권이 종래의 이해처럼 실제로 대장도감에서 판각되었기 때문에 간기에 판각지가 '대장도감' 으로 되어 있는 것이 아니라, 실제는 여타의 경전과 같이 '분사대장도감' 에서 판각되었지만 그 판각지의 이름이 고쳐지지 못했을 것으로 판단되는 것이다.

다음으로 '분사대장도감판' 「대승대교왕경(雞函)」 10권에 새겨진 刻手名을 표로 정리하여 소개하면 본문 끝에 수록된 〈표 11〉 "分司都監版 「大乘大敎王經(雞函)」 의 각수 분석"과 같다.[23)]

〈표 11〉에 정리된 각수의 활동상황을 보면 다음과 같다.

제10권 : 丙午歲高麗國大藏都監奉勅彫造

23) 참고로 '대장도감판' 「대승대교왕경(溪函)」 10권에는 제5권 제22장의 '云ㅇ', 제7권 제19장의 '工衣', 제8권 제1장의 '宋連' 등 3명의 刻手名이 확인된다(김윤곤, "高麗大藏經의 東亞大本과 彫成主體에 대한 考察", 『石堂論叢』 제24집, 1996. p.87).

첫째, 대장도감에서 1244년 제2권의 판각에 참여한 각수 가운데 ②光進은 같은 해에 분사대장도감에서 제1권·제3권·제4권의 판각에 참여했고, ⑥全一은 같은 해에 분사대장도감에서 제1권·제4권·제6권·제9권·제10권의 판각에 참여했으며, ⑦昌茂는 같은 해에 분사대장도감에서 제1권·제6권·제8권·제9권의 판각에 참여했고, ⑨孝貞은 같은 해에 분사대장도감에서 제3권·제10권의 판각에 참여한 것으로 되어 있다.

둘째, 1245년 분사대장도감에서 제7권의 판각에 참여한 각수 가운데 ①光乂는 전 해인 1244년에 분사대장도감에서 제1권·제3권·제4권의 판각에 참여했고, ③克毛는 전 해인 1244년에 분사대장도감에서 제1권의 판각에 참여했으며, ④守圭는 전 해인 1244년에 분사대장도감에서 제4권의 판각에 참여했고, ⑤元幹은 전 해인 1244년에 분사대장도감에서 제5권의 판각에 참여했으며, ⑧惠堅은 전 해인 1244년에 분사대장도감에서 제1권·제3권·제5권·제8권의 판각에 참여한 것으로 되어 있다. 이와 같은 현상에 대해서 앞에서 언급한대로 대장도감과 분사대장도감이 동일한 장소에 있었고, 동일한 각수가 같은 장소에서 '대장도감판'의 경판과 '분사대장도감판'의 경판을 함께 새긴 것으로 주장하는 견해가 있었다.

그러나 앞에서 살펴보았듯이 제2권·제7권의 간기에 판각지가 '대장도감'으로 되어 있지만, 이 '대장도감'은 응당 '분사대장도감'으로 고쳐져야 되는데 미처 고쳐지지 못했을 가능성이 매우 높다. 그렇다면 ①光乂(4회), ②光進(3회), ③克毛(2회), ④守圭(2회), ⑤元幹(2회), ⑥全一(6회), ⑦昌茂(5회), ⑧惠堅(5회), ⑨孝貞(3회) 등의 각수들은 모두 분사도감에서 「대승대교왕경(雞函)」10권의 판각에 참여한 각수로 이해될 수 있다.

이상의 분석을 종합해 보면, 다음과 같은 결론을 도출해 낼 수 있겠다. 하나, 제1권·제3권~제6권·제9권·제10권의 간기에 판각지가 '분사대장도감'으로 되어 있는 것은 원래 대장도감에서 작성된 등재본에는 '대장도감'으로 기재된 것인데, 이를 분사대장도감에서 '분사대장도감'으로 고쳐 판각된 것이다. 둘, 판각지가 '대장도감'으로 되어 있는 것은 마땅히 '분사대장도감'으로 고쳐야 되는데 미처 고치지 못한 것이다. 셋, 「대승대교왕경(雞函)」10권은 모두 분사대장도감에서 판각된 것이다.

4. 결언

본 연구는 「대승대교왕경」의 '분사대장도감판(雞函)'과 '대장도감판(溪函)'의 문자이동(즉 문자이동의 차이) 및 저본과 판각 그리고 '분사대장도감판'의 간기와 각수 등에 대해서 고찰한 것이다. 그 결과를 요약하여 결언으로 삼으면 다음과 같다.

첫째, '분사대장도감판'의 문자이동은 개보장 원본의 상태로 판단되고, '대장도감판'의 문자이동은 개보장(원본 또는 수정본)의 내용이 거란장에 의거하여 수정된 상태로 추정되며, 조성장본의 문자이동은 개보장 수정본의 상태로 판단되었다. 다시 말해서 「大乘大教王經」의 '分司大藏都監版'(雞函)과·'大藏都監版'(溪函)사이에 발생된 차이는 대부분 그 저본의 상태와 '大藏都監版'(溪函)에서 이루어진 수정으로 인한 것이지 '分司大藏都監版'(雞函)에서 발생된 오류로 인한 것이 아님이 밝혀졌다.

둘째, 함호가 '雞(629)'로 된 '분사대장도감판'은 초조장본(개보장 원본을 저본으로 삼고 수정한 다음 필사판각된 것임)을 저본으로 삼아 그 함호인 '雞(629)'까지 복각된 것이고, 「대승대교왕경」의 함호가

'溪(530)'로 된 '대장도감판'은 개보장본(원본 또는 수정본)을 저본으로 삼고 거란장에 의거하여 수정하고, 함호를 「대승대교왕경」 본래의 자리(「大藏目錄」에 기재된 「대승대교왕경」 함차)인 溪(530)함에 배정한 다음 복각된 것으로 분석되었다.

셋째, 초조장의 **溪(530)함**에는 譯者名이 '金剛智'로 된 「대승대교왕경」이 수록되었을 것으로 추정되었고, **雞函(629)함**에는 譯者名이 '不空'으로 된 「대승대교왕경」이 수록되었을 것으로 추정되었다. 그리고 이들 경전이 초조장에 중복되어 수록된 것은 譯者名이 다르게 기재되어 있었기 때문에 다른 종류의 경전으로 이해한데 기인한 것으로 판단되었다.

넷째, '분사대장도감판' 「대승대교왕경(雞函)」 10권 가운데 제1권·제3권~제6권·제9권·제10권의 간기에 판각지가 '분사대장도감'으로 되어 있는 것은 원래 대장도감에서 작성된 등재본에는 '대장도감'으로 기재된 것인데, 이를 분사대장도감에서 '분사대장도감'으로 고쳐 판각된 것으로 분석되었다. 그리고 판각지가 '대장도감'으로 되어 있는 제2권과 제7권의 간기는 마땅히 '분사대장도감'으로 고쳐야 되는데 미처 고치지 못한 것으로 판단되었으며, 「대승대교왕경(雞函)」 10권은 모두 분사대장도감에서 판각된 것으로 판단되었다.

〈표 1〉 '분사대장도감판' 「대승대교왕경」과 조성장이 일치하는 문자이동 134건

‣ '분사대장도감판'·조성장본의 내용은 개보장 원본의 상태로 판단됨
‣ '대장도감판'의 내용은 개보장(원본 또는 수정본)의 내용이 거란장에 의거하여 수정된 상태로 추정됨

번호	권	장	행	'분사대장도감판' ①	'대장도감판' ②	조성장 ③	방산석경 ④	적사장 ⑤	비 고
1	1	1	2	序	卷第一 幷序	同①	同②	同①	②의 수정
2	1	2	4	遂將舊翻譯	遂將'得'舊翻譯	同①	同②	同①	②의 보입
3	1	2	16	來'其'忍土之中	來'期'忍土之中	同①	同②	同①	②의 수정
4	1	2	18	現光現相'人'身	現光現相'之'身	同①	同②	同①	②의 수정
5	1	3	14	證'審'聖力品	證'悟'聖力品	同①	同②	미확인	②의 수정
6	1	4	3	演有'三'品	演有'二'品	同①	同②	同②	②의 수정
7	1	7	13	往昔釋迦	往昔'千'釋迦	同①	同②	同①	②의 보입
8	1	10	10	工巧博'易'	工巧博'弈'	同①	同②	同①	②의 수정
9	1	10	14	'形'害殺我	'刑'害殺我	同①	同②	同②	②의 수정
10	1	11	9	不生'誨'過	不生'悔'過	同①	同②	同②	②의 수정
11	1	12	6	累劫'陪'命	累劫'倍'命	同①	'培'	미확인	②의 수정
12	1	12	16	'詎'諱蠹人	'拒'諱蠹人	同①	同①	同①	②의 수정
13	1	13	23	'虛空'	'天'	同①	同②	同①	②의 수정
14	1	14	1	池	'泉'池	同①	同②	同①	②의 보입
15	1	14	12	大菩薩	大'士'菩薩	同①	同②	同①	②의 보입
16	1	15	13	'芻'	'蒭'	同①	同②	미확인	②의 수정
17	1	15	14	如	如'是'	同①	同②	同①	②의 보입
18	1	16	23	澄'靈'性淨	澄'虛'性淨	同①	同②	同①	②의 수정
19	1	20	22	加被於我今便	加被於我'我'今便	同①	同②	同①	②의 보입
20	1	21	16	何等'字字'	何等'字■'	同①	同①	同②	②의 삭제
21	2	3	5	波羅'密'	波羅'蜜'	同①	同②	미확인	②의 수정
22	2	4	16	修佛心觀	修'入'佛心觀	同①	同②	同①	②의 보입
23	2	16	1	發'大廣'願	發'廣大'願	同①	석경훼손	同①	②의 수정
24	3	6	3	'其'此慈力者	'具'此慈力者	同①	同②	同①	②의 수정
25	3	8	8	'去'枇二合引'夜'	'吉'枇'夜'二合引	同①	同②	미확인	②의 수정
26	3	8	9	娜捨'你'匿徐翼反	娜捨'■'匿徐翼反	同①	同②	미확인	②의 삭제
27	3	15	6	成'得'法身	成'就'法身	同①	同①	同①	②의 수정
28	3	15	8	'達'入百千祕密	'速'入百千祕密	同①	同①	同①	②의 수정
29	3	15	17	而證入	而'得'證入	同①	同①	同①	②의 보입
30	3	16	7	如來'聖'性三摩地	如來'■'性三摩地	同①	同①	同①	②의 삭제
31	3	16	19	金剛持地'持'	金剛持地'■'	同①	同①	同①	②의 삭제
32	3	16	23	祕法性海中	祕'密'法性海中	同①	同①	同①	②의 보입
33	3	6	11	攝'授'一一諸佛	攝'受'一一諸佛	同①	同①	同②	②의 수정
34	4	1	7	復爲'見'在	復爲'現'在	同①	同②	미확인	②의 수정
35	4	3	10	聖智力加持	聖'性'智力加持	同①	同②	同①	②의 보입
36	4	4	15	前爲'見'在	前爲'現'在	同①	同②	미확인	②의 수정
37	4	4	20	入來大菩提	入'如'來大菩提	同①	同②	同①	②의 보입
38	4	5	1	'先'修此金剛	'光'修此金剛	同①	同②	同①	②의 수정
39	4	5	20	殺盜婬	'行'殺盜婬	同①	同②	同①	②의 보입
40	4	7	9	名見'內'眼	名見'肉'眼	同①	同②	同①	②의 수정
41	4	8	18	喋'號'吠	喋'嘷'吠	同①	同②	미확인	②의 수정
42	4	9	7	如出家	如'此'出家	同①	同②	同①	②의 보입
43	4	12	20	如來心者	如來'四無量'心者	同①	同②	同①	②의 보입
44	4	14	19	澄寂'證'靜	澄寂'澄'靜	同①	同②	同①	②의 수정
45	4	15	18	如來前'稽'	如來前'啓'	同①	同①	同①	②의 수정

46	4	16	15	‘以’此修念	‘如’此修念	同 ①	同 ②	同 ①	②의 수정
47	4	17	1	輪‘環’六趣	輪‘還’六趣	同 ①	同 ②	同 ①	②의 수정
48	4	17	6	七者受‘法得’已	七者受‘得法’已	同 ①	同 ①	同 ①	②의 수정
49	4	20	17	復願於我	復願‘加被’於我	同 ①	‘加備’	同 ①	②의 수정
50	5	5	4	徧‘同’法界	徧‘周’法界	同 ①	同 ②	同 ①	②의 수정
51	5	8	8	首楞三昧	首楞‘嚴’三昧	同 ①	同 ①	同 ②	②의 보입
52	5	13	18	如來告‘言’	如來告‘■’	同 ①	同 ①	同 ②	②의 삭제
53	5	22	15	‘說演’	‘演說’	同 ①	同 ②	同 ①	②의 수정
54	5	22	18	成‘就’正覺	成‘■’正覺	同 ①	同 ②	同 ①	②의 삭제
55	5	22	20	同共啓‘問’	同共啓‘請’	同 ①	同 ②	同 ①	②의 수정
56	5	29	9	親‘授’敎已	親‘受’敎已	同 ①	同 ②	同 ①	②의 수정
57	5	30	10	被魔蔽障	被魔‘著’蔽障	同 ①	同 ②	同 ①	②의 보입
58	6	2	9	‘衆’事諸佛	‘承’事諸佛	同 ①	同 ①	同 ②	②의 수정
59	6	3	12	加被安‘性’	加被安‘住’	同 ①	同 ①	同 ①	②의 수정
60	6	4	20	諮‘授’所修	諮‘受’所修	同 ①	同 ①	同 ①	②의 수정
61	6	5	1	入一切如來	入‘知’一切如來	同 ①	同 ②	同 ①	②의 보입
62	6	6	5	菩薩	菩薩‘摩訶薩’	同 ①	同 ②	同 ①	②의 보입
63	6	6	7	自性海	自性‘性’海	同 ①	同 ②	同 ①	②의 보입
64	6	7	21	諮‘授’一切如來	諮‘受’一切如來	同 ①	同 ②	同 ①	②의 수정
65	6	11	22	十士菩薩	十‘大’士菩薩	同 ①	同 ①	同 ②	②의 수정
66	6	12	4	‘踞’千世界	‘據’千世界	同 ①	同 ②	同 ①	②의 수정
67	6	12	6	‘四’百億四天下	‘■’百億四天下	同 ①	同 ②	同 ①	②의 삭제
68	6	13	15	法雲‘意’海光	法雲‘音’海光	同 ①	同 ②	同 ①	②의 수정
69	6	13	19	得‘念’一念聖性中	得‘入’一念聖性中	同 ①	同 ②	同 ①	②의 수정
70	6	16	20	佛神力	‘承’佛神力	同 ①	同 ②	同 ①	②의 보입
71	6	19	4	燒然酥香油	燒‘香’然酥香油	同 ①	同 ②	同 ①	②의 보입
72	6	20	11	聞音樂之聲	聞‘念佛’音樂之聲	同 ①	同 ②	同 ①	②의 보입
73	6	21	6	無境界妄‘相’因緣	無境界妄‘想’因緣	同 ①	同 ②	同 ①	②의 수정
74	6	21	16	大梵諸天‘王’衆	大梵諸天‘■’衆	同 ①	同 ②	同 ①	②의 삭제
75	6	22	22	歎如來	‘讚’歎如來	同 ①	同 ②	同 ①	②의 수정
76	7	1	19	所‘爲’	所‘謂’	同 ①	同 ①	同 ①	②의 수정
77	7	3	2	性運通	‘聖’性運通	同 ①	同 ②	同 ①	②의 보입
78	7	3	7	無相無念‘念’	無相無念‘■’	同 ①	同 ②	同 ①	②의 삭제
79	7	5	19	毘盧如來	毘盧‘遮那’如來	同 ①	同 ②	同 ①	②의 보입
80	7	5	21	則是‘故’	則是‘時’	同 ①	同 ①	同 ①	②의 수정
81	7	7	5	衆生性	衆生‘心’性	同 ①	同 ①	同 ①	②의 보입
82	7	7	13	“‘踞’千世界”	“‘據’千世界”	同 ①	同 ②	“千世”	②의 수정
83	7	7	15	‘四’百億四天下	‘■’百億四天下	同 ①	同 ②	同 ①	②의 수정
84	7	9	16	佛菩提故	‘住’佛菩提故	同 ①	同 ①	同 ①	②의 보입
85	7	11	22	常‘愛’資益	常‘恒’資益	同 ①	同 ②	同 ①	②의 보입
86	7	13	17	體性入佛‘界’地	體性入佛‘■’地	同 ①	同 ②	同 ①	②의 삭제
87	7	15	20	當知一切菩薩	當知‘及’一切菩薩	同 ①	同 ②	同 ①	②의 보입
88	7	16	12	常‘愛’供養	常‘恒’供養	同 ①	同 ②	同 ①	②의 수정
89	7	18	11	根本性	根本‘行’性	同 ①	同 ②	同 ①	②의 보입
90	7	18	14	得‘名’耐怨害	得‘■’耐怨害	同 ①	同 ①	同 ①	②의 삭제
91	7	18	14	於一切衆生界	‘忍’於一切衆生界	同 ①	同 ②	同 ①	②의 보입
92	7	19	1	皆悉如	皆悉如‘如’	同 ①	同 ②	同 ①	②의 보입
93	7	21	9	皆由得‘受’力而滅	皆由得‘定’力而滅	同 ①	同 ②	同 ①	②의 수정
94	7	22	12	淨心得淸淨	‘眞’淨心得淸淨	同 ①	同 ①	同 ①	②의 보입
95	8	1	8	告‘諸’一切諸佛	告‘語’一切諸佛	同 ①	同 ②	同 ①	②의 수정
96	8	3	15	苦集諦	‘苦’苦集諦	同 ①	同 ①	同 ①	②의 보입

97	8	3	19	聖智道'情'捨	聖智道'性'捨	同 ①	同 ②	同 ①	②의 수정
98	8	4	12	無'諸'屬故	無'計'屬故	同 ①	同 ②	同 ①	②의 수정
99	8	5	16	名爲相施	名爲'無'相施	同 ①	同 ①	同 ①	②의 보입
100	8	9	13	在三昧	'恒'在三昧	同 ①	同 ①	同 ①	②의 보입
101	8	12	13	'而'常思施	'恒'常思施	同 ①	同 ②	同 ①	②의 수정
102	8	15	6	而教化	而教化'教化'	同 ①	同 ①	同 ①	②의 보입
103	8	16	10	教'道'	教'導'	同 ①	同 ②	미확인	②의 수정
104	8	16	10	'群'生	'蒼'生	同 ①	同 ②	同 ①	②의 수정
105	8	17	19	波羅'密'	波羅'蜜'	同 ①	同 ②	미확인	②의 수정
106	8	18	4	應當而'說演'之	應當而'演說'之	同 ①	同 ①	同 ①	②의 수정
107	8	18	4	菩薩恒'而'觀	菩薩恒'常'觀	同 ①	同 ②	同 ①	②의 수정
108	8	18	12	波羅'密'	波羅'蜜'	同 ①	同 ②	미확인	②의 수정
109	8	19	17	以三力故	以三'昧'力故	同 ①	同 ①	同 ①	②의 보입
110	9	1	5	無'自性'性	無'性自'性	同 ①	同 ②	同 ①	②의 수정
111	9	5	8	菩薩'爲'菩提心	菩薩'於'菩提心	同 ①	同 ②	同 ①	②의 수정
112	9	5	9	正見正'授'	正見正'受'	同 ①	同 ②	同 ①	②의 수정
113	9	10	17	不同性力品	不同'名'性力品	同 ①	同 ②	同 ①	②의 보입
114	9	11	2	以聖力加持	以聖'道'力加持	同 ①	同 ②	同 ①	②의 보입
115	9	12	10	如來教'受'諸菩薩	如來教'授'諸菩薩	同 ①	同 ②	同 ①	②의 수정
116	9	13	4	以觀天人明'知'	以觀天人明'智'	同 ①	同 ②	同 ①	②의 수정
117	9	13	7	'知以觀'知以觀	'■■■'知以觀	同 ①	同 ②	同 ①	②의 삭제
118	9	19	15	'大'摩訶薩埵	'■'摩訶薩埵	同 ①	同 ②	同 ①	②의 삭제
119	9	22	9	聖德足	聖德'滿'足	同 ①	同 ②	同 ①	②의 보입
120	9	23	17	歡樂不'以'	歡樂不'已'	同 ①	同 ①	미확인	②의 수정
121	9	24	4	'非'一切下地	'彼'一切下地	同 ①	同 ①	同 ①	②의 수정
122	9	25	17	吾今當	吾今當'當'	同 ①	同 ②	同 ①	②의 보입
123	10	5	18	作善不可解脫	作'不'善不可解脫	同 ①	同 ②	同 ①	②의 보입
124	10	5	21	供養累劫'陪'償	供養累劫'倍'償	同 ①	同 ②	미확인	②의 수정
125	10	6	16	修習'午日'炙身	修習'五熱'炙身	同 ①	同 ②	同 ①	②의 수정
126	10	7	6	求'則'求錢	求'財'求錢	同 ①	同 ②	同 ①	②의 수정
127	10	8	5	'氎'破驢騾之音	'癬'破驢騾之音	同 ①	同 ②	同 ①	②의 수정24)
128	10	8	16	好喜'拳'腳	好喜'蹋'腳	同 ①	同 ②	同 ①	②의 수정
129	10	9	6	欲取'而'常貪盜	欲取'恒'常貪盜	同 ①	同 ②	同 ①	②의 수정
130	10	10	1	說'伏'長短	說'他'長短	同 ①	同 ②	同 ①	②의 수정
131	10	11	4	好'釋'賢良	好'擇'賢良	同 ①	同 ①	同 ①	②의 수정
132	10	12	9	'出生'邪見	'未出'邪見	同 ①	同 ②	同 ①	②의 수정
133	10	13	21	'得'許於我	'聽'許於我	同 ①	同 ②	同 ①	②의 수정
134	10	15	7	'惟'有如來	'唯'有如來	同 ①	同 ①	미확인	②의 수정

24) "'氎'也作'癬'"(『漢語大字典』)

〈표 2〉 '대장도감판' 「대승대교왕경」과 조성장 · 방산석경이 일치하는 문자이동 33건

▸ '분사대장도감판'의 내용은 개보장 원본의 상태로 판단됨
▸ '대장도감판'의 내용은 개보장(원본 또는 수정본)의 내용이 거란장에 의거하여 수정된 상태로 추정됨
▸ 조성장본의 내용은 개보장 수정본의 상태로 판단됨

번호	권	장	행	'분사대장도감판' ①	'대장도감판' ②	조성장 ③	방산석경 ④	적사장 ⑤	비고
1	2	2	23	舍利'佛'	舍利'弗'	同 ②	同 ②	同 ②	
2	2	14	23	十那由'陀'	十那由'佗'	同 ②	'他'	미확인	
3	3	6	5	能莊嚴'執'身	能莊嚴'報'身	同 ②	同 ②	미확인	
4	3	10	16	達跋	達'磨'跋	同 ②	同 ②	미확인	③은 보각자임
5	3	11	6	蘗帝瓢'毗臾反,引'	蘗帝瓢'毗臾反,二引'	同 ②	同 ②	미확인	
6	3	11	18	顆瑟癡'宅曳,二合'	顆瑟癡'咤曳,二合'	同 ②	同 ②	미확인	
7	3	12	3	賀'引,'	賀'引,'	同 ②	同 ②	미확인	
8	4	5	21	得住三'時'故	得住三'昧'故	同 ②	同 ②	미확인	
9	4	7	13	名見慧	名見慧'眼'	同 ②	同 ②	미확인	
10	4	9	8	弟常當精進	弟'子'常當精進	同 ②	同 ②	미확인	
11	4	11	19	金剛祕'蜜'	金剛祕'密'	同 ②	同 ②	미확인	
12	4	15	15	祕'蜜'金剛	祕'密'金剛	同 ②	석경훼손	미확인	
13	4	22	9	波羅'密'多不減	波羅'蜜'多不減	同 ②	석경훼손	미확인	
14	4	23	3	祕'蜜'金剛	祕'密'金剛	同 ②	同 ②	미확인	
15	5	12	2	祕'蜜'三'蜜'	祕'密'三'密'	同 ②	同 ②	미확인	
16	5	12	8	三'蜜'菩提	三'密'菩提	同 ②	同 ②	미확인	
17	5	12	15	祕'蜜'聖性觀	祕'密'聖性觀	同 ②	同 ②	미확인	
18	5	13	22	不'起'法事	不'赴'法事	同 ②	同 ②	미확인	
19	5	16	17	'慧'力自在	'聖'力自在	同 ②	同 ②	미확인	
20	5	21	16	波羅'密'	波羅'蜜'	同 ②	同 ②	미확인	
21	5	23	6	祕'蜜'三摩	祕'密'三摩	同 ②	同 ②	미확인	
22	5	23	9	祕'蜜'三摩	祕'密'三摩	同 ②	同 ②	미확인	
23	5	23	18	三'蜜'門三摩	三'密'門三摩	同 ②	同 ②	미확인	
24	5	24	5	'當'於一切微塵	'常'於一切微塵	同 ②	同 ②	미확인	
25	5	25	18	'達'立此三密門	'建'立此三密門	同 ②	同 ②	미확인	
26	6	13	12	波羅'密'多	波羅'蜜'多	同 ②	同 ②	미확인	
27	6	20	14	美味如'密'	美味如'蜜'	同 ②	석경훼손	미확인	
28	7	1	21	六波羅'密'	六波羅'蜜'	同 ②	同 ②	미확인	
29	7	4	3	萬有本自'空於'	萬有本自'於空'	同 ②	同 ②	미확인	
30	7	11	11	菩薩初發心	菩薩'從'初發心	同 ②	同 ②	미확인	
31	7	12	6	波羅'密'多	波羅'蜜'多	同 ②	同 ②	미확인	
32	7	16	19	諸珍寶資'則'	諸珍寶資'財'	同 ②	同 ②	미확인	
33	8	2	23	不'性'不障	不'惱'不障	同 ②	同 ②	미확인	

<표 3> '분사대장도감판' 「대승대교왕경」의 내재된 오류 9건

‣ '분사대장도감판'의 내용은 저본인 초조장본 또는 초조장본의 저본인 개보장의 오류가 내재되어 있는 것으로 추정됨
‣ '대장도감판'의 내용은 개보장(원본 또는 수정본)의 내용이 거란장에 의거하여 수정된 상태로 추정됨
‣ 조성장본의 내용은 개보장 수정본의 상태로 판단됨

번호	권	장	행	'분사대장도감판'①	'대장도감판'②	조성장③	방산석경④	적사장⑤	비고
1	1	1	22	唐大曆九年十'年'	唐大曆九年十'月'	同②	同②	同②	①의 내재된 오류
2	1	2	20	略舉經都題序'日'	略舉經都題序'目'	同②	同②	同②	①의 내재된 오류
3	1	13	10	曼陀羅'[1行 脫]'	曼陀羅'華遍滿虛空其時大會諸衆盡見其華'	同②	同②	同②	①의 내재된 오류 〈그림 1〉 참조
4	5	30	8	'准'當密授	'唯'當密授	同②	'惟'	미확인	①의 내재된 오류
5	6	5	9	無障礙門□□	無障礙'解脫'門	同①	同②	同①	①의 내재된 오류
6	8	13	10	祕密三摩'池'	祕密三摩'地'	同②	同②	미확인	①의 내재된 오류
7	9	14	3	以觀'天'願明智	以觀'大'願明智	同②	同②	미확인	①의 내재된 오류
8	9	16	3	教'而'現一切有情	教'示'現一切有情	同②	석경결손	미확인	①의 내재된 오류
9	10	6	23	自'餘'忍饑	自'餓'忍饑	同②	同②	미확인	①의 내재된 오류

<표 4> '분사대장도감판' 「대승대교왕경」에서 발생된 오류 7건

‣ '분사대장도감판'의 내용은 판각 당시 또는 이후에 발생된 오류가 추정됨

번호	권	장	행	'분사대장도감판'①	'대장도감판'②	조성장③	방산석경④	적사장⑤	비고
1	1	2	15	'㳂伽'	'恒沙'	殑伽	同②	同③	①의 變怪
2	1	16	8	'三'者	'三'者	同②	同②	同②	①의 결락(上劃)
3	7	7	13	後就'□'葉世界	後就'一'葉世界	同②	석경훼손	미확인	①의 결락(궐자)
4	8	19	19	教'道'	教'導'	同②	同②	미확인	①의 결획
5	9	9	21	法品'□'足	法品'滿'足	同②	同②	미확인	①의 결락(궐자)
6	9	9	22	聖'□'道品	聖'性'道品	同②	同②	미확인	①의 결락(궐자)
7	9	9	23	金剛'□'昧佛	金剛'三'昧佛	同②	同②	미확인	①의 결락(궐자)

<표 5> '대장도감판' 「대승대교왕경」에서 발생된 오류 6건

‣ '대장도감판'이 개보장본을 저본으로 해서 복각 또는 보사판각되는 과정에서 발생된 오류로 추정됨

번호	권	장	행	'분사대장도감판'①	'대장도감판'②	조성장③	방산석경④	적사장⑤	비고
1	1	9	21	四空五淨之'主'	四空五淨之'王'	同①	同①	同①	②의 결락('丶')
2	1	11	19	一'切'諸佛	一'□'諸佛	同①	同①	同①	②의 결락('切')
3	5	8	11	得隨名解'脫'	得隨名解'說'	同①	同①	同①	②의 오사25)
4	6	12	4	'後'就一葉世界	'復'就一葉世界	同①	同①	同①	②의 오사
5	7	27	3	於'生'死海	於'主'死海	同①	同①	미확인	②의 오사
6	9	11	17	所'不'能知覺	所'□'能知覺	同①	同①	同①	②의 결락(궐자)

---

25) '說'은 '脫'의 通用字이기도 함.

〈표 6〉 '분사대장도감판'의 저본인 초조장본과 '대장도감판' 「대승대교왕경」에서 각각 이루어진 수정 2건

▸ '분사대장도감판'의 내용은 저본인 초조장본이 개보장본을 저본으로 필사판각될 때, 거란장에 의거하여 수정된 상태로 추정됨
▸ '대장도감판'의 내용은 개보장(원본 또는 수정본)의 내용이 거란장에 의거하여 수정된 상태로 추정됨

번호	권	장	행	'분사대장도감판'	'대장도감판' ②	조성장 ③	방산석경 ④	적사장 ⑤	비 고
1	1	6	6	菩'提'	좌동	菩'薩'	同③	同③	①②의 수정
2	4	20	6~17	12행~17행 / 6행~11행	좌동	6행~11행 / 12행~17행	同①	同③	①②의 수정

〈표 7〉 '분사대장도감판'의 저본인 초조장본 「대승대교왕경」에서 이루어진 수정 3건

▸ '분사대장도감판'의 내용은 저본인 초조장본이 개보장본을 저본으로 필사판각될 때, 거란장에 의거하여 수정된 상태로 추정됨.
▸ '대장도감판'의 내용은 개보장(원본 또는 수정본)의 오류가 교정되지 못하고 인습된 것으로 추정됨
▸ 제3항의 경우는 고려 태조 왕건의 이름인 '建'에 대한 피휘결획자로서 초조장본에서 이루어진 수정으로 추정됨

번호	권	장	행	'분사대장도감판' ①	'대장도감판' ②	조성장 ③	방산석경 ④	적사장 ⑤	비 고
1	2	12	15	寶'幢'如來	寶'憧'如來	同②	同①	同①	①의 수정
	2	13	1	寶'幢'如來	寶'幢'如來	'幢'	'幢'	'幢'	참고사항
2	5	2	11	而得不見'耶'	而得不見'邪'	同②	同①	미확인	①의 수정
3	1	2	3	唐'津'中元年	唐'建'中元年	同②	同②	同②	①의 피휘결획26)

〈표 8〉 미상인 '분사대장도감판'·'대장도감판' 「대승대교왕경」의 문자이동 4건

▸ 원인관계가 미상인 '分司大藏都監版'·'大藏都監版' 「大乘大敎王經」의 문자이동임

번호	권	장	행	'분사대장도감판' ①	'대장도감판' ②	조성장 ③	방산석경 ④	적사장 ⑤	비고
1	2	10	16	願'導'一切有情	願'爲'一切有情	'益'	'謂'	미확인	미상
2	4	11	4	體用'及'照用	體用'反'照用	'反'	同②	미확인	미상
3	5	1	16	'踞'師子座	'據'師子座	종이훼손	同①	同①	미상
4	10	9	23	兩'昏'破和	兩'舌'破和	同②	同②	미확인	미상27)

---

26) '建'은 「大乘大敎王經」에서 다음과 같이 8건의 용례가 있는데 모두 피휘결획되지 않은 완전한 글자로 되어 있다.
제3권 16장 제21행 제12자 / 제5권 25장 제18행 제12자 / 제5권 26장 제15행 제1자 / 제5권 26장 제18행 제1자 / 제5권 27장 제2행 제8자 / 제5권 27장 제5행 제8자 / 제5권 28장 제23행 제10자 / 제6권 18장 제22행 제13자

27) ① 《康熙字典·口部·四》昏: [古文]昏《唐韻》《集韻》达古活切, 音括.《說文》塞口也, 从口, 氏省聲. 氏音厥. 又《玉篇》下刮切, 音頡. 塞也.《廣韻》亦書作舌('舌'은 '昏'의 속자임).
② "勇猛有力心懷戰陣. 常好闘打瞋勵不休. 兩舌破和. 間拆良善輕蔑賢士. 說他長短毀謗好人" / "마음속에는 전의(戰意)를 품으려 항상 싸우고 때리기를 좋아하고 성내는 일을 그치지 않느니라. 이간질하는 말을 하여 화목함을 파괴하고 선량한 사람을 배척하고 현명한 이들을 경멸하며 다른 사람의 장단점을 말하고 훌륭한 사람을 헐뜯어 비방하느니라."{『대승유가금강성성해만수실리천비천발대교왕경』 10권(ABC, K1272 v36, p.706a01)}
③ 『漢語大詞典』: 「兩舌」: 1. 言語反覆, 前後不一. 漢焦贛《易林·坤之夬》: "一簧兩舌, 妄言謬語."原注: "一簧者, 即《詩》所謂'巧言如簧; 兩舌, 言不一也."明李贄《四書評·論語·子罕》: "'是道也, 何足以臧?'叫他去想, 不是說竟'不臧'也. 竟說'不臧'便是兩舌. 2. 毁譽, 兩種評價不一. 明陳繼儒《讀書鏡》卷九: "自古有盛名之士, 一為宰相, 遂失令聞者, 此何以故?曰, 或以廉穢判若兩人, 或以恩怨橫遭兩舌故也." 3. 搬弄是非; 挑撥離間. 趙樸初《僧伽和佛的弟子》: "不犯十惡: 1殺、2盜、3淫、4妄語、5兩舌, 即挑撥離間……即是十善."

	再雕藏의 帙號	初雕藏의 帙號(案)	再雕藏에 收錄된 經典	初雕藏에 收錄된 經典	再雕藏의 底本	初雕藏의 底本	再雕藏 板刻	初雕藏 板刻
①	天(1) ~ 英(480)	左同	開元錄藏 經典 起(121)~體(124) 大般涅槃經 40권	開元錄藏 經典 起(121)~體(124) 般涅槃經 40권	開寶藏 本藏	左同	覆刻	覆刻
②	杜(481) ~ 轂(510)	左同	宋新譯經 A	左同	開寶藏 續刊A	左同	覆刻	覆刻
③	振(511) ~ 侈(515)	左同	隨函錄	左同(推定)	初雕藏/宋本 ? (推定)	宋本 ?	覆刻	未詳
④	富(516) ~ 輕(520)	左同	宋 太宗 御製	左同	開寶藏 續刊A	左同	覆刻	覆刻
⑤	策(521) ~ 實(524)	左同	新譯華嚴經 (貞元本)	左同	高麗 寺刊本 (三本華嚴經)	續貞元錄藏本 (推定)	覆刻	未詳
⑥	勒(525) ~ 銘(528)	左同	新華嚴經論	左同(推定)	初雕藏(推定)	續貞元錄藏本 (推定)	覆刻	筆寫 板刻
⑦	磻(529) 漢(530)~ 合(548)	左同	貞元錄經 不空譯 大乘大教王經 (大藏都監版)	貞元錄經 金剛智譯 大乘大教王經 (推定)	開寶藏 續刊A	續貞元錄藏本 (推定)	覆刻	筆寫 板刻
⑧	濟(549) ~ 綺(553)	左同	開元錄에 遺漏된 經典	左同(推定)	初雕藏(推定)	續貞元錄藏本 (推定)	覆刻	筆寫 板刻
⑨	廻(554) 漢(555)	左同	大宗地玄文論	佛名經 18卷	契丹本/國內傳 本 ? (推定)	續貞元錄藏本 / 國內傳本? (推定)	筆寫 板刻	筆寫 板刻
			釋摩訶衍論 佛名經 18卷[삭제]				未詳	
⑩	惠(556) - a)	左同	續開元錄	左同(推定)	初雕藏(推定)	續貞元錄藏本 (推定)	未詳	筆寫 板刻
	惠(556) - b)	左同	續貞元錄 釋法琳別傳	左同(推定)	初雕藏(推定)	續貞元錄藏本 (推定)	未詳	筆寫 板刻
⑪	說(557) ~ 丁(560)	左同	貞元錄	左同	初雕藏	續貞元錄藏本 (推定)	覆刻	筆寫 板刻
⑫	俊(561) ~ 密(563)	左同	校正別錄[추가] 一切經源品次錄[삭제]	一切經源品次錄		續貞元錄藏本 (推定)	筆寫 板刻	筆寫 板刻
⑬	勿(564) ~ 寔(567)	左同	大般涅槃經 36권	大般涅槃經 36권(推定)	初雕藏/開寶藏 ? (推定)	開寶藏 本藏 (推定)	未詳	未詳
⑭	寧(568) ~ 楚(570)	左同	佛名經 30卷	佛名經 30卷	初雕藏(推定)	國內傳本(推定)	未詳	未詳
⑮	更(571)	左同	大藏目錄 (再雕藏 目錄)	大藏目錄(推定) (初雕藏 目錄)	初雕藏(推定)	顯宗朝 目錄 (推定)	未詳	未詳
⑯	覇(572) ~ 何(585)	左同	法苑珠林	左同	開寶藏 續刊A	左同	覆刻	覆刻
⑰	遵(586) ~ 精(600)	左同	宋新譯經 B-1	左同	開寶藏 續刊B	左同	覆刻	筆寫 板刻
⑱	宣(601) ~ 禹(611)	左同	宋新譯經 B-2	左同	開寶藏 續刊B	左同	覆刻	筆寫 板刻
⑲	跡(612) ~ 嶽(617)	跡(612)~ 主(622)	宋新譯經 B-3	宋新譯經 B-4	開寶藏 續刊B	左同	覆刻	筆寫 板刻
⑳	宗(618) ~ 塞(628)	云(623)~ 塞(628)	宋新譯經 B-4	宋新譯經 B-3(推定)	開寶藏 續刊B	左同	覆刻	筆寫 板刻
㉑	鷄(629)	左同	不空譯 大乘大教王經 (分司版)	不空譯 大乘大教王經 (推定)	初雕藏(推定)	開寶藏 續刊A (推定)	覆刻	筆寫 板刻
	鷄(629)		續一切經音義[추가]		未詳		未詳	
㉒	田(630) ~ 洞(639)		一切經音義[추가]		未詳		未詳	

〈표 10〉 초조장의 구성과 저본 및 판각

	初雕藏의 帙號(案)	趙城藏의 帙號	收錄된 經典	底本	板刻	刊行時期	續貞元錄의 帙號
①	天(1)~英(480)	天(1)~英(480)	開元錄 經典 遐(121)~體(124) **大般涅槃經 40권**	開寶藏 本藏	覆刻	顯宗	
②	杜(481)~轂(510)	杜(481)~轂(510)	宋新譯經 A	開寶藏 續刊 A		顯宗	
③	振(511)~侈(515)	振(511)~世(513)	隨函錄(推定)	宋本 ?	未詳	文宗	
④	富(516)~輕(520)	幷(616)~岱(620), 亭(624)	宋 太宗 御製	開寶藏 續刊 A	覆刻	顯宗	
⑤	策(521)~實(524)	溪(530)~佐(533)	新譯華嚴經(貞元本)	續貞元錄藏本(推定)	未詳	文宗	高(505)~輦(508)
⑥	勒(525)~銘(528)	未收錄	新華嚴經論(推定)	續貞元錄藏本(推定)		文宗	稿(482)~漆(485)
⑦	磻(529) 溪(530)~合(548)	祿(514)~磻(529), 時(534)~奄(537) 不空譯	貞元錄經 金剛智譯 大乘大教王經(추정)	續貞元錄藏本(推定)	筆寫板刻	文宗	書(486) 壁(487)~兵(504) / 驅(509)
⑧	濟(549)~綺(553)	未收錄	開元錄에 遺漏된 經典(推定)	續貞元錄藏本(推定)		文宗	轂(510)~祿(514)
⑨	廻(554)~漢(555)	未收錄	佛名經 18卷	續貞元錄藏本/國內傳本 ? (推定)		文宗	侈(515)~富(516)
⑩	惠(556)-a	世(513)	ⓐ 續開元錄(推定)	續貞元錄藏本(推定)		文宗	車(517) ⓐ
	惠(556)-b	未收錄	ⓑ 續貞元錄(推定) ⓒ 釋法琳別傳(推定)	續貞元錄藏本(推定)		文宗	ⓒ ⓑ
⑪	說(557)~丁(560)	未收錄	貞元錄	續貞元錄藏本(推定)		文宗	駕(518)~策(521)
⑫	俊(561)~密(563)	未收錄	一切經源品次錄	續貞元錄藏本(推定)		文宗	功(522)~實(524)
⑬	勿(564)~寔(567)	未收錄	**大般涅槃經 36권(推定)**	開寶藏 本藏(推定)	未詳	文宗	
⑭	寧(568)~楚(570)	未收錄	**佛名經 30卷)**	國內傳本(推定)	未詳	文宗	
⑮	更(571)	해당없음	大藏目錄(推定)	顯宗朝 目錄(推定)	未詳	文宗	
⑯	覇(572)~何(585)	起(593)~威(602)	法苑珠林	開寶藏 續刊 A	覆刻	宣宗	
⑰	遵(586)~精(600)	宅(538)~傾(552)	宋新譯經 B-1	開寶藏 續刊 B	筆寫板刻	宣宗	
⑱	宣(601)~禹(611)	綺(553)~密(563)	宋新譯經 B-2	開寶藏 續刊 B		宣宗	
⑲	跡(612)~主(622)	楚(570)~虢(580)	宋新譯經 B-4	開寶藏 續刊 B		宣宗	
⑳	云(623)~塞(628)	勿(564)~晉(569)	宋新譯經 B-3(推定)	開寶藏 續刊 B(推定)		宣宗	
㉑	鷄(629)	未收錄	不空譯 大乘大教王經(推定) [再雕藏 分司版의 底本]	開寶藏 續刊 A	筆寫板刻	宣宗	

〈표 11〉 분사도감판 「대승대교왕경(難函)」의 각수 분석

권차	판각년	간 기 高麗國分司大藏都監奉勅彫造	간 기 高麗國大藏都監奉勅彫造	각 수 分司 都監版	각 수 大藏 都監版	각 수 分司·大藏 重複 刻手
1	甲辰歲 (1244)	①光乂, ③克毛, ⑥全一, ⑦昌茂, ⑧惠堅, 公晉, 得伊, 呂溫, 李文, 利才, 元進, 惠已,		①光乂(3회) ②光進(1회) ③克毛(1회) ④守圭(1회) ⑤元幹(1회) ⑥全一(5회) ⑦昌茂(4회) ⑧惠堅(4회) ⑨孝貞(2회) 公晉(3회) 國寶(1회) 克+(1회) 金升(4회) 金日卿(1회) 大義(1회) 得林(2회) 得伊(4회) 呂溫(3회) 李文(1회) 利才(3회) 朴圭(3회) 方哲(1회) 甫龍(1회) 世圭(1회) 守黙(2회) 元進(1회) 應甫(2회) 子龍(1회) 鄭+(1회) 祖玄(1회) 惠允(1회) 惠已(3회) 惠之(3회) 黃龍(2회)	①光乂(1회) ②光進(2회) ③克毛(1회) ④守圭(1회) ⑤元幹(1회) ⑥全一(1회) ⑦昌茂(1회) ⑧惠堅(1회) ⑨孝貞(1회) ⑩元卿(1회) ⑪李善(1회) ⑫之有(1회) ⑬白和(1회)	①光乂(4회) ②光進(3회) ③克毛(2회) ④守圭(2회) ⑤元幹(2회) ⑥全一(6회) ⑦昌茂(5회) ⑧惠堅(5회) ⑨孝貞(3회)
2	甲辰歲		②光進, ⑥全一, ⑦昌茂, ⑨孝貞			
3	甲辰歲	①光乂, ⑧惠堅, ⑨孝貞, 利才, 鄭+, 惠之,				
4	甲辰歲	①光乂, ②光進, ④守圭, ⑥全一, 金升, 金日卿, 大義, 得林, 得伊, 利才, 圭, 應甫,				
5	甲辰歲	⑤元幹, ⑧惠堅, 公晉, 國寶, 克+, 金升, 方哲, 守黙, 祖玄, 惠允, 惠之, 黃龍,				
6	甲辰歲	⑥全一, ⑦昌茂, 公晉, 應甫, 惠已, 惠之, 黃龍,				
7	乙巳歲 (1245)		①光乂, ②光進, ③克毛, ④守圭, ⑤元幹, ⑧惠堅, ⑩元卿, ⑪李善, ⑫之有, ⑬白和,			
8	甲辰歲	⑦昌茂, 得伊, 呂溫,				
9	甲辰歲	⑥全一, ⑦昌茂, ⑧惠堅, 金升, 得林, 得伊, 呂溫, 甫龍, 守黙, 子龍,				
10	甲辰歲	⑥全一, ⑨孝貞, 金升, 朴圭, 惠已,				

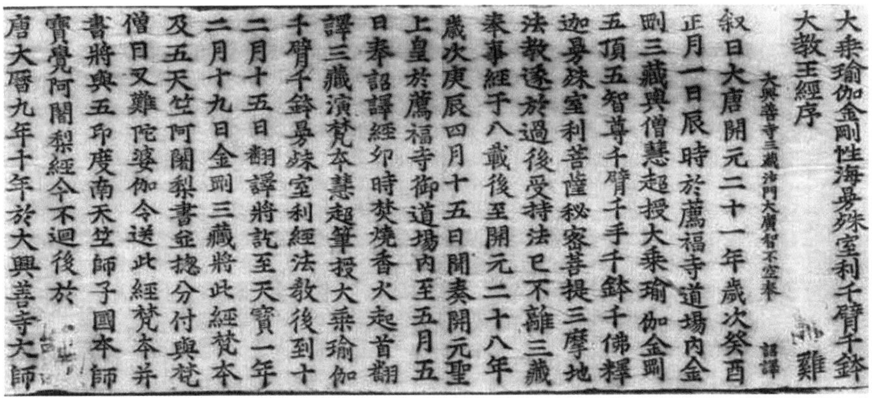
大乘瑜伽金剛性海曼殊室利千臂千鉢
大教王經序 雞
大興善寺三藏沙門大廣智不空奉 詔譯
叙日大唐開元二十一年歲次癸酉
正月一日辰時於薦福寺道場内金
剛三藏與僧慧超授大乘瑜伽金剛
五頂五智尊千臂千手千鉢千佛釋
迦曼殊室利菩薩秘密菩提三摩地
法教遂於過後受持法已不離三藏
奉事經于八載後至開元二十八年
歲次庚辰四月十五日聞奏開元聖
上皇於薦福寺御道場内至五月五
日奉詔譯經卯時焚燒香火起首翻
譯三藏演梵本慧超筆授大乘瑜伽
千臂千鉢曼殊室利經法教後到十
二月十五日翻譯將訖至天寶一年
二月十九日金剛三藏將此經梵本
及五天竺阿闍梨書並總分付與梵
僧目叉難陀婆伽令送此經梵本并
書將與五印度南天竺師子國本師
寶覺阿闍梨經今不迴後於
唐大曆九年十年於大興善寺大師

'분사대장도감판'(雞函)

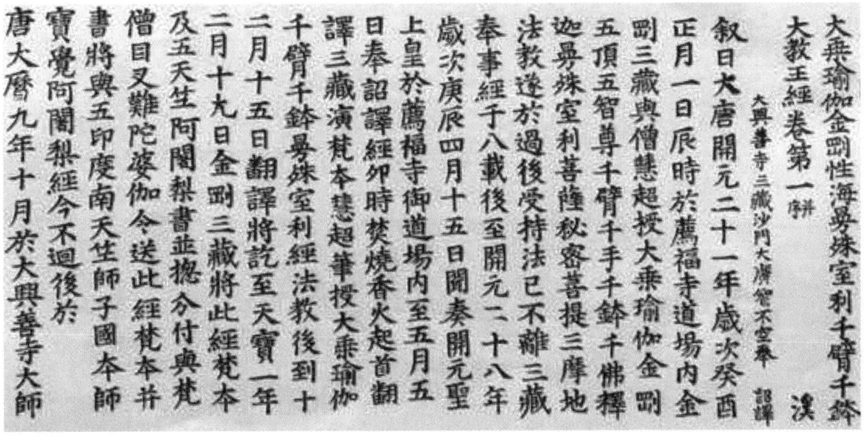
大乘瑜伽金剛性海曼殊室利千臂千鉢
大教王經卷第一并序 溪
大興善寺三藏沙門大廣智不空奉 詔譯
叙日大唐開元二十一年歲次癸酉
正月一日辰時於薦福寺道場内金
剛三藏與僧慧超授大乘瑜伽金剛
五頂五智尊千臂千手千鉢千佛釋
迦曼殊室利菩薩秘密菩提三摩地
法教遂於過後受持法已不離三藏
奉事經于八載後至開元二十八年
歲次庚辰四月十五日聞奏開元聖
上皇於薦福寺御道場内至五月五
日奉詔譯經卯時焚燒香火起首翻
譯三藏演梵本慧超筆授大乘瑜伽
千臂千鉢曼殊室利經法教後到十
二月十五日翻譯將訖至天寶一年
二月十九日金剛三藏將此經梵本
及五天竺阿闍梨書並總分付與梵
僧目叉難陀婆伽令送此經梵本并
書將與五印度南天竺師子國本師
寶覺阿闍梨經今不迴後於
唐大曆九年十月於大興善寺大師

'대장도감판'(溪函)

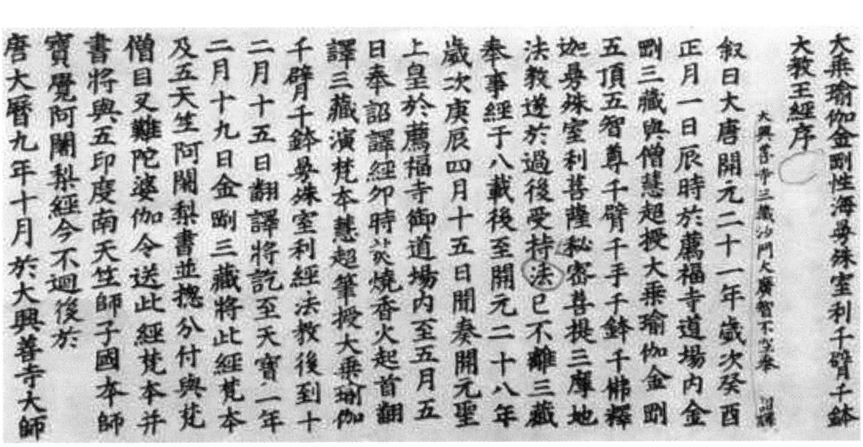
大乘瑜伽金剛性海曼殊室利千臂千鉢
大教王經序
大興善寺三藏沙門大廣智不空奉 詔譯
叙日大唐開元二十一年歲次癸酉
正月一日辰時於薦福寺道場内金
剛三藏與僧慧超授大乘瑜伽金剛
五頂五智尊千臂千手千鉢千佛釋
迦曼殊室利菩薩秘密菩提三摩地
法教遂於過後受持法已不離三藏
奉事經于八載後至開元二十八年
歲次庚辰四月十五日聞奏開元聖
上皇於薦福寺御道場内至五月五
日奉詔譯經卯時焚燒香火起首翻
譯三藏演梵本慧超筆授大乘瑜伽
千臂千鉢曼殊室利經法教後到十
二月十五日翻譯將訖至天寶一年
二月十九日金剛三藏將此經梵本
及五天竺阿闍梨書並總分付與梵
僧目叉難陀婆伽令送此經梵本并
書將與五印度南天竺師子國本師
寶覺阿闍梨經今不迴後於
唐大曆九年十月於大興善寺大師

'조성장본'(奄函)

〈그림 2〉「대승대교왕경」 제1권 제1장

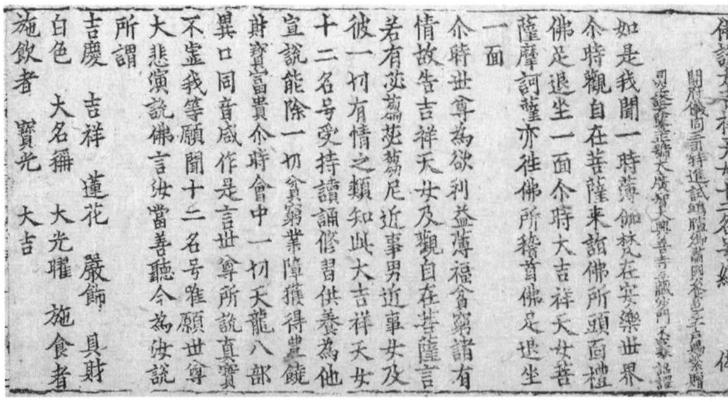

佛說大吉祥天女十二名号經 佐
開府儀同三司特進試鴻臚卿肅國公食邑三千戶賜紫贈司空諡大鑒正號大廣智大興善寺三藏沙門不空奉 詔譯
如是我聞一時薄伽梵在安樂世界
尒時觀自在菩薩來詣佛所頭面禮
佛足退坐一面尒時大吉祥天女菩
薩摩訶薩亦往佛所稽首佛足退坐
一面
尒時世尊為欲利益薄福貧窮諸有
情故告吉祥天女及觀自在菩薩言
若有苾芻苾芻尼近事男近事女及
彼一切有情之類知此大吉祥天女
十二名号受持讀誦修習供養為他
宣說能除一切貧窮業障獲得豐饒
財寶富貴尒時會中一切天龍八部
異口同音咸作是言世尊所說真實
不虛我等願聞十二名号唯願世尊
大悲演說佛言汝當善聽今為汝說
所謂
吉慶 吉祥 蓮花 嚴飾 具財
白色 大名稱 大光曜 施食者
施飲者 寶光 大吉

초조장본

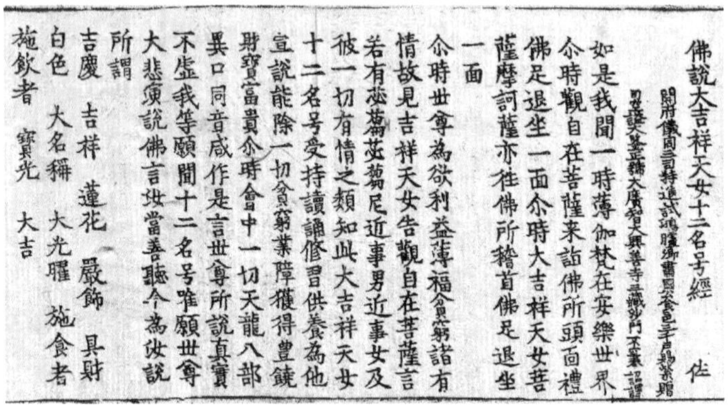

佛說大吉祥天女十二名号經 佐
開府儀同三司特進試鴻臚卿肅國公食邑三千戶賜紫贈司空諡大鑒正號大廣智大興善寺三藏沙門不空奉 詔譯
如是我聞一時薄伽梵在安樂世界
尒時觀自在菩薩來詣佛所頭面禮
佛足退坐一面尒時大吉祥天女菩
薩摩訶薩亦往佛所稽首佛足退坐
一面
尒時世尊為欲利益薄福貧窮諸有
情故告吉祥天女告觀自在菩薩言
若有苾芻苾芻尼近事男近事女及
彼一切有情之類知此大吉祥天女
十二名号受持讀誦修習供養為他
宣說能除一切貧窮業障獲得豐饒
財寶富貴尒時會中一切天龍八部
異口同音咸作是言世尊所說真實
不虛我等願聞十二名号唯願世尊
大悲演說佛言汝當善聽今為汝說
所謂
吉慶 吉祥 蓮花 嚴飾 具財
白色 大名稱 大光曜 施食者
施飲者 寶光 大吉

재조장본

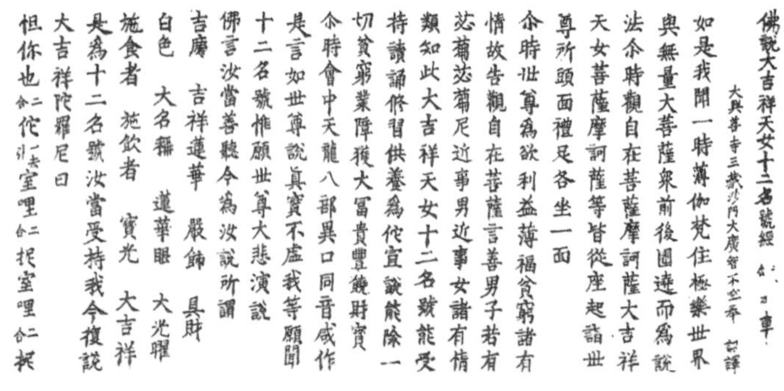

佛說大吉祥天女十二名號經
大興善寺三藏沙門大廣智不空奉 詔譯
如是我聞一時薄伽梵住極樂世界
與無量大菩薩衆前後圍遶而為說
法尒時觀自在菩薩摩訶薩大吉祥
天女菩薩摩訶薩等皆從座起詣世
尊所頭面禮足各坐一面
尒時世尊為欲利益薄福貧窮諸有
情故告觀自在菩薩言善男子若有
苾芻苾芻尼近事男近事女諸有情
類知此大吉祥天女十二名號能受
持讀誦修習供養為他宣說能除一
切貧窮業障獲大富貴豐饒財寶
尒時會中天龍八部異口同音咸作
是言如世尊說真實不虛我等願聞
十二名號惟願世尊大悲演說
佛言汝當善聽今為汝說所謂
吉慶 吉祥蓮華 嚴飾 具財
白色 大名稱 蓮華眼 大光曜
施食者 施飲者 寶光 大吉祥
是為十二名號汝當受持我今復說
大吉祥陀羅尼曰
怛你也(二合)他(一)室哩(二合)(二)抳室哩(二合)抳

조성장본 大吉祥天女十二名號經

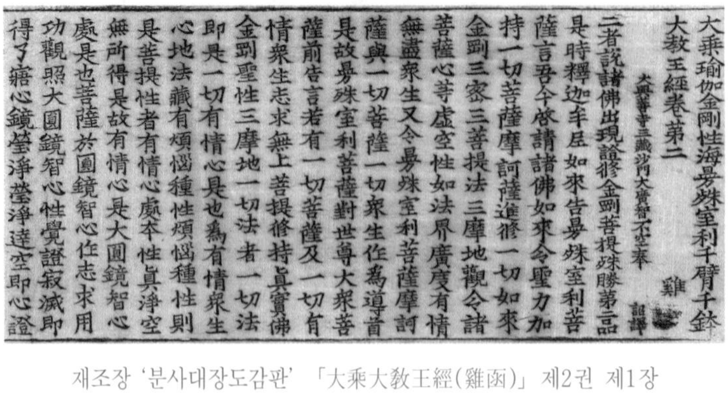

大乘瑜伽金剛性海曼殊室利千臂千鉢
大教王經卷第二 雞
大興善寺三藏沙門大廣智不空奉 詔譯
二者說諸佛出現證修金剛菩提殊勝第三
是時釋迦牟尼如來告曼殊室利菩
薩言吾今啟請諸佛如來令靈力加
持一切菩薩摩訶薩進修一切如來
金剛三密三菩提法三摩地觀令諸
菩薩心等虛空性如法界廣度有情
無盡衆生又令曼殊室利菩薩摩訶
薩與一切菩薩一切衆生作為導首
是故曼殊室利菩薩對世尊大衆菩
薩前告言若有一切菩薩及一切有
情衆生志求無上菩提修持真實佛
金剛聖性三摩地一切法者一切法
即是一切有情心是也為有情衆生
心地法藏有煩惱種性煩惱種性則
是菩提性者有情心處本性真淨空
無所得是故有情心是大圓鏡智心
處是也菩薩於圓鏡智心住志求用
功觀照大圓鏡智心性覺證寂滅即
得了悟心鏡瑩淨瑩淨達空即心證

재조장 '분사대장도감판' 「大乘大敎王經(雞函)」 제2권 제1장

〈그림 3〉「대길상천녀십이명호경」

제1권의 간기	제2권의 간기	제3권의 간기	제4권의 간기	제5권의 간기

제6권의 간기	제7권의 간기	제8권의 간기	제9권의 간기	제10권의 간기

제3권・제9권의 간기	제4권・제6권의 간기	제5권・제10권의 간기

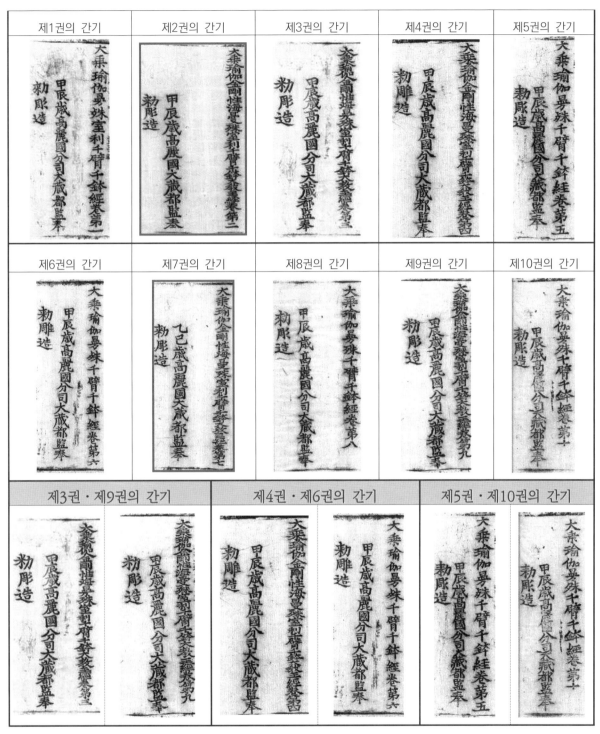

〈그림 4〉「대승대교왕경(雜函)」권말의 간기

● 부록

"分司大藏都監에서 판각된 경판의 刊記"

分司大藏都監 刊記가 들어 있는 총78종의 경전에 들어 있는 총635건의 分司大藏都監 刊記에 대해서 매목상황을 표시하여 소개하면 다음과 같다.

〈내용 설명〉

① 직사각형의 네모 안에 들어 있는 글자는 매목된 글자임을 나타낸다.

② 음영처리가 안된 네모는 가장 일반적인 형태의 매목 형태이다.

③ 직사각형의 네모 안에 글자가 없는 것은 매목이 유실된 것임을 의미한다.

④ 직사각형의 네모가 없는 것은 매목이 없는 것을 의미한다.

1 K.0079 대방광불화엄경(大方廣佛華嚴經) 60권(총 2건)
　　甲辰歲高麗國大藏都監奉勅彫造　　제1권~제14권
　　　　　無刊記　　　　　　　　　제5권, 제7권
　　乙巳歲高麗國大藏都監奉勅彫造　　제15권
　　甲辰歲高麗國大藏都監奉勅彫造　　제16권~제36권
　　　　　無刊記　　　　　　　　제25권, 제30권, 제37권
　　乙巳歲高麗國大藏都監奉勅彫造　　제38권
　　甲辰歲高麗國大藏都監奉勅彫造　　제39권
　　乙巳歲高麗國大藏都監奉勅彫造　　제40권
　　甲辰歲高麗國大藏都監奉勅彫造　　제41권~제42권
　　乙巳歲高麗國大藏都監奉勅彫造　　제43권
　　甲辰歲高麗國大藏都監奉勅彫造　　제44권
　　乙巳歲高麗國大藏都監奉勅彫造　　제45권~제47권
　　甲辰歲高麗國大藏都監奉勅彫造　　제48권
　　乙巳歲分司大藏都監彫造　　제49권
　　甲辰歲高麗國大藏都監奉勅彫造　　제50권
　　丙午歲分司大藏都監開板　　제51권
　　乙巳歲高麗國大藏都監奉勅彫造　　제52권~제60권
2 K.0235 불설무상의경(佛說無上依經) 2권
　　癸卯歲高麗國 ▢▢▢▢▢▢▢ 勅彫造　上卷　(埋木이 遺失됨. 이하 동일)
　　癸卯歲高麗國分司大藏都監奉勅彫造　下卷　("分司大藏都監奉"은 補寫)
3 K.0237 불설미증유경(佛說未曾有經) 1권
　　癸卯歲高麗國分司大藏都監奉勅彫造
4 K.0238 불설결정총지경(佛說決定摠持經) 1권
　　癸卯歲高麗國分司大藏都監奉勅彫造
5 K.0239 방불경(謗佛經) 1권
　　癸卯歲高麗國分司大藏都監奉勅彫造
6 K.0240 불설보적삼매문수사리보살문법신경(佛說寶積三昧文殊師利菩薩問法身經) 1권
　　癸卯歲高麗國分司大藏都監奉勅彫造
7 K.0241 입법계체성경(入法界體性經) 1권
　　癸卯歲高麗國分司大藏都監奉勅彫造
8 K.0242 여래사자후경(如來師子吼經) 1권
　　癸卯歲高麗國分司大藏都監奉勅彫造
9 K.0243 대방광사자후경(大方廣師子吼經) 1권
　　癸卯歲高麗國分司大藏都監奉勅彫造　　("分司大藏都監奉"은 補寫)
10 K.0245 대승백복장엄상경(大乘百福莊嚴相經) 1권
　　癸卯歲高麗國分司大藏都監奉勅彫造
11 K.0246 대승사법경(大乘四法經) 1권
　　癸卯歲高麗國分司大藏都監奉勅彫造

12 K.0248 선공경경(善恭敬經) 1권
　　癸卯歲高麗國分司大藏都監奉勅彫造
13 K.0249 불설희유교량공덕경(佛說希有校量功德經) 1권
　　癸卯歲高麗國分司大藏都監奉勅彫造　　(埋木 불분명)
14 K.0250 최무비경(最無比經) 1권
　　癸卯歲高麗國分司大藏都監奉勅彫造
15 K.0251 전세삼전경(前世三轉經) 1권
　　癸卯歲高麗國分司大藏都監奉勅彫造　　(埋木 불분명)
16 K.0252 은색녀경(銀色女經) 1권
　　癸卯歲高麗國分司大藏都監奉勅彫造
17 K.0253 아사세왕수결경(阿闍世王授決經) 1권
　　癸卯歲高麗國分司大藏都監奉勅彫造
18 K.0254 채화위왕상불수결호묘화경(採花違王上佛授決號妙花經) 1권
　　癸卯歲高麗國分司大藏都監奉勅彫造　　(埋木 불분명)
19 K.0255 불설정공경경(佛說正恭敬經) 1권
　　癸卯歲高麗國分司大藏都監奉勅彫造
20 K.0256 칭찬대승공덕경(稱讚大乘功德經) 1권
　　癸卯歲高麗國分司大藏都監奉勅彫造
21 K.0257 설묘법결정업장경(說妙法決定業障經) 1권
　　癸卯歲高麗國分司大藏都監奉勅彫造
22 K.0584 십주비바사론(十住毗婆沙論) 17권(총 10건)[1]
　　癸卯歲高麗國分司大藏都監奉勅彫造　　제1권
　　癸卯歲高麗國分司大藏都監奉勅彫造　　제2권
　　癸卯歲高麗國分司大藏都監奉勅彫造　　제3권
　　癸卯歲高麗國分司大藏都監奉勅彫造　　제4권
　　癸卯歲高麗國分司大藏都監奉勅彫造　　제5권
　　癸卯歲高麗國分司大藏都監奉勅彫造　　제6권
　　癸卯歲高麗國分司大藏都監奉勅彫造　　제7권
　　癸卯歲高麗國分司大藏都監奉勅彫造　　제8권
　　癸卯歲高麗國分司大藏都監奉勅彫造　　제9권
　　癸卯歲高麗國分司大藏都監奉勅彫造　　제10권
23 K.0587 대장엄론경(大莊嚴論經) 15권(총 3건)
　　癸卯歲高麗國分司大藏都監奉勅彫造　　제11권
　　癸卯歲高麗國分司大藏都監奉勅彫造　　제13권
　　癸卯歲高麗國分司大藏都監奉勅彫造　　제14권
24 K.0588 섭대승론(攝大乘論) 3권(총 1건)
　　癸卯歲高麗國分司大藏都監奉勅彫造　　上卷
25 K.0589 순중론의입대반야바라밀경초품법문(順中論義入大般若波羅蜜經初品法門) 2권
　　癸卯歲高麗國分司大藏都監奉勅彫造　　상권　　(埋木이 두 개임)
　　癸卯歲高麗國分司大藏都監奉勅彫造　　하권　　("高麗國分司大藏都監奉"은 補寫)
26 K.0648 중아함경(中阿含經) 60권(총19건)
　　癸卯歲高麗國分司大藏都監奉勅彫造　　제1권
　　癸卯歲高麗國分司大藏都監奉勅彫造　　제2권
　　癸卯歲高麗國分司大藏都監奉勅彫造　　제3권
　　癸卯歲高麗國分司大藏都監奉勅彫造　　제4권
　　癸卯歲高麗國分司大藏都監□勅彫造　　제5권　　(埋木의 일부분 遺失, 이하 동일)[2]
　　癸卯歲高麗國分司大藏都監奉勅彫造　　제6권
　　癸卯歲高麗國分司大藏都監奉勅彫造　　제7권
　　癸卯歲高麗國分司大藏都監奉勅彫造　　제8권
　　癸卯歲高麗國分司大藏都監奉勅彫造　　제9권
　　癸卯歲高麗國分司大藏都監奉勅彫造　　제10권
　　癸卯歲高麗國分司大藏都監奉勅彫造　　제11권
　　癸卯歲高麗國分司大藏都監奉勅彫造　　제12권
　　癸卯歲高麗國大藏都監奉勅彫造　　제13권

---

1)　① 제1권~제10권은 競函에, 제11권~제17권은 資函에 수록되어 있다.
　　② 제11권~제17권의 간기내용 : "癸卯歲高麗國大藏都監奉勅彫造"
2)　埋木의 일부분이 遺失되었다. '監'字의 절반부분과 '奉'字가 유실되었다.

癸卯歲高麗國分司大藏都監奉勅彫造　　제14권
癸卯歲高麗國分司大藏都監奉勅彫造　　제15권
癸卯歲高麗國分司大藏都監奉勅彫造　　제16권
癸卯歲高麗國分司大藏都監奉勅彫造　　제17권
癸卯歲高麗國分司大藏都監奉勅彫造　　제18권
癸卯歲高麗國分司大藏都監奉勅彫造　　제19권
癸卯歲高麗國分司大藏都監奉勅彫造　　제20권

27　K.0799　생경(生經) 5권(총 3건)
　　癸卯歲高麗國大藏都監奉勅彫造　　제1권
　　癸卯歲高麗國分司大藏都監奉勅彫造　　제2권
　　癸卯歲高麗國分司大藏都監奉勅彫造　　제3권
　　癸卯歲高麗國□□□□□□□勅彫造　　제4권
　　　　　　　無刊記　　　　　　　　제5권

28　K.0800　불설의족경(佛說義足經) 2권(총 1건)
　　癸卯歲高麗國分司大藏都監奉勅彫造　　상권

29　K.0801　정법염처경(正法念處經) 70권(총 28건)
　　癸卯歲高麗國分司大藏都監奉勅彫造　　제1권
　　癸卯歲高麗國分司大藏都監奉勅彫造　　제2권
　　癸卯歲高麗國分司大藏都監奉勅彫造　　제3권
　　癸卯歲高麗國分司大藏都監奉勅彫造　　제4권
　　癸卯歲高麗國分司大藏都監奉勅彫造　　제5권
　　癸卯歲高麗國分司大藏都監奉勅彫造　　제6권
　　癸卯歲高麗國分司大藏都監奉勅彫造　　제7권
　　癸卯歲高麗國分司大藏都監奉勅彫造　　제8권
　　癸卯歲高麗國分司大藏都監奉勅彫造　　제9권
　　癸卯歲高麗國分司大藏都監奉勅彫造　　제10권
　　癸卯歲高麗國分司大藏都監奉勅彫造　　제21권
　　癸卯歲高麗國分司大藏都監奉勅彫造　　제22권
　　癸卯歲高麗國分司大藏都監奉勅彫造　　제23권
　　癸卯歲高麗國分司大藏都監奉勅彫造　　제24권
　　甲辰歲高麗國分司大藏都監奉勅彫造　　제25권
　　癸卯歲高麗國分司大藏都監奉勅彫造　　제27권
　　癸卯歲高麗國分司大藏都監奉勅彫造　　제28권
　　癸卯歲高麗國分司大藏都監奉勅彫造　　제29권
　　癸卯歲高麗國分司大藏都監奉勅彫造　　제30권
　　癸卯歲高麗國分司大藏都監奉勅彫造　　제62권
　　癸卯歲高麗國分司大藏都監奉勅彫造　　제63권
　　癸卯歲高麗國分司大藏都監奉勅彫造　　제64권
　　癸卯歲高麗國分司大藏都監奉勅彫造　　제65권
　　癸卯歲高麗國分司大藏都監奉勅彫造　　제66권
　　癸卯歲高麗國分司大藏都監奉勅彫造　　제67권
　　癸卯歲高麗國分司大藏都監奉勅彫造　　제68권
　　癸卯歲高麗國分司大藏都監奉勅彫造　　제69권
　　癸卯歲高麗國分司大藏都監奉勅彫造　　제70권

30　K.0803　본사경(本事經) 7권(총 6건)
　　癸卯歲高麗國分司大藏都監奉勅彫造　　제1권
　　癸卯歲高麗國分司大藏都監奉勅彫造　　제2권
　　　　　　　無刊記　　　　　　　　제3권
　　癸卯歲高麗國分司大藏都監奉勅彫造　　제4권
　　癸卯歲高麗國分司大藏都監奉勅彫造　　제5권
　　癸卯歲高麗國分司大藏都監奉勅彫造　　제6권
　　癸卯歲高麗國分司大藏都監奉勅彫造　　제7권

31　K.0804　불설흥기행경(佛說興起行經) 2권(총 2건)
　　癸卯歲高麗國分司大藏都監奉勅彫造　　상권　　　("分司大藏都"는 補寫)
　　癸卯歲高麗國分司大藏都監奉勅彫造　　하권

32　K.0805　불위수가장자설업보차별경(佛爲首迦長者說業報差別經) 1권
　　癸卯歲高麗國分司大藏都監奉勅彫造

33　K.0889　마하승기율(摩訶僧祇律) 40권3)(총 7건)
　　甲辰歲高麗國分司大藏都監奉勅彫造　　제11권

甲辰歲高麗國分司大藏都監奉勅彫造　　제12권
甲辰歲高麗國分司大藏都監奉勅彫造　　제13권
甲辰歲高麗國分司大藏都監奉勅彫造　　제16권
甲辰歲高麗國大藏都監奉勅彫造　　제17권4)
甲辰歲高麗國分司大藏都監奉勅彫造　　제18권
甲辰歲高麗國分司大藏都監奉勅彫造　　제19권
甲辰歲高麗國　分司大藏都監奉勅彫造　　제20권　(埋木이 두 개로 갈라졌음)

34 K.0941 살바다비니비바사(薩婆多毗尼毗婆沙) 9권 (총 9건)
甲辰歲高麗國分司大藏都監奉勅彫造　　제1권
甲辰歲高麗國分司大藏都監奉勅彫造　　제2권
甲辰歲高麗國分司大藏都監奉勅彫造　　제3권
甲辰歲高麗國分司大藏都監奉勅彫造　　제4권
甲辰歲高麗國分司大藏都監奉勅彫造　　제5권
甲辰歲高麗國分司大藏都監奉勅彫造　　제6권
甲辰歲高麗國分司大藏都監奉勅彫造　　제7권
甲辰歲高麗國分司大藏都監奉勅彫造　　제8권
甲辰歲高麗國分司大藏都監奉勅彫造　　제9권

35 K.0951 아비담비바사론(阿毘曇毘婆沙論) 60권(총 52건)
甲辰歲高麗國分司大藏都監奉勅彫造　　제1권(37장)
甲辰歲高麗國分司大藏都監奉勅彫造　　제2권(35장)
　　　　無刊記　　　　　　제3권(40장)
甲辰歲高麗國分司大藏都監奉勅彫造　　제4권(26장)
甲辰歲高麗國分司大藏都監奉勅彫造　　제5권(25장)
甲辰歲高麗國大藏都監奉勅彫造　　제6권(35장)
　　　　無刊記　　　　　　제7권(27장)
甲辰歲高麗國大藏都監奉勅彫造　　제8권(28장)
甲辰歲高麗國分司大藏都監奉勅彫造　　제9권(37장)
甲辰歲高麗國分司大藏都監奉勅彫造　　제10권(47장)
甲辰歲高麗國分司大藏都監奉勅彫造　　제11권(46장)
甲辰歲高麗國分司大藏都監奉勅彫造　　제12권(34장)
甲辰歲高麗國分司大藏都監奉勅彫造　　제13권(37장)　(埋木 불분명)
甲辰歲高麗國分司大藏都監奉勅彫造　　제14권(37장)
甲辰歲高麗國分司大藏都監奉勅彫造　　제15권(34장)　(埋木 불분명)
甲辰歲高麗國分司大藏都監奉勅彫造　　제16권(26장)
甲辰歲高麗國分司大藏都監奉勅彫造　　제17권(37장)
甲辰歲高麗國分司大藏都監奉勅彫造　　제18권(26장)
甲辰歲高麗國分司大藏都監奉勅彫造　　제19권(36장)
甲辰歲　　　　　　勅彫造　　제20권(40장)
甲辰歲高麗國分司大藏都監奉勅彫造　　제21권(37장)
甲辰歲高麗國分司大藏都監奉勅彫造　　제22권(34장)
甲辰歲高麗國分司大藏都監奉勅彫造　　제23권(36장)
甲辰歲高麗國分司大藏都監奉勅彫造　　제24권(28장)
甲辰歲高麗國分司大藏都監奉勅彫造　　제25권(33장)
甲辰歲高麗國分司大藏都監奉勅彫造　　제26권(33장)
甲辰歲高麗國分司大藏都監奉勅彫造　　제27권(26장)
甲辰歲高麗國分司大藏都監奉勅彫造　　제28권(32장)5)
　　　　無刊記　　　　　　제29권(32장)
甲辰歲高麗國分司　都監奉勅彫造　　제30권(29장)
甲辰歲高麗國分司大藏都監奉勅彫造　　제31권(41장)　(埋木 불분명)
甲辰歲高麗國分司大藏都監奉勅彫造　　제32권(29장)
　　　　無刊記　　　　　　제33권(34장)

---

3) 참고로 제14권, 제15권, 제27권, 제29권, 제30권에는 원래 간기가 없다.
4) 참고로 이 摩訶僧祇律 제17권의 간기("甲辰歲高麗國大藏都監奉勅彫造")에는 간행처가 대장도감으로 기재되어 있다. 한편 "甲辰歲高麗國"의 둘레에는 칼자국이 보이는데 이 부분을 매목하기 위해 칼로 도려내려고 한 흔적으로 생각된다. 또는 "甲辰歲高麗國" 6字가 埋木된 자국으로 추정되기도 한다.
5) 이 阿毘曇毘婆沙論의 제28권의 권말인 제32장 제18행은 15字인데 "斷乃至若違道" 6字는 補刻字로서 埋木된 것이다.

甲辰歲高麗國分司大藏都監奉勅彫造　　제34권(29장)
甲辰歲高麗國分司大藏都監奉勅彫造　　제35권(44장)
　　　　　　無刊記　　　　　　　　제36권(39장)
甲辰歲高麗國分司大藏都監奉勅彫造　　제37권(37장)
甲辰歲高麗國分司大藏都監奉勅彫造　　제38권(28장)
甲辰歲高麗國分司大藏都監奉勅彫造　　제39권(33장)
甲辰歲高麗國分司大藏都監奉勅彫造　　제40권(46장)
甲辰歲高麗國分司大藏都監奉勅彫造　　제41권(39장)
甲辰歲高麗國分司大藏都監奉勅彫造　　제42권(40장)
甲辰歲高麗國分司大藏都監奉勅彫造　　제43권(42장)
　　　　　　無刊記　　　　　　　　제44권(38장)
甲辰歲高麗國分司大藏都監奉勅彫造　　제45권(40장)
甲辰歲高麗國分司大藏都監奉勅彫造　　제46권(36장)
甲辰歲高麗國分司大藏都監奉勅彫造　　제47권(30장)
甲辰歲高麗國分司大藏都監奉勅彫造　　제48권(26장)
甲辰歲高麗國分司大藏都監奉勅彫造　　제49권(30장)
甲辰歲高麗國分司大藏都監奉勅彫造　　제50권(15장)
甲辰歲高麗國分司大藏都監奉勅彫造　　제51권(16장)
甲辰歲高麗國分司大藏都監奉勅彫造　　제52권(12장)　(埋木 불분명)
甲辰歲高麗國分司大藏都監奉勅彫造　　제53권(14장)
甲辰歲高麗國分司大藏都監奉勅彫造　　제54권(16장)
甲辰歲高麗國分司大藏都監奉勅彫造　　제55권(23장)
甲辰歲高麗國分司大藏都監奉勅彫造　　제56권(19장)
甲辰歲高麗國分司大藏都監奉勅彫造　　제57권(14장)
甲辰歲高麗國分司大藏都監奉勅彫造　　제58권(19장)
甲辰歲高麗國分司大藏都監奉勅彫造　　제59권(16장)
甲辰歲高麗國分司大藏都監奉勅彫造　　제60권(25장)
36　K.0960　잡아비담심론(雜阿毘曇心論)　11권(총 9건)
甲辰歲高麗國分司大藏都監奉勅彫造　　제1권
甲辰歲高麗國分司大藏都監奉勅彫造　　제2권
　　　　　　無刊記　　　　　　　　제3권
甲辰歲高麗國分司大藏都監奉勅彫造　　제4권
甲辰歲高麗國分司大藏都監奉勅彫造　　제5권
甲辰歲高麗國分司大藏都監奉勅彫造　　제6권
甲辰歲高麗國分司大藏都監奉勅彫造　　제7권
甲辰歲高麗國分司大藏都監奉勅彫造　　제8권
　　　　　　無刊記　　　　　　　　제9권
甲辰歲高麗國分司大藏都監奉勅彫造　　제10권
甲辰歲高麗國分司大藏都監奉勅彫造　　제11권
37　K.0961　아비담감로미론(阿毘曇甘露味論)　2권
甲辰歲高麗國分司大藏都監奉勅彫造　　상권
甲辰歲高麗國分司大藏都監奉勅彫造　　하권
38　K.0962　수상론(隨相論)　1권
甲辰歲高麗國分司大藏都監奉勅彫造
39　K.0963　존바수밀보살소집론(尊婆須蜜菩薩所集論)　10권(총 7건)
甲辰歲高麗國分司大藏都監奉勅彫造　　제1권
甲辰歲高麗國分司大藏都監奉勅彫造　　제2권
甲辰歲高麗國分司大藏都監奉勅彫造　　제3권
甲辰歲高麗國分司大藏都監奉勅彫造　　제4권
甲辰歲高麗國分司大藏都監奉勅彫造　　제5권
甲辰歲高麗國分司大藏都監奉勅彫造　　제6권
甲辰歲高麗國分司大藏都監奉勅彫造　　제7권
甲辰歲高麗國大藏都監奉勅彫造　　제8권
甲辰歲高麗國大藏都監奉勅彫造　　제9권
甲辰歲高麗國大藏都監奉勅彫造　　제10권
40　K.0966　성실론(成實論)　16권(총 1건)
甲辰歲高麗國大藏都監奉勅彫造　　제1권～제3권
乙巳歲分司大藏都監奉勅彫造　　제4권
甲辰歲高麗國大藏都監奉勅彫造　　제5권～제15권

```
                無刊記                      제16권
41  K.0968 해탈도론(解脱道論) 12권(총 10건)
        甲辰歳高麗國分司大藏都監奉勅彫造      제1권
        甲辰歳高麗國分司大藏都監奉勅彫造      제2권
                無刊記                      제3권
                無刊記                      제4권
        甲辰歳高麗國分司大藏都監奉勅彫造      제5권
        甲辰歳高麗國分司大藏都監奉勅彫造      제6권
        甲辰歳高麗國分司大藏都監奉勅彫造      제7권
        甲辰歳高麗國分司大藏都監奉勅彫造      제8권
        甲辰歳高麗國分司大藏都監奉勅彫造      제9권6)
        甲辰歳高麗國分司大藏都監奉勅彫造      제10권
        甲辰歳高麗國分司大藏都監奉勅彫造      제11권7)     (埋木 불분명)
        甲辰歳高麗國分司大藏都監奉勅彫造      제12권
42  K.1047 석가보(釋迦譜) 5권(총 5건)
        癸卯歳高麗國分司大藏都監奉勅彫造      제1권
        癸卯歳高麗國分司大藏都監奉勅彫造      제2권8)
        癸卯歳高麗國分司大藏都監奉勅彫造      제3권9)
        癸卯歳高麗國分司大藏都監奉勅彫造      제4권
        癸卯歳高麗國分司大藏都監奉勅彫造      제5권
43  K.1048 석가방지(釋迦方志) 2권(총 1건)
        癸卯歳高麗國分司大藏都監奉勅彫造      상권(60장)
        癸卯歳高麗國大藏都監奉勅彫造         하권(61장)
44  K.1049 석가씨보(釋迦氏譜) 1권
        乙巳歳高麗國分司大藏都監奉勅彫造
45  K.1050 경율이상(經律異相) 50권(총 33건)
        癸卯歳高麗國分司大藏都監奉勅彫造      제1권
        癸卯歳高麗國分司大藏都監奉勅彫造      제2권
        癸卯歳高麗國分司大藏都監奉勅彫造      제3권
        癸卯歳高麗國分司大藏都監奉勅彫造      제4권
        癸卯歳高麗國大藏都監奉勅彫造         제5권, 제6권
        癸卯歳高麗國分司大藏都監奉勅彫造      제7권       (경판 미확인 )
        癸卯歳高麗國分司大藏都監奉勅彫造      제8권
        癸卯歳高麗國大藏都監奉勅彫造         제9권, 제10권
        癸卯歳高麗國分司大藏都監奉勅彫造      제11권
        癸卯歳高麗國大藏都監奉勅彫造         제12권10)
        癸卯歳高麗國大藏都監奉勅彫造         제13권
        癸卯歳高麗國分司大藏都監奉勅彫造      제14권
        癸卯□□□□□□□□□監奉勅彫造      제15권
        癸卯歳高麗國分司大藏都監奉勅彫造      제16권
        癸卯歳高麗國分司大藏都監奉勅彫造      제17권
        癸卯歳高麗□□□□□□□監奉勅彫造      제18권
```

---

6) ① 解脱道論의 제9권 제19장 제15행 제2字부터 제8字까지의 7字 분량이 원래 埋木으로 補刻되어 있던 것인데 지금은 遺失된 것으로 보인다. 再雕藏本에는 遺失된 매목자 가운데 제2字~제4字("慧有慧")가 남아 있다. 그리고 제15행의 제1字인 "種"과 제9字인 "爲", 제10字인 "達"은 埋木된 補刻字이다.
　② 解脱道論의 제9권 제20장 제3행 제2字부터 제7字까지의 6字 분량이 원래 埋木으로 補刻되어 있던 것인데 지금은 遺失된 것으로 보인다. 再雕藏本에는 遺失된 매목자 가운데 제3字~제6字("辯於因智")가 남아 있다.

7) 解脱道論의 제11권 제20장 제19행 제13字인 "難"과 제21행 제9字인 "光"은 埋木된 補刻字이다.

8) ① 釋迦譜의 제2권 제27장 제9행 제5字~제8字에 해당되는 "捕魚復非" 4字는 埋木된 補刻字이다. 이 補刻字는 원래 6字 분량의 내용인데 2字가 삭제되어 4字로 수정 補刻된 것으로 보인다. ② 釋迦譜의 제2권 제28장 제14행 제13字~제15字에 해당되는 "下鉢見" 3字는 埋木된 補刻字이다.

9) 釋迦譜의 제3권 제21장 제13행 제11字~제15字에 해당되는 "此石窟暫爲" 5字는 埋木된 補刻字이다. 이 補刻字는 원래 4字 분량의 내용인데 1字가 添入되어 5字로 수정 補刻된 것으로 보인다.

10) 이 經律異相 제12권의 간기("癸卯歳高麗國大藏都監奉勅彫造")에는 간행처가 대장도감으로 기재되어있는데 "卯歳高麗國大藏都"8字는 埋木된 補刻字이다(?). 또는 이 "甲辰歳高麗國" 6字의 둘레에 보이는 칼자국이 埋木된 자국이 아니라 이 부분을 매목하기 위해 칼로 도려내려고 한 흔적으로 추정되기도 한다.

癸卯歲高麗國分司大藏都監奉勅彫造　　제19권
癸卯歲　　　　　　　　大藏都監奉勅彫造　　제20권
癸卯歲高麗國分司大藏都監奉勅彫造　　제21권
癸卯歲高麗國分司大藏都監奉勅彫造　　제22권
癸卯歲高麗國分司大藏都監奉勅彫造　　제17권[11]
癸卯歲高麗國分司大藏都監奉勅彫造　　제24권
癸卯　　　　　分司大藏都監奉勅彫造　　제25권
癸卯歲高麗國分司大藏都監奉勅彫造　　제26권
癸卯歲高麗國大藏都監奉勅彫造　　제27권
癸卯歲高麗國　　　　　　　　勅彫造　　제28권
癸卯歲高麗國分司大藏都監奉勅彫造　　제29권
癸卯歲高麗國分司大藏都監奉勅彫造　　제30권
癸卯歲高麗國分司大藏都監奉勅彫造　　제31권
癸卯歲高麗國大藏都監奉勅彫造　　제32권~제34권
癸卯歲高麗國分司大藏都監奉勅彫造　　제35권
癸卯歲高麗國大藏都監奉勅彫造　　제36권
癸卯歲高麗國分司大藏都監奉勅彫造　　제37권
癸卯歲高麗國分司大藏都監奉勅彫造　　제38권
癸卯歲高麗國分司大藏都監奉勅彫造　　제39권
癸卯歲高麗國分司大藏都監奉勅彫造　　제40권
癸卯歲高麗國大藏都監奉勅彫造　　제41권
癸卯歲高麗國分司大藏都監奉勅彫造　　제42권
癸卯歲高麗國大藏都監奉勅彫造　　제43권
癸卯歲高麗國大藏都監奉勅彫造　　제44권[12]
癸卯歲高麗國大藏都監奉勅彫造　　제45권
癸卯歲高麗國分司大藏都監奉勅彫造　　제46권[13]
癸卯歲高麗國分司大藏都監奉勅彫造　　제47권
癸卯歲高麗國大藏都監奉勅彫造　　제48권
癸卯歲高麗國大藏都監奉勅彫造　　제49권
丙午歲分司大藏都監開板　　제50권

46 K.1052 제경요집(諸經要集) 20권　(총 17건)

癸卯歲高麗國大藏都監奉勅彫造　　제1권[14]
癸卯歲高麗國分司大藏都監奉勅彫造　　제2권
癸卯歲高麗國分司大藏都監奉勅彫造　　제3권
癸卯歲高麗國分司大藏都監奉勅彫造　　제4권
癸卯歲高麗國大藏都監奉勅彫造　　제5권[15]

---

11) 經律異相의 제23권 제33장 제6행은 15字로 되어 있는데 제6字~제11字에 해당되는 "所生當報汝怨" 6字는 埋木된 補刻字이다. 이 補刻字는 원래 5字 분량의 내용인데 1字가 添入되어 6字로 수정 補刻된 것으로 보인다.

12) 經律異相 제44권의 권말인 제33장 제2행 제7字~제14字에 해당되는 "后覇王天下出雜譬喩經"의 내용은 埋木된 補刻字이다.

13) 經律異相 제46권의 제25장 제10행 제6字("銅") 다음부터 제12字("灌") 앞까지 5字 분량의 내용이 원래 補刻된 埋木字인데 지금은 유실된 상태이다.

14) 諸經要集 제1권의 제34장 제8행("鑪執華供養當發是願[?]此華香滿十" 총15字)에서 제2字("執")부터 제14字(滿)까지는 埋木된 補刻字이다.

15) 諸經要集 제5권의 제36장 제17행, 제18행, 제23행에 埋木字와 수정 削除字(혹은 유실된 埋木字가 있다.
　① 제17행의 경우는 "不得食人" 4字(初雕藏本·趙城藏本 참조)가 수정 삭제된 상태이거나, 다른 내용으로 수정 보각되어 매목된 것인데 현재 유실되어 있는 상태로 추정된다.
　② 제18행의 경우는 원래 "食人" 2字(初雕藏本·趙城藏本 참조)로 되어 있던 것인데 "人食" 2字로 수정 보각되어 매목된 것이다.
　③ 제23행의 경우는 "非時盡形作藥服善見論云一切樹木(初雕藏本 참조)" 15字 가운데 제2字 "時"부터 제15字 "木"까지가 수정 보각된 내용으로 판단되는데, 이중 제5字 "作", 제6字 "藥" 두 字가 유실되어 있다(동국대학교 영인본과 동일함). 한편 고려대장경연구소 印經本에는 "作藥服善" 4字가 거꾸로 인쇄되어 있다. 아마도 埋木字인 "作藥服善"이 거꾸로 매목된 상태에서 인쇄된 것으로 판단된다.
　趙城藏本에는 "非時盡形作藥服善見論云一切樹木(初雕藏本 참조)" 15字 가운데 제3字 "盡"이 없다. 資福藏本, 磧砂藏本, 普寧藏本, 永樂南藏本, 徑山藏本, 淸藏本에는 "盡"字가 있다(『중화대장경』53冊, p.563의 下段 제2항). 이것은 원래 초조 장본, 재조장본, 조성장본의 저본이 되었던 개보장본에는 이 "盡"字가 없었던 것인데, 조성장본의 경우는 원래의 상태가

癸卯歲高麗國分司大藏都監奉勅彫造　　第6권
癸卯歲高麗國大藏都監奉勅彫造　　第7권
癸卯歲高麗國分司大藏都監奉勅彫造　　第8권
癸卯歲高麗國分司大藏都監奉勅彫造　　第9권
癸卯歲高麗國分司大藏都監奉勅彫造　　第10권
癸卯歲高麗國分司大藏都監奉勅彫造　　第11권
癸卯歲高麗國分司大藏都監奉勅彫造　　第12권
癸卯歲高麗國分司大藏都監奉勅彫造　　第13권
癸卯歲高麗國分司大藏都監奉勅彫造　　第14권
癸卯歲高麗國分司大藏都監奉勅彫造　　第15권
癸卯歲高麗國分司大藏　　　　勅彫造　　第16권[16]
癸卯歲高麗國　　　　　　　　勅彫造　　第17권
癸卯歲高麗國分司大藏都監奉勅彫造　　第18권
癸卯歲高麗國分司大藏都監奉勅彫造　　第19권
癸卯歲高麗國分司大藏都監奉勅彫造　　第20권

47　K.1053　출삼장기집(出三藏記集) 15권(총 15건)
癸卯歲高麗國分司大藏都監奉勅彫造　　第1권
癸卯歲高麗國分司大藏都監奉勅彫造　　第2권
癸卯歲高麗國分司大藏都監奉勅彫造　　第3권[17]
癸卯歲高麗國分司大藏都監奉勅彫造　　第4권
癸卯歲高麗國分司大藏都　監奉勅彫造　　第5권　（"歲高麗國分司大藏都"는 補寫)[18]
癸卯歲高麗國分司大藏都監奉勅彫造　　第6권
癸卯歲高麗國分司大藏都監奉勅彫造　　第7권
癸卯歲高麗國分司大藏都監奉勅彫造　　第8권
癸卯歲高麗國分司大藏都監奉勅彫造　　第9권
癸卯歲高麗國分司大藏都監奉勅彫造　　第10권
癸卯歲高麗國分司大藏都監奉勅彫造　　第11권
癸卯歲高麗國分司大藏都監奉勅彫造　　第12권
癸卯歲高麗國分司大藏都監奉勅彫造　　第13권
甲辰歲高麗國分司大藏都監奉勅彫造　　第14권
甲辰歲高麗國分司大藏都監奉勅彫造　　第15권

48　K.1054　중경목록(衆經目錄) 7권(총 6건)
甲辰歲高麗國分司大藏都監奉勅彫造　　第1권
甲辰歲高麗國分司大藏都監奉勅彫造　　第2권　（"分司大藏都監奉"은 補寫)
甲辰歲高麗國分司大藏都監奉勅彫造　　第3권
　　　　無刊記　　　　　　　　　　第4권
甲辰歲高麗國分司大藏都監奉勅彫造　　第5권
甲辰歲高麗國分司大藏都監奉勅彫造　　第6권
甲辰歲高麗國分司大藏都監奉勅彫造　　第7권

49　K.1055　역대삼보기(歷代三寶記) 15권(총 11건)
甲辰歲高麗國分司大藏都監奉勅彫造　　第1권
　　　　無刊記　　　　　　　　　　第2권
甲辰歲高麗國分司大藏都監奉勅彫造　　第3권
甲辰歲高麗國分司大藏都監奉勅彫造　　第4권
甲辰歲高麗國分司大藏都監奉勅彫造　　第5권
乙巳歲高麗國分司大藏都監奉勅彫造　　第6권

반영되어 있는 것이고, 초조장본에서는 이 "盡"字가 수정 補入되어 판각된 상태에서 인출된 것이며, 재조장본의 경우는 경판이 각성된 이후 이 "盡"字가 수정 補刻된 다음 인출된 것으로 판단된다.

16)　"藏"字의 경우는 "藏"字 가운데 절반의 후반부가 유실된 상태이다.

17)　出三藏記集 제3권의 권말인 제21장 제3행의 "入經錄寙限" 5字는 埋木된 補刻字이다.

18)　出三藏記集 제5권의 간기인 "癸卯歲高麗國分司大藏都 監奉勅彫造"는 埋木된 것이 아니라 경판에 직접 판각된 것이다. 그런데 그 경위는 약간 복잡한 것으로 판단된다. 구체적으로 살펴보면, "癸卯歲高麗國分司大藏都 監奉勅彫造" 가운데 "歲高麗國分司大藏都" 9字는 앞의 "癸卯" 2字와 뒤의 "監奉勅彫造" 5字에 비해서 글자가 약간 작고 글자 간격이 매우 촘촘하며, 글자 모양도 반듯하지 못하고 비뚤어져 있는 상태이다. 이것은 원래 登梓本에 "癸卯歲高麗國大藏都監奉勅彫造"로 기재되어 있던 것인데, "大藏都監" 앞에 "分司" 2字를 첨입하는 과정에서 앞의 "癸卯" 2字와 뒤의 "監奉勅彫造" 5字는 그대로 두고 이들 7字를 제외한 "歲高麗國大藏都" 7字를 "歲高麗國分司大藏都" 9字로 고쳐 쓴 다음 판각된 것으로 생각되는 바이다.

無刊記	제7권
甲辰歲高麗國分司大藏都監奉勅彫造	제8권
甲辰歲高麗國分司大藏都監奉勅彫造	제9권
無刊記	제10권
甲辰歲高麗國分司大藏都監奉勅彫造	제11권
甲辰歲高麗國分司大藏都監奉勅彫造	제12권
甲辰歲高麗國分司大藏都監奉勅彫造	제13권[19] ※
無刊記	제14권
甲辰歲高麗國分司大藏都監奉勅彫造	제15권[20]

50 K.1056 중경목록(衆經目錄) 5권(총 5건)

甲辰歲高麗國分司大藏都監奉勅彫造	제1권
甲辰歲高麗國分司大藏都監奉勅彫造	제2권
甲辰歲高麗國分司大藏都監奉勅彫造	제3권
甲辰歲高麗國分司大藏都監奉勅彫造	제4권
甲辰歲高麗國分司大藏都監奉勅彫造	제5권

51 K.1065 대당서역기(大唐西域記) 12권(총 11건)

甲辰歲高麗國分司大藏都監奉勅彫造	제1권
甲癸辰歲高麗國大藏都監奉勅彫造	제2권[21]
甲辰歲高麗國分司大藏都監奉勅彫造	제3권
甲辰歲高麗國分司大藏都監奉勅彫造	제4권[22]
甲辰歲高麗國分司大藏都監奉勅彫造	제5권
甲辰歲高麗國分司大藏都監奉勅彫造	제6권
甲辰歲高麗國分司大藏都監奉勅彫造	제7권
甲辰歲高麗國分司大藏都監奉勅彫造	제8권
甲辰歲高麗國分司大藏都監奉勅彫造	제9권
甲辰歲高麗國分司大藏都監奉勅彫造	제10권
甲辰歲高麗國分司大藏都監奉勅彫造	제11권
甲辰歲高麗國分司大藏都監奉勅彫造	제12권

52 K.1066 집고금불도론형(集古今佛道論衡) 4권(총 5건)

甲辰歲高麗國分司大藏都監奉勅彫造	제1권
甲辰歲高麗國分司大藏都監奉勅彫造	제2권
甲辰歲高麗國分司大藏都監奉勅彫造	제3권 (埋木이 3개로 갈라졌음)
甲辰歲高麗國分司大藏都監奉勅彫造	제4권[23]
甲辰歲高麗國分司大藏都監奉勅彫造	제4권의 續附[24][25]

53 K.1067 속집고금불도론형(續集古今佛道論衡) 1권(총 1건)

甲辰歲高麗國分司大藏都監奉勅彫造	제1권

54 K.1075 속고승전(續高僧傳) 30권(총 28건)

癸卯歲高麗國分司大藏都監奉勅雕造	제1권
癸卯歲高麗國分司大藏都監奉勅雕造	제2권

---

19) 이 歷代三寶記 제13권의 간기에는 "分司" 가운데 "司"字만이 埋木된 매우 특이한 경우이다.

20) 歷代三寶記 제15권의 제23장 제21행의 내용인 "朱士行漢錄 魏時"는 埋木된 補刻字이다.

21) 참고로 이 大唐西域記 제2권의 간기("甲癸辰歲高麗國大藏都監奉勅彫造")에는 간행처가 대장도감으로 기재되어있는데 "大藏都監奉" 5字는 埋木된 補刻字이다. 혹은 "大藏都監奉" 5字가 埋木을 위해 칼로 도려내기 전의 상태로 추정될 가능성도 생각해본다.

22) 大唐西域記 제4권의 제23장 제7행(총15字)의 내용인 제2字부터 제4자까지의 "見法身聖" 4字(고려대장경연구소 印經本 참조)가 원래 埋木된 補刻字인데 현재는 유실된 상태이다.

23) 제4권의 제36장

24) 제4권의 제45장

25) 集古今佛道論衡 제4권 제44장에 있어서 고려대장경연구소 印經本(月精寺本)과 해인사 경판은 그 상태가 서로 다르다. 고려대장경연구소 印經本(月精寺本)의 제44장은 권말의 본문 내용 18행과 〈重校序〉의 내용 5행으로 구성되어 있는데, 새로 필사 판각된 경판에서 인출된 것이다. 반면 해인사 경판은 새로 판각된 경판이 아닌 옛 경판인데 어찌된 영문인지 권말의 본문 내용이 제1행부터 제4행까지만 남아 있고 나머지 부분은 전부 삭제된 상태이다. 특히 7행 분량의 경판 뒷부분은 사각형의 상태로 도려내져 있는 상태이다. 그리고 제45장은 〈重校序〉의 내용과 간기가 기재되어 있는데 둘 다 동일하다.
한편 동국대학교 고려대장경영인본은 고려대장경연구소 印經本(月精寺本)과 동일하다.

癸卯歲高麗國分司大藏都監奉勅雕造　　제3권
癸卯歲高麗國分司大藏都監奉勅雕造　　제4권
癸卯歲高麗國大藏都監奉勅雕造　　제5권
癸卯歲高麗國大藏都監奉勅雕造　　제6권
癸卯歲高麗國分司大藏都監奉勅雕造　　제7권
癸卯歲高麗國分司大藏都監奉勅雕造　　제8권
癸卯歲高麗國分司大藏都監奉勅雕造　　제9권　　（埋木 불분명）
癸卯歲高麗國分司大藏都監奉勅彫造　　제10권
癸卯歲高麗國分司大藏都監奉勅彫造　　제11권　　（埋木 불분명）
癸卯歲高麗國　　　　　　勅彫造　　제12권
癸卯歲高麗國分司大藏都監奉勅雕造　　제13권
癸卯歲高麗國分司大藏都監奉勅彫造　　제14권
癸卯歲高麗國分司大藏都監奉勅彫造　　제15권
癸卯歲高麗國分司大藏都監奉勅彫造　　제16권
癸卯歲高麗國分司大藏都監奉勅雕造　　제17권
癸卯歲高麗國分司大藏都監奉勅雕造　　제18권
癸卯歲高麗國分司大藏都監奉勅雕造　　제19권
癸卯歲高麗國分司大藏都監奉勅雕造　　제20권
癸卯歲高麗國分司大藏都監奉勅雕造　　제21권
癸卯歲高麗國分司大藏都監奉勅彫造　　제22권
癸卯歲高麗國分司大藏都監奉勅雕造　　제23권
癸卯　　　　　　大藏都監奉勅雕造　　제24권
癸卯歲高麗國分司大藏都監奉勅雕造　　제25권
癸卯歲高麗國分司大藏都監奉勅雕造　　제26권
癸卯歲高麗國　　藏都監奉勅彫造　　제27권
癸卯歲高麗國分司大藏都監奉勅雕造　　제28권
癸卯歲高麗國分司大藏都監奉勅彫造　　제29권
癸卯歲高麗國分司大藏都監奉勅彫造　　제30권

55　K.1081 광홍명집(廣弘明集) 30권(총 29건)
癸卯歲高麗國分司大藏都監奉勅彫造　　제1권~제7권
癸卯歲高麗國分司大藏都監奉勅彫造　　제8권
癸卯歲高麗國分司大藏都監奉勅彫造　　제9권
癸卯歲高麗國分司大藏都監奉勅彫造　　제10권[26]
癸卯歲高麗國分司大藏都監奉勅彫造　　제11권
癸卯歲高麗國大藏都監奉勅彫造　　제12권
癸卯歲高麗國分司大藏都監奉勅彫造　　제13권
癸卯歲高麗國分司大藏都監奉勅彫造　　제14권
癸卯歲高麗國分司大藏都監奉勅彫造　　제15권
癸卯歲高麗國分司大藏都監奉勅彫造　　제16권
癸卯歲高麗國分司大藏都監奉勅彫造　　제17권
癸卯歲高麗國分司大藏都監奉勅彫造　　제18권
癸卯歲高麗國分司大藏都監奉勅彫造　　제19권
癸卯歲高麗國分司大藏都監奉勅彫造　　제20권
癸卯歲高麗國分司大藏都監奉勅彫造　　제21권
癸卯歲高麗國分司大藏都監奉勅彫造　　제22권
癸卯歲高麗國分司大藏都監奉勅彫造　　제23권
癸卯歲高麗國分司大藏都監奉勅彫造　　제24권
癸卯歲高麗國分司大藏都監奉勅彫造　　제25권
癸卯歲高麗國分司大藏都監奉勅彫造　　제26권
癸卯歲高麗國分司大藏都監奉勅彫造　　제27권
癸卯歲高麗國分司大藏都監奉勅彫造　　제28권[27]
甲辰歲高麗國分司大藏都監奉勅彫造　　제29권　　（埋木이 갈라졌음）
癸卯歲高麗國分司大藏都監奉勅彫造　　제30권

56　K.1260 어제소요영(御製逍遙詠) 11권(총 8건)

---

26) 廣弘明集 제10권의 제26장 제22행 제5자부터 제11자의 내용인 “□□豈當盡杌臣”은 埋木된 補刻字이다. 앞부분의 두 자 분량의 공백은 두 자가 삭제된 것으로 판단된다.

27) 廣弘明集 제28권의 제26장의 板首題와 제8행의 “諸佛菩薩冥”은 埋木된 補刻字이다.

甲辰歲高麗國分司大藏都監奉勅雕造　　第1권　　　　（埋木 불분명）
甲辰歲高麗國分司大藏都監奉勅彫造　　第2권
　　　　　無刊記　　　　　　　　第3권
　　　　　無刊記　　　　　　　　第4권
甲辰歲高麗國大藏都監奉勅雕造　　第5권
甲辰歲高麗國分司大藏都監奉勅彫造　　第6권
甲辰歲高麗國分司大藏都監奉勅彫造　　第7권
甲辰歲高麗國分司大藏都監奉勅雕造　　第8권
甲辰歲高麗國分司大藏都監奉勅彫造　　第9권
甲辰歲高麗國分司大藏都監奉勅雕造　　第10권
甲辰歲高麗國分司大藏都監奉勅雕造　　第11권

57 K.1261 어제연식(御製緣識) 5권(총 4건)
甲辰歲高麗國分司大藏都監奉勅彫造　　第1권
　　　　　無刊記　　　　　　　　第2권
甲辰歲高麗國分司大藏都監奉勅彫造　　第3권
甲辰歲高麗國分司大藏都監奉勅彫造　　第4권
甲辰歲高麗國分司大藏都監奉勅彫造　　第5권

58 K.1263 신화엄경론(新華嚴經論) 40권(총 21건)
丙午歲分司大藏都監開板　　第1권(이 유형의 간기는 전체가 筆寫 판각된 것임)
　　　　　無刊記　　　　　　　　第2권
　　　　　無刊記　　　　　　　　第3권
　　　　　無刊記　　　　　　　　第4권
　　　　　無刊記　　　　　　　　第5권
　　　　　無刊記　　　　　　　　第6권
　　　　　無刊記　　　　　　　　第7권
丙午歲分司大藏都監開板　　第8권
　　　　　無刊記　　　　　　　　第9권
　　　　　無刊記　　　　　　　　第10권
丙午歲分司大藏都監開板　　第11권
　　　　　無刊記　　　　　　　　第12권
丙午歲分司大藏都監開板　　第13권
丙午歲分司大藏都監開板　　第14권
乙巳歲分司大藏都監彫造　　第15권
丙午歲分司大藏都監開板　　第16권
丙午歲分司大藏都監開板　　第17권
丙午歲分司大藏都監開板　　第18권
丙午歲高麗國大藏都監奉勅彫造　　第19권
乙巳歲高麗國大藏都監奉勅彫造　　第20권
乙巳歲高麗國大藏都監奉勅彫造　　第21권
丙午歲分司大藏都監開板　　第22권
丙午歲分司大藏都監開板　　第23권
丙午歲分司大藏都監開板　　第24권
丙午歲分司大藏都監開板　　第25권
乙巳歲高麗國大藏都監奉勅彫造　　第26권
丙午歲分司大藏都監開板　　第27권
　　　　　無刊記　　　　　　　　第28권
　　　　　無刊記　　　　　　　　第29권
丙午歲分司大藏都監開板　　第30권
丙午歲分司大藏都監開板　　第31권
丙午歲分司大藏都監開板　　第32권
　　　　　無刊記　　　　　　　　第33권
丙午歲分司大藏都監開板　　第34권
　　　　　無刊記　　　　　　　　第35권
　　　　　無刊記　　　　　　　　第36권
丙午歲分司大藏都監開板　　第37권
丙午歲分司大藏都監開板　　第38권
丙午歲分司大藏都監開板　　第39권
　　　　　無刊記　　　　　　　　第40권

59 K.1272 大乘瑜伽金剛性海曼殊室利千臂千鉢大教王經(雞函) 10권(총8건)[28]
甲辰歲高麗國分司大藏都監奉勅彫造　　第1권
甲辰歲高麗國大藏都監奉勅彫造　　第2권

甲辰歲高麗國分司大藏都監奉勅彫造　　第3권
甲辰歲高麗國分司大藏都監奉勅雕造　　第4권
甲辰歲高麗國分司大藏都監奉勅彫造　　第5권
甲辰歲高麗國分司大藏都監奉勅雕造　　第6권
乙巳歲高麗國大藏都監奉勅彫造　　第7권
甲辰歲高麗國分司大藏都監奉勅彫造　　第8권
甲辰歲高麗國分司大藏都監奉勅彫造　　第9권
甲辰歲高麗國分司大藏都監奉勅彫造　　第10권

59-1　大藏都監板(溪函)
丙午歲高麗國大藏都監奉勅雕造　　第1권
乙巳歲高麗國大藏都監奉勅雕造　　第2권
乙巳歲高麗國大藏都監奉勅雕造　　第3권
丙午歲高麗國大藏都監奉勅雕造　　第4권
丙午歲高麗國大藏都監奉勅雕造　　第5권
丙午歲高麗國大藏都監奉勅雕造　　第6권
丁未歲高麗國大藏都監奉勅雕造　　第7권
丙午歲高麗國大藏都監奉勅雕造　　第8권
丙午歲高麗國大藏都監奉勅雕造　　第9권
丙午歲高麗國大藏都監奉勅雕造　　第10권

60　K.1406　법원주림(法苑珠林)　100권(총 85건)
甲辰歲高麗國分司大藏都監奉勅彫造　　第1권~第7권
甲辰歲高麗國大藏都監奉勅彫造　　第8권
甲辰歲高麗國大藏都監奉勅彫造　　第9권
無刊記　　第10권
甲辰歲高麗國分司大藏都監奉勅彫造　　第11권
甲辰歲高麗國大藏都監奉勅彫造　　第12권
甲辰歲高麗國大藏都監奉勅彫造　　第13권
甲辰歲高麗國分司大藏都監奉勅彫造　　第14권
甲辰歲高麗國分司大藏都監奉勅彫造　　第15권~第30권[29]
甲辰歲高麗國分司大藏都監奉勅彫造　　第31권
甲辰歲高麗國分司大藏都監奉勅彫造　　第32권~第49권
甲辰歲高麗國分　　勅彫造　　第50권
甲辰歲高麗國分司大藏都監奉勅彫造　　第51권~第53권
甲辰歲高麗國　　勅彫造　　第54권[30]
甲辰歲高麗國　　勅彫造　　第55권[31]
甲辰歲高麗國分司大藏都監奉勅彫造　　第56권~第62권[32]
甲辰歲高麗國大藏都監奉勅彫造　　第63권
甲辰歲高麗國分司大藏　　勅彫造　　第64권
甲辰歲高麗國分司大藏都監奉勅彫造　　第65권
甲辰歲高麗國大藏都監奉勅彫造　　第66권[33]
甲辰歲高麗國大藏都監奉勅彫造　　第67권
甲辰歲高麗國分司大藏都監奉勅彫造　　第68권
甲辰歲高麗國大藏都監奉勅彫造　　第69권
甲辰歲高麗國分司大藏都監奉勅彫造　　第70권
甲辰歲高麗國分司大藏都監奉勅彫造　　第71권

---

28) 고려대장경연구소 印經本(月精寺本)은 分司大藏都監板에서 인출된 것이고, 고려대장경연구소 正字本은 大藏都監板에서 인출된 東國大本에 의거하여 입력된 것으로 판단된다.

29) 法苑珠林 제26권 제23장 제15행의 夾註 "右二驗出冥報拾遺"는 埋木된 補刻字이다.

30) 法苑珠林 제54권의 간기의 내용이 고려대장경연구소 印經本(月精寺本)에는 "甲辰歲高麗國分司大　　勅彫造"로 되어 있다. 이 月精寺本은 埋木된 補刻字 7字 가운데 "藏都監奉" 4字만이 유실된 상태에서 인출된 것이다.

31) 法苑珠林 제55권의 간기의 내용이 고려대장경연구소 印經本(月精寺本)에는 "甲辰歲高麗國分司大藏都監奉勅彫造"로 되어 있다. 이 月精寺本은 埋木된 補刻字가 유실되기 이전에 인출된 것이다.

32) 法苑珠林 제62권의 간기는 다음과 같이 卷末題 아래에 기재되어 있다. 이는 특이한 경우이다.
「**法苑珠林卷第六十三**甲辰歲高麗國分司大藏都監奉勅彫造」이 경우 分司大藏都監奉은 매목된 것이다.

33) 法苑珠林 제66권의 간기는 다음과 같이 卷末題 아래에 기재되어 있다. 이 역시 특이한 경우이다.
「**法苑珠林卷第六十六**甲辰歲高麗國大藏都監奉勅彫造」

甲辰歲高麗國大藏都監奉勅彫造　　第72권
甲辰歲高麗國大藏都監奉勅彫造　　第73권34)
甲辰歲高麗國分司大藏都監奉勅彫造　　第74권
甲辰歲高麗國分司大藏都監奉勅彫造　　第75권
甲辰歲高麗國分司大藏都監奉勅彫造　　第76권~第78권
甲辰歲高麗國分司大藏都監奉勅彫造　　第79권35)　　(埋木 불분명)
甲辰歲高麗國分司大藏都監奉勅彫造　　第80권~第81권
甲辰歲高麗國分司大藏都監奉勅彫造　　第82권
甲辰歲高麗國分司大藏都監奉勅彫造　　第83권
甲辰歲高麗國　　　　　　　　　勅彫造　　第84권
甲辰歲高麗國分司大藏都監奉勅彫造　　第85권
甲辰歲高麗國分司大藏都監奉勅彫造　　第86권
甲辰歲高麗國大藏都監奉勅彫造　　第87권
甲辰歲高麗國分司大藏都監奉勅彫造　　第88권36)
甲辰歲高麗國分司大藏都監奉勅彫造　　第89권
甲辰歲高麗國大藏都監奉勅彫造　　第90권
甲辰歲高麗國大藏都監奉勅彫造　　第91권
　　　　　　無刊記　　　　　　第92권
甲辰歲高麗國分司大藏都監　勅彫造　　第93권　　　(埋木이 일부 遺失됨)
甲辰歲高麗國分司大藏都監奉勅彫造　　第94권~第96권
甲辰歲高麗國分司大藏都監奉勅彫造　　第97권
甲辰歲高麗國分司大藏都監奉勅彫造　　第98권
甲辰歲高麗國分司大藏都監奉勅彫造　　第99권
甲辰歲高麗國分司大藏都監奉勅彫造　　第100권

61　K.1423 불모출생삼법장경(佛說佛母出生三法藏般若波羅蜜多經) 25권(총 2건)
　　甲辰歲高麗國分司大藏都監奉勅彫造　　第3권
　　甲辰歲高麗國分司大藏都監奉勅彫造　　第7권

62　K.1428 불설급고장자녀득도인연경(佛說給孤長者女得度因緣經) 3권(총 3건)
　　甲辰歲高麗國分司大藏都監奉勅彫造　　상, 중, 하권

63　K.1429 불설대집법문경(佛說大集法門經) 2권(총 2건)
　　甲辰歲高麗國分司大藏都監奉勅彫造　　상, 하권

64　K.1430 집제법보최상의론(集諸法寶最上義論) 2권(총 1건)
　　甲辰歲高麗國大藏都監奉勅雕造　　상권
　　甲辰歲高麗國分司大藏都監奉勅彫造　　하권

65　K.1433 대승파유론(大乘破有論) 1권
　　甲辰歲高麗國分司大藏都監奉勅彫造

66　K.1437 불설광명동자인연경(佛說光明童子因緣經) 4권(총 3건)
　　甲辰歲高麗國分司大藏都監奉勅彫造　　第1권
　　甲辰歲高麗國大藏都監奉勅雕造　　第2권
　　甲辰歲高麗國分司大藏都監奉勅彫造　　第3권　　　(埋木이 두개임)
　　甲辰歲高麗國分司大藏都監奉勅彫造　　第4권

67　K.1438 불설입무분별법문경(佛說入無分別法門經) 1권(총 1건)
　　甲辰歲高麗國分司大藏都監奉勅彫造

68　K.1439 불설보대다라니경(佛說寶帶陀羅尼經) 1권(총 1건)
　　甲辰歲高麗國都藏大司分監奉勅彫造37)

69　K.1440 불설금신다라니경(佛說金身陀羅尼經) 1권(총 1건)
　　甲辰歲高麗國分司大藏都監奉勅彫造

70　K.1441 육십송여리론(六十頌如理論) 1권(총 1건)
　　甲辰歲高麗國分司大藏都監奉勅彫造

---

34)　法苑珠林 제73권의 간기에는 간행처가 대장도감으로 기재되어있는데 "大藏都監奉" 5字는 埋木된 補刻字이다.

35)　法苑珠林 제79권의 간기는 다음과 같이 卷末題 아래에 기재되어 있다.
　　「法苑珠林卷第七十九 甲辰歲高麗國分司大藏都監 勅彫造」

36)　法苑珠林 제88권의 간기는 다음과 같이 卷末題 아래에 기재되어 있다.
　　「法苑珠林卷第八十八 甲辰歲高麗國分司大藏都監奉 勅彫造」이 경우 "甲辰歲高麗國分司大藏都監奉勅彫造" 전체가 매목된 것이다.

37)　佛說寶帶陀羅尼經의 간기 가운데 埋木字인 "分司大藏都"가 거꾸로 매목되어 있다. 고려대장경연구소 印經本(月精寺本)도 동일한 상태이다.

71 K.1442 금강장장엄일분(佛說金剛場莊嚴般若波羅蜜多教中一分) 1권(총 1건)
　　甲辰歲高麗國分司大藏都監奉勅彫造
72 K.1449 광석보리심론(廣釋菩提心論) 4권(총 4건)
　　丁未歲高麗國分司大藏都監奉勅彫造　　제1권
　　丁未歲高麗國分司大藏都監奉勅彫造　　제2권
　　丁未歲分司大藏都監奉勅彫造　제3권
　　丁未歲分司大藏都監奉勅彫造　제4권
73 K.1452 일체비밀최상명의대교왕의궤(一切祕密最上名義大敎王儀軌) 2권(총 1건)
　　甲辰歲高麗國分司大藏都監 奉勅彫造　상권38)
　　　　　　　無刊記　　　　　　　　　하권
74 K.1465 금광명경(金光明經) 4권(총 1건)
　　　　　　　無刊記　　　　　　　제1권
　　　　　　　無刊記　　　　　　　제2권
　　甲辰歲高麗國分司大藏都監奉勅彫造　　제3권
　　　　　　　無刊記　　　　　　　제4권
75 K.1499 종경록(宗鏡錄) 100권(총96건)
　　丙午歲分司大藏都監開板　제1권~제5권
　　丁未歲分司大藏都監開板　제6권
　　　　　　　無刊記　　　　제7권39)
　　丙午歲分司大藏都監開板　제8권
　　　　　　　無刊記　　　　제9권
　　丙午歲分司大藏都監開板　제10권~제13권
　　　　　　　無刊記　　　　제14권
　　丁未歲分司大藏都監開板　제15권
　　丁未歲高麗國分司大藏都監奉勅彫造　제16권
　　丙午歲分司大藏都監開板　제17권
　　丁未歲分司大藏都監開板　제18권
　　丙午歲分司大藏都監開板　제19권~제21권
　　丁未歲高麗國分司大藏都監奉勅彫造　　제22권~제24권
　　丁未歲分司大藏都監開板　제25권
　　丙午歲分司大藏都監開板　제26권
　　丁未歲高麗國分司南海大藏都監 開板　제27권
　　丁未歲分司大藏都監開板　제28권
　　　　　　　無刊記　　　　제29권
　　丁未歲分司大藏都監開板　제30권~제31권
　　丁未歲分司大藏都監彫造　제32권
　　丁未歲分司大藏都監開板　제33권
　　丁未歲高麗國分司大藏都監奉勅彫造　제34권, 제35권
　　丁未歲分司大藏都監開板　제36권~제50권
　　戊申歲分司大藏都監開板　제51권~제100권
76 K.1503 조당집(祖堂集) 20권(총 권)
　　乙巳歲分司大藏都監彫造　제1권
　　　　　　　無刊記　　　　제2권~제20권
77 K.1506 대방광불화엄경수현분제통지방궤(大方廣佛華嚴經搜玄分齊通智方軌) 10권(총8건)
　　乙巳歲分司大藏都監開板　제1권 상하, 제3권 상, 제4권 상, 제5권 상하
　　乙巳歲分司大藏都監雕造　제2권 상하
　　　　　　　無刊記　　　　제3권 하, 제4권 하
78 K.1513 화엄경탐현기(華嚴經探玄記) 20권(총 17건)
　　　　　　　無刊記　　　　제1권
　　乙巳歲分司大藏都監開板　제2권
　　乙巳歲分司大藏都監彫造　제3권
　　乙巳歲分司大藏都監開板　제4권
　　乙巳歲分司大藏都監彫造　제5권
　　乙巳歲分司大藏都監彫造　제6권
　　乙巳歲分司大藏都監開板　제7권

---

38) 一切祕密最上名義大敎王儀軌 상권의 간기는 권말의 말행인 제18행에 기재되어 있는데, 간기의 내용이 제18행 한 행에 전부 기재되어 있는 특이한 경우이다. 단 "勅"字 앞에 한 字의 空格을 두고 있는 상태이다.

39) 宗鏡錄 제7권의 권말인 제12장의 경우 고려대장경연구소 印經本(月精寺本)은 제25행부터 제30행까지의 본문 6행과 제31행부터 제34행까지의 音義 4행이 누락되어 있는 상태이다.

乙巳歲分司大藏都監開板　　第8권
乙巳歲分司大藏都監開板　　제9권
乙巳歲分司大藏都監彫造　　제10권
乙巳歲分司大藏都監彫造　　제11권
　　　　無刊記　　　　　　제12권
　　　　無刊記　　　　　　제13권
乙巳歲分司大藏都監開板　　제14권~제20권

V. 餘論 : 『내전수함음소』 四百九十의 函號와 音義

　　1245(乙巳)년 고려 大藏都監에서 판각된 경판 2판(卷首의 제목: '內典隨函音疏四百九十')이 2013년 7월 '합천 해인사『내전수함음소』권490 목판'이라는 명칭으로 보물 제1806호로 지정되었다. 『내전수함음소』에 대한 연구는 이미 2013년 이전에 일본과 중국에 남아있는 零本을 대상으로 하여 국내외에서 많은 연구가 있었고, 이후에도 지속되었다. 그러나『내전수함음소』의 卷次와 函號 그리고『내전수함음소』에 수록된 단어와 음의의 분석에 대해서는 미진한 부분이 있다. 따라서 미진한 부분의 일부에 대한 보완과 보충을 하려고 한다.

　　우선『내전수함음소』경판 2판에 해당되는 인경본 3장의 사진이 동국대 불교학술원에서 제공되고 있는데 이를 소개하면 아래와 같다.

1. 『내전수함음소』의 권차와 함호

제1장의 제1행에 기재된 『내전수함음소』의 卷次와 函號가 기재되어 있는 내용은 아래와 같다.

內典隨函音疏 四百九十 ^{貞元音詮字體}_{疏釋經文} 桓

雪川西巒沙門釋行稻 製

大乘理趣六波羅蜜多經 部十卷 ^{罽賓國三藏般若奉譯}

일반적으로 『내전수함음소』에서 서명 다음에 기재된 숫자 '××'는 『내전수함음소』의 第'××'卷(또는 篇)의 의미이다. 또한 제'××'권 속에 편제되어 있는 경전은 그 경전의 대장경목록 속 위치가 '××'째 함에 수록되어있음을 의미한다. 다시 말해서 『내전수함음소』에서 서명 다음에 기재된 숫자 '××'[40)는 『내전수함음소』 본문에 기재된 경전이 대장경목록 속에 배치된 函次(또는 帙次)의 숫자를 의미하는 것이다. 그리고 맨 밑에 기재된 '×' 글자는 이른바 函號(또는 帙號)이다. 즉 천자문에서 '××'째의 순차에 해당되는 '×' 글자로서 해당 경전이 '××'째 순차에 배치되어 있고 그 순차에 해당되는 函(또는 帙)이 '×' 함(또는 질)임을 나타내는 것이다.

예를 들어 일본 경도국립박물관에 소장되어 있는 것으로서 사본대장경의 일종인 金粟山大藏經의 零本인 '內典隨函音疏三百七'의 경우, 아래에 보이듯이 권수의 서명은 '內典隨函音疏三百七'로 되어있고, 수록된 경전은 『마하승기율』 제1권으로 시작되는 『마하승기율』 40권 가운데 제일 앞부분의 내용이며, 천자문 함호는 '登'으로 되어 있다. '登'은 천자문 순차 307번째에 해당되는 글자이다.[41)

海塩金粟山廣惠禪院大藏 　　登 一十一紙

內典隨函音疏 三百七十 ^{小乘律}_{之一}

雪川西巒沙門釋 循 製

小乘律藏總

摩訶僧祇律一部四十卷

한편 1245(乙巳)년 고려 大藏都監에서 판각된 '內典隨函音疏四百九十'은 『대승이취육바라밀다경』(재조장의 '桓'[545]함에 수록되어 있음)의 經名과 이 경전에서 채록된 단어와 그에 대한 음의가 기재되어 있다. 그런데 서명 다음에 기재된 숫자는 '490'이고 함호는 이 순차에 맞는 '羅'가 아닌 '桓'(천자문의 545번째 글자)으로 되어 있다. 즉 재조장의 "內典隨函音疏'四百九十' … '桓'"의 내용은 金粟山大藏經의 零本인 '內典隨函音疏三百七'의 기재 방식과 다르다. 『내전수함음소』의 기재(즉 편제) 방식을 적용한다면, 재조장의 "內典隨函音疏'四百九十' … '桓'"은 "內典隨函音疏'四百九十' … '羅'[490]", 또는 "內典隨函

---

40) 예를 들어. 그 숫자가 '490'이면 이 경전이 대장경 속에 배치되어 있는 위치는 490번째의 자리가 된다. 그리고 천자문의 490번째 글자에 해당되는 글자는 '羅'인데, 이 글자가 이 경전이 배치되어 있는 함의 '함호'가 되는 것이다.

41) 『마하승기율』 제1권~제10권이 『개원록』과 『수함록』에는 순차 307번째에 수록되어 있고, 『수함록』에는 함호도 '登'[307]으로 되어 있다(『개원록』에는 원래 함호가 없음). 반면, 재조장·조성장과 『대장강목지요록』에는 『마하승기율』 제1권~제10권이 순차 305번째에 수록되어 있고, 함호도 '學'[305]으로 되어 있다. 참고로 『개원록약출』에는 『마하승기율』 제1권~제10권이 순차 306번째인 '優'[306]함에 수록되어 있다. 이렇게 함호가 차이가 나는 것은 경전의 分帙이 다른 경우가 있기 때문이다.

音疏'五百四十五' … '桓'[545]"으로 되어야 할 것이다. 그러나 실제적으로 『대승이취육바라밀다경』이 재조장과 『내전수함음소』에 배치된 위치가 서로 다르기 때문에 대장경목록 속 위치를 나타내 주는 숫자와 함호 또한 동일하지 않았다. 그래서 이 두 가지 가정 또한 성립될 수는 없다.

아마도 『내전수함음소』의 구성에 있어서 『대승이취육바라밀다경』은 천자문 순차 490번에 해당되는 '羅'함에 편제되었고, 천자문 함차도 '羅'로 기재되어 있었을 것이다. 그래서 원래의 『내전수함음소』에는 "'四百九十' … '羅'"로 기재되어 있었을 것으로 추정된다. 그런데 『대승이취육바라밀다경』의 음의가 기재되어 있는 '內典隨函音疏四百九'가 재조장에 수록되는 과정에서 재조장에 수록되어 있는 『대승이취육바라밀다경』(즉 545번째 순차인 '桓'함에 수록된 『대승이취육바라밀다경』)의 천자문 함호와 순차가 '內典隨函音疏四百九'에 기재되어 있는 『대승이취육바라밀다경』의 그것과 일치하지 않았기 때문에 편의상 함호만 '羅'에서 '桓'으로 고친 것으로 판단된다.

2. 『내전수함음소』에 기재된 『대승이취육바라밀다경』의 음의

『내전수함음소』에는 『대승이취육바라밀다경』 제1권부터 제10권까지의 경문에서 채록된 109개의 단어(즉 표제어)와 그에 대한 음의가 3장(제1장 42개, 제2장 40개, 제3장 27개)에 기재되어 있다. 그리고 109개의 단어는 제1권에서 17개, 제2권에서 15개, 제3권에서 48개, 제4권에서 3개, 제5권에서 10개, 제6권에서 2개, 제7권에서 2개, 제8권에서 5개, 제9권에서 3개, 제10권에서 4개가 채록된 것이다.

『대승이취육바라밀다경』 經文에 기재된 단어(또는 어휘)에 대한 音義가 수록되어 있는 音義書로는 慧琳撰 『일체경음의』[42](이하 『혜림음의』로 약칭함)와 『내전수함음소』[43] 그리고 希麟撰 『속일체경음의』[44](이하 『희린음의』로 약칭함) 3책이 있다. 그런데 이들 셋 책에 수록된 단어(즉 표제어)의 수량과 音義의 내용은 각각 다르다. 뿐만 아니라 단어의 내용이 다른 경우도 있다.

한편, 다른 경전의 경문에서 채록되었지만 『대승이취육바라밀다경』에 기재된 단어와 동일한 단어에 대해 서로 다른 내용의 음의가 기재된 음의서가 남아 있는데, 바로 玄應撰 『일체경음의』[45](이하 『현응음의』로 약칭함)와 『신집장경음의수함록』[46](이하 『수함록』으로 약칭함) 두 책이다. 이제 『내전수함음소』에 기재되어 있는 단어와 음의 내용 가운데 앞부분의 10개 단어에 대해 다른 音義書의 내용과 대조하여 차이를 구분해 보면 다음과 같다.

---

42) 『혜림음의』는 元和 16년(817)에 최종적으로 완성되었다고 한다(高田時雄, "可洪隨函錄と行瑫隨函音疏", 『中國語史の資料と方法』, 京都大學人文科學研究所, 1994. p.112).

43) 『內典隨函音疏』의 撰者 行瑫는 後唐의 天成(926~929)연간에 看經道場 만들었고, 後周의 廣順 2년(952)에 죽었다고 한다(高田時雄, 상게서, p.115.

44) 『속일체경음의』는 統和 5년(987) 경에 찬술된 것으로 추정되었다고 한다(高田時雄, 상게서, p.125).

45) 『현응음의』는 麟德 원년(664) 또는 總章원년(668)에 찬술되었다고 한다(高田時雄, 상게서, p.111).

46) 『수함록』은 後唐 長興 원년(931)~後晉 天福 5년(940)에 찬술되었다고 한다(高田時雄, 상게서, p.118).

1) "泂澓狄"[47]

(1) 『내전수함음소』의 원문 및 번역문

① 원　문 : "一"[48] / "泂澓狄 : 迴伏二音"

② 번역문 : "제1권" / "泂澓狄 : '泂澓'과 '泂狄'의 용례가 있다. '泂澓'과 '泂狄'의 독음은 '迴伏'이다."

(2) 『혜림음의』의 내용

"泂澓 : 上音回. 經文作古文ⓔ字. …下音復. 或作狄, 亦水之回旋也. 說文, 從水, 復聲也."

(3) 『희린음의』의 내용

"泂澓 : 上音回, 下音復. …."

(4) 『수함록』의 내용

"泂狄 : 音迴伏, 倒流水."

2) "僂者"[49]

(1) 『내전수함음소』의 원문 및 번역문

① 원　문 : "僂者 : 力主乀.丨, 傴曲也."

② 번역문 : "僂者 : '僂者' 가운데 '僂'의 독음은 '力'과 '主'의 反切이다. '僂'의 뜻은 '傴曲'이다.)"

(2) 『혜림음의』의 내용

"僂者 : 力主反. 杜注左傳云, 上傴也. 僂, 猶背曲也. 廣雅, 身曲也.…."

(3) 『희린음의』의 내용

"僂者 : 上, 力主反. 杜注左傳云, 僂傴也, 背曲也. 廣雅云, 身曲也. …"

---

47) 출처 : "涌浪'泂澓'"(물결이 일렁이고 소용돌이치면), 재조장 大乘理趣六波羅蜜多經 제1권 제5장 제21행. 한글 번역문은 동국대학교 불교학술원에서 제공되는 한글대장경의 내용이다. 이하 같다.

48) '一'은 '제1권'의 의미로서 '一' 다음에 기재된 단어(즉 표제어)가 『대승이취육바라밀다경』 제1권에서 채록된 것임을 표시하는 것이다. 종래에는 '一'에 대해서 '一' 다음에 기재된 '泂澓狄'과 연결된 단어로 이해하여 '一泂澓狄'을 하나의 단어(즉 표제어)로 인식하였다.

49) 출처 : "'僂者'能申"(등이 굽은 자는 펴지고), 재조장 『대승이취육바라밀다경』 제1권 제7장 제22행.

(4) 『수함록』의 내용

"僂者：力主反, 曲也."

3) "㙎堆塠(塠)坿" [50]

(1) 『내전수함음소』의 원문 및 번역문

① 원　문 : "㙎堆塠坿 : 都迴乀. 丨, 土聚"

② 번역문 : "㙎 · 堆 · 塠 · 坿 : 이 네 글자는 독음이 '都'와 '迴'의 反切이다. 뜻은 '土聚'이다."

(2) 『혜림음의』의 내용 [51]

"堆阜 : 上, 都雷反. …. 埠蒼云, 土聚也. …. 經, 從十, 作㙎, 非也. …. 有作塠, 俗字也. …." [52]

(3) 『희린음의』의 내용 [53]

"堆阜 : 上, 當雷反. …. 經文, 作塠, 俗字, 非也. …."

(4) 『수함록』의 내용

① "堆阜 : 上, 都迴反. …."

② "坿阜 : 上, 都迴反. …."

③ "塠(塠)阜 : 上, 都迴反. …."(재조장 隨函錄 제9책 제1장).

4) "如砥砠(如砥)"(재조장 『대승이취육바라밀다경』에는 '砠'가 '抵'로 되어 있음) [54]

(1) 『내전수함음소』의 원문 및 번역문

① 원　문 : "如砠 : 紙旨二音. 亦砥. 平石."

② 번역문 : "'如砠' : '如砠' 가운데 '砠'의 독음은 '紙'와 '旨' 두 가지이다. [55] 이 글자는 '砥'

---

50) 출처 : "丘陵坑坎, 山澗'堆'阜, 皆悉平正, 猶如抵掌"(구릉이나 구덩이나 산이나 물, 언덕은 마치 손바닥으로 친 것처럼 평평해지며), 재조장 『대승이취육바라밀다경』 제1권 제8장 제6행.

51) 출처 : 재조장 『혜림음의』 제41권 제7장 제6행.

52) '㙎'이 〈CBETA〉에는 '準'으로 잘못 되어 있고, '塠'는 '塠'로 되어 있다.

53) 출처 : 續一切經音義卷第三에 수록된 新花嚴經卷第二十四에서 채록된 '堆阜'의 音義임('堆阜'의 출처는 "種種溝阬及'堆阜'(가지각색 웅덩이 구렁텅이)인데, 이 내용은 재조장 신역대방광불화엄경 제24권 제7장 제16행에 있다).

54) 출처 : "丘陵坑坎, 山澗堆阜, 皆悉平正, 猶'如抵'掌"(구릉이나 구덩이나 산이나 물, 언덕은 마치 손바닥으로 친 것처럼 평평해지며), 재조장 『대승이취육바라밀다경』 제1권 제8장 제6행.
한편 중화대장경과 대정장의 大乘理趣六波羅蜜多經 교감기를 통해 볼 때, 재조장을 비롯한 모든 간본대장경에는 '抵掌'으로 되어 있는 것으로 추정된다.

55) '紙'와 '旨'의 독음에 대해서는 다음의 내용이 참조된다.

로도 쓴다. 뜻은 '平石'이다."

(2) 『혜림음의』의 내용

"'砥掌': 脂履反. 杜注左傳云, 砥平. 蒼頡篇云, 磨礪石也.…."

한편, 『혜림음의』에는 『대보적경』 제9권의 내용인 "地悉平等, '猶如砥掌'"[56] 가운데 '如砥掌'에 대해서 다음과 같은 음의가 기재되어 있다. "'如砥掌': 上音止. 孔注尚書, 砥細於礪, 皆磨石也, '砥掌', 喩平也."

(3) 『희린음의』의 내용

"'砥掌': 上, 脂履反. 杜注左傳云, 砥平也. 蒼頡篇云, 磨礪石[숫돌]也. 經文, 從手, 作抵, 擊也, 非平如砥掌義."

(4) 『현응음의』의 내용[57]

"'如砥': 又作厎, 同. 之視反. 厎, 平也, 直也. 砥, 細於礪, 皆磨石也."

(5) 『수함록』의 내용[58]

"'如砥': 音, 紙. 平也. 亦作砥·砥."

(6) "猶如砥掌"의 내용 가운데 '如砥'와 '砥掌' 및 '抵掌'의 관계

① 『현응음의』와 『수함록』에서 채록한 단어는 『梵摩喩經』의 "平治途路, 高下'如砥.'" 내용 가운데 "如砥"이고, 『혜림음의』와 『희린음의』에서 채록한 단어(즉 어휘)는 『대승이취육바라밀다경』의 "皆悉平正, 猶如'砥掌'." 내용 가운데 "砥掌"이다. 한편 혜림은 『대보적경』의 내용인 "地悉平等, 猶'如砥掌'"에서는 "如砥掌"을 어휘로 채록하기도 하였다.

그런데 『내전수함음소』에서는 『대승이취육바라밀다경』의 경문인 "皆悉平正, 猶如砥掌." 가운데 『혜림음의』와 『희린음의』와 같이 "砥掌"을 채록하지 않고, 오히려 『梵摩喩經』의 내용인 "平治途路, 高下如砥."에 적합한 단어인 '如砥'를 채록한 것이다. 이것은 『내전수함음소』의 편찬자가 『수함록』에 기재된 음의를 무비판적으로 수용한 결과로 판단된다.

② 『현응음의』와 『수함록』의 편찬자가 『梵摩喩經』의 "平治途路, 高下'如砥.'"에서 채록한 "如砥"의 '砥'는 '숫돌'의 의미로 생각된다. 그리고 『혜림음의』와 『희린음의』의 편찬자가 『대승이취

'紙':《廣韻》"諸氏切, 上紙, 章.". / '諸':《字彙》"常如切"
'旨':《廣韻》"職雉切, 上旨, 章.". / '職':《廣韻》"之翼切, 入職, 章."

56) 출처 : 재조장 『대보적경』 제9권 제11장 제2행.
57) 출처 : 『현응음의』 제13권의 梵摩喩經一卷條(재조장 『현응음의』 제13권 제41장 제16행).
58) 출처 : 『수함록』 제13책의 梵摩喩經一卷條.

육바라밀다경』의 "皆悉平正, 猶如'砥掌'."에서 채록한 "砥掌"의 '砥'는 '평평한'의 의미로 생각된다. 경문의 내용과 문맥상에서 볼 때, "猶如'砥'掌"의 내용 가운데 '砥'를 '평평한'의 뜻으로 이해하면 "猶如砥掌"은 '마치 평평한 손바닥 같다'로 이해된다('猶如'를 '마치 ~과 같다'의 단어로 간주함). 한편, "猶如'砥'掌"의 내용 가운데 '砥'를 '숫돌'의 뜻으로 이해한다면 "猶如砥掌"은 '마치 숫돌 같은 손바닥'으로 이해될 수도 있겠다('猶'를 '마치 ~과 같다'의 단어로 간주하고, '如'를 '~과 같은'의 단어로 간주함).

③ "猶如'抵'掌"의 '抵'는 이미 『희린음의』에서 밝혔듯이 '平如砥掌'의 뜻이 아니고 '擊'의 의미이다. 아마도 '抵'는 '砥'의 잘못으로 판단된다. 그럼에도 불구하고 希麟 당시의 사본과 이후의 刊本大藏經에서도 "抵掌"으로 잘못 기재되었던 것이다.

5) "廛鄽(廛鄽)"59)

(1) 『내전수함음소』의 원문 및 번역문

① 원 문 : "廛鄽 : 値連〵. 城市內地. 作𡺄"

② 번역문 : "廛·鄽: '廛'·'鄽' 이 두 글자는 독음이 '値'과 '連'의 反切이다. 뜻은 '저잣거리'이다. '𡺄'으로도 쓴다."

(2) 『혜림음의』의 내용

"市廛 : 直連反. 考聲, 城市中空地也, 又居也. 或作𡺄, 同也."60)

(3) 『희린음의』의 내용

"廛里 : 上, 直連反. 考聲云, 市空地, 又居也. 經文, 作𡺄, 俗字也. …."

(4) 『수함록』의 내용

① "市厘 : 直連反. 正作鄽廛(鄽·廛)二形也."61)

② "廛閈 : 上, 直連反. 城市內地也. 亦作𡺄.62)

6) "𤛑 𤛭 𤛭"63)

---

59) 출처 : "市肆'廛'里"(저잣거리), 재조장 『대승이취육바라밀다경』 제1권 제8장 제8행.

60) 출처 : 『혜림음의』 제8권 大般若經 제580권條 '市廛(廛)'의 '廛(廛)'.

61) 출처 : 『수함록』 제1책 大般若經 제40질條.

62) 출처 : 『수함록』 제2책 大寶積經 제91권條.

63) 출처 : "象、馬、牛、羊、水牛、𤛭/𤛑'牛、犁牛、竹牛"{코끼리·말·소·양·물소[水牛]·'검정소[犁牛]'·들소[犁牛]·죽우(竹牛)}, 재조장 『대승이취육바라밀다경』 제1권 제8장 제13행. 앞 내용 가운데 '𤛭/𤛑'는 재조장본에는 '𤛭'로 기재되

(1)『내전수함음소』의 원문 및 번역문

　　① 원　문 : "犛·犛·犛 : 莫交乀. 丨, 牛."

　　② 번역문 : "犛·犛·犛 : 이 세 글자는 독음이 '莫'과 '交'의 反切이다. 뜻은 '소'이다."

(2)『혜림음의』의 내용

　　" 犛牛 : 音茅 ⋯."

(3)『희린음의』의 내용

　　"犛牛 : 上, 音茅 ⋯."

(4)『수함록』의 내용

　　① "犛牛 : 上, 莫交反. 牛名也. 又力之反."[64]
　　② "犛牛 : 上, 莫交反."[65]
　　③ "耗牛 : 上, 音毛. ⋯ 正作犛·犛二形也. 又猫狸二音."[66]
　　④ "犛牛 : 上, 莫交反. 正作犛."[67]
　　⑤ "犛牛 : 上, 莫交反. 又音狸. 牛名"[68]
　　⑥ "犛牛 : 上, 莫交反. 牛名也. 正作猫·犛二形也. ⋯."[69]

(5) 참고로 〈臺灣教育部異體字字典〉에는 '犛'의 이체자로서 다음과 같은 글자가 수록되어 있다. "犛 牦 猫 犛 犛 犛 犛 犛 犛 犛 犛"

7) "焚爇"[70]

(1)『내전수함음소』의 원문 및 번역문

　　① 원문 : "焚爇 : 下, 如拙乀."

　　　　어 있고, 조성장본에는 '犛'로 기재되어 있는 것이다.
64)　출처 :『수함록』제5책 方廣大莊嚴經 제1질 제5권條.
65)　출처 :『수함록』제5책, 添品法華經 제1권條.
66)　출처 :『수함록』제13책, 移山經條.
67)　출처 :『수함록』제15책, 제108장.
68)　출처 :『수함록』제20책, 제50장.
69)　출처 :『수함록』제21책, 제111장.
70)　출처 : "明所及處, 悉應'焚爇.'"(빛이 비치는 곳은 모두 다 타버릴 것이다), 재조장『대승이취육바라밀다경』제1권 제8장 제23행.

② 번역문 : "焚藝 : 아래 글자는 독음이 '如'와 '拙'의 反切이다."

(2) 『혜림음의』의 내용

" 焚藝 : ⋯下叒拙反. ⋯."

(3) 『희린음의』의 내용(해당 내용이 없음)

(4) 『수함록』의 내용

"×藝 : 而悅反"

8) "胖合"71)

(1) 『내전수함음소』의 원문 및 번역문

① 원　문 : "胖 : 非. 胖合 : 判音. ｜合, 夫婦."
② 번역문 : "胖 : '胖'은 잘못이다. 胖合 : '胖'의 독음은 '判'이다. '胖合'은 '夫婦'의 뜻이다."

(2) 『혜림음의』와 『희린음의』에는 해당 내용이 없다.

(3) 『수함록』의 내용

① "判合 : 上, 普半反. 正作胖 · 胖也."72)
② "胖合 : 上, 普半反. 夫婦也. 正作胖也. 胖, 牲之半體也. 膞肉也. 非用也."73)
③ "胖合 : 上, 音判. 前作'胖' · '拌', 二並非用也."74)

(4) 재조장본의 '胖合'이 간본대장경 가운데 徑山藏本에는 '胖合'으로 되어 있다.

9) "循循環"75)

---

71) 출처 : "謂依父母'胖合'之時"(부모가 혼인하여 한 몸이 되었을 때), 재조장『대승이취육바라밀다경』제1권 제12장 제4행.
72) 출처 : 재조장『수함록』제4책 제77장 제7행.
73) 출처 : 재조장『수함록』제28책 제109장 제14행.
74) 출처 : 재조장『수함록』제28책 제113장 제9행.
75) 출처 : "'循環'研覈究竟甚深"('순환하면서' 연구하여 구경에 매우 깊어지면), 재조장『대승이취육바라밀다경』제1권 제17
　　장 제8행. '循'이 〈CBETA〉에는 '循'으로 되어 있다.

(1) 『내전수함음소』의 원문 및 번역문

　① 원 문 : "循·循環 : 上二, **旬音**. 巡也, 歷也. 下, 亦鐶."

　② 번역문 : "循·循環 : 앞의 두 글자는 독음이 '旬'이다. 뜻은 '巡'과 '歷'이다. 뒤의 글자는
　　　　　　　'鐶'으로도 쓴다."

(2) 『혜림음의』의 내용

"循環 : 隨遵反. … 說文, 行也. 從彳. 彳音, 丑尺反, 盾聲也, 盾音順. 經從人, 非也. 或作巡, 亦通…."

(3) 『희린음의』의 내용(해당 내용이 없음)

(4) 『수함록』의 내용

　① "循環 : 上, 音巡. 下, 音還."

　② "循環 : 上, 音巡. 歷也. 循環, 周遊也."

　③ "循環 : 上, 似均反."

　④ "循環 : 上, 似遵反."

　⑤ "循環 : 上, 徐勻反."

　⑥ "循環 : 上, 似勻反."

10) "研覈"[76]

(1) 『내전수함음소』의 원문 및 번역문

　① 원 문 : "研覈 : 上, 五堅乀. 下, 胡的乀. 本, 下革乀."

　② 번역문 : "研覈 : 위의 글자는 독음이 '五'와 '堅'의 反切이다. 아래 글자는 독음이 '胡'와
　　　　　　　'的'의 反切이다. 어떤 본에는 '下'와 '革'의 反切로 되어 있다."

(2) 『혜림음의』의 내용

"研覈 : 上, 霓堅反. …下, 行革反…."

(3) 『희린음의』의 내용(해당 내용이 없음)

---

76) 출처 : "循環'研覈'究竟甚深"(순환하면서 '연구하여' 구경에 매우 깊어지면), 재조장 『대승이취육바라밀다경』 제1권 제17
　　장 제9행.

(4) 『수함록』의 내용

　① "研霶 : 上, 五堅反. 下, ….."
　② "研霶 : 下革反."77)

(5) 『仁王護國般若經疏法衡抄』 제2권 '仁王經隨抄音切'條의 내용78)

　"研霶 : 下, 胡的切."

　『대승이취육바라밀다경』의 經文에서 채록된 단어(또는 어휘)에 대한 音義가 수록되어 있는 음의서는 『혜림음의』·『내전수함음소』·『희린음의』이다. 그리고 다른 경전의 경문에서 채록되었지만 『대승이취육바라밀다경』에 기재된 단어와 동일한 단어에 대해 음의가 기재된 음의서는 『현응음의』·『수함록』 등이다. 지금까지 『내전수함음소』의 『대승이취육바라밀다경』條에 기재된 109개의 단어 가운데 10개를 비교하여 분석한 결과 『내전수함음소』의 이 10개의 단어와 음의는 『혜림음의』와 『수함록』에 기재된 단어와 음의 내용를 기본적으로 활용했던 것으로 판단되었다.

---

77) 출처 : 재조장 『수함록』 제26책 제8장 제3행. '革'이 〈CBETA〉에는 '草'로 되어 있다.
78) 출처 : 卍新續藏第 26 冊 No. 0519 仁王經疏法衡鈔(譯經證義講經律論廣演大師遇榮集). 참고로 廣演大師 遇榮은 天聖年間 (1023~1031)에 활동한 스님이다.

끝으로 『내전수함음소』에 기재되어 있는 『대승이취육바라밀다경』 경문에서 채록된 109개의 단어(즉 표제어) 및 음의 내용을 『혜림음의』와 『수함록』에 기재되어 있는 내용과 비교하여 자료로 제시하면 다음과 같다.

순번	권차	『대승이취육바라밀다경』	『내전수함음소』	『혜림음의』	『수함록』
1	권1	洄澓	一洄澓狄 迴伏二音.	洄澓 或作狄.	洄狄(音迴伏)
2	권1	僂者	僂者 力主乀.丨,傴曲也.	僂者 力主反.上傴也.背曲也.	僂者(力主反,曲也.)
3	권1	堆	𡋏堆𡍥 𡐦 都迴乀.丨,土聚.	堆阜 土聚也.經,從十,作𡋏,非也.有作𡍥,俗字也.	①堆阜(都迴反) ②𡐦阜(都迴反) ③𡍥阜(都迴反)
4	권1	如抵掌	如砥 紙旨二音.亦砥.平石.	砥掌 脂履反.杜注左傳云,砥平.蒼頡篇云,磨礪石也. ①如砥掌(上音止.孔注尚書,砥細於礪,皆磨石也,'砥掌',喻平也.『혜림음의』) ②如砥(又作庋,同.之視反.庋,平也,直也.砥細於礪,皆磨石也.『현응음의』)	如砥(音,紙.平也.亦作砥·砥.)
5	권1	㕓	㕓鄽 值連乀.城市內地.作㘭.	市㕓(直連反.考聲,城市中空地也,又居也.或作㘭,同也.)	市厘{直連反.正作鄽·㕓(鄽·㕓)二形也.}
6	권1	犛/牦	犛 犂·犛 莫交乀.丨,牛.	犛牛 音茅.	①犛牛(上莫交反.牛名也.又力之反.) ②犛牛(上莫交反) ③牦牛(上,音毛.作犛·犛二形也.又猫狸二音.) ④犛牛(上,莫交反.正作犛.) ⑤犛牛(上,莫交反.又音狸.牛名.) ⑥犛牛(上,莫交反.牛名也.正作貓·犛二形也)
7	권1	焚蓺	焚蓺 下,如拙乀.	焚蓺 下叒拙反.	焚蓺(而悅反)
8	권1	牉合	胖非牉合 判音.丨合,夫婦.	/	①判合(正作胖·牉) ②胖合(夫婦也.正作胖也.胖,牲之半體也.) ③牉合(音判.前作胖抖,二,並非用也.)
9	권1	徧環	循 徧環 上二,旬音.巡也.歷也.下	循環 經從人,非也.或作巡,亦	①循環(上,音巡.下,音還.) ②循環(上,音巡.歷也.) ③徧環(似均反)

					④循環(似遵反) ⑤循環(徐勻反) ⑥循環(似勻反)
			,亦鏍.	通.	
10	권1	研礩	研礩 上,五堅乀.下,胡的乀.本,下革乀.	研礩 上,霓堅反.下,行革反.	①研礩(五堅反) ②研礩(下革反)
11	권1	磧中	磧中 七迹乀.	磧中 青歷反	磧中(七亦反)
12	권1	霈然	霈然 普貝乀.霧乀,大雨皃	霈然 滂貝反,文字集略云,霈,大雨也. 霈然(普昧反.考聲云,霶霈,雨多皃也)	霈然(普盖反)
13	권1	勉勵	勉勵 免例二音	勉勵 上音免.下力滯反.	勉勵(上音免,下音厲.)
14	권1	釐(釐)非毫氂 里癡乀.		毫氂(氂) 下,力馳反. 毫氂(論又作釐,音僖.韋昭漢書音義曰,祭鬼神之餘肉曰釐.說文釐家福也,亦古字通用也.)	毫釐(釐) (里之反)
15	권1	呾纈	怛呾㗭纈 上三,丹達乀.下盧暫乀.	素怛纈 下,藍啗反.梵語也. 蘇呾囉(上丹達反)	①怛纈(上,多達反.下,郎暫反.) ②枳怛(上吉紙反,下丹達反.)
16	권1	窘	窘 求敏·其殞,二反.	/	西窘(其殞反.急迫也.經律異相作栖窘是也.)
17	권1	矢	夨 式視乀	/	/
18	권2	菴'暗'(暗)	愔 於淫乀	菴愔(下於淫反)	/
19	권2	交絡	二絞非交絡 ‖,互相參也.	交絡 上交字.說文云,交,合也,互也.經文從糸作絞,縊也,上聲字,甚乖經義.	絞路(上音交,又作交露.諸經作交絡也.又古巧反非呼.)
20	권2	不'揀財'寶	揀財 上,亦簡.｜,擇.	不楝(姦眼反.文字集略揀擇也.從手東聲也.說文作柬分別簡之也從八從束八象八方.經文作簡,非本字也.)	/
21	권2	釐懷高反	鏖 於高反.亦鏍.	/	/
22	권2	'獿'施略上乃刀反	獿 乃刀乀.	/	

23	권2	臛尾黑反	臛 尾黑\.	/	/
24	권2	瑟鷄	瑟鷄 多活\.又知滑\.	/	①鷄肉(上竹滑反) ②鷄肉(上竹滑都括二反)
25	권2	尾𡏖	尾𡏖 魚僅\.	/	/
26	권2	估髯	估髯 下汝塩\.上去加\.	/	①鬐髯(汝塩汝焰二反) ②目估(去迦反)
27	권2	禰	你袍非祢 奴礼\.	禰(奴禮反)	祢(奴禮反)
28	권2	/	賸 實證\.以證\.	/	賸少(上實證反,又以證反.)
29	권2	屹	屹屹 魚乙\.	/	屹然(上魚之反)
30	권2	佶	佶佶 許吉\.	/	/
31	권2	忿忙	忿忙 莫郎\.亦恾.	/	①恾怖(莫郎反) ②忙莽雞(莫郎反)
32	권2	吞啗	吞啗 徒攬\.	吞噉 談濫反.俗字也.正作啖. 前音義作啗,亦俗字也.	/
33	권3	其'觜銛'利	觜觜銛 上二即委\.下息尖\.	觜銛 下燮尖反.銛猶利也.	①鐵觜(即委反) ②銛利(息廉反)
34	권3	㣇(啄)噉	㣇非㣇噉啖啗 上卓音.下三淡音.	啄噉 上音豕.說文鳥喙也從口豕聲豕丑緣反.經從彖作啄,呼穢反,非也. ①啄噉(上音卓.經文從彖作㣇非也.喙音呼穢反.下唐濫反.廣雅噉食也.說文作啗或作啖竝通.經文作淡非也.淡無味也.非經義也). ②蝥噉(下澹敢反.說文噉譙也.或作啖或作啗竝同) ③吞啗(經文作噉啖竝俗字也) ④啜噉(川拙反.下音淡.俗字也.正作啖)	啄噉(上音卓)
35	권3	糖煨	糖煨 徒郎\.烏迴\.	糖煨 上音唐.下烏回反. 糖煨(徒郎反.下烏迴反.)	糖煨(上徒郎反.烏迴反.)
36	권3	乃穌	蘇非乃穌甦 桑胡\.｜息.	乃穌(先胡反.聲類更生曰穌.穌亦休息也.)	①乃蘇(再生也.正作穌.) ②蘓息(上桑胡反.息也.)

37	권3	碌裂	攃碌裂 上二,陟格乁.開張指也.	塳裂 丑革反.集訓云裂也.從土庶聲也庶音尺.經從石作碌非也. 碌口(陟格反.廣雅碌張也.亦開也.)	攃手(上知草反.正作碌.)
38	권3	鐵'臼'(臼)	臼臼 上居玉乁.下其久乁.	鐵臼 下求有反.經作臼非也.臼音弓六反.象二手也.	①鐵臼[臼](巨久反.正作臼[臼]也.又掬聲二音非也.) ②香臼(居六居玉二反.又或臼.巨久反.)
39	권3	鎔流	鎔非融流 以戎乁.銷丨.明也.和也.不從金.	鎔流 上音容.說文鑄金法也.	融銅(上以戎反)
40	권3	相捘	相捘 子達乁.	相捘 贊辥反	捘都(上子末反)
41	권3	三股	鈷非三股 古音.又侯也.	三股 下音古.鐵杈左右枝也.經從金作鈷.釜名也非此義.錯用也. ①三股(音古) ②三鈷(下音古.正作股.經作鈷.錯用也	三股(音股)
42	권3	鐵叉	扠非鐵叉 六韜曰,兩枝鐵柄.長六尺.	鐵杈 榮加反.考聲云,岐木也,鐵杈,象木杈為之.	鐵杈(音叉)
43	권3	而拼	而拼絣 比萌乁.	而絣 伯萌反.經從手作拼.音普萌反.拼酥酪字.錯用也.	而拼(布耕反.振繩墨也)
44	권3	斸斫	斸斸斫 上二陟玉乁.斫也.亦鋸.	斸斫 冢緣反.說文,斸斫也.	銚鐯(下陟玉反.钁也.正作斸鑷二形也.)
45	권3	鉤'斲'其腦	(斲斲斲斲△) 同.卓音.斫也,削也.声類作斲,埤蒼作斲.文略作斲.	鉤斲(丁角反.律文從登作鄧或作斲,並皆誤也.)	鉤斲(音卓)
46	권3	韁轡	韁轡轡轡 上亦韁.八良乁.下三同.祕音.	韁轡 上音薑.下音祕. ①韁鞚(居良反.或從革作韁亦正.) ②控轡(下鄙媚反.經從亡作轡非也.) ③鞁轡(下悲媚反.馬勒也.從絲從更.更音衛.經中從車從口,作轡,俗字也.)	①麻彊(居良反.正作韁繮二形.) ②轡勒(上悲媚反) ③作轡(音祕)

47	권3	穹廬	穹廬 上去弓丶.下力除丶.｜ ｜,氈帳也.	穹廬 上羌隆反.下力除反.案 穹廬者,大黑氈帳也.	①彼穹(去弓反)。 ②穹廬(力余反.舍也.記 文作廬音盧非.)
48	권3	'咽細'如針	胭非咽細 烟音.｜,喉.	項胭(下宴堅反.聲類胭 喉也.經從口作咽非也.)	吸咽(於賢反律文作烟也)
49	권3	槍矟	槍矟槊 上七羊丶.從木.下二雙 角丶.	槍矟 上七羊反.下雙捉反.或 作槊俗字也. 矟印(上雙角反)	/
50	권3	復有傍生虵 虺'蝎蜥'蚰 蜒鼠狼	蚚蝎 上先擊丶.下亦音.	蚚蝎(上星亦反.下盈隻 反)	蚚蝎(上先擊反.下以益反)
51	권3	復有傍生蟻 '蝨蚤'等	蚤非蝨蚤蝨 下亦蚤·.蝨.早音.上二 瑟.	蟻蝨 ／ 蚤等	①蟻蝨(音瑟) ②蟻蝨(音瑟) ③無蚤(音早.狗｜也,正作 蚤也,悮.) ④蚤虱(上音早,下音瑟.).
52	권3	螟蛉	螟蛉 莫經丶.亦螟.下郎丁丶.	螟蛉 上覓瓶反.下歷丁反.	①螟蛉(上莫瓶反.下力丁 反.乘虵也.) ②螟▲(上莫經反)
53	권3	蟊螣	螣非蚤蟊蛮蝨蛋蟹 上四,牟音.爾雅,食禾虫 也.次或特音.下賊音.皆 食禾虫也.隨用俱得.	蟊螣 上莫候反.下螣德反.皆 蝗蟲類也.或作蚕(或).	蛛螣(下丈夫反.又音牟.)
54	권3	蝗蟊	阜非蝨蟊 負終二音.毛詩凡有慾者 皆妬忌.唯｜｜無.亦蟊 蜇,斯音.	阜蟊 上音負.下音終. 蟊蜇(上音終.下音斯.)	阜蟊(上音負.下音終.)
55	권3	蛺蝶	蛺蛛(蝶) 上胡頰丶.下徒叶丶.	蛺蝶 上兼葉反.下恬頰反.	蛺蝶(上古挾反.下徒頰反.)
56	권3	剓剝	剓剝 上普皮丶.又力碑丶.人 皮音.下北角丶.	剓剝 上音皮.下拜邀反. 劈解(理之反.經文作剓 非也.)	鋸剓(下普皮反.又音皮.)
57	권3	霜穫	霜穫 下戶郭丶.收丶也.	霜穫 黃郭反. 霜穫(胡郭反)	①霜穫(音鑊) ②收獲(戶麦反.得也.又應 和尚音義,作穫,戶郭反.) ③収獲(戶郭反.正作穫.)
58	권3	暑耘	私非暑耘 下云音	暑賴 于君反.論文從云,作耘, 俗字也.	耕耘(音云)
59	권3	皴劈	皴劈 七旬丶.亦皴.下普擊丶.	皴劈 上七遵反.考聲云凍裂 也,從皮夋聲也,夋說文 音七旬反.下劈音,匹亦反.	①皴躃(上七旬反) ②劈裂(上普擊反)

60	권3	蓬亂	蓬古鬐(髻)亂 上薄紅乀.鬐乱皃.	/	蓬蒿(上薄紅反.下呼高反.)
61	권3	猜嫌	猜嫌 綵才乀.丨忌.	猜嫌 上綵來反.杜注左傳猜疑也.	猜疑(上此才反)
62	권3	纏縛	纏絚縺縛(纏絚縛) 上二直連乀.	/	①盖纏(音纏) ②縺手(上直連反.經音義作縎美巾反.) ③非纏(直連反)
63	권3	令我此身'獨嬰'此苦	纓非獨嬰縈 嬰抱也,當也.縈繾.	/	縈帶(上於營反.繞也,縷也.)
64	권3	弓弰	弓弰 所交乀.弓丨.	弓弰 所交反.弰者弓兩頭也.	①牟弰(所卓反.正作弰也.又所交反,弓末也,㦬也.) ②大弰(所角反.正作弰也.又所交反,㦬.) ③弓梢(所卓反.正作稍.又音箏,㦬.)
65	권3	孤惸	孤惸煢 下二,巨螢乀.丨獨.	孤惸 下葵勞反. 孤煢(古文惸傡二形同.葉營反.)	①孤惸(巨營反.無兄弟也.) ②煢煢(巨營反)
66	권3	鰥寡	鰥鰥䵀(鰥鰥䵀) 古頑乀.丨寡,憂愁也.字書作䵀.	鰥(綤)寡 上寡頑反.	綤寡(上古頑反.下古乙(瓦)反.正作腂(綤)也.六十無妻曰鰥,五十無夫曰寡.)
67	권3	推胷	椎搥胷 上二直追乀.	椎胷 上長縲反.	①推国(上直追反.正作椎胷也.) ②搥胷(上直追反)
68	권3	鈇鉞	鈇鉞 上甫無乀.承(承)殺刀枯凡(凡)也.下于月乀.	鈇鉞 上甫于反. 鈇質(上甫無反)	鉞斧(上于月反)
69	권3	鉤鑃	鑃非鉤鑃 下鑠丨.以若乀.亦闙.	/	①鉤鑃(音藥) ②鑠鑃(音藥)
70	권3	貶黜	貶黜 上悲庵乀.下丑律乀.	貶黜 上筆奄反.下勅律反.	訶黜(丑律反)
71	권3	駿髦	駿騣(鬃)髦 上二子紅乀.馬丨.下毛音.丨鬣也.	駿髦 子東反.下音毛.	①駿尾(上子紅反) ②朱駿(騣){子紅反.正作駿(駿)騣(騣)鬃(鬃)鬃(鬃).}
72	권3	如魚在'鍬宛'轉受苦	鍬釡宛 上二五告乀.下於遠乀.	在鍬 五号反.	①在鍬(五告反) ②宛戀(上於遠反)
73	권3	刵耳	刵耳 仍吏乀.割耳.	刵耳 而志反.孔注尚書云刵截耳也.	①刵耳(上人志反) ②便刵(而志反.割耳也.)
74	권3	劓鼻	劓鼻 魚記乀.割鼻.	劓鼻 亙器反.孔注尚書云劓截鼻也.	①劓鼻(上魚器反) ②劓鼻(上魚至反.割鼻也.)

			①劓鼻(魚器反)②黥劓(下魚記反.鄭注周禮云劓謂截鼻也.)③劓刵(說文劓割鼻也.廣雅刵截耳也)④黥劓(下疑器反.考聲云劓割鼻.)

75	권3	敲骨	敲骨 苦交乀.	敲骨 上巧交反.	①扣門(上苦吼反.擊也.經音義作敲,苦交反.)②撓房(上苦交反.正作敲.)
76	권3	罘網	罘網(罘網) 上縛侯乀.兔網也.亦眾	罘網 附無反.	置罘(下縛謀反)
77	권3	矰繳	繒非罾矰繳 上二作騰乀.丨網也.下之若乀.	矰繳 上則登反.矰說文從矢曾聲,經作繒誤也.下章若反.	①觀繳(之若反.矰繳弋射繩矢絲也.)②矰繳(上子登反.下之略反.)
78	권3	販鬻	販鬻 育音.丨賣也.	販鬻 下以六反.鄭注周禮鬻賣也.	①販鬻(音育)②販鬻(羊六反.賣也.)
79	권3	'燖'去毛髮	燖猇燀 徐廉乀.丨去毛.亦爛(爛).	燖去 上祥簪反.經作燖,俗字也.正作燅,古作燂.) 令燖(祥間反.俗字也.正作燅.亦作燅.或作燂·狀.)	①爛身(上徐廉反.亦作燖·燅·燀·臗五形同.)②生燅(祥廉反.以湯瀹肉而,去其毛也.正作燖·燅·燀·爛·臗五形也.)
80	권3	及到其傍'面仆'而倒	面仆蒲北乀.倒也.踣同上.	①倒仆(古文踣同.蒲北反.)②踣面(上蒲北反.集訓云前倒也.經文,或從人,作仆,亦通時用也.)	①倒仆(蒲北反)②倒仆(蒲北反.又音赴.)
81	권4	乳哺	四鋪非乳哺 步音.食在口曰丨.	乳哺 下蒲暮反.許叔重注淮南子云,口中嚼食與之,似鳥與兒食曰哺.說文從口甫聲.經文從食作餔,米糊也.又逋布二音,非此義.	①乳哺(音步)②哺乳(上音步.食在口.)③乳鋪(音步)④乳鋪(音步.唅食餧子也.正作哺·餔二形也.)
82	권4	以'鼻齈'取	鼻齈吸許及[乀]	齈取 上歆急反.說文云,内息也,從口翕聲,亦作吸.	①歙人(上許及反)②呼齈(許及反)③噓吸(下許及反)
83	권4	或見乞者'俳優'鼓樂善戲談笑而施與之	俳個 正合,從彳.丨丨行不進皃.上薄迴乀.戶灰乀.	俳優 敗埋反.	①俳優(上步皆反.樂也.)②俳徊(上步迴反)③個念(上戶灰反)
84	권5	夢寐	寐非夢寱寐 上二同用.下密二乀.	夢寐 下彌臂反. 暫特假寐(寐蜜二反)	①寠寐(下蜜二反)②姑寐(下蜜二反)
85	권5	覺悟	寤寤非寤悟音	覺寤	①蕎藞(上古孝反.下五故反.)

번호	권	표제어			
			下五故反. ①覺寤(下五故反.經從穴作寤非也.) ②覺寤(下音悟.經文從穴從中音心從告作寤謬也.寤者悟也.) ③睡寤(下音悟.經文從穴從心作寤非也.正體從宀從爿.)		正作覺寤.) ②寤意(上五故反.覺也.長房錄作寤意.內典錄作寤意.刊定錄作悟意.正作寤也.)
86	권5	游泳	游泳 下詠音.	游泳 酉幽反.	游泳(上音由.下音詠.)
87	권5	陷穽	陷穽 下淨音.	/	陷穽(音淨)
88	권5	嫉'妒'	妒非妬妒 悷丨.	①妒心(經從石作妬,誤也.) ②嫉妬(有從石,從后,並非也.) ③嫉妒(經作妬,或作妬,並非也.)	①嫉妬(正作嫉妒) ②疾垢(正作嫉妒) ③處㛴](音疾,丨 妒也.正作嫉悷二形.)
89	권5	福德'鮮'薄令他生瞋	鮮尠 上聲同用	①乏尠(或作鮮,同也.) ②尠薄(或從魚從羊作鮮,音義並同.)	①鮮薄(上息淺反) ②尠薄(上息淺反)
90	권5	以藥'塗附'用衣裹之	附拊非塗傅 付音.亦賦.丨布.	傅采(方務反.傅謂塗附也.論文作拊,夫主反,拊拍也.非此用也.)	塗賦(音付,布也.)
91	권5	以藥塗附用'衣裹'之	裹非衣裹 果音	衣裹(戈火反)	繀裹(音果.正作裹也.)
92	권5	儀相'枯槁'人所惡見	枯槁 苦浩乀.	枯槁 上苦姑反.說文枯亦槁也. ①枯槁(苦浩反) ②枯槁(上苦胡反.下苦浩反.說文槁亦枯也.)	枯槁(苦老反)
93	권5	象耳搖動'撲皆'死	撲撲皆 步角乀.上普木乀.今從初.	撲皆 上普卜反. ①打撲(下音普木反) ②相撲(龐剝反.考聲云撲謂手搏投於地也.文字釋要云從高墜下也.從手僕聲.經作撲非也.音普卜反.非經義也.) ③相撲(蒲角反.通俗云爭倒也.有作僕,普卜反,小打也.) ④相撲(妨卜反.字林手相博曰撲也,打也.) ⑤相撲(蒲角反)	①打撲(普木反) ②相撲(步角反) ③相撲(步角反)

94	권6	漂蕩	蕩薄非漂盪 徒郎乀.丨滌.	盪滌(徒朗反)	①刷盪(下正作盪.徒朗反.搖動洗滌也.) ②以蕩(徒朗反.洗也.正作盪.)
95	권6	於割截者生'媿惡'心善知識想	媿惡 上亦媿.女六乀.	媿惡 歸位反.或作愧,亦通也.下女六反.)	①媿惡(女六反) ②愧惡(女六反)
96	권7	窳惰	墮非窳惰惰 上俞主乀.下二徒果乀.	①窳惰(上俞主反.說文從心隋聲.下徒臥反.亦作惰.) ②窳憧(逾主反) ③窳憧(余乳反) ④窳惰(與乳反)	①窳惰(上余主反.下徒果反.) ②窳憧(上余主反.下徒果反.) ③窳墮(上余主反.懈怠也.下正作惰也.)
97	권7	賙給	賙給 周音.丨贍.	賙給 上之由反.毛詩傳云賙救也.說文從貝周聲. ①賙救(今作周,同.之由反.) ②周窮(古文賙,同.之由反.字林賙贍也.)	周抹(經音義作賙救.上之由反.)
98	권8	犛(犛)牛	犛非犛牛 莫交乀.	犛牛 昴包反. 犛(犛)牛(音茅)	①犛牛(上莫包反.牛名也.正作犛.又毛狸二音.亦作氂也.) ②犛牛(上莫交反.牛名也.又力之反.)
99	권8	竹筒	筒非竹箇 徒東乀.	鍼箇(下徒紅反.經作筒亦通.)	竹箇(徒東反)
100	권8	求種智火以定'為燧'	為燧 徐醉乀.	作鐆 隨醉反.經文作燧,或作䃂,皆俗字也.) 如鑽燧(燧,徐醉反.)	燧人(上徐醉反)
101	권8	薑䁊䕷	薑䁊䕷 上,徒登·都亘二乀.下二,莫登·莫亘二乀.丨丨睡起之狀也.	薑䕷 上音騰.考聲云,䕷薑臥初起皃也.下墨崩反. ①薑䕷(徒登反.下莫登反.) ②薑䕷(徒登反.下莫㟪反.) ③薑䕷(徒登·丁鄧二反.經文作懵憕,非體也.)	①薑䕷(上都亘反.下莫亘反.) ②薑䕷(上徒登·都亘二反.下莫登·莫鄧二反.陁羅尼集作薑䕷.) ③薑䕷(上徒登反.下莫登反.下又莫亘反.) ④薑䕷(切韻云,新睡起也.) ⑤薑䕷(上都鄧反.下莫鄧反.正作薑蔂.上又經音義作徒登反,下莫登反也.)
102	권8	顰伸	顰伸 頻音.丨,縮也.伸,展也.	①顰感(上音頻.正體字也.經本作頻,誤也.) ②伸傴(上失真反.堨蒼,展也.)	頻伸(音申)
103	권9	'穿'掘不已	宲非穿穿同用	鐵鎖穿(下音川.說文穿通也.傳文從身作宲非也.)	①貫穿(下音川) ②貫穿(同上)

104	권9	飼猛	飲䬃飼猛 寺音.從人.	飲猛 詞字反.聲類飲哺也.說文糧也. 養飲(今作餧同.廣雅云,餧飲也.謂以食供設人曰飲.字從食從人.律文作飼,近字也.)	①飽飲飼(下音寺.亦作飲.) ②身食(音寺.餧也.古文飲字也.) ③飴之(上音寺.餧也.正作飲飼二形.)
105	권9	飇火	飇火 包遙乀.疾風.	飇火 必遙反. 飇揩(上摽遙反.考聲云,疾風也.)	飇聚(上疋遙反.暴風也.正作飇.)
106	권10	拇指	拇指 母音.從手.	拇指 上謨譜反. ①拇指(上矛厚反) ②拇指(上莫補反.古今正字云足大指也.從手,母聲也.) ③拇指(上謨譜反.)	拇指(上莫口反)
107	권10	菡萏	菡萏 胡感乀.徒感乀.	菡萏 上含感反.下潭感反.經文作莟萏脫略俗字也. 菡萏花(菡胡感反.萏徒感反.)	齒萏(上含感反.徒感反.作菡萏.)
108	권10	爾時薄伽梵解'絡掖'衣	絡掖腋 下二亦音.持掖腋腋.上落音.	絡掖衣 上郎各反.次音亦. ①腋已下(上音亦.經從手作掖是掖亭,字非經義.) ②枝掖(下移益反.鄭注毛詩序云,誘掖扶持也,說文以手持人臂也.) ③絡腋(上郎各反.下征亦反.)	交絡(音落)
109	권10	'辯'才	辯(辯)辯 同.皮蹇乀.皮免乀.	無邊辯(皮免反)	①僧辯(音辯,人名.) 辨(皮件反.正作辯·辯二形.) ②辨駁(上皮免反)

● 참고문헌

金潤坤, "高麗大藏經의 東亞大本과 彫成主體에 대한 考察", 『石堂論叢』 제24집, 1996.
馬場久幸, 〈高麗大藏經이 日本佛敎에 미친 影響〉(圓光大學校 大學院 佛敎學科 박사학위논문), 2007.
박상국, "고려대장경의 진실", 『初雕大藏經』(문화재청, - 초조대장경 판각 천년 기념 특별전), 2011.
박상국, "法寶: 高麗大藏經", 『천년의 지혜 천년의 그릇』, 대한불교조계종 불교중앙박물관, 2011.
불교문화재연구소, 『합천해인사 대장경판 보존 관리 프로그램 구축』, 해인사, 2017.
寺內正毅, 『高麗板大藏經印刷顚末』, 朝鮮印刷株式會社, 1931.
徐首生, "伽倻山 海印寺 八萬大藏經 硏究(1)", 『慶大論文集』 12집, 1968.
徐首生, "伽倻山 海印寺 八萬大藏經 硏究", 『韓國學報』 9집, 1977.
徐首生, "大藏經板의 二重板과 補遺板의 形象", 『語文學』 36집, 語文學會, 1977.
유부현, "고려대장경 경판의 분사대장도감 간기에 대한 연구", 『서지학연구』 제51집, 2012.
유부현, 『고려대장경의 교감학적 연구』, 시간의물레, 2018.
유부현, 『고려대장경의 구성과 저본 및 판각에 대한 연구』, 시간의 물레, 2014.
유부현, 『한문대장경의 문자이동 연구』, 한국학술정보, 2011.
中國佛敎協會編, 『房山石經』, 華夏出版社, 2000.
中華書局編, 『中華大藏經』, 中華書局編, 1984.
최영호, "해인사 대장경판에 포함된 중복경판 및 보각경판의 역사·문화적 성격", 『국보 제32호 합천
　　　해인사 대장경판 성격과 가치』, 불교문화재연구소, 2015.
최영호, 『국보 제32호 합천 海印寺大藏經板 중복판 조사용역사업 보고서』, 法寶宗刹 海印寺·陜川郡,
　　　2013년.
[편자미상], 『高麗板大藏經印刷顚末』, 朝鮮印刷株式會社, 1931.

유부현

한성대학교 사학과를 졸업하고, 1993년 중앙대학교 도서관학과 대학원에서 "삼국유사의 교감학적 연구 -제판본의 대교를 중심으로-"로 박사학위를 취득하였다. 1995년부터 대진대학교 문헌정보학과 교수로 재직하고 있다.

저서로는『삼국유사의 교감학적 연구』(한국학술정보, 2007),『한문대장경의 문자이동 연구』(한국학술정보, 2011),『고려대장경의 구성과 저본 및 판각에 대한 연구』(시간의 물레, 2014),『고려대장경의 교감학적 연구』(시간의 물레, 2018),『삼국유사 선초본ㆍ임신본의 대교 및 교감』(동국대학교 출판문화원, 2022) 등 다수가 있다.

팔만대장경의 경전과 경판 수량

초판 인쇄 2024. 01. 08
초판 발행 2024. 02. 22

저 자 유부현
발행인 이주현
발행처 도서출판 해조음
등 록 2002. 3. 15 제-3500호
        서울 중구 필동로1길 14-6
        전화 02)2279-2343
        전송 02)2279-2406
        메일 haejoum@naver.com

ISBN 979-11-91515-20-6(93220)
값 30,000원